엔지니어
정약용

• 일러두기 •
이 책에 수록된 삽화들은 필자의 의도를 반영하여 일러스트레이터 김옥재 선생님이 그렸으며,
인포그래픽은 경희대학교 산업디자인학과에 재학 중인 위현서 군이 그렸음을 밝혀 둔다.

엔지니어 정약용

조선 근대 공학의 개척자

김평원 지음

다선초당

머리말

"자기 전공에 집중해야지, 왜 국어교육학자가 공학에 관심이 많은가?" 시선 추적 장치, 뇌파 측정 시스템, 거중기 모형 등으로 가득 찬 필자의 연구실과 실험실을 방문한 선배 교수들로부터 자주 듣는 말이다. 한 분야를 천착하는 전문가가 주목을 받았던 '분화'의 시대가 저물고 지식 노동을 인공 지능이 대체하는 '융합'의 시대를 맞이하고 있음에도, 우리 사회는 여전히 한 개인의 역량을 문과와 이과로 구분하는 방식에 익숙해져 있다. 문·이과의 경계를 허물어야 한다고 하지만, 막상 이를 실천하는 사람에게는 지식의 깊이가 얕아질까 우려 섞인 충고를 하는 사람이 많다.

사범 대학 교수로서 교사들을 키워 내는 일과 더불어, 언어 기능(듣기·말하기, 읽기, 쓰기) 교육을 연구하고 있는 필자의 오랜 고민은 '무엇'을 말하고, '무엇'을 읽고, '무엇'을 쓰는가의 문제였다. 인문학을 대표하는 문학, 역사, 철학이 각각 작품, 사서, 고전이라는 명확한 텍스트가 있어 무엇을 공부하는지가 분명한 것과는 달리, 언어 기능 교육은 '무엇'에 해당하는 내용이 분명치 않기 때문에 '어떻게'에 해당하는 전략만을 가르친다는 비판을 피하기 어려웠다.

필자는 국어교육학 분야 중에서 문법 교육, 문학 교육보다는 기능 교육이 적성에 맞았고, 언어 표현 교육과 평가를 연구하기 위해 대학원에 진학하였다. 대학원 진학 후, 다양한 학문 분야의 지식을 발췌하여 기능 교육에 활용하는 기존의 방식에서 벗어나 기능 교육에 최적화된 교육용 지식을 만드는 일에 도전하였다. 영국의 신화 빈약 콤플렉스가 『반지의 제왕』을 탄생시켰고 건국 신화가 없는 미국인들 역시 〈스타워즈〉라는 거대 서사를 확대 재생산하고 있는 것처럼 필자는 언어 기능 교육용 융합 지식을 만들어 보겠다는 야심 차지만 실현 가능성이 희박한 목표를 세웠다. 이를 위해 석사과정 때에는 이공계를 포함한 11개 분야의 논문 공모전에 도전하여 각 분야에 적합한 읽기와 쓰기 전략을 탐구하였다. 박사과정 때는 이를 토대로 과학, 기술, 공학, 예술, 수학, 문학, 역사, 철학, 지리 분야의 지식을 융합한 언어 기능 교육 프로그램을 교육 현장에 적용하기 시작하였다.

　이 책에 정리한 내용은 2001년부터 2017년까지 통합 교과 논술, 인문학을 포함하는 한국형 융합 교육(수레바퀴모형), R&E(연구를 통한 교육), 한국공학한림원의 공학 글쓰기와 말하기 프로젝트를 통해 일선 학교 현장에 적용한 지식 중에서 다산 정약용의 공학적 업적만을 발췌한 것이다. 중고등학교 학생은 물론 일반인들도 쉽게 이해할 수 있는 지식을 만들어 내기 위하여 필자는 공신력 있는 사료를 검토하는 일과 더불어 남양주 정약용 생가, 다산기념관, 다산문화관과 수원 화성, 화성박물관, 강진 다산초당 등 다산 정약용의 흔적이 남아 있는 곳을 자주 찾아 정약용의 시선으로 현상을 분석하고자 애썼다. 토목 공학계와 기계 공학계의 검증이 필요한 내용은 한국공학한림원 소속 교수진의 검토와 한국과학사학회의 논문 심사 과정을 통해 수정·보완하는 과정을 거쳤다. 이처럼 교육용 지식으로 활용하기 위한 권위를 확보하는 과정에서 정약용의 공학적 업적을 한 편의 책으로 묶는 데만 정약용의 유배 기간과 비슷한 17년의 시간이 흐르고 말았다. 이 역시 한국공학한림원과 유능한 현장 선생님들의 도움이 없었다면 불가능한 일이었다.

　정약용은 유배 기간에 다양한 분야의 책을 저술하여 실학을 집대성한 학자로 널리 알려져 있다. 정약용은 초·중·고 역사(사회), 윤리(도덕), 국어 과목에서 모두 다루고 있는 중요한 인물이다. 이처럼 다양한 과목, 여러 학년에서 정약용과 관련된 내용을 다루고 있지만, 체계적인 계열성을 가지고 기술되어 있다기보다는 '정약용이 다양한 분야의 책을 저술하였으며, 거중기를 제작하여 화성 건설 기간을 단축했다'는 수준에서 맴돌고 있다.

이는 국어, 사회, 역사, 윤리 교과서를 집필하는 인문·사회 분야 전문가들이 이공계 분야의 학자들과 소통하지 못한 상태에서 '실학'이라는 분석의 틀을 설정하고 교육 과정을 해석하였기 때문이다. 필자는 이러한 현상의 원인을 인문·사회 분야 학문과 자연·공학 분야 학문이 소통하지 못했기 때문이라 보고, 정약용을 실학을 집대성한 학자로 좁게 보는 시각에서 과감하게 벗어나고자 하였다.

이 책에서는 정약용을 '저술가'보다는 실천가인 '엔지니어'로 규정하고, 그의 업적을 토목 공학, 건축 공학, 도시 공학, 기계 공학, 자동차 공학, 조선 공학 등 6개 분야의 엔지니어로 나누어 구체적으로 재조명하였다. 필자는 단순히 정약용이 남긴 업적을 토대로 그를 엔지니어로 평가하는 것이 아니라, 그가 활동하던 18세기 후반이 바로 유럽에서 근대 공학과 근대 엔지니어의 개념이 성립하던 시기였다는 점에 주목하였다. 유럽을 중심으로 '시빌 엔지니어링(civil engineering)'과 엔지니어 집단이 성립되고 있을 때, 조선도 국가 주도의 한강 교량 건설과 신도시 화성 건설 프로젝트를 통해 엔지니어 집단과 공학 교육 시스템이 자생적으로 성립되면서 발전하고 있었다. 사학계에서 내재적 발전론의 관점에서 실학과 자본주의 맹아론을 강조하듯이, 필자는 이러한 현상을 '엔지니어링(공학) 맹아론'으로 보았다.

필자는 실학의 실체에 이의를 제기하는 입장을 소개하면서 정약용을 엔지니어로 규정하였고, 다시 실학을 근거로 하는 내재적 발선론의 입장에서 엔지니이링 맹아론을 피력하였다. 결국 실학을 부정하는 논의와 실학을 강조하는 논의를 융합하여 정약용을 근대 엔지니어로 평가한 것이다.

필자의 작업은 사상사 분야의 김용옥 교수님, 건축 공학 분야의 김동욱 교수님(전 경기대 건축공학과)과 김장훈 교수님(아주대학교 건축학부), 사학 분야의 이달호 박사님(전 화성박물관장) 등 실학, 건축, 화성 전문가들이 남긴 주옥같은 저서들의 도움 없이는 불가능했다. 무엇보다도 정약용 선생이 남긴 한문을 한글로 되살려 새로운 생명력을 불어 넣은 한국고전번역원과 다산학술문화재단의 소중한 국역 자료가 큰 도움이 되었다.

필자의 문·이과 융합 교육론을 지지하며 많은 도움을 주신 한국공학한림원과 연세대학교 토목환경공학과 김문겸 교수님, 서울대학교 기계항공공학부 김윤영 교수님, 배다리 구조에 관한 논문을 검토해주시고 수정 방향을 안내해 주신 서울대학교 과학사 및 과학철학 전공 임종태 교수님과 논문을 꼼꼼하게 검토해 주신 익명의 한국과학사학회와 다산학술문화재단의 심사위원님들께도 감사의 마음을 전한다. 하나고등학교 이효근, 정형식 선생님과 인천하늘고등학교 김일형 교장 선생님, 이중언 선생님 그리고 미림여자고등학교 주석훈 교장 선생님의 도움이 없었다면 필자의 이론을 현장에 적용하고 다듬는 일은 불가능했을 것이다.

이제 필자에게 남겨진 숙명은 정약용의 공학적 성과에 관해 읽고, 쓰고, 말하면서 탐구하는 활동이 초·중·고 학생들의 언어 사용 능력(읽기, 쓰기, 말하기)을 어떻게 발전시키는가를 탐구하여 우리 교육계에 내놓는 일이다. 이는 국어교육학자가 왜 뜬금없이 공학을 천착해 왔는가에 대한 변명이기도 하다.

2017년 8월
김평원

목차

머리말 • 4

1. 실학자에서 엔지니어로, 저술가에서 실천가로
J의 직업은 무엇일까 • 14
정말로 거중기 덕분이었나 • 18
정약용은 스스로를 실학자라 생각했을까 • 22
엔지니어 정약용이라 부르기 어색한 까닭은 • 25

2. 도시 공학자 정약용, 신도시 화성을 설계하다
정약용의 화성 설계도는 어디에 있을까 • 30
신도시 화성 건설 지침 「성설」 • 32
옹성도 막지 못한 경제의 길 • 44
화성을 동서로 가르는 물길 • 49

3. 건축 공학자 정약용, 새로운 공법을 제시하다
만들어서 옮긴 후 조립하는 PC 공법 • 56
시공 과정에서 수정·보완된 정약용의 설계 • 62
정약용의 설계, 시공 과정에서 무시되다 • 78

4. 기계 공학자 정약용, 거중기와 녹로를 개량 발명하다

거중기는 무엇에 쓰는 기계인가 • 88
복합 도르래의 동시 발견 현상 • 95
시제품 기중소가와 완제품 거중기 • 108
조선의 지브 크레인 녹로 • 118
테렌츠 대신 라멜리의 도면을 참조했다면 • 124

5. 자동차 공학자 정약용, 유형거를 발명하다

좁은 폭과 높은 무게 중심, 수레의 상식을 뒤집다 • 130
크레인과 수레의 기능을 통합한 다목적 장비 • 135
소는 끌고 사람은 흔들고, 유형차인가 유형거인가 • 140
수레가 받을 충격을 흡수하도록 형태를 변형하다 • 142
펌핑으로 보조 추진력을 얻다 • 146

6. 조선 공학자 정약용, 배다리를 설계하다

한강 배다리 건설 지침『주교지남』• 154
흘수와 건현을 측정하여 설계한 배다리 하부 구조 • 160
정약용의 부판 다리와 군산의 부잔교 • 164

7. 토목 공학자 정약용, 거더교를 설계하다

거더교로 설계한 배다리 상부 구조 • 172
어느 위치에서 어떻게 보를 결합했을까 • 175
맞춤보다 묶음이 더 효율적인 까닭은 • 182
엔지니어 정약용의 내진 설계 철학 • 185

8. 조선 후기 근대 공학의 성립과 엔지니어 집단의 형성

열심히 일하게 만드는 법 • 194
엔지니어와 테크니션 집단의 형성 • 198
엔지니어 정약용과 테크니션 장영실 • 203
배다리와 신도시 건설 현장에서 싹튼 조선의 근대 공학 • 206
엔지니어 정약용의 공학적 사고 • 213

부록

부록 01 _ 정약용의 자찬묘지명 중 공학 관련 내용 • 220
부록 02 _ 「성설」 국역본 • 222
부록 03 _ 「옹성도설」 국역본 • 231
부록 04 _ 「포루도설」 국역본 • 233
부록 05 _ 「현안도설」 국역본 • 242
부록 06 _ 「누조도설」 국역본 • 245
부록 07 _ 「기중가도설」 국역본 • 247
부록 08 _ 「주교절목」 논변 국역본 • 252
부록 09 _ 『주교지남』 국역본 • 261
부록 10 _ 「주교사개정절목」 국역본 • 271
부록 11 _ 『만기요람』, 재용편 5, 주교 편 국역본 • 281
부록 12 _ 『일성록』 1792년 윤4월 6일 기사 국역본 • 282
부록 13 _ 『각사등록』 충청 감영 장계 국역본 • 284
부록 14 _ 모형 제작 사례 • 285
부록 15 _ 거중기와 녹로를 개량한 창작 모형 사례 • 294

참고 문헌 • 307
도판 목록 • 309
표 목록 • 315

1. 실학자에서 엔지니어로, 저술가에서 실천가로

J의 직업은 무엇일까
정말로 거중기 덕분이었나
정약용은 스스로를 실학자라 생각했을까
엔지니어 정약용이라 부르기 어색한 까닭은

J의 직업은 무엇일까

사람들에게 아래의 이야기를 읽게 한 후 주인공 J의 직업을 묻는 문제를 풀어 보게 하였다.

[문제] 다음 글에 소개된 남자 J의 직업으로 가장 적절한 것은?

J의 일생[†]

고등 공무원 임용 시험에 차석으로 합격한 28세 청년 J는 첫 발령을 받자마자 다시 대통령 직속 연구소로 파견되었다. 이 연구소는 국가 인재로 성장할 가능성이 큰 청년 공무원들을 직무 대신 연구에 전념하도록 배려한 곳이다. 당시 정부는 대규모 인원이 동시에 한강을 건널 수 있는 배다리를 설계하고 있었는데 적합한 공법을 찾지 못해 많은 시행착오를 겪고 있었다. 대통령은 우연히 J에게 그 방법을 물었는데, J는 마치 오래전부터 준비를 하고 있었던 듯 탁월한 공법을 제시하였다. 결국 배다리 공사는 1년 차 공무원에 불과한 J가 제안한 방식을 따라 대통령령으로 시공 지침을 발표한 후 시행하게 되었다.

3년 뒤, 대통령은 부친상으로 휴직하고 있던 J에게 신도시 설계와 더불어 건설 장비들을 개발할 것을 지시하였고, J는 신도시를 설계함은 물론 크레인과 특수 운반 차량을 발명하여 대통령의 기대에 부응하였다. 신도시 역시 배다리 건설과 마찬가지로 대통령령으로 시공 지침을 발표한 후 시공하게 되었다. J는 계속 승진하면서 승승장구하였으나, 대통령의

[†] 이야기 <J의 일생>에 묘사한 인물, 도서, 장비, 사건이 의미하는 것을 정리하면 다음과 같다.
① 대통령
  ☞ 정조(正祖, 1752~1800)
② J
  ☞ 다산 정약용(丁若鏞, 1762~1836)
③ 대통령 직속 연구소에 공무원을 파견하는 제도
  ☞ 초계문신(抄啓文臣) 제도
④ 대통령령 배다리 시공 지침
  ☞ 『주교지남(舟橋指南)』
⑤ 수원 신도시 시공 지침
  ☞ 「어제성화주략(御製城華籌略)」
⑥ 수원 신도시 건설 준공 보고서
  ☞ 『화성성역의궤(華城城役儀軌)』
⑦ 크레인
  ☞ 거중기(擧重機)와 녹로(轆轤)
⑧ 특수 운반 차량
  ☞ 유형거(遊衡車)
⑨ 지방 통신 사무소 관리
  ☞ 금정찰방(金井察訪)
⑩ 국가가 허락하지 않은 종교 활동을 핑계로 징계를 받은 사건
  ☞ 1801년 신유사옥(辛酉邪獄)

> 총애를 받던 J를 시기하는 반대파들이 너무 많아 대통령은 J의 직위를 낮춰 지방의 통신 사무소 관리로 보내기도 했다.
> 　정부는 신도시 건설을 2년 9개월 만에 성공적으로 끝마쳤으나, 몇 년 뒤 건강이 악화된 대통령이 갑자기 사망해 버리는 사건이 일어났다. 대통령의 총애를 받았던 J는 국가가 허락하지 않는 종교 활동을 했다는 구실 아래 파직되어 멀리 추방되었다. J의 11년간의 공직 생활(28세~39세)은 이렇게 막을 내렸다. 그 뒤 배다리와 신도시의 건설 보고서 등 정부의 각종 기록에서 J의 이름이 삭제되었다.
> 　J는 추방된 후 정치학, 의학, 법학과 관련된 수많은 책을 저술하면서 때를 기다렸으나, 정부는 그를 불러 주지 않았다. 18년 후 간신히 추방에서 풀려났음에도 J는 복직하지 못하고 그 뒤 18년을 더 방황하다 우리 곁을 떠났다. 그 뒤 사람들은 청년 시절의 J를 기억하기보다는 그가 유배 시절에 남긴 다양한 분야의 책을 기억하게 되었다.
>
> ① 엔지니어　② 정치가　③ 의학자　④ 법학자　⑤ 저술가

　이 이야기를 읽은 많은 사람들은 ①번 엔지니어를 답으로 선택하였다. 성인들은 J가 정약용(丁若鏞, 1762~1836)임을 알고 ⑤번 저술가를 선택하는 경우도 많았지만, 중·고등학교 학생들은 대부분 J의 직업을 엔지니어라고 판단하였다. 그러나 J가 정약용임을 알려 준 후 되물었을 때는 답을 수정하여 ⑤번 저술가를 선택하는 경우가 많았다. 이러한 현상은 정약용을 많은 책을 저술한 실학자로 가르치고 있는 학교 교육의 영향 때문일 것이다.

　공학 이론서를 쓴 엔지니어나 의학 서적을 펴낸 의사와 같이 현직에서 활동한 직무와 관련된 책을 쓴 경우는 직업과 저술가를 구분하는 것이 무의미하다. 우리가 유치환†을 국어 교사로 기억하지 않고, 시인으로 기억하는 까닭은 시를 가르치면서 시를 창작했기 때문이다. 하지만 정약용의 경우는 청년 시절에 두각을 나타낸 직무 영역과 실무에서 물러나 집필한 책의 성격이 많이 다르기 때문에, 엔지니어로 보느냐 또는 저술가로 보느냐에 따라 전혀 다른 시각에서 그의 삶을 해석할 수 있다.

† 유치환(柳致環, 1908~1967) 호는 청마. 6·25 전쟁 때 정훈장교로 활약하였고 소령으로 예편하여 통영여자중학교 국어 교사를 거쳐 부산남여자상업고등학교 교장을 지낸 바 있다.

오늘날의 관점에서 판단한다면 조선 후기 실학(實學)을 집대성한 학자로 널리 알려진 정약용의 직업은 무엇이라고 해야 할까? J의 일생 이야기를 통해 우리는 정약용의 직업을 판단하는 기준과 관련하여 다음과 같은 두 가지 질문을 던질 수 있다.

정약용의 직업을 판단하는 기준은?

1. 한 사람의 직업은 **현직에서 활동했던 업적**을 기준으로 판단해야 할까? 아니면 **퇴직 후에 저술한 업적**(현직과 관련성이 떨어지는 분야)을 기준으로 판단해야 할까?
2. **학자가 엔지니어 쪽 재능까지 발휘한 것**과 **엔지니어가 학자적 재능을 발휘한 것**을 판단하는 기준은 무엇일까?

평생 환자를 치료하다가 퇴직하고 책을 쓰지 않은 사람과, 환자를 치료하지는 않았으나 공무원 퇴직 후 의학을 연구하여 책을 쓴 경우 우리는 둘 중 누구를 '의사'라고 생각하는가? 엔지니어가 퇴직 후 다양한 분야를 연구하여 책을 많이 쓴 경우라도, 현직에 있을 때 엔지니어로 활동했다면 엔지니어를 그의 직업으로 보는 것이 합리적이지 않을까? 직업을 판단할 때는 집필한 책의 성격을 파악하는 것도 중요하지만, 직접 활동한 직무 영역에 중점을 두고 판단하는 것이 타당하기 때문이다.

오늘날의 관점에서 정약용은 공학적 소양을 갖춘 인문학자일까? 아니면 인문학적 소양을 갖춘 엔지니어일까? 정약용은 이미 초계문신† 시절 한강 배다리(주교)를 설계하였고, 계속 승진하면서 신도시 수원 화성을 설계함과 동시에 거중기(擧重機)를 비롯하여 다양한 건설 기계를 발명하는 등 엔지니어로서 활동한 후, 유배지로 물러나 많은 분야의 책을 저술하였다. 정약용의 관료 생활은 11년 정도로 볼 수 있지만 부친상 기간을 제외하면 실제 근무 기간은 10년도 되지 않았다. 정약용은 초계문신으로서 정조 가까이에서 연구에 전념하던 28세에 배다리를 설계하였고, 부친상을 치르던 31세에 신도

---

† **초계문신(抄啓文臣)**
규장각에 특별히 마련된 교육 및 연구 과정을 밟던 문신들을 이른다. 정조가 실시한 초계문신 제도는 젊고 재능 있는 문신들을 의정부에서 초선하여 규장각(奎章閣)에 위탁하여 교육시키는 인재 양성 제도이다. 사도 세자의 무덤을 수원으로 이장하던 해인 1789년 3월, 28세의 정약용은 식년시 대과에 차석으로 합격하여 관직에 입문하였으며, 바로 초계문신으로 뽑혀 규장각에서 연구에 집중했다.

시 화성을 설계하고 다양한 건설 장비를 개발하였다. 이처럼 정약용은 공직에 입문하는 시점과 부친상으로 잠시 물러나 있던 시기에 국가 단위 공사에서 자신의 능력을 널리 알리게 되었다.

표 I-1 정약용의 관료 생활

시기	나이	직위	비고
1789년	28세	희릉직장, 규장각 초계문신, **배다리 설계**	
1790년	29세	예문관 검열, 사간원 정언, 사헌부 지평	
1791년	30세	사간원 정언, 사헌부 지평	
1792년	31세	홍문관 수찬, 휴직, 휴직 중 **화성 설계**	부친상
1793년	32세	휴직	부친상
1794년	33세	복직, 성균관 직강, 홍문관 교리, 홍문관 수찬, 홍문관 부교리	화성 착공
1795년	34세	사간원 사간, 승정원 동부승지, 병조 참의(화성 행차), 승정원 우부승지, 금정찰방(좌천), 용양위 부사직	혜경궁 회갑연
1796년	35세	병조 참의, 우부승지, 좌부승지, 부호군	화성 완공
1797년	36세	곡산부사	
1798년	37세	곡산부사	
1799년	38세	황주영위사, 병조 참의, 동부승지, 부호군, 형조 참의, 형조 참의 사직	채제공 승하
1800년	39세		정조 승하

한강 배다리의 공법을 개발하고, 신도시 화성을 설계함과 동시에 건설 장비와 운송 장비를 발명하는 일은 사적인 이익을 추구하는 활동이 아니라 대형 국가 프로젝트이다. 우리는 정약용을 실학을 집대성한 학자로 알고 있지만, 생애 주기† 적 관점에서 정약용의 삶을 되돌아보면 청년 관리 시절에 두각을 나타냈던 직무 활동인 '엔지니어링'을 그의 직업으로 보는 것이 타당할 수 있다. 정약용은 청년 시절 국가 엔지니어로 활동한 후, 남은 삶의 대부분을 유배지에서 많은 책을 저술한 학자로 보냈기 때문이다.

† 생애 주기
시간의 흐름에 따라 변화해 나가는 개인 생애의 단계별 과정으로 일반적으로 개인의 생애 주기는 영아기, 유아기, 아동기, 청소년기, 성년기, 중년기, 노년기 등으로 구분한다.

정말로
거중기 덕분이었나

다음은 실제로 초등학교 수업 시간에 일어났던 일로 거중기의 활용 방법에 대해 교사와 학생 사이에서 오간 대화를 재구성한 것이다.

선생님: 교과서에 적힌 것처럼 수원 화성은 정약용 선생이 발명한 거중기를 활용해서 빨리 건설할 수 있었어요.
학　생: 선생님, 거중기로 돌을 들어 올린 다음에 어떻게 돌을 옮겨 성벽을 쌓았나요?
선생님: 글쎄, 성벽에서 거중기 쪽으로 널빤지를 연결한 다음 돌을 끌어당기지 않았을까?
학　생: 그럼, 거중기를 몇 대† 나 사용했나요?
선생님: 공사 기간을 단축했다고 하니 많이 사용했겠지요. 11대를 사용했다고 들은 것 같은데……. 거중기와 관련해서는 도르래의 원리 외에는 시험에 안 나오니 그런 것은 몰라도 됩니다.

실제로 일선 학교 현장에서는 거중기로 돌을 들어 올린 다음 어떻게 작업하는지를 질문하는 학생들이 많지만 교사들은 명확한 답을 해 줄 수 없다. 교과서는 거중기를 활용하여 수원 화성을 건설하는 데 필요한 인력과 비용을 절약하였다고 기술하였지만 거중기로 성벽을 쌓는 구체적인 방법에 대해 설명하는 내용은 없기 때문이다.†

이와 관련된 설명은 교사의 재량이다. 거중기를 활용하여 공사 기간을

---

† 건설 장비나 도구를 세는 단위
부: 거중기
량: 유형거
좌: 녹로, 설마, 구판
기록에 따르면 거중기는 '몇 부'로 표현하는 것이 맞다.

† 거중기로 성벽을 쌓았다는 구체적인 기록은 『조선왕조실록』, 『화성성역의궤』(1801)를 비롯해 정약용이 남긴 글을 집대성한 『여유당전서(與猶堂全書)』 그 어디에서도 찾을 수 없다.

그림 I-1 수원화성박물관 앞에 실물 크기로 복원된 거중기

그림 I-2 수원화성박물관 앞에 실물 크기로 복원된 유형거

단축하였다며 11부의 거중기들이 화성 공사 현장 곳곳에서 축성 도구로 활용된 것으로 잘못 설명하는 자료들도 많다.† 이는 화성 건설 시 정약용이 발명하여 활용한 운반 수레인 유형거(游衡車) 11량을 활용한 것과 혼동했기 때문에 일어난 일이다.

† 거중기와 유형거를 혼동하는 사례
"화성 건설에서는 작업 능률을 4~5배로 높일 수 있었다. 화성 건설에는 모두 11대의 거중기가 사용되었다. 중앙 정부에서 샘플로 1대를 만들었고 수원 현지에서 이 샘플을 본 따 10대를 만들었다. (후략)"
<출처 : 정책 뉴스, 2004년 6월 12일>

그림 I-3 수원화성박물관 앞에 실물 크기로 복원된 녹로

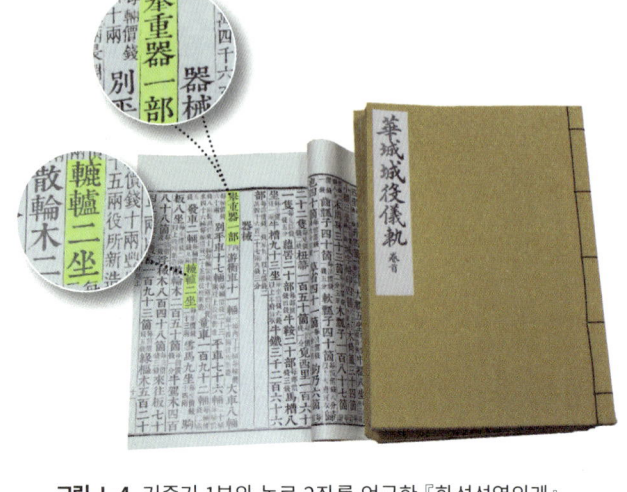

그림 I-4 거중기 1부와 녹로 2좌를 언급한 『화성성역의궤』

거중기는 실학을 상징하는 대표적인 기계로 수원 화성과 정약용을 논의할 때 빠지지 않고 등장하지만 구체적인 사용 방법을 명확하게 파악하기는 쉽지 않다. 학생들의 입장에서는 거중기보다는 오히려 현대 크레인과 형태가 유사한 녹로(轆轤)를 사용하여 성벽을 쌓는 것을 추론하는 것이 더 쉽다.

화성 건설 후 발간한 『화성성역의궤』[†]에 따르면 실제 화성 건설 현장에서 활용한 거중기는 1부, 녹로는 2좌[†] 뿐이었기 때문에 "거중기 덕분에 공사 기간을 단축할 수 있었다."라는 식으로 해석하는 것은 문제가 많다. 거중기를 사용하여 공사 기간을 단축했다는 공식적인 기록은 없고, 다만 정약용의 자찬묘지명[†]에서 공사비 4만 냥을 줄일 수 있었다고 한 정조의 말을 전하고 있기 때문이다. 4만 냥은 화성 전체 공사비 약 87만 냥 중 5퍼센트에 불과하기 때문에 거중기를 사용해서 공사 기간을 줄일 수 있었다는 자료는 잘못된 것이다. 비용을 줄인 것과 공사 기간을 줄인 것은 전혀 다른 문제이기 때문이다.

거중기 1부로 약 5.7킬로미터에 달하는 성벽과 시설물들을 만드는 대형 공사의 기간을 10년에서 3년 이내로 단축시켰다고 평가하기에는 문제가 있음에도 불구하고, 이 문제를 공론화하면서 실질적인 논쟁을 시도한 사례는 없

[†] 『화성성역의궤(華城城役儀軌)』
1794~1796년 수원 화성에 성을 쌓고 도시를 건설하는 것과 관련된 내용을 정리한 책으로, 2007년 7월 유네스코(UNESCO) 세계 기록 유산으로 등재되었다.

[†] 『화성성역의궤』 권 5 재용 상(上)편 기록에 따르면 거중기는 1부, 녹로는 2좌가 사용되었다.

[†] 자찬묘지명(自撰墓誌銘)
정약용이 1822년 회갑을 맞아 스스로 지은 자신의 묘지명으로, '요약된 자서전'정도로 이해하면 된다. [부록01] 정약용의 자찬묘지명 중 공학 관련 내용 참조.

었다. 이러한 현상의 원인은 다음과 같이 크게 세 가지로 정리할 수 있다.

첫째, 조상의 위대한 업적을 폄하하는 논리로 오해를 받을 수 있기 때문에 공론화 자체를 꺼려 했기 때문이다. 거북선의 구조, 첨성대의 용도† 등 전통 공학을 둘러싼 유사한 논쟁에서도 이러한 민감한 문제 때문에 논의가 진전되지 못하고 중단되는 경우가 많았다.

둘째, 공학적 소양과 인문학적 소양을 두루 갖춘 연구자가 부족했기 때문이다. 거중기의 실제 쓰임새에 관해 연구하려면 거중기의 역학적 특성 및 건축·토목 분야에 대한 식견과 더불어 고문서를 통해 당시의 정치·경제·사회·문화를 읽어 낼 수 있는 인문학적 소양을 모두 갖추어야 한다. 학과 중심으로 운영되는 우리나라 대학과 실용적인 연구에 집중하는 국책 연구 기관의 풍토에서 거중기의 구체적인 용도를 밝히는 연구에 집중할 학자가 나오기는 어려운 것이 사실이다.

셋째, 인문·사회 계열(국어, 사회, 역사, 윤리) 교과서 집필진들이 이공계 학자들과 소통하지 못한 상태에서 사학계의 정설인 '실학'이라는 분석의 틀을 설정하고 정약용의 업적을 해석하였기 때문이다. 교과서는 학교에서 공부할 내용과 평가 방향을 결정하는 막대한 힘을 가지고 있기 때문에 교과서에 적힌 내용은 의심 없이 진리로 받아들이게 된다.

† 거북선의 구조와 첨성대의 용도
조상의 조선 기술을 강조할수록 거북선의 구조는 복잡해진다. 거북선의 구조는 2층설, 반 2층설을 거쳐 3층설로 발전하고 있다.
조상의 천문학 수준을 강조할수록 첨성대는 첨단 시설물로 간주된다. 첨성대의 용도는 상징적인 표지석에서 첨단 관측 시설로 발전하고 있다.

정약용은 스스로를
실학자라 생각했을까

정약용은 초·중·고 교과서에서 모두 강조하고 있는 학자로서 역사(사회), 국어(문학), 윤리(도덕), 과학 과목에서 모두 다루고 있는 중요한 인물이다. 다양한 과목, 여러 학년에서 다루고 있지만 학년에 맞게 체계적인 분류에 따라 기술되어 있다기보다는 "정약용이 다양한 분야의 책을 저술하여 실학을 집대성하였으며 거중기를 제작하여 화성 건설에 기여했다."는 내용을 반복하는 수준에서 맴돌고 있다.

다음은 2009 개정 교육 과정, 초등학교 6학년 사회 교과서 '조선 사회의 새로운 움직임'이라는 대단원 아래 편성된 소단원 '새로운 문물을 받아들인 조선' 중에서 정약용과 관련된 기술 내용이다.

초등학교 6학년 사회 교과서

2. 새로운 문물을 받아들인 조선

실학자 정약용은 오랜 유배 생활 중에도 연구를 계속하여 많은 책을 남겼다. 나라를 바로잡기 위하여 토지 제도를 바꾸고 인재를 고르게 활용해야 한다는 내용을 담은 『경세유표』, 지방의 관리가 지켜야 할 내용을 담은 『목민심서』 등의 책을 썼다.

정약용은 백성을 위한 정치뿐만 아니라 과학 기술과 건축에도 관심이 많았다. 관직에 있을 때 우리나라와 중국의 성을 연구하여 수원 화성을 설계하였고, 거중기를 고안하여 수원 화성을 건설하는 데에 필요한 인력과 비용을 절약하였다.

이처럼 초등학교 6학년 사회 교과서에서는 실학자 정약용이 유배지에서 많은 책을 썼음을 강조하고 있다. 관직에 있을 때 화성을 설계했음을 밝히고 두 쪽에 걸쳐 수원 화성과 거중기를 소개하고 있으나 정약용이 구체적으로 화성 건설에서 어떠한 활약을 했는가를 설명하지는 않았다. 결국 엔지니어 정약용의 활동을 아이들의 눈높이에 맞게 설명하는 것은 교사의 몫인 셈이다.

고등학교 한국사 교과에서는 초등학교에서 간단히 언급하고 지나갔던 실학이 무엇이며, 정약용이 구체적으로 무엇을 집대성했는지를 비교적 상세히 다루고 있다. 실생활에 유익한 것을 추구하는 실학은 17세기부터 18세기까지 융성한 새로운 학풍이다. 실학은 농업을 중시하는 경세치용† 학파, 상공업을 중시하는 이용후생† 학파, 국학을 중시하는 실사구시† 학파라는 세 가지 흐름 속에서 각각 독자적인 학문적 경향을 보이며 발전하였다가, 정약용에 의해 집대성된 것으로 정리되었다. 이러한 내용은 역사학계에서 합의를 본 지식으로 자리 잡아 학교에서 가르치고 있으며 각종 역사 시험에서 출제되고 있다.

표 I-2 고등학교 역사 교과서에 정리된 실학 관련 지식

학파	중심	실학자
경세치용 학파	농업	유형원, 이익, 정약용
이용후생 학파	상공업	유수원, 홍대용, 박지원, 박제가
실사구시 학파	국학	안정복, 신경준, 유득공, 이중환, 김정희, 김정호

이처럼 교과서 속의 정약용은 실용적인 학문, 생활에 도움을 주는 학문인 실학을 연구하고 집대성한 위대한 저술가의 모습으로 그려지고 있다. 교과서 속의 설명은 17세기 이후 실학이라는 새로운 학문이 조선 사회에 널리 유행하면서 자리 잡고 있었다는 것을 전제로 하고 있다. 그렇다면 당시 정약용은 "나는 실학을 연구하고 실천하는 학자이다."라는 정체성을 가지고 그 많은 책을 집필한 것이었을까?

† 경세치용(經世致用)
세상을 다스리는 데 실질적인 이익을 줄 수 있는 것이어야 한다는 유학의 한 주장이다.

† 이용후생(利用厚生)
기구를 편리하게 쓰고 먹을 것과 입을 것을 넉넉하게 하여 국민의 생활을 나아지게 한다는 뜻이다.

† 실사구시(實事求是)
사실에 토대를 두어 진리를 탐구한다는 뜻으로 공리공론 대신 정확한 고증을 바탕으로 사고하는 학문 태도를 의미한다. 중국 청나라 고증학이 이에 해당한다.

최근에는 당연히 실재했다고 믿었던 실학의 개념이 흔들리고 있다. 이미 일부 학자들은 조선 후기 실학을 근거로 자생적 근대화론을 주장하는 것을 비판해 왔으며, 당연히 존재했었다고 배워 왔던 실학이 후대에서 설정한 '개념'일 뿐 당시에는 '실체'가 없었다는 강한 비판론이 제기되었다. 실학은 기존 성리학이 반성적으로 변화한 것이라는 견해(한우근 교수)와 조선에서 자생적으로 피어난 근대화의 학풍이라는 견해(이우종 교수)에 더하여, 실학 무용론†(김용옥 교수)까지 대두되면서 실학을 다루는 관점이 다양해지기 시작한 것이다.

실학이 존재하지 않았다고 주장하는 관점에서는 조선 후기에 현재의 우리가 실학이라고 규정할 수 있는 성격의 분위기가 싹트고는 있었지만 '실학'을 분명하게 내걸고 활동한 사상사적 흐름이 있다고 규정하는 것은 오류라고 보고 있다. 즉, 일제 강점기의 암울한 상황 속에서 조선 내에서 근대화의 씨앗을 찾으려고 만든 후대의 개념이라는 것이다. 조선 후기 당시에 실학이라는 학문 체계 또는 사상이 존재하지 않았다는 사실은 학교 교육을 통해 실학을 당연하게 실재했던 것으로 믿어 왔던 우리에게 매우 충격적으로 다가온다.

그동안 교과서를 통해 진리로 치부해 왔던 조선 후기 실학의 개념과 실체를 다루는 관점이 이렇게 다양해졌다면, 정약용을 실학을 집대성한 저술가로 좁게 다루는 시각에서 과감하게 벗어나 보는 것도 의미가 있다. 학문 간 융합이 중요해진 시대에서는 정약용과 거중기를 교과서와 교실 밖으로 꺼내, 엔지니어 정약용과 그가 남긴 공학적 업적을 되돌아보는 일이 필요하다.

† 실학 무용론
김용옥은 2004년 1월 발간한 『독기학설(讀氣學設): 최한기의 삶과 생각』에서 조선 후기 내재적 발전론(내발론)은 후대의 개념일 뿐이라고 주장하였다. 2004년 3월 25일 방송된 KBS「TV 책을 말하다」에서는 『독기학설』을 당시 인문학계 최대의 문제작으로 꼽았다.

엔지니어 정약용이라
부르기 어색한 까닭은

공학 또는 엔지니어링을 가리켜 흔히 '글로벌 스탠더드'†라고 하는 까닭은 세계적으로 비슷한 기준이 적용되는 학문 분야이기 때문이다. 이 말은 우리나라 대학의 토목공학과에서 배우는 내용과 미국 대학의 시빌 엔지니어링 전공(Department of Civil Engineering)에서 배우는 내용에 큰 차이가 없다는 의미이다. 그렇다면 우리가 쓰고 있는 한자어 '공학자(工學者)'와 외래어† '엔지니어(engineer)'의 개념에도 차이가 없는 것일까?

자신을 '공학을 전공한 엔지니어'라고 소개하는 경우를 흔히 볼 수 있는데, 이 말은 동어 반복에 불과한 것일까? 엔지니어링이 글로벌 스탠더드임에도 우리나라에서는 엔지니어라는 말보다는 공학자라는 말을 더 많이 사용하고 있다. 그 이유는 미국인들이 사용하는 외국어 'engineer'와 우리가 사용하는 외래어 '엔지니어'의 의미에 차이가 있기 때문이다. 미국인들은 엔지니어를 공학을 전문적으로 연구하는 전문가로 좁게 보는 반면, 우리 언중들은 엔지니어를 공학자와 기술자를 아우르는 넓은 개념으로 인식하고 있다.† 이처럼 일반인들과 공과 대학 졸업자들이 인식하고 있는 엔지니어의 개념에 차이가 있기 때문에, 외국인들에게는 자신을 엔지니어라고 소개하던 사람들도 우리나라 사람들에게는 '공학을 전공한 엔지니어'라고 소개하는 것이다. '공학을 전공한 엔지니어'라는 표현을 통해 대학에서 이론을 공부했음을 강조하는 것이다.

일반인들이 '엔지니어 정약용'이라는 말을 들었을 때는 "위대한 실학자를 평범한 일개 기술자로 폄하하는 것인가?"라는 느낌이 드는 까닭도 이 때문이다. 우리가 정약용을 엔지니어라고 부르기 주저하는 까닭은 그렇게 배워 본

† 글로벌 스탠더드
(global standard)
세계 시장에서 기준으로 통용되는 규범이다. ISO(국제 표준화 기구) 인증과 같이 기관의 승인에 의해 규정된 공식적인 표준과 경쟁을 통해 시장의 대세를 장악한 사실상의 표준이 있다.

† 외래어와 외국어
외래어는 외국에서 들어온 말로 국어처럼 쓰이는 단어이다. 외래어는 국립 국어원 표준 국어 대사전에 등재되어 국어 어휘로 인정받은 단어를, 외국어는 아직 표준 국어 대사전에 등재되지 않아 국어 어휘로 인정받지 못한 단어로 구분할 수 있다.

† 한자어 '공학(工學)'과 외래어 '엔지니어링(engineering)'은 개념이 정립된 후 사용된 용어가 아니다. 표준 국어 대사전에서는 공학자를 전문직으로, 엔지니어를 공학자와 기술자를 포함하는 넓은 개념으로 정의하고 있다.

적이 없고, 불러 본 적이 없어 어색하기 때문이다.

청년 시절 정약용이 활약했던 시기에는 엔지니어라는 직업이 없었기 때문에 그를 엔지니어라고 보는 것은 무리라고 생각할 수 있다. 하지만 정약용이 활동했던 18세기 후반은 산업 혁명과 더불어 근대 엔지니어라는 직업의 개념이 생겨난 시기였고, 조선 역시 국가 주도의 대형 프로젝트인 한강 배다리 건설 사업이 이루어지고 있었고 수원 화성 건설을 통해 근대 엔지니어 집단이 형성되고 있었다.

엔지니어 정약용은 신도시 화성을 설계†한 도시 공학자이자 건축 공학자이다. 동시에 정약용은 화성 건설에 필요한 장비인 거중기를 개량 발명†하고, 밧줄을 감는 장치인 녹로를 대형 크레인으로 개량†한 기계 공학자이기도 하다. 자동차 공학자인 정약용은 인간의 힘으로 차량의 완충 장치를 제어할 수 있는 특수 운반 차량인 유형거를 발명†하였다. 정약용은 한강 배다리의 상부 구조를 설계했다는 점에서 토목 공학자이며, 배의 부력을 체계적으로 계량화하여 배다리의 하부 구조를 설계했다는 점에서 조선 공학자이기도 하다. 이처럼 28세부터 31세까지 건설과 기계 분야에서 엔지니어 정약용이 발휘한 능력은 실로 놀랍기만 하다.

† **설계**
공학적 메커니즘을 적용하여 실제 구현 가능하도록 계획을 세운 것.

† **개량 발명**
세상에 없던 것을 새롭게 만든 것이 아니라 기존의 메커니즘을 참조하여 새로운 것을 만든 것.

† **개량**
공학적 메커니즘은 큰 차이가 없으나 공사 현장에 맞게 그 형태의 일부를 개선한 것.

† **발명**
세상에 없던 공학적 메커니즘을 창조한 것.

그림 I-5 엔지니어 정약용이 활약한 6개 공학 분야

이 책에서는 각 분야별로 엔지니어 정약용이 남긴 성과물을 면밀하게 살펴 그 수준과 가치를 평가할 것이며, 이를 토대로 조선 후기 엔지니어(공학자)와 테크니션(기술자) 집단이 어떻게 형성되었는가를 살펴본 후, 프랑스와 마찬가지로 우리 조선도 근대 공학이 자생적으로 형성되어 발전하고 있었음을 살펴볼 것이다.

2. 도시 공학자 정약용, 신도시 화성을 설계하다

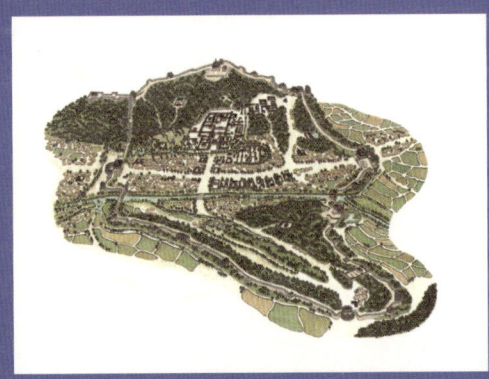

정약용의 화성 설계도는 어디에 있을까
신도시 화성 건설 지침 「성설」
옹성도 막지 못한 경제의 길
화성을 동서로 가르는 물길

정약용의 화성 설계도는 어디에 있을까

건설 공학, 토목 공학, 건축 공학, 도시 공학의 차이는 무엇일까? 표준국어 대사전에서는 '건설(建設)'을 '건물, 설비, 시설을 새로 만들어 세우는 것'으로 정의하고 있다. 하지만 우리는 건설 공학이라고 하지 않고, 건물을 짓는 것은 건축 공학, 설비나 시설을 짓는 것은 토목 공학으로 구분하고 있다.† 우리 학계는 학문적으로는 거의 동일함에도 불구하고 만들어 세우는 대상에 따라 건축 공학과 토목 공학으로 구분하고 있는 것이다. 최근에는 도시의 구성 요소, 규모, 배치, 환경 등을 공학적인 입장에서 접근하는 도시 공학(都市工學)이 건축 공학과 토목 공학은 물론 공간과 관련된 학문 분야를 모두 아우르는 융합 전공으로 자리 잡고 있다.† 전통적인 토목 공학으로부터 건물을 짓는 건축 공학이 분화되고,† 도시라는 공간을 중심으로 이들이 다시 융합하면서 발전하고 있는 것이다.

그렇다면 수원 화성을 설계한 정약용은 오늘날 토목 공학자, 건축 공학자, 도시 공학자 중 어디에 해당될까? 전술한 바와 같이 토목 공학, 건축 공학, 도시 공학을 상호 배타적으로 명확하게 구분할 수 있는 기준은 없기 때문에 화성을 설계한 정약용은 건설과 관련된 세 분야의 엔지니어 능력을 모두 지녔다고 볼 수 있다. 정약용은 지구 단위 계획†에 해당하는 토목 설계도인 「성설」을 남겼으며, 건축 실계도에 해당하는 「옹성도설」, 「포루도설」, 「현안도설」, 「누조도설」을 남겼다.†

정약용이 남긴 도설(圖說)들은 선행 기술을 분석한 후 수원 화성 상황에 맞게 설계한 후 그림을 통해 설명하는 형식을 취하고 있다. 이는 현대의

---

† 짓는 대상에 따른 전공의 분류
건축 공학 - 사람이 거주하는 건물
토목 공학 - 건물 이외의 기반 시설

† 공간 중심의 전공을 융합한 도시 공학
도시 공학=건축 공학+토목 공학+도시 행정학+환경 공학+인문 지리학

† 기계 공학 역시 건설 기계를 만들면서 전통적인 토목 공학으로부터 분화하였다.

† 지구 단위 계획(地區單位計劃)
도시 기반 시설의 배치와 규모, 가구 및 획지의 규모와 조성 계획, 건축물의 용도, 건폐율, 용적률, 높이, 교통 처리 계획 등의 내용을 포함한 거시 계획을 말한다.

† 건설 분야의 업적
『다산시문집』 제10권
설(說), 「성설(城說)」,
「옹성도설(甕城圖說)」,
「포루도설(砲樓圖說)」,
「현안도설(懸眼圖說)」,
「누조도설(漏槽圖說)」

공학 논문이나 특허 명세서에서 사용하고 있는 전형적인 공학 글쓰기 방식이다. 정약용은 도설 후반부에서 자세한 내용은 그림으로 표현하였다고 했으나 현재까지 남아 있는 도면은 하나도 없다. 그림으로 설명하는 방식의 글에서 전해지는 그림이 없다는 것은 정말 아쉬운 일이다. 이 때문에 정약용의 화성 설계안을 추론할 때는 공사를 마치고 펴낸『화성성역의궤』를 정약용의 화성 설계도로 치부하는 것을 경계해야 한다. 정약용이 설계한 화성은『화성성역의궤』를 토대로 복원한 현재 수원 화성의 모습과는 다르기 때문이다. 다산 정약용과 관련하여 교과서에 참고 자료로 가장 많이 수록된 서북공심돈†은 정약용이 설계한 건물이 아니다.

그림 II-1 『화성성역의궤』에 담긴 서북공심돈의 모습

정약용이 처음에 설계했던 화성의 모습을 되살려 내기 위해서는 그림이 남아 있지 않은 도설들과『조선왕조실록』의 관련 기록, 정약용 스스로 자신의 일대기를 정리한 자찬묘지명, 화성 공사 기간에 제작된 군사 훈련 지도인「화성부성조도(華城府城操圖)」, 공사를 마치고 발행한『화성성역의궤』등을 종합하여 꼼꼼하게 퍼즐을 맞추어야 한다. 정약용이 설계한 최초의 화성 설계안은 실재하는 역사적 '사실'이 아니라 '추론'의 대상이기 때문이다.

† 화성의 공심돈(空心墩)
공심돈이란 내벽과 외벽을 원형 또는 방형으로 쌓아 올린 후 벽에 총구를 내어 적을 공격할 수 있도록 만든 성곽의 방어 시설이다.
남공심돈, 서북공심돈, 동북공심돈은 정약용이 설계한 건물이 아니라 현장 공사 감독의 제안으로 추가된 시설물이다.

신도시 화성 건설 지침 「성설」

† 유형원(柳馨遠, 1622-1673)
조선 중기 농업을 중시한 학자로서 저서 『반계수록(磻溪隨錄)』에 통치 제도에 관한 개혁안이 담겨 있다.

† 현륭원(顯隆園)
1776년, "죄인의 아들은 왕이 될 수 없다(罪人之子不爲君王)."라는 노론 세력의 견제 속에서 불안하게 왕위에 오른 정조는 아버지인 사도 세자의 복권 작업에 힘썼다. 1789년에 양주에 있던 사도 세자의 무덤을 수원으로 옮겨 현륭원을 조성한 일도 사도 세자의 복권을 위한 것이었다.

반계 유형원†은 읍성에 거주하는 주민의 수를 늘리고 경제 활동을 장려해 읍을 부유하게 해야 한다는 '신도시 개발론'을 제안하면서 수원읍을 구체적인 예로 들었다. 수원읍을 이전하여 읍성을 축조한다면 성 내외에 1만 호를 수용할 수 있는 경제 및 군사 도시로 발전할 것이라고 전망한 것이다. 정조는 유형원의 제안을 실천에 옮겨 수원읍 주민들을 팔달산(八達山) 동쪽으로 이주시킬 것을 명하고, 정약용에게 신도시 화성 설계를 지시하였다. 주민들이 떠난 구 수원읍에는 양주에 있던 사도 세자의 무덤을 옮겨 현륭원†을 조성하고 해마다 능행을 거행하였다.

그림 II-2 임오화변(壬午禍變) 당시 뒤주에 갇혀 세상을 떠난 사도 세자†

「성설」은 화성 공사를 1년여 앞둔 1792년 겨울에 정약용이 제출한 화성 건설 지침으로 기존 성제(城制)의 장점과 단점을 검토하고 명나라 병서 『무비지』†를 비롯 다양한 자료를 참조하여 만든 것이다. 「성설」은 규모에 관한 것 1건, 재료에 관한 것 1건, 공법에 관한 것 4건, 운송에 관한 것 2건 등 모두 8개의 건설 지침으로 구성되어 있는데, 이 중에서 성벽을 쌓는 공법을 설명한 3번 호참과 유형거 설계도를 설명한 7번 조거 지침이 가장 자세하게 설명된 핵심 전략이다. 「성설」에 담긴 내용을 인포그래픽으로 정리하면 아래와 같다.

† 『무비지(武備誌)』
1621년 명나라 모원의(茅元儀)가 고금의 병서(兵書) 2,000여 권을 240권으로 정리한 방대한 양의 병법서이다.

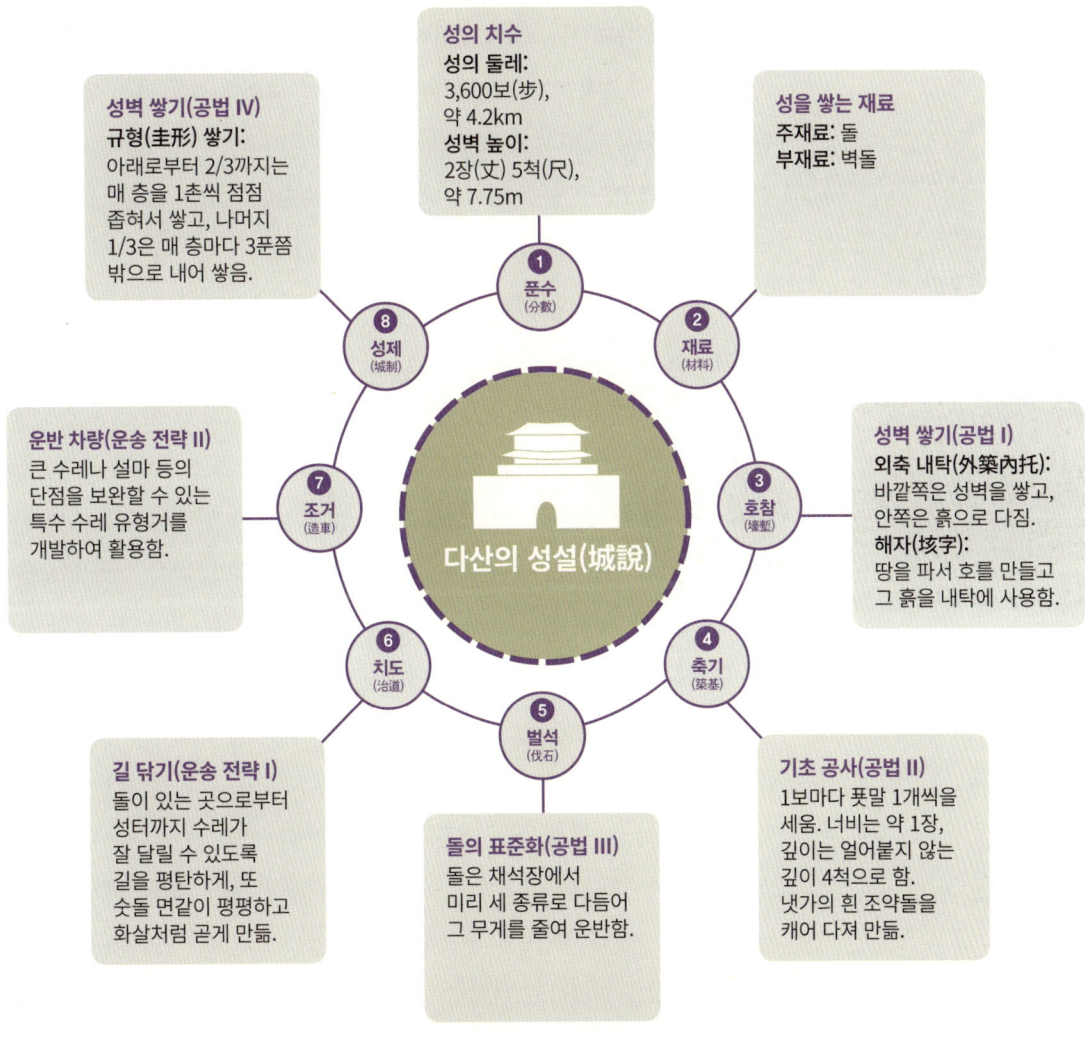

그림 II-3 정약용의 「성설」

정조는 정약용이 제출한 「성설」을 수정하지 않고 그대로 「어제성화주략」†으로 발표하였다. 그리고 그 뒤 1년 정도의 준비 기간을 거쳐 1793년 12월 6일에 성역소†가 설치되었다. 이때부터 공사 구역을 배당하고 구역별로 세부 공사 내용을 정하는 작업이 시작되었다. 이미 자리 잡은 북쪽 마을을 성안으로 편입시키는 과정에서 성의 규모에 관한 「성설」 1번 푼수 지침이 수정되었다. 1794년 1월 7일부터 기초 공사(터 닦기)가 4번 축기 지침에 따라 시작되었고, 1794년 2월 28일부터 장안문과 팔달문 공사가 시작되었다. 동시에 수원천의 물을 다른 곳으로 돌리는 공사와 더불어 북수문인 화홍문과 남수문의 기초 공사도 시작되었다. 성벽은 3번 호참 지침에 따라 외축 내탁(外築內托) 공법†이 적용되었으며, 건설 자재는 2번 재료 지침에 따라 벽돌보다는 돌을 주재료로 하였다. 돌은 5번 벌석 지침에 따라 규격을 정해 미리 다듬었으며, 6번 치도 지침에 의해 미리 준비된 운송로를 따라, 7번 조거 지침에 따라 제작된 수레를 활용하여 신속하게 진행되었다. 이처럼 화성은 정약용의 「성설」 지침을 적용하여 착공 2년 9개월 만인 1796년 9월에 공사가 완료되었다.†

성벽의 길이와 높이를 규정한 정약용의 「성설」 1번 푼수 지침은 가장 이상적인 규모라기보다는 화성을 건설할 당시 동원할 수 있는 인력과 축성 비용, 방어 능력 등을 고려하여 계산된 것이다.† 적이 쉽게 넘나들지 못하는 최저 높이, 최소의 인원으로 방어할 수 있는 최단 성벽 길이, 낮은 성벽을 보완할 수 있는 공격형 방어 시설 등을 설계의 핵심 요소로 보는 것이 타당하다.

성벽을 쌓는 가장 좋은 방법은 안쪽과 바깥쪽을 모두 돌로 쌓아 올리는 내외 협축(內外夾築) 공법†이다. 정약용 역시 '무릇 성곽은 안과 밖에서 동시에 쌓는 것이 본디 가장 좋은 것†'이라고 하였으나, 수원 화성 설계에는 반영하지 못하였다. 내외 협축 공법은 튼튼한 성벽을 쌓을 수 있다는 장점은 있으나 많은 자재가 필요하고 인력도 많이 동원해야 하기 때문이다. 일부에서는 18세기에 발달한 화포의 공격에 대비해 일부러 성벽의 높이를 낮추고 내외 협축 공법을 피했다고 보기도 하지만, 정약용이 남긴 기록과 당시의 사서에서 그 근거를 찾을 수는 없다. 화포가 발달한 시기임에도 중국의 읍성들은

† 「어제성화주략(御製城華籌略)」
정약용의 「성설」을 정조 이름으로 발표한 것이다. 『화성성역의궤』 권 1에는 「성설」이 아니라 정조가 발표한 「어제성화주략」이 게재되어 있다.

† 성역소(城役所)
화성 건설을 총지휘하는 임시 관청으로 오늘날 건설 현장 사무소에 해당한다.

† 외축 내탁(外築內托) 공법
성벽 안쪽은 흙을 다져서 쌓고, 바깥쪽은 돌로 쌓는 축성 방법.

† 1794년 7월 혹서기 18일 동안과 1794년 11월부터 1795년 4월까지의 혹한기 동안 공사를 잠시 중단했기 때문에 실제 공사 기간은 이보다 더 짧다.

† 축성에 들어가면서 북쪽 성벽의 길이가 증가하고, 축성 진행 과정에서 동쪽 성벽이 늘어나게 되었다. 읍성의 규모가 커지는 것은 방어 측면에서 그리 바람직한 것은 아니다.

† 내외 협축(內外夾築) 공법
중간에 흙이나 돌을 쌓고 안팎에서 돌을 쌓는 축성 방법.

† [부록02] 「성설」 국역본 참조.
凡城內外夾築固爲大善

† 완평성(宛平城)
북경에 들어가는 관문에 위치한 완평성은 내외 협축으로 쌓은 성이다. 1638~1640년에 축성하였으며, 300년 뒤인 1937년에 중·일 전쟁이 시작된 루거우차우(노구교) 사건이 일어난 곳이다. 중·일 전쟁 당시 일본군의 포탄을 맞았으나 무너지지 않고 견디어 냈다.

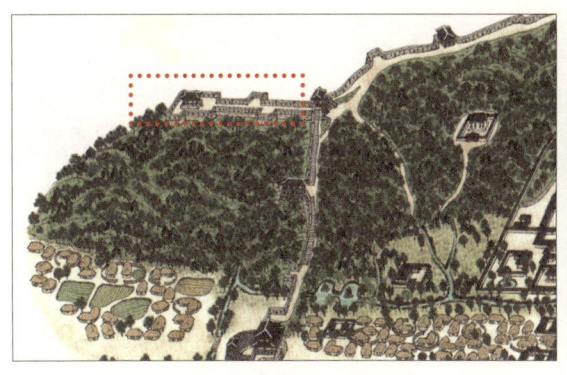 

그림 II-4 내외 협축 공법이 적용된 용도의 위치   그림 II-5 민망할 정도로 높이가 낮은 용도의 성벽

내외 협축 공법으로 성벽을 높게 쌓은 경우†가 많았기 때문에 일반화하기 어려운 견해이다. 성벽은 중국의 만리장성이나 신라의 삼년산성과 같이 안쪽과 바깥쪽을 모두 쌓는 것이 최적의 방법이다.

내외 협축 공법으로 쌓을 수밖에 없는 성문과 옹성을 제외하고, 화성 성벽에서 내외 협축 공법이 적용되었다고 볼 수 있는 구간은 서남암문과 서남각루를 연결한 용도(甬道)뿐이다. 하지만 용도는 그 높이가 일반 성벽의 절반에도 미치지 못할 정도로 너무 낮아 서남각루로 쉽게 갈 수 있도록 여장†을 쌓아 길을 냈다고 보는 것이 맞다.

이렇게 민망할 정도로 용도의 성벽이 낮은 까닭은 용도 밑의 지형이 경사가 급해 성벽을 대신할 수 있기 때문이기도 했지만, 용도가 적에게 넘어갔을 경우를 대비하였기 때문이다. 용도는 서남각루 지역을 본성에 포함할 경우 축성 비용이 많이 들고 그렇다고 적에게 넘어가게 할 수도 없는 상황에서 선택한 불가피한 절충안이었다. 정약용의 최초 계획에서는 서남각루 주변이 테뫼식 산성† 쌓기 방식으로 본성에 포함되어 있었으나 축성 과정에서 수정되었다.† 서남각루와 용도는 공격하는 입장에서는 전략적 교두보이지만 방어하는 입장에서는 계륵과 같은 존재였던 것이다.

내외 협축 공법의 경우 성벽이 높아질수록 공사는 더 어려워진다. 높은 곳으로 돌을 올리기 위해 흙으로 빗면 경사로를 만들어야 하기 때문이다. 성벽을 다 쌓은 후에는 흙 경사로를 치워야 하는 공사도 추가된다. 따라서 공사 기간을 단축시키기 위해서는 흙 경사로 방식 대신 지브 크레인†을 활용해 무

† 여장(女牆)
몸을 숨기고 적을 감시하거나 공격하기 위해 성 위에 낮게 쌓은 담을 말한다. 흔히 성가퀴라고 한다.

† 테뫼식 산성
정상부를 중심으로 사발 모양으로 성벽을 두른 것으로 방어력을 극대화하기 위해 규모를 축소한 산성이다. 행주산성이 대표적이다.

† 화성 건설 기간에 그려진 「화성부성조도」를 보면 서남각루 지역이 본성에 포함되어 있다.

† 지브 크레인(jib crane)
흔히 알고 있는 전형적인 크레인으로 막대 형태의 구조물 끝에 연결된 도르래를 통해 물건을 들어 올리고 내리는 크레인을 가리킨다.

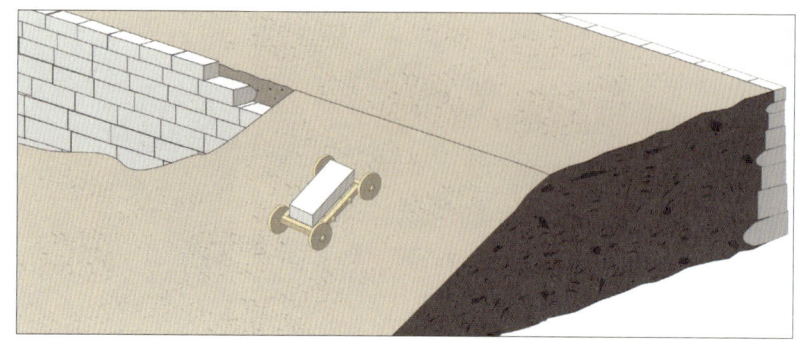

그림 II-6 흙 경사로를 이용한 내외 협축 공법

거운 돌을 들어 올려야 한다.

5.7킬로미터에 이르는 화성 성벽을 내외 협축 공법을 적용하여 2년 9개월 내에 쌓으려면, 흙 경사로 방식으로는 불가능하고 수많은 지브 크레인이 동시에 투입되어야 한다. 아래 그림은 지브 크레인에 해당하는 녹로를 활용

그림 II-7 녹로를 이용한 내외 협축 공법

하여 내외 협축 공법으로 성벽을 건설하는 장면을 묘사한 상상도이다.

화성 성벽은 거중기나 녹로와 같은 크레인을 사용하여 내외 협축 공법으로 쌓은 것이 아니라 사람의 힘에 의지하여 쌓았다. 그 근거로는 정약용의 「성설」 3번 호참 지침에서 내외 협축 공법의 장점에도 불구하고 외축 내탁 공법으로 성벽을 쌓는다고 밝혔다는 점,† 거중기와 녹로를 사용하여 화성 성벽을 쌓았다는 구체적인 기록이 단 하나도 없다는 점, 화성 건설 현장에서는 녹로 2좌와 거중기 1부만이 사용되었다는 점 등을 들 수 있다. 다음 장에서 구체적으로 논의하겠지만 단 1대 사용했던 거중기는 운송 시스템으로 활용되었음이 『화성성역의궤』에 명확한 기록으로 남아 있으며, 단 2대뿐이었던 녹로는 성문 누각이나 공심돈 같이 높은 곳으로 자재를 올려 주는 용도로 사용했음을 『화성성역의궤』에 남아 있는 공사 일지를 통해 추론할 수 있다.

화성의 성벽은 바깥쪽은 돌로 쌓아 올리고 그 안쪽은 작은 돌과 흙으로 다져 넣는 외축 내탁 공법으로 쌓았다. 외축 내탁 구조의 성벽은 해자†를 파서 나온 흙을 이용하여 언덕을 만들어 다진 후 돌을 끌어 나르는 방식으로 공사하기 때문에 크레인이 필요 없다. 또 돌을 나르기 위해 사용한 빗면을 그대로 다져서 활용하기 때문에 공사를 마친 후에 흙 경사로를 치울 필요도 없다.

† [부록02] 「성설」 국역본 참조.
凡城內外夾築固爲大善今茲未能內必依山(무릇 성곽은 안과 밖에서 동시에 쌓는 것이 본디 가장 좋은 것입니다. 지금 그렇게 할 수 없다면 안쪽에서는 반드시 산을 의지하여야 할 것이니)

† 해자(垓字)
적의 침입을 막고자 자연 하천을 이용하거나 성 밖을 둘러 판 연못으로 만든 방어 시설이다.
호 또는 호참이라고도 부른다.

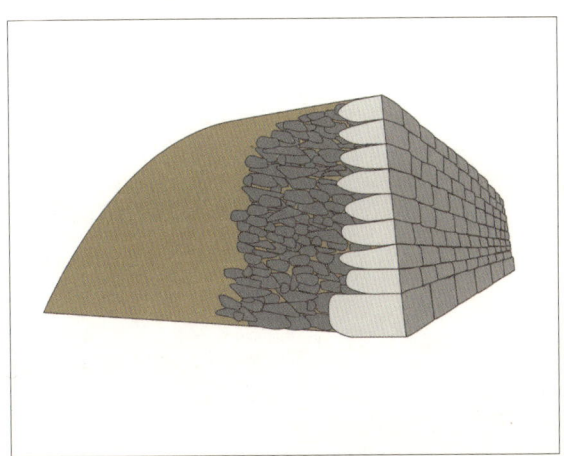

그림 II-8 외축 내탁 방식으로 쌓은 성벽의 단면

그림 II-9 외축 내탁 공법이 보이는 화성 성벽

† [부록02] 「성설」 국역본 참조.
蓋石從下縋上難從上縋下易故令稅石于此也(대체로 돌이란 밑에서 달아 올리려면 어렵고 위에서 달아 내리기는 쉽기 때문에 돌을 여기에 모아 놓는 것이다.)

† 부석소(浮石所)
오늘날 채석장(採石場)에 해당한다.

† 구판(駒板)
흔히 '끌개'라고 부르며, 판 밑에 둥근 통나무들을 깔고 끌어 짐을 운반하는 도구이다.

† 설마(雪馬)
흔히 '썰매'라고 부르며 돌을 실어 끄는 운반 도구이다.

† 석저
땅을 평평하게 고르고 다지는 기구로 달고라고도 한다.

† 담군(擔軍)
돌을 나르는 일용직 노동자.

화성 성벽 하단의 큰 돌은 매우 크고 무겁기 때문에 들어 올려 이동하기보다는 끌면서 옮겼을 것이다.† 부석소†에서 수레로 날라 온 큰 돌을 구판†이나 설마†를 사용해 적절한 위치에 끌어다 놓고 석저†로 흙을 다지면서 성벽의 기초를 갖추게 된다. 『화성성역의궤』의 기록에 따르면 화성 공사에 사용한 구판은 8개, 설마는 9개에 불과했기 때문에, 성벽 하단부 공사에만 제한적으로 사용했음을 알 수 있다.

그림 II-12는 화성 성벽 하단 공사 장면을 상상하여 그린 것으로 구판과 설마를 활용하여 돌을 나르는 작업, 빗면의 흙을 석저를 활용해 다지는 작업을 묘사하였다. 큰 돌을 정해진 위치에 맞추는 작업은 전문직인 석수(石手)의 몫이었으며, 돌을 나르거나 땅을 다지는 작업은 건설 노동자인 담군†이나

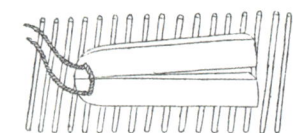

그림 II-10 구판

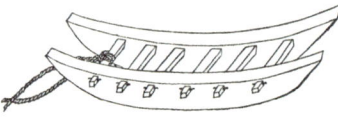

그림 II-11 설마

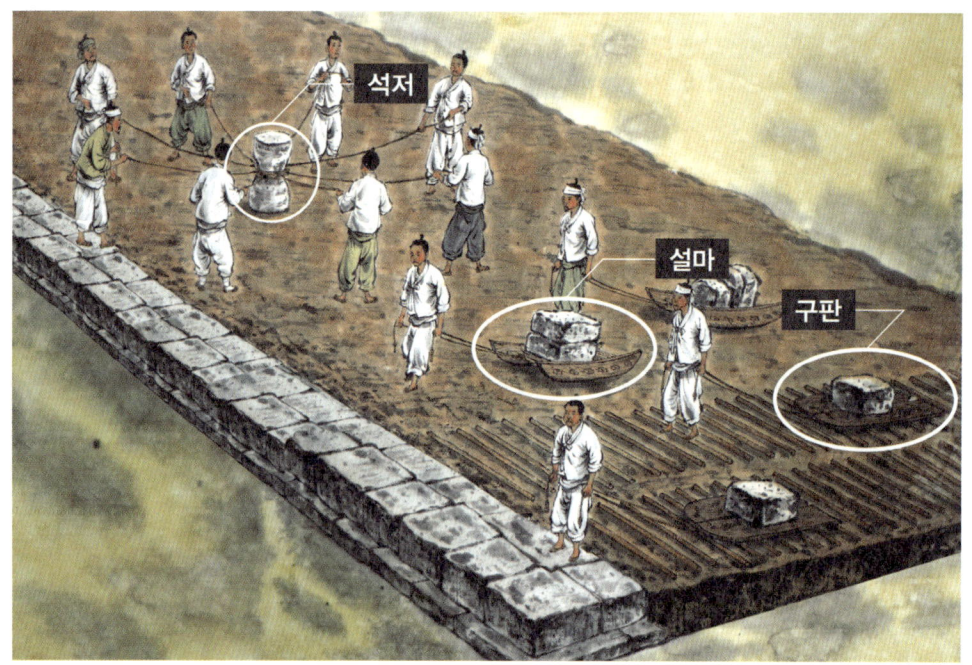

그림 II-12 구판과 설마를 활용한 성벽 하단부 공사

모군†이 담당하였다.

큰 돌로 성벽의 하단을 쌓은 뒤에는 중간 크기의 석재를 이용하여 성벽 중단부를 쌓게 된다. 하단과는 달리 내탁 부위의 경사가 점차 높아

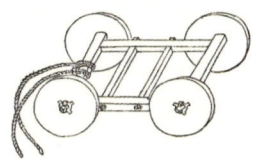

그림 II-13 동차

지기 때문에 직접 돌을 끌기보다는 바퀴가 있는 동차†를 적극 활용하였을 것이다. 경사가 낮을 때는 한 사람이 동차를 끌 수 있지만 경사가 높아지면 네 사람이 끌어야 한다. 『화성성역의궤』에는 동차 192량을 사용하여 그중 165량이 파손되었다고 기록되어 있다. 그만큼 동차가 많이 사용되었으며 중간 크기의 돌을 나르는 공정은 대부분 담군이 끄는 동차에 의지했음을 추론할 수 있다.

그림 II-14는 담군이 동차를 끌면서 돌을 운반하고, 모군들은 흙을 날라 다지고 있는 장면을 묘사한 것이다. 비교적 가벼운 돌은 인력에만 의존하는 단기†도 사용되었다.

† 모군(募軍)
흙을 다지는 일용직 노동자.

† 동차(童車)
어원을 볼 때 아이들이 타고 놀던 놀이 기구에서 유래한 것으로 보인다.

† 단기(單機)
짐을 운반하는 데 쓰는 간단한 들것이다.

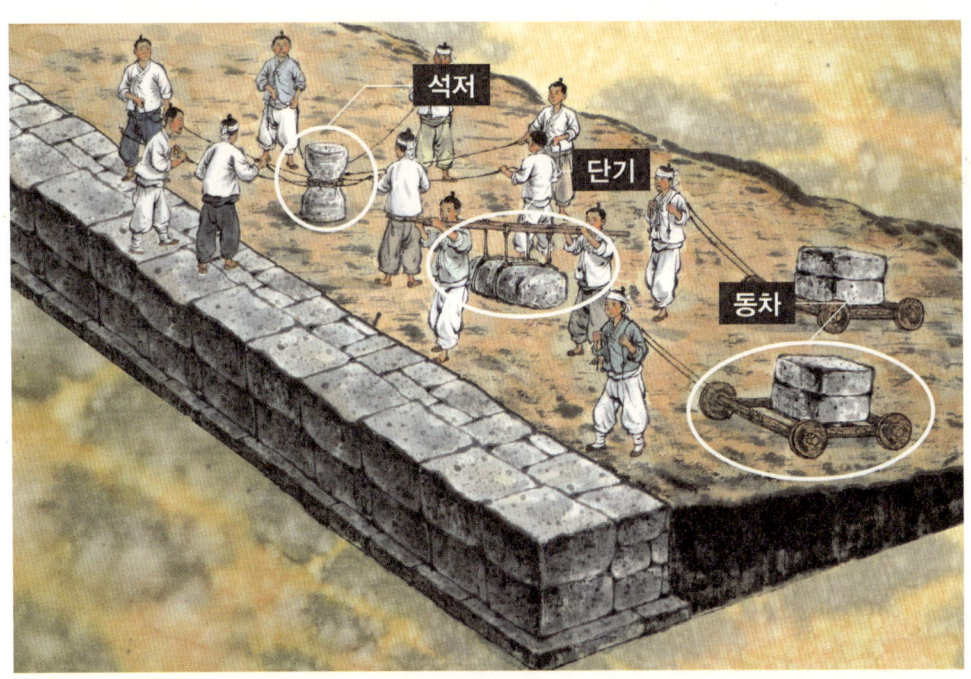

그림 II-14 동차를 활용한 성벽 중단부 공사

2장 _ 도시 공학자 정약용, 신도시 화성을 설계하다

「성설」 3번 호참 지침은 해자를 파서 방어력을 극대화하는 동시에 해자를 파면서 나온 흙을 성벽을 쌓는 데 활용하는 것이었지만, 실제 화성에서는 해자를 만들지 않았다. 우리나라 읍성 중에서 해자를 파거나, 파더라도 물을 채워 두는 경우는 매우 드물었다. 해자를 잘 활용한 사례는 평지 읍성임에도 임진왜란 당시 왜적을 효과적으로 방어했던 경남 진주의 진주성을 들 수 있다. 진주성은 남강과 더불어 엄청난 규모의 북쪽 해자인 대사지†가 방어력을 극대화하고 있는데, 정약용도 진주성 해자를 염두에 두고 화성을 설계한 것으로 추정된다.

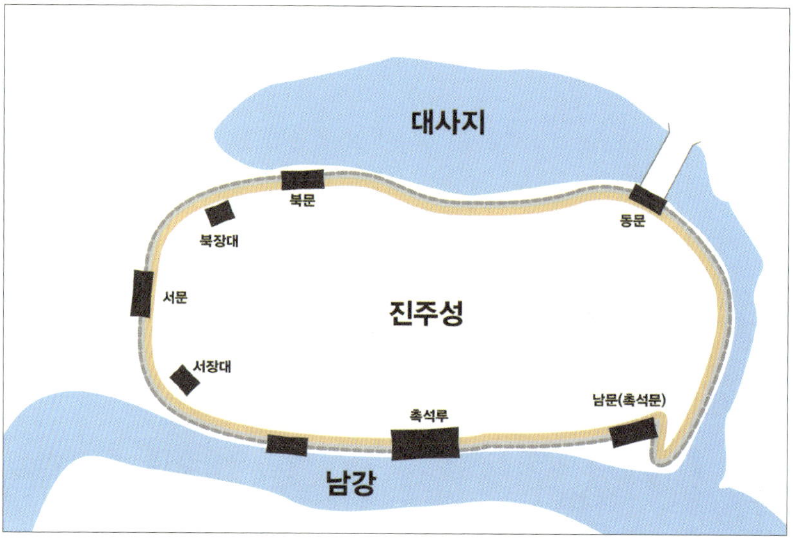

그림 II-15 진주성 해자 대사지

† **진주성 해자 대사지(大寺池)**
정약용의 부친 정재원(丁載遠)은 1790년에 진주 목사로 승진하였으나 1792년 4월 9일 세상을 뜨고 말았다. 정약용은 부친을 뵙고자 진주를 방문했을 때 진주성 해자인 대사지를 보았을 것이다. 이 때문에 부친상 중 화성을 설계할 때도 대사지를 염두에 두고 호참 지침을 설계한 것으로 추정된다.
진주성 대사지는 일제 강점기에 진주성 외성을 무너뜨리고 나온 돌을 활용하여 매립되고 말았다.

† **방화수류정(訪花隨柳亭)**
수원 화성에는 모두 네 개의 각루(角樓)가 있다. 동북각루, 서북각루, 서남각루, 동남각루이다. 네 각루 중에서 용도 끝에 있는 서남각루는 화양루(華陽樓)로 부르고, 동북각루는 방화수류정으로 부른다. 방화수류정은 화성의 북수문인 화홍문 옆에 솟은 언덕인 용두(龍頭) 위에 있으며, 용두 아래에는 연못인 용연(龍淵)이 있다.

화성 성벽 앞에 호를 깊게 판 경우는 동북각루(방화수류정)† 앞에 있는 연못인 용연이 유일하다. 용연도 나름 동북각루에 적이 근접하지 못하게 하는 해자 기능을 하고 있으나, 정약용의 「성설」 호참 지침을 적용한 것으로 보기에는 무리가 있다. 용언은 화성 내로 흘러 들어가는 물길이 방향을 바꾸는 지점으로 자주 범람하는 지역이기 때문에 연못으로 설계된 것으로 추정된다.

그림 II-16 수원 화성의 용연 위치

2장 _ 도시 공학자 정약용, 신도시 화성을 설계하다

그림 II-17 용연과 용두 위에 세운 동북각루(방화수류정)

「성설」의 8번 성제 지침은 규형(圭形) 쌓기 공법으로 지반에서 성벽 높이의 2/3 지점까지는 안쪽으로 들여쌓다가, 나머지 1/3은 위로 올라갈수록 바깥으로 내어 쌓는 방식이다. 오랜 시간이 흐르면 성벽의 가운데가 부풀어 오르면서 무너지는데 이를 막고 적이 성벽을 기어오르기 어렵도록 하기 위한 공법이다.

하지만 규형 쌓기 공법은 화성 성벽에 적용되지 못하고 성문을 보호하는 적대†에만 들여쌓기 방식이 일부 적용되었을 뿐이다. 이처럼 성벽 아래 해자를 파는 것과 성벽을 규형으로 쌓는 것을 제외한 나머지 지침들은 모두 화성 건설에 반영되었다.

† 적대(敵臺)
성문 양옆에 외부로 돌출시켜 옹성과 성문을 적으로부터 지키는 네모꼴의 대(臺)를 말한다. 화성 북문인 장안문 옆에 북동적대와 북서적대가 복원되어 있다. 남문인 팔달문 옆에 있는 적대 2개는 복원하지 못하였다.

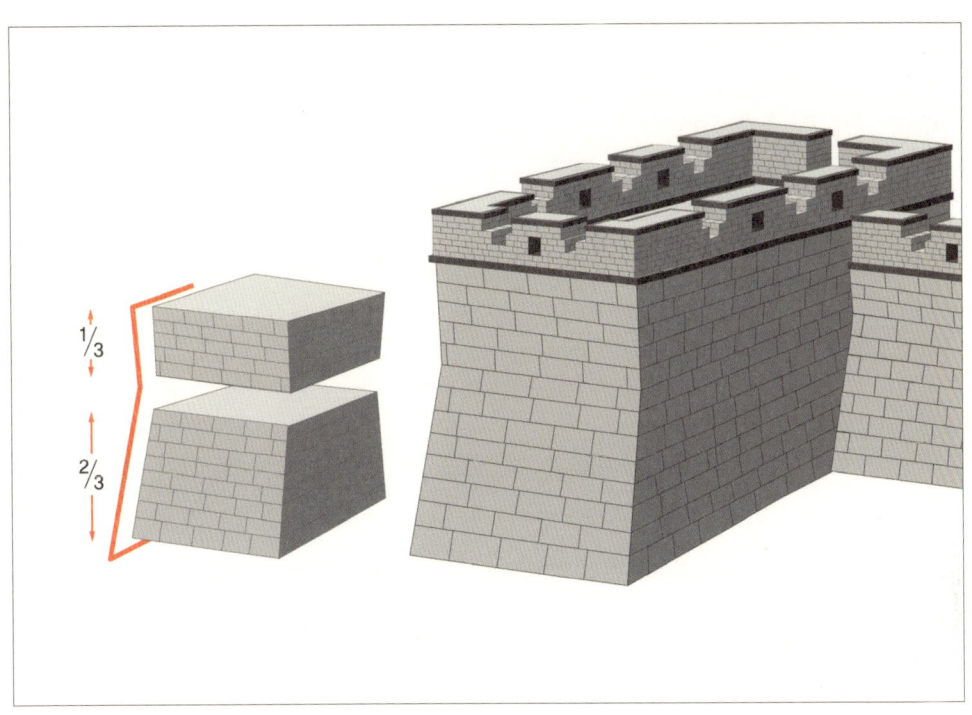

그림 II-18 규형 성벽의 원리

그림 II-19 들여쌓기 방식만 적용된 북서적대

옹성도 막지 못한 경제의 길

수원 화성은 서울을 방어하는 군사적 기능과 함께 서울과 삼남을 잇는 상업 도시로서 경제적 기능을 지닌 신도시였다. 정약용은 도로와 물길이 도시를 두 개의 영역으로 분할하도록 화성을 설계하였다. 서울 남쪽의 교통 요지에 상업이 발달하고 경제적으로 부강한 도시를 새로 건설하려는 정조의 기대에 부응하기 위해 정약용은 관청의 배치보다는 북쪽 장안문과 남쪽 팔달문을 가로지르는 중심 도로의 방향성을 중시하였다. 이 중심 도로를 한눈에 내려다볼 수 있는 위치에 행궁†과 군사 지휘소인 장대를 배치하고 중심 도로 주변에는 상점이 형성되도록 유도하였다.

화성은 되도록 자연 지형을 살려 서쪽 지역은 팔달산을 활용해 포곡식†으로 산성을 쌓았고, 동쪽 지역은 구릉을 활용하여 쌓았으며 남쪽과 북쪽은 평지이므로 성벽을 다소 높게 쌓았다. 중심 도로는 평지인 남쪽과 북쪽을 관통하도록 설계하였다. 1792년 겨울 정약용이 제출한 「성설」에서는 성의 둘레를 3,600보(약 4.2킬로미터)로 계산하였으므로, 화성 설계 초안에서는 북문과 남문을 잇는 선이 직선이었다. 본격적인 공사에 들어가기 전, 현장을 방문한 정조는 북쪽 지역 백성의 거주지를 성안으로 포함하도록 성벽을 확장할 것을 지시하여 팔달문과 장안문을 잇는 직선 도로는 살짝 어긋나게 되었다.

공사가 진행되며 동쪽 성벽을 이중으로 쌓아 군사 주둔지와 읍성을 분리하려던 최초 계획은 수정되었고, 이 과정에서 성벽의 길이는 다시 크게 증가하게 되었다. 결국 화성 성벽은 최초 계획보다 1,000보가 늘어나 4,600보

† 행궁(行宮)
임금이 나들이 때 머물던 별궁.

† 포곡식(包谷式) 산성
산기슭에서부터 시작하여 능선을 따라 정상 가까이까지 축조한 산성으로 규모가 크다.
남한산성이 대표적이다.

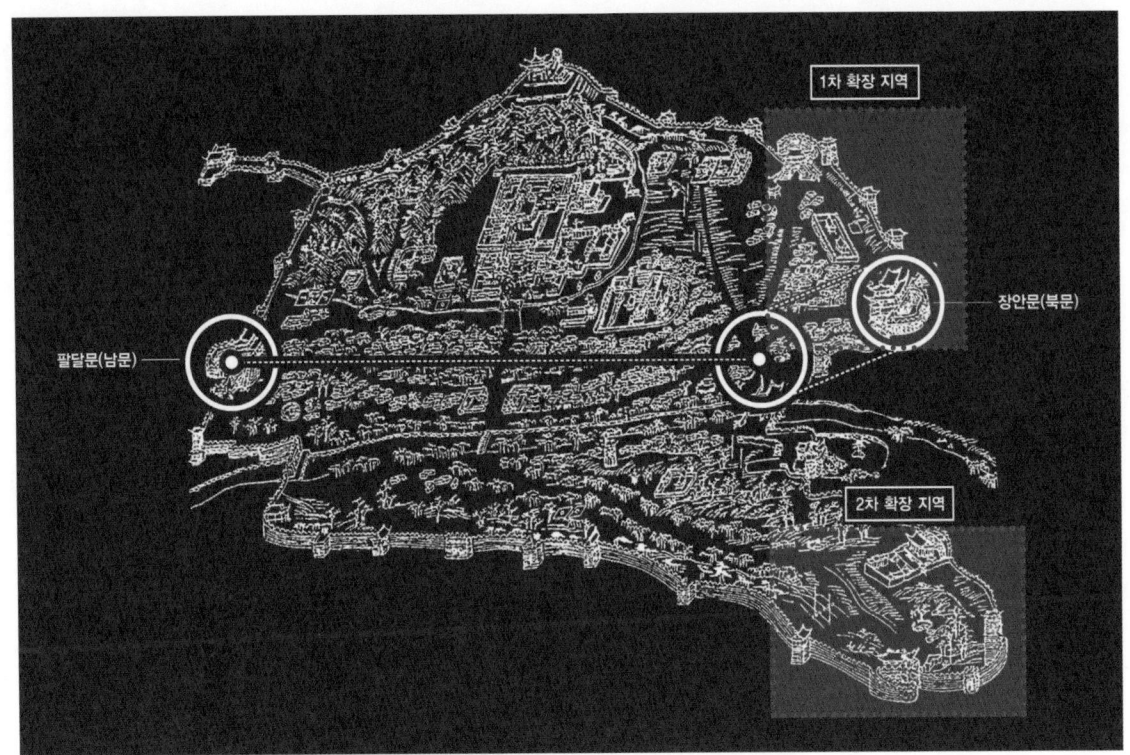

그림 II-20 화성의 중심 도로와 확장된 지역

(약 5.7킬로미터)가 되었다. 위의 그림은 훈련도감 소속 엄치욱†이 그린 「화성전도」에 성벽 밖을 지우고 성벽이 확장된 지역을 표현한 것이다.

화성의 중심 도로는 이른바 새로 개척한 '경제의 길'로서 전국에서 올라오는 화폐와 재화들이 팔달문(남문)을 통해 들어오고 화성 중심 도로에 형성된 상점을 통한 후, 장안문(북문)을 통해 서울로 나가도록 설계되었다. 기존에는 언덕길인 '과천길†'에 의존하였으나, 화성 건설 이후에는 평지길인 '시흥길†'을 개척하였다. 이는 상품 경제 발달에 따른 새로운 수레 운송로의 필요에 의한 것으로, 고개를 넘는 힘든 길을 피해 한양과 화성을 잇는 70리 평지 직선 운송로를 개척했다는 점에서 경제적 의미가 있다. 경제의 길을 관통하는 장안문과 팔달문은 2층 누각으로 웅장하게 지어졌고, 교역을 위해 성문 앞에는 광장이 마련되었다. 성문 앞에 마련된 광장은 시장으로 발전하였는데, 팔달문 우측 남공심돈과 남수문이 있던 지역은 현재 수원 남

† 엄치욱(嚴致郁, ?~?)
「화성전도」를 그린 엄치욱은 마병 병과 소속으로 오늘날로 치면 기갑 부대 소속 공병 장교이다.
그는 화가인 동시에 건축 설계사이기도 하다. 엄치욱이 그린 「화성전도(華城全圖)」는 화성 상공에 드론을 띄워 그린 것처럼 정교하다.
그는 의궤나 국가 공식 문서의 도면을 많이 그렸기 때문에 오늘날로 보면 국토 건설부 소속 설계사로 활동한 셈이다.

† 과천길
지금의 인덕원과 과천을 지나 남태령을 넘어 한양으로 가는 언덕길이다. "서울이 무섭다니까 남태령부터 긴다."라는 속담이 유명하다.

† 시흥길
지금의 의왕과 군포, 안양, 시흥을 지나 노량진을 거치는 평지 길이다.

그림 II-21 화성 안의 시장

그림 II-22 장안문 성 밖의 시장

문 시장으로 발전하였다.

정약용은 「옹성도설」을 통해 성문 앞에 접근한 적을 쉽게 공격할 수 있는 옹성(甕城)을 설계하였는데, 옹성은 성문을 은폐하는 기능과 더불어 옹성 안에 진입하여 성문을 공격하는 적군을 측면이나 후방에서 공격하는 기능을 하였다. 『무비지』에 소개된 전형적인 옹성은 좌측과 우측 측면에 문을 내는 경우가 많았지만, 장안문과 팔달문의 옹성은 중국 완평성과 같이 가운데에 문을 내는 방식으로 설계되었다. 이는 옹성의 방어력이 약화되는 것을 감수하더라도 수레와 사람들의 통행에 방해되지 않도록 하기 위한 것으로, 화성이 한양의 관문에 해당하는 거점 상업 도시 기능을 염두에 두고

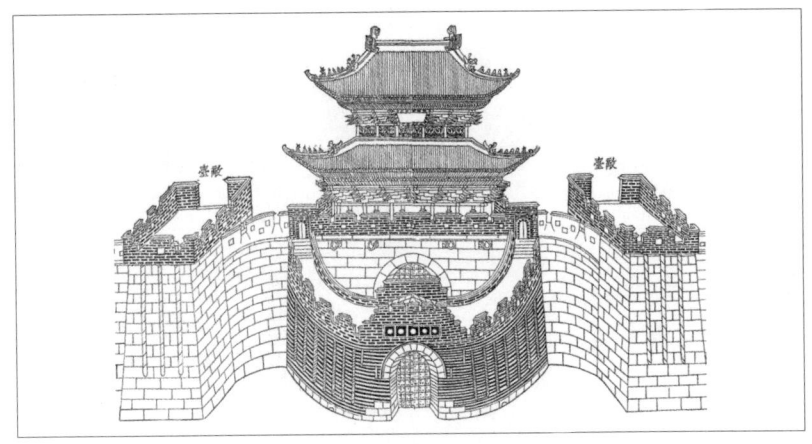

그림 II-23 『화성성역의궤』의 장안문과 팔달문 외도

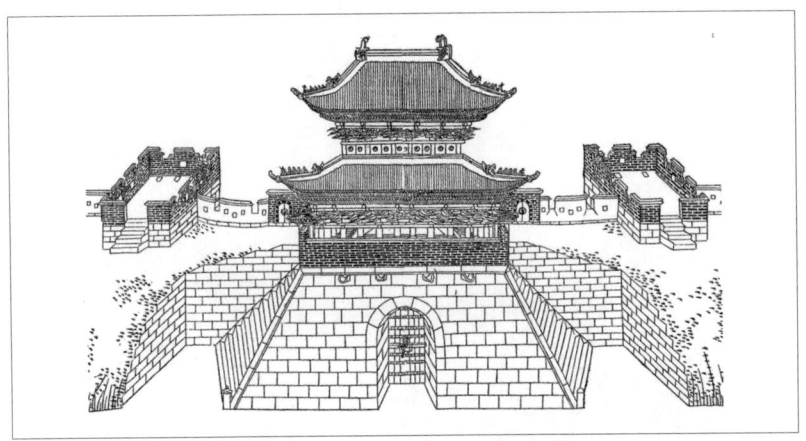

그림 II-24 『화성성역의궤』의 장안문과 팔달문 내도

설계된 것과 관련이 있다.

　장안문과 팔달문은 위의 그림 II-23과 II-24에 보이는 바와 같이 성문을 감싸 보호하는 옹성, 성문 좌우에서 성문의 측면을 방어하는 적대의 배치, 2층 누각 구조 등이 동일하게 설계된 쌍둥이 건물이다.

　중심 도로망에서 벗어나 있는 창룡문(동문)과 화서문(서문)은 옹성의 기능에 충실하게 성문을 최대한 감싸는 방식으로 설계되었다. 정약용은 「옹성도설」에서 창룡문과 화서문 우측 측면에 문을 내는 방식으로 설계하였으나 실제 시공 단계에서 생략되었다.†

† [부록03] 「옹성도설」 국역본 참조.

그림 II-25 측면에 문을 하나만 낸 옹성(상상도)

그림 II-26 문을 내지 않은 화서문의 옹성(시공 후 모습)

화성을 동서로 가르는 물길

화성의 특징은 수원천(水原川)과 평행하게 중심 도로를 설계했다는 점이다. 이렇게 함으로써 도로는 한양을 향해 북쪽으로 뻗어 나가지만 물길은 반대로 북쪽 화홍문에서 도시로 유입되어 남쪽 남수문을 통해 흘러 나가게 되었다.

화성 안으로 물을 맞이하는 북수문인 화홍문의 홍예†는 무지개 빛깔 숫자와 일치하도록 7개로 설계되었는데, 우리나라 홍예문 양식 가운데 가장 아

† 홍예(虹霓)와 홍예문 양식
홍예는 무지개라는 뜻이며, 홍예문은 문의 윗부분을 무지개 모양으로 반쯤 둥글게 만든 문을 지칭하는 건축 용어다. 화성의 화홍문의 홍예는 7개로 무지개 빛깔의 수와 일치한다.

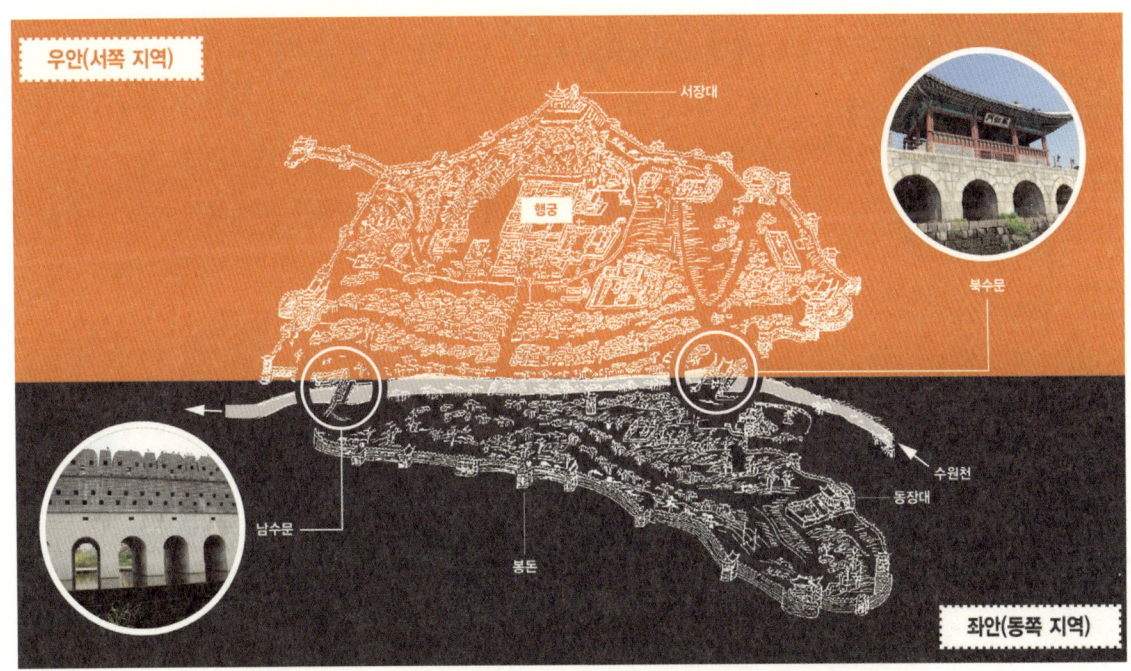

그림 II-27 물길을 중심으로 본 화성의 우안(서쪽 지역)과 좌안(동쪽 지역)

름답다는 평가를 받고 있다.

화성의 수문들은 홍예문 상단에 포혈을 집중적으로 배치해 수문 자체가 하나의 요새가 되도록 설계되었다. 더불어 북수문의 경우 용연을 해자로 이용하는 등 방어력을 극대화하였다. 수문들은 바깥쪽에서는 성벽이지만 내부에서는 수원천을 가로지르는 교량(돌다리) 역할을 하였다.

방어적인 측면을 우선적으로 고려했다면 수원천이 도시 가운데를 지나가도록 설계하기보다 수원천을 해자로 이용하는 것이 바람직하다. 우안의 성벽은 팔달산 능선을 따라 쌓은 성벽이 많아 방어에 유리한 산성의 장점을 지니고 있으나, 좌안은 상대적으로 방어에 불리한 평지성이기 때문이다. 수원천이 도시를 관통하면서 생긴 약점을 극복하기 위하여 화성의 두 수문들은 수많은 포혈로 중무장을 할 수밖에 없었다. 물길을 막는 수문의 치명적인 약점은 홍수가 났을 때인데, 홍수를 견디어 내려면 수문 옆에 큰 연못을 두어 불어난 물을 일시적으로 보관하는 완충 지대를 두어야 한다. 북수문은 용연 덕분에 축성 당시의 원형을 그대로 유지하고 있으나, 큰 연못이 없는 남수문은 큰 홍수에 두 번이나 붕괴되었다가 2012년에 다시 복원되었다.†

한강은 서울을 남북으로 가르지만 수원천은 파리의 센(Seine) 강처럼 도시를 동서로 가르고 있다. 파리의 센 강 우측인 우안(右岸)†에 정치와 경제 기능이 집중된 것과 마찬가지로, 화성의 우안(서쪽 지역)에도 왕이 머무르는 행궁, 시장, 관청 등 중요한 시설들이 배치되었다. 특히 우안에서 가장 높은 곳인 팔달산 정상에는 화성 방어 사령부에 해당하는 서장대를 설치하였고, 화성의 좌안(左岸)에는 통신 시설인 봉돈과 군사 지휘 본부인 동장대를 배치하였다.

우안 쪽에 위치한 화성 내 행궁은 조선 시대 행궁 중에서 가장 규모가 컸으며, 우안과 좌안에 하나씩 자리 잡은 군사 지휘소인 장대는 정조의 친위부대인 장용 외영†이 주둔하였다. 이처럼 화성은 주변의 둔전†과 만석거†를 통해 자급자족이 가능한 군사 주둔 도시로서 손색이 없었다.

† 남수문 복원
강 하류에 위치한 남수문은 1846년에 홍수로 유실된 뒤 복원되었으나, 1922년 두 번째 홍수로 또다시 유실되었다. 거의 90년간 방치되었다가 2012년에 복원되었다. 수원 남문 시장을 방문하면 복원된 남수문을 만날 수 있다.

† 파리의 우안과 좌안
파리는 센 강을 기준으로 우안(rive droite)과 좌안(rive gauche)으로 나뉜다. 우안은 정치와 경제 기능이 집중된 곳으로 정부 기관, 사무실, 백화점, 주요 기차역 등이 집중해 있다. 반면 좌안은 교육 기능을 중심으로 발전해 왔다.

† 장용 외영(壯勇外營)
장용영은 1785년(정조 9년)에 설치된 금군(禁軍) 조직으로 내영(內營)과 외영(外營)이 있으며 외영을 위주로 운영하였다. 이 장용 외영이 바로 수원 화성에 주둔하였다.

† 둔전(屯田)
변경이나 군사 요지에 주둔한 군대의 군량을 마련하기 위하여 설치한 토지이다. 군인이 직접 경작하는 경우와 농민에게 경작시켜 수확량의 일부를 거두어 가는 경우, 두 가지가 있었다.

† 만석거(萬石渠)
화성 인근에 조성한 대규모 저수지이다.

그림 II-28 『화성성역의궤』의 북수문 외도와 복원한 북수문 외부

그림 II-29 『화성성역의궤』의 북수문 내도와 복원한 북수문 내부

그림 II-30 『화성성역의궤』의 남수문 외도와 복원한 남수문 외부

그림 II-31 『화성성역의궤』의 남수문 내도와 복원한 남수문 내부

그림 II-32 화성 행궁의 입구인 신풍루의 모습

그림 II-33 화성 인근의 저수지 만석거

3. 건축 공학자 정약용, 새로운 공법을 제시하다

만들어서 옮긴 후 조립하는 PC 공법
시공 과정에서 수정·보완된 정약용의 설계
정약용의 설계, 시공 과정에서 무시되다

만들어서 옮긴 후
조립하는 PC 공법

화성 성문을 비롯한 각종 시설물의 공사 기간은 매우 짧았다. 가장 많은 시간이 필요한 장안문이나 팔달문의 공사마저 석축 공사는 5개월이 소요되었고 2층 누각 공사도 2개월 내에 마무리되었다. 한양에서 내려오는 정조를 맞이하는 화성 북문(장안문)이 1795년 을묘년 혜경궁의 회갑 잔치 일정에 맞춰 가장 빨리 완성되었다. 『화성성역의궤』에 기록된 공사 일지를 보면 보통 두 달 내에 한 건물의 공사가 완료될 정도로 신속하게 공사가 진행되었음을 알 수 있다.

그림 III-1 가장 빨리 완공된 화성 북문 장안문

신속하게 공사를 진행하려면 숙련된 기술자들과 더불어 건축 자재를 원활하게 공급할 수 있는 자재 공급 시스템이 구축되어야 한다. 화성 건설에 필요한 석재, 벽돌, 기와는 규격과 단가를 미리 정해 놓아 이를 만들어 오는 사

람에게도 값을 치르는 방식으로 융통성 있게 조달되었다. 이러한 표준화된 자재 공급 방식은 돌을 산에서 미리 다듬어서 그 무게를 줄여야 한다는 정약용의 전략과도 관련이 있다.

그림 III-2 돌의 크기를 잰 후 등급을 매겨 매입하는 장면

정약용은 「성설」 5번 벌석 지침에서 돌의 등급을 미리 매겨 깎고 자르는 원칙을 정하였다. 큰 것은 한 덩이에 수레 한 차, 중간 돌은 두 덩이에 수레 한 차, 작은 돌은 서너 덩이에 수레 한 차 단위로 날라서 성 한 보를 쌓는데 일정한 용량이 공급되도록 치밀하게 계획하였다. 현장에서 성을 쌓을 때는 큰 돌은 하층에, 중간 돌은 중층에, 작은 돌은 상층에 놓아 대소를 가려 건축 공사를 진행하도록 설계하였다.

또한 화성 건설에는 모두 8종류의 운송 장비가 운용되어 돌을 날랐다. 돌을 캐서 축성 장소까지 운반하는 일에는 76량이 동원된 평거(平車)가 주된 운송 도구였고, 축성 장소에서는 동차 192량이 주된 운송 시스템이었으며, 높은 경사를 오르는 데는 특수 운반 차량 유형거†가 사용되었음을 추론할 수 있다.

† 유형거의 공학적 메커니즘은 자동차 공학자로서 정약용의 업적을 재조명하는 제5장에서 살펴볼 것이다.

표 III-1 화성 건설에 사용된 운송 장비

장비	수량	용도
평거	76량	많은 돌을 적재하여 공사 현장으로 이동하는 대형 수레
대거	8량	
설마	9좌	성벽 하단부에 쓸 무거운 돌을 끌 때 이용하는 도구
구판	8좌	
동차	192량	
발거	2량	성벽 중간부에 쓸 중간 크기의 돌을 나를 때 사용하는 수레
별평거	17량	
유형거	11량	돌을 들어 올려 나를 때 사용하는 특수 수레

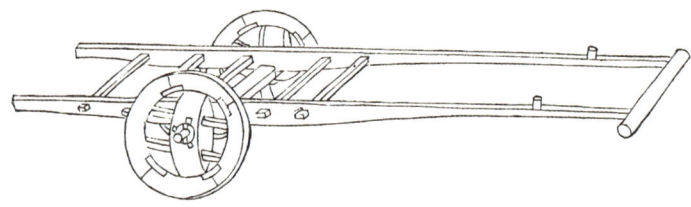

그림 III-3 화성 건설에 76량 사용된 평거

그림 III-4 부석소에서 화성 공사장으로 돌을 나르는 장면

일단 옮기고 다듬는 것과, 다듬고 옮기는 것은 큰 차이가 있다. 정약용의 전략은 부석소에서 공사장으로 일단 돌을 옮겨 놓고 성을 쌓으면서 상황에 맞게 돌을 다듬는 방식이 아니라, 돌의 크기를 표준화하여 그에 맞게 부석소에서 미리 다듬은 돌을 매입하고 이를 옮기는 방식을 취함으로써 운송비 절약은 물론 건축 공사 기간도 줄이겠다는 것이었다. 가장 중요한 건축 자재인 돌을 미리 가공하여 옮긴 후 바로 조립하는 방식을 제안한 정약용의 전략은 현대의 PC 공법†에 비유할 수 있다. PC 공법은 벽이나 천정, 기둥, 보 등을 공장에서 미리 만들어 운송한 후 현장에서 조립하여 빠른 시간에 건물을 짓

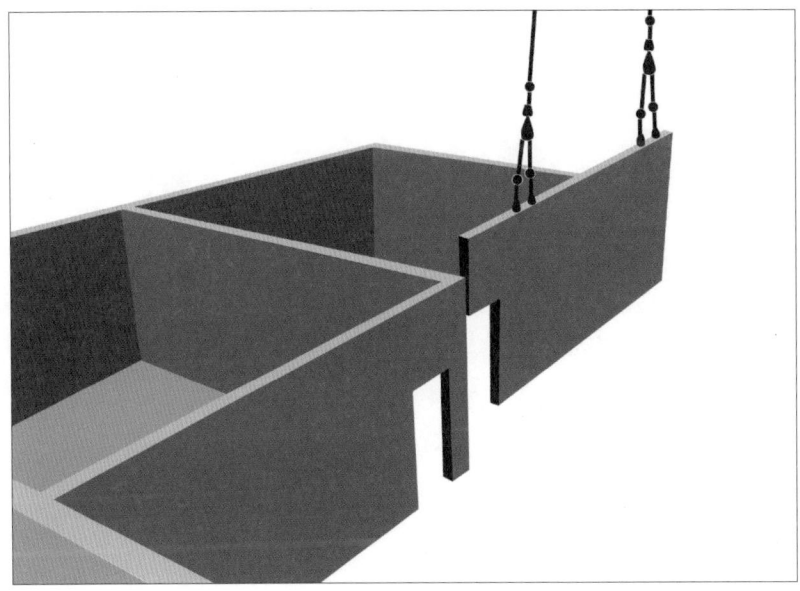

그림 III-5 PC(Precast Concrete) 공법으로 짓는 건물

† PC(Precast Concrete) 공법은 19세기 말 프랑스에서 최초로 시공된 뒤 공장, 창고와 같은 비주거용 건축물에 주로 적용되고 있다.

† 감결(甘結)
조선 시대 상급 관청에서 하급 관청으로 내리는 문서로 명령이나 지시하는 내용이 담겨 있다.
'右甘結(오른편은 감결이라)'로 시작하고, 지시 사항을 적은 후 수신자를 마지막에 적는다.

는 방식이다.

그러나 인부들에게는 이러한 공법이 익숙하지 않았는지 초창기에는 많은 시행착오가 있었다. 각 부석소 패장들에게 돌을 떼어 내는 작업을 중지하고 돌을 다듬는 일에 집중할 것을 강조하는 1794년 7월 3일자 감결†을 통해 이러한 상황을 잘 파악할 수 있다.

갑인년(1794년) 7월 초3일 감결†

右甘結(오른편은 감결이라)
각 소에서 운반해 온 돌은 전혀 다듬은 것이 아니고, 소위 다듬었다는 것도 앞의 한 면 두어 곳에 겨우 정을 대다가 만 정도입니다. 이런 까닭으로 수송하고 사용할 때 힘이 크게 드니 이것이 어찌 여러 번 타이른 뜻에 맞는다고 하겠습니까. 각 소에서는 돌 떠내는 일은 현 시점에서 우선 중지하고, 오늘 이 시각부터는 이미 떠낸 돌덩이 가운데에서 뒤가 기다란 것을 한결같이 모두 다듬기 바랍니다. 앞면은 비록 정교하게 다듬지 않는다 할지라도 그 몸체는 반드시 먹줄을 대고 다듬고 네모가 반듯하게 하여, 이것을 배치할 때에 또 다시 깎아내고 쪼아 내고 하는 일이 없도록 하기 바랍니다. [각 부석소의 패장]

공사장에서 감독 기관과 주고받은 공문서까지 정리한 『화성성역의궤』 덕분에 우리는 당시 공사 현장에서 일어났던 일을 쉽게 파악할 수 있다. 이처럼 신도시 화성 건설과 각종 건축 시공은 관청인 성역소를 조직하여 계획적으로 진행한 대규모 관급 공사였고, 건설 전략과 공법 등은 대부분 정약용에 의해서 설계되었다. 화성 건설을 위한 자금 조달과 지출은 공사 계획 단계부터 체계적으로 이루어지고 관리되어 화성 공사비 총액은 87만 3517냥 7전 9푼으로 상평통보† 한 개 단위까지 정산되었다. 화성 공사는 공사 실명제†로 진행되어 누가, 언제, 어디서, 어느 정도 일을 하고 수당은 얼마나 받았는지까지 건설 보고 문서인 『화성성역의궤』에 모두 기록했다. 화성 공사는 누가 어떠한 의도로 어떻게 설계했는지가 분명하게 남아 있는 몇 안 되는 근대 국책 사업이다. 이렇게 된 까닭은 그림과 함께 매뉴얼 방식으로 설명하는 정약용의 독특한 공학 글쓰기 전략 덕분이다. 오늘날 공사 실명제에 따라 준공 표지판을 시설물에 부착하거나 별도의 준공 표지석을 세우는 것처럼, 정조 역시 화성 건설을 마친 후 화성 기적비를 세워 축성 의도, 과정, 비용 등을 투명하게 공개하고자 하였다. 화성 건설 프로젝트의 준공 표지석을 가상으로 만들어 보면 다음과 같다.

† 출처: 『화성성역의궤』 권 4, 감결(甘結) 편

† 상평통보(常平通寶)
조선 후기 화폐의 단위로 상평통보 한 개를 1푼(닙)이라고 하며, 10푼을 1전이라고 한다. 10전이 1냥이므로 1냥은 상평통보 100푼에 해당한다. 그러므로 1냥은 적은 돈이 아니다. 현대 사극에서 1냥으로 떡 한 개를 사 먹는 장면을 볼 수 있는데 이는 냥, 전, 푼을 동일한 단위로 혼용한 데서 생긴 오류이다. 화성 건설의 경우 상평통보 87,351,779개에 해당하는 엄청난 재정이 투입되었다.

† 공사 실명제(工事實名制)
건설 공사를 완공한 후 공사의 발주자, 설계자, 감리자 및 시공한 건설업자의 상호 및 대표자의 성명 등을 석재나 금속 등의 표지판에 기재하여 사람들이 보기 쉬운 곳에 영구적으로 설치하도록 규정한 것이다.

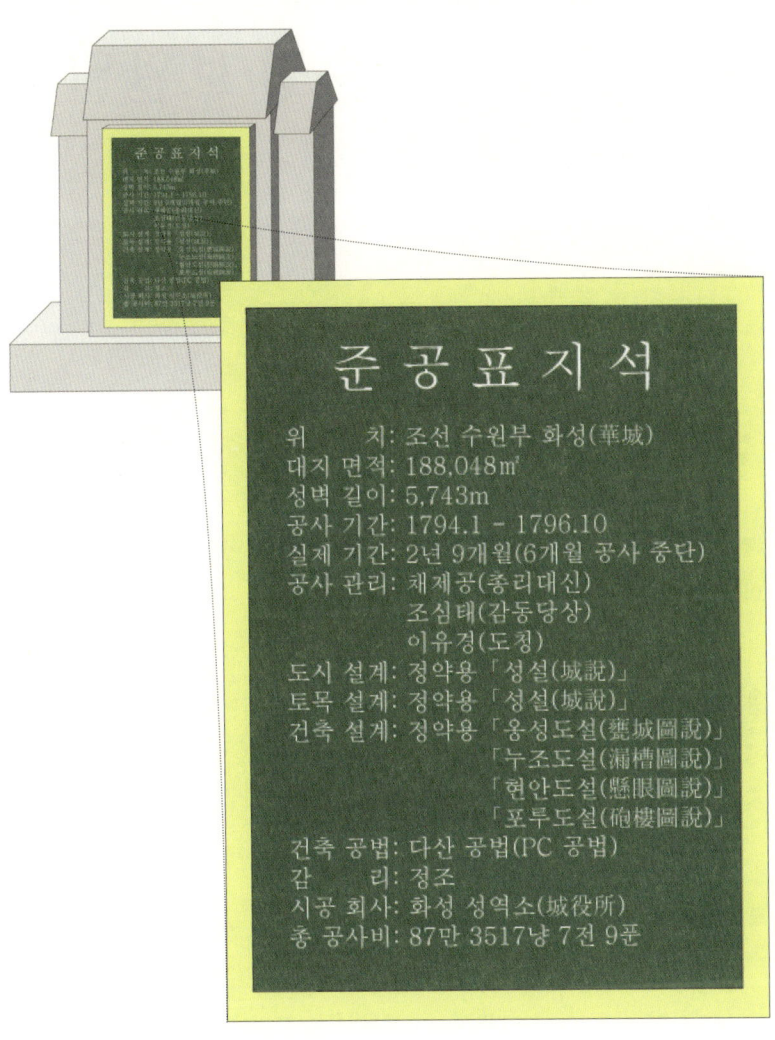

그림 III-6 수원 화성 준공 표지석(상상도)

시공 과정에서 수정·보완된 정약용의 설계

정조 또는 정약용이 등장하는 드라마나 영화에서 수원 화성을 설계하는 장면을 묘사할 때 『화성성역의궤』의 「화성전도」를 소품으로 활용하는 경우가 많다. 하지만 이는 잘못된 것이다. 화성 설계 시점에는 『화성성역의궤』가 존재하지 않았기 때문이다.

많은 사람들이 『화성성역의궤』를 정약용이 설계한 화성 설계도로 잘못 알고 있지만 놀랍게도 『화성성역의궤』에는 정약용의 이름은 물론 그의 업적에 관한 기록이 단 한 줄도 없다. 『화성성역의궤』가 발행되던 시점에 정약용은 유배지에 있는 죄인이었기 때문이다. 『화성성역의궤』는 화성 건설을 마친 후 국가가 편찬한 건설 보고서로서, 그곳에 수록된 각종 건물과 건설 장비, 도구 등의 그림은 최초의 설계도가 아니라 완공된 실제 화성의 모습을 묘사한 것이다.

수원 화성을 설계한 정약용은 실제 건설 작업에는 참여하지 않았다. 화성 건설의 시공 책임자는 감동 당상[†]인 수원 유수 조심태, 도청[†] 이유경이었음에도 많은 사람들이 정약용을 화성 건설을 지휘한 시공 책임자로 잘못 알고 있다. 화성은 모든 것을 완벽하게 설계한 후 시공한 것이 아니라 정약용이 설계한 큰 틀에 따라 일단 공사를 시작하고 진행하면서 설계를 보완하는 방식으로 건설됐다. 수원 화성이 꼭 있어야 할 자리에 해당 기능을 가진 시설물이 잘 배치된 까닭도 상황에 맞게 설계를 변경하였기 때문이었다.

정약용이 설계한 성벽 방어 시설물은 「포루도설」에 정리되어 있으나 실제 시공 과정에서 위치, 명칭, 시설물별 개수가 변경되었다. 그러나 모두 7

[†] **감동 당상(監董堂上)**
감동(監董)이란 공사를 감독하는 행위를 의미하며, 감동 당상은 감동을 수행하는 당상관(堂上官)의 높은 직위를 갖고 있는 관원을 지칭하는 말이다. 공사 현장과 조정을 오가면서 문제를 해결하고 협의하는 현장 책임자 역할을 수행하였다.

[†] **도청(都廳)**
궁궐과 성의 개축 공사를 위해 건설 현장에 설치한 임시 관청.

개의 시설을 증설하고, 7개를 취소하여 전체 숫자는 변함이 없다. 성벽의 치(雉)†에 아무 시설물을 설치하지 않은 상태를 정약용은 '각성(角城)'이라고 표현하였으나, 『화성성역의궤』에서는 '치'로 표현하여 오늘날까지 '치'로 지칭되고 있다. 포루(砲樓)는 성벽 측면으로 돌출하여 화포를 쏠 수 있도록 만든 시설이며, 동음이의어인 포루(鋪樓)는 '치' 위에 병사들이 쉴 수 있는 누각을 만든 것이다.

정약용은 중요한 위치에서 적을 감시하는 망루를 '적루(敵樓)'라고 표현하였으나 「포루도설」의 도면이 남아 있지 않아 적루가 적대† 위에 설치한 누각을 의미하는 것인지, 아니면 적대와는 별개의 시설인지 분명치 않다. 다만 굳이 적대와 적루를 구분하고 적루를 먼저 언급한 것으로 보아 후자로 판단되며, 적루는 시공 위치가 최초 성문 근처에서 지대가 높은 지역으로 변경되어 각루(角樓)로 명칭이 바뀐 것으로 추정된다. 「포루도설」과 『화성성역의궤』를 비교 분석하여 정약용의 설계 초안과 실제 시공된 결과를 정리하면 다음과 같다.

표 III-2 정약용이 설계한 시설물과 실제 시공 결과

정약용의 명칭	설계	시공	증감	특징
포루(砲樓)	7	5	-2	위치 변경
적루(敵樓)	4	4	0	위치 변경, 각루(角樓)로 명칭 변경
적대(敵臺)	9	4	-5	동문(창룡문)과 서문(화서문)은 미설치
포루(鋪樓)	2	5	+3	3개소 증설
노대(弩臺)	1	2	+1	1개소 증설(동북노대)
각성(角城)	7	10	+3	일부 위치 변경, 치(雉)로 명칭 변경

화성 건설 현장은 오늘날의 설계 시공 병행 진행 방식†으로 공정을 효율적으로 관리하였다. 다음 장의 그림 III-7 공정도는 설계 시공 병행 진행 방식이 순차적 진행 방식보다 공기를 단축시킬 수 있음을 보여 주기 위해 화성 건설 기간을 예로 들어 표현한 것이다.

† 치(雉)
성벽을 올라오는 적을 측면에서 공격하기 위하여 성벽 밖으로 내밀어 쌓은 돌출부.

† 적대(敵臺)
성벽의 치와 마찬가지로 성문 양옆에 돌출시켜 옹성과 성문을 방어하는 시설. 네모꼴로 높이 쌓아 올려 사방을 바라볼 수 있게 만들었다.

† 설계 시공 병행 진행 방식
(Fast Track Method)
모든 설계를 완료한 후 시공에 착수하는 순차적 진행 방식이 아니라, 시공자가 공사 단계별로 상세 설계를 진행해 발주처의 승인을 받고 우선적으로 시공을 진행하는 건설 공사 방식을 가리킨다.

화성의 성벽 라인은 정약용이 설계한 초안에서 변경되었다. 공사를 시작하면서 정조에 의해 북쪽으로 더 확장되었으며, 1년 정도 공사를 진행한 후 화성 동쪽의 이중 성벽을 하나로 통합하는 방식으로 설계가 변경되었다. 설계 변경으로 인해 동쪽의 방어력이 크게 약해졌으며 이를 보완하기 위해 정약용

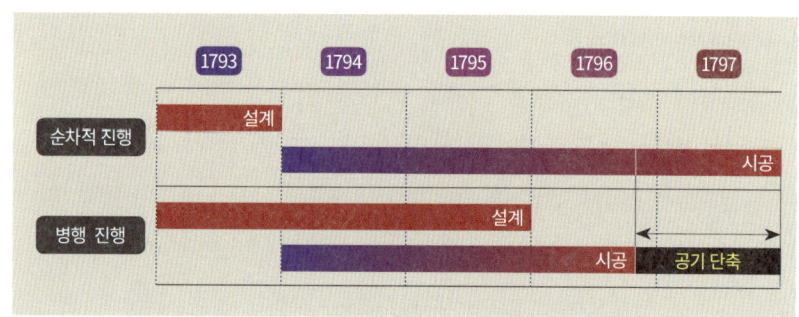

그림 III-7 순차적 진행 방식과 설계 시공 병행 진행 방식의 비교

이 설계하지 않았던 동북노대†, 동북공심돈†과 같은 공격형 시설과 지휘 본부인 동장대가 추가되었다. 이렇게 공사 도중에 설계가 크게 변경된 까닭은 1794년 11월 1일부터 1795년 4월 20일까지 혹한으로 인해 대부분의 공사가 중단되었기 때문으로 추정된다. 거의 5개월 정도 여유가 있었기 때문에 정약용이 설계하지 않았던 시설물들은 대부분 이 시기에 추가 설계되었다. 이러한 추론을 뒷받침하는 자료는 1795년 2월 전후에 그려진 것으로 추정되는 「화성부성조도」다. 이 그림은 화성에 주둔한 부대의 훈련 배치 상황을 정리한 작전 지도로서, 성장(城將) 이하 군병의 배치를 그림으로 나타낸 유물이다. 「화성부성조도」는 이미 축성을 마친 부분은 흑색(黑畵已築)으로, 아직 완성하지 못한 부분은 붉은색(紅畵未築)으로 표시하고 있어, 화성 공사 과정과 공사 현장에서 불렸던 건물의 명칭을 파악할 수 있는 소중한 사료이다.

† 동북노대(東北弩臺)
노대는 쇠로 된 발사 장치가 달린 활인 '쇠뇌'를 설치하기 위해 높게 지은 시설이며, 동북노대는 화성 동북쪽에 설치한 노대이다.

† 동북공심돈(東北空心墩)
동북공심돈은 화성 동북쪽에 설치한 화성에서 가장 큰 공심돈이다.

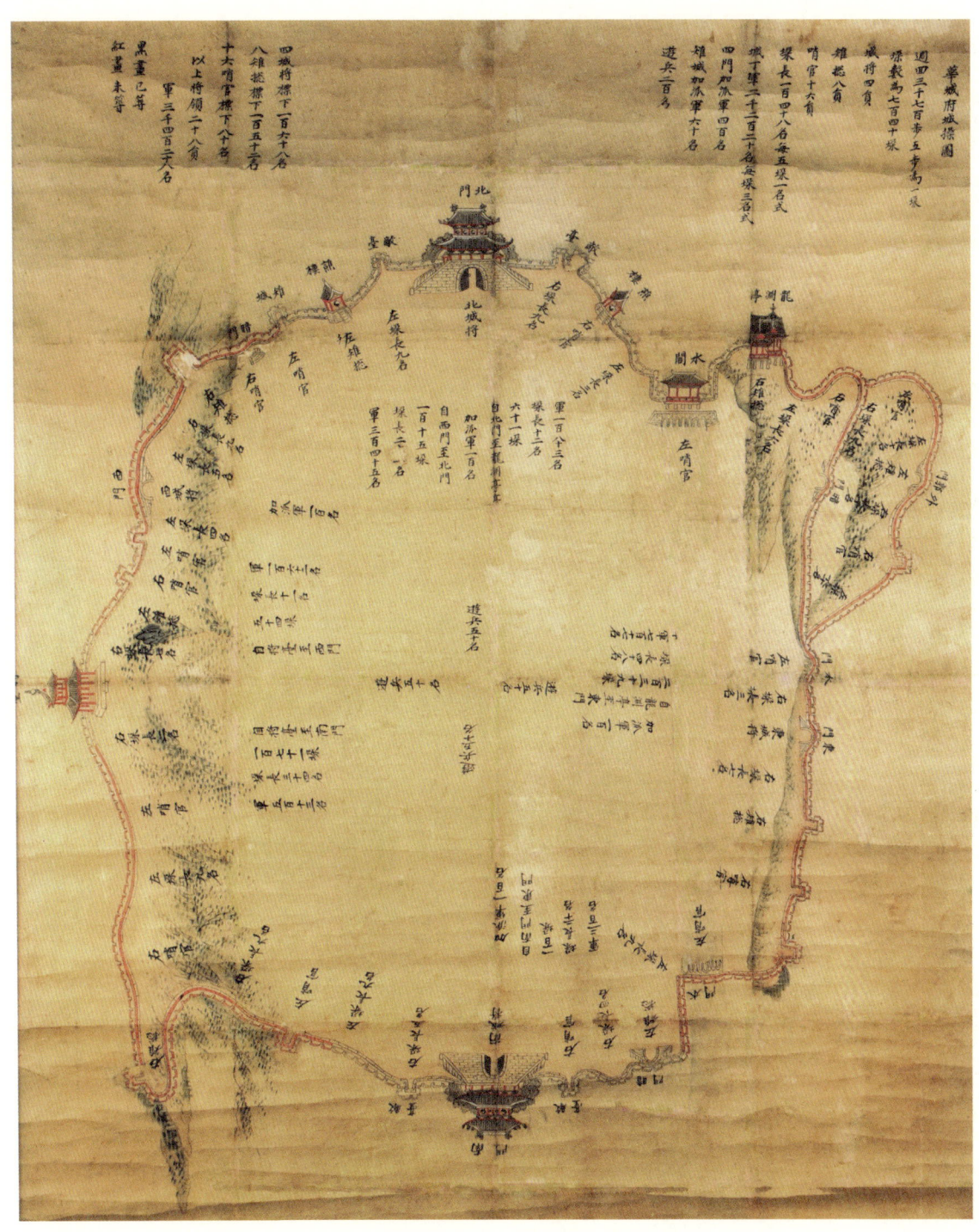

그림 III-8 「화성부성조도」

「화성부성조도」를 보면 처음에는 동쪽을 외성과 내성이 있는 이중성으로 설계하여 군사 주둔지가 하나의 내성이 되도록 설계하였음을 알 수 있다. 동곽문과 암문으로 둘러싼 내성 지역은 실제 시공 과정에서 동장대로 대체되었다. 동장대는 부대 점호는 물론 간단한 훈련을 할 수 있는 연병장 역할을 할 수 있도록 설계된 시설이다. 동장대의 북쪽은 인접한 북쪽 성벽과 차단되어 있기 때문에 성 내부의 시설물로 보기보다는 처음 의도대로 별도의 독립된 공간으로 시공했다고 볼 수 있다.

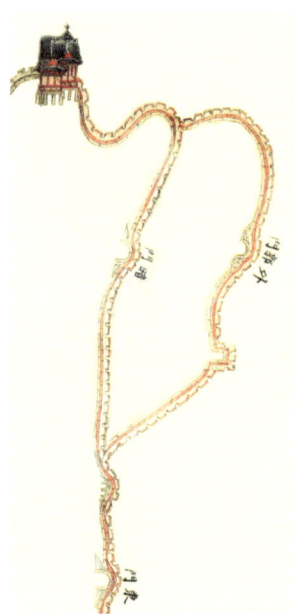 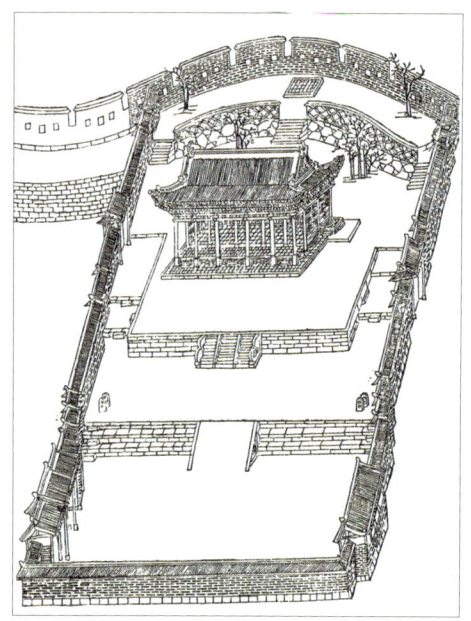

그림 III-9 최초 이중성 방식에서 동장대로 변경된 동쪽 지역

정약용은 「포루도설」에서 포루(砲樓) 7개를 설계하였으나 2개소가 축소되어 최종적으로는 5개의 포루가 시공되었다. 1795년 혜경궁의 회갑 잔치 전에 북서포루와 북동포루가 먼저 완성되었는데, 「화성부성조도」를 보면 화성 공사 현장에서는 정약용이 포루로 지칭했던 건물을 '초루(譙樓)'라 불렀음을 확인할 수 있다.

그림 III-10 장안문(북문) 인근 포루의 위치

그림 III-11 「화성부성조도」에 묘사된 2개의 포루(초루)

그림 III-12 성벽 바깥쪽에서 본 포루(좌)와 성 안쪽에서 본 포루(우)

화성의 공심돈 세 곳(동북공심돈, 서북공심돈, 남공심돈)은 정약용이 설계한 것이 아니라 공사 현장 책임자의 판단에 의해 설계된 것이다. 남공심돈†은 평지임에도 방어 시설이 부족한 남암문과 남수문 사이를 보완하기 위하여 치성을 공심돈으로 무장하는 방식으로 설계가 변경되었다. 화서문 옆 치성도 서북공심돈을 건설하는 방식으로 설계가 수정되었고, 동쪽 이중성 바깥 쪽 성문인 동곽문은 문을 내지 않는 대신 동북공심돈을 건설하는 방향으로 설계가 변경되었다. 민간인들이 통행하는 성문과 군인들이 출입하는 암문을 구분하려던 정약용의 설계가 성문 옆에 망루를 세워 시야를 확보함과 동시에 공격력을 강화하는 전략으로 수정된 것이다.

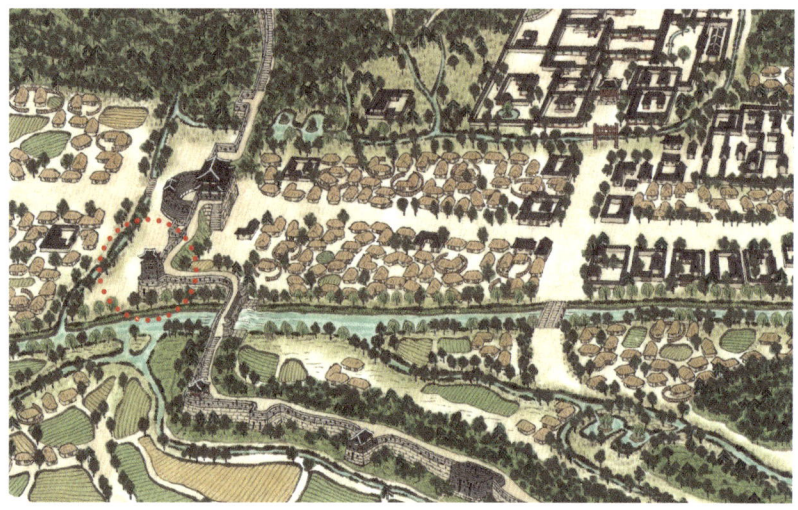

그림 III-13 팔달문과 남수문 사이에 건설된 남공심돈

막대한 비용이 들어가는 공격 시설인 공심돈이 공사 과정에서 세 개씩이나 추가된 배경에는 현장 시공을 담당한 엔지니어 중에 무관이 많은 것과 관련이 있다. 근대 엔지니어 집단의 형성이 프랑스 공병대로부터 시작된 것과 마찬가지로 화성 건설 현장에 투입된 무관(장교)들 역시 군사 도시로서의 기능에 충실하도록 정약용의 설계 초안을 대폭 수정한 것이다. 1795년 10월 18일 남공심돈 공사가 끝난 후 서북공심돈 공사가 시작되었고, 1796년 3월 10일에 끝난 서북공심돈 공사는 동북공심돈 공사로 이어졌다. 이처럼 남공심돈에서

† 남공심돈과 남암문은 팔달문에서 남수문에 이르는 성벽과 함께 1926년과 1927년 사이에 철거되었다. 이미 시가지가 형성되었기 때문에 지금도 복원을 하지 못하고 있다.

서북공심돈을 거쳐 동북공심돈에 이르는 동안 규모는 더욱 커지고 화력은 더욱 강력해지게 되었다. 흔히 정조가 화성의 모든 시설물에 긍지를 가지고 있었던 것으로 알려져 있으나 『조선왕조실록』에 따르면 정조는 포루와 동북공심돈을 높게 평가하지 않았다. 동북공심돈은 현장 공사 책임자인 도청 이유경이 그 필요성을 강하게 주장하여 건설된 것이다.

1797년 화성 현장을 돌아본 정조는 "초루나 돈대† 등은 가끔 엉뚱한 모양만 낸 것 같아서 실용에 적합하지 않다."라고 평가하였다. 또한 "현장 공사 책임자인 조심태와 이유경이 심하게 다투면서 논쟁을 했기 때문에 시공된 것이지, 나의 본뜻은 아니다.†"라는 언급을 신하들에게 따로 할 정도로 치성 벽을 화포로 중무장한 포루와 높은 원형 건물인 동북공심돈이 불필요한 화력을 과도하게 집중시켜 실용성이 떨어지는 것으로 보았다.

『화성성역의궤』에서 동북공심돈을 설명하며 굳이 '요동(遼東)에 있는 계성(薊城)의 평돈(平墩)'을 본떠 만들었다는 사족을 붙인 것도 이 때문이다. 화포를 잘못 조준할 경우 아군의 치성이나 성벽에 맞는 경우가 발생할 수 있어 측면 화포는 성벽에 근접한 적군을 겨냥하는 것이 아니라 원거리에 있는 적을 조준하도록 사선 방향으로 포안을 낼 수밖에 없다. 결국 포루 인근 성벽 여장에서 적을 제압하는 것과 차이가 없게 된다.

정조는 화서문 옆 치성 위에 창의적인 형태로 건설한 서북공심돈은 신하들에게 마음껏 구경해 보라고 권할† 정도로 높게 평가하였다. 이처럼 정조가 동일한 기능을 하고 있는 공심돈들을 서로 상반되게 평가한 까닭은 우리의 실정에 맞게 창의적으로 설계한 시설인지 아니면 중국의 것을 본떠 설계한 것인지를 판단의 기준으로 삼았기 때문이다. 정조의 사랑을 받은 서북공심돈은 오늘날까지 무너지지 않고 세월의 무게를 잘 견디어 냈지만, 정조의 사랑을 받지 못한 동북공심돈은 일제 강점기를 거치면서 무너져 갔고, 결국 6·25 전쟁 때 폭격을 받아 파괴되었다.

† 돈대(墩臺)
평지보다 높직하게 두드러진 평평한 땅으로 홍수가 났을 때 피하는 곳. 군사 시설의 경우에는 적을 탐망하기 위해 평지보다 높게 쌓은 시설을 의미한다.

† 『정조실록(正祖實錄)』권 46, 1797년 1월 29일자 두 번째 기사.
但譙樓墩臺之屬往往有近於奇巧不適實用此則留守與都廳李儒敬爭難畢竟都廳之說得行非予之本意也

† 『정조실록』권 46, 1797년 1월 29일자 두 번째 기사.
空心墩卽我東城制之初有者諸臣可縱觀之 (공심돈은 우리 동국의 성제에서는 처음 있는 것이다. 여러 신하들은 마음껏 구경하라.)

그림 III-14 정조가 엉뚱한 모양만 낸 것 같다고 평가한 포루(북동포루)

그림 III-15 사선 방향으로 뚫은 북서포루 측면 포안

그림 III-16 이유경의 주장으로 시공된 동북공심돈

그림 III-17 정조가 신하들에게 마음껏 구경하라고 한 서북공심돈

화성 동쪽 공사장은 공사를 하면서 성벽 라인이 바뀌고 새로운 시설이 추가되는 등 큰 변화가 있었다. 엔지니어들은 정약용의 설계 의도를 파악하고 융통성을 발휘하여 시공을 지휘하였다. 『화성성역의궤』의 창룡문과 화서문 도면을 보면 계단을 제외하고는 차이점이 거의 없어 보이지만 꼼꼼하게 살펴보면 옹성 입구 성벽 라인에 큰 차이가 있다.

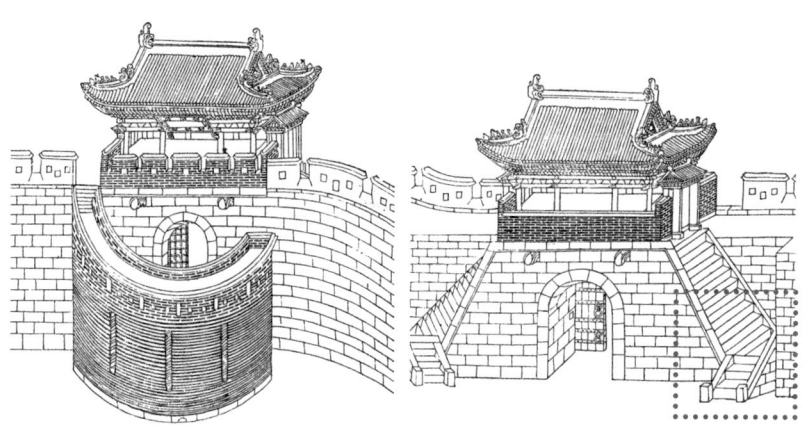

그림 III-18 『화성성역의궤』의 화서문 외도(좌)와 내도(우)

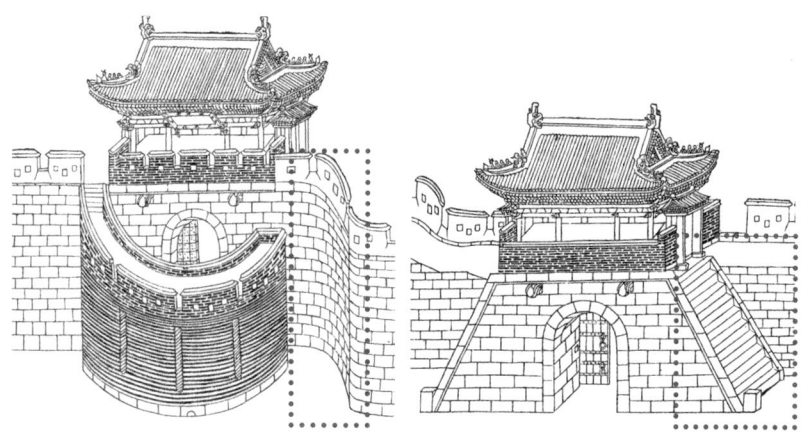

그림 III-19 『화성성역의궤』의 창룡문 외도(좌)와 내도(우)

화서문과 달리 창룡문은 옹성 입구 쪽 성벽을 곡면으로 시공하여 옹성과 함께 완벽한 항아리 모양이 되도록 하였다. 이는 정약용이 설계한 것이라기보다는 창룡문과 동쪽 성벽을 건설하던 시공 감독이 옹성의 기능을 이해하고 융통성을 발휘하여 시공한 것[†]으로 추정된다.

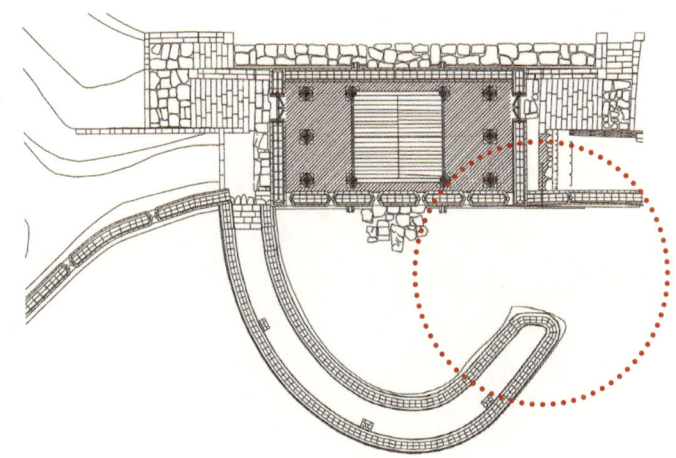

그림 III-20 화서문 옹성 도면

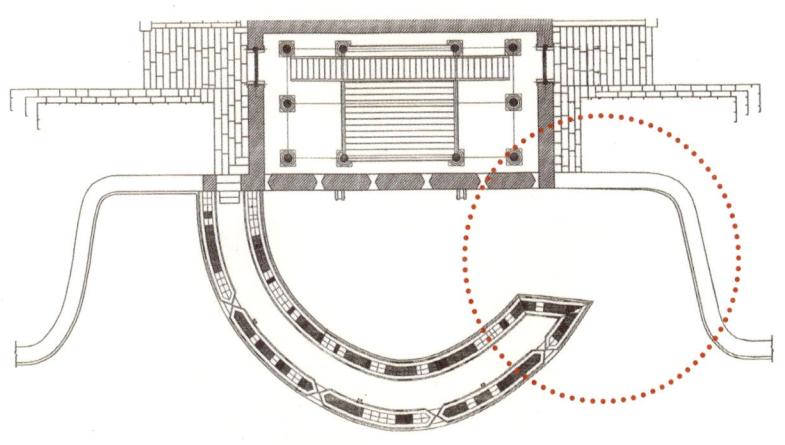

그림 III-21 창룡문 옹성 도면

† **창룡문 시공 팀**
창룡문 성벽에 새겨진 공사 실명판에는 감동 김기승(金箕昇)과 김혁(金爀)의 이름이 새겨져 있다. 총책임자 김기승은 정3품 장군이었으며, 김혁은 종3품 문관이었다.

창룡문과 동쪽 성벽 시공 팀은 옹성 근처의 성벽을 곡선으로 한 것 이외에 창룡문 좌우 성벽을 곡선으로 돌출시켜 적대 기능을 할 수 있도록 시공하였다. 정약용의 최초 설계에는 동문과 서문 좌우에도 각각 적대를 설치하여 적대가 모두 9개였으나 실제 시공 과정에서 5개는 시공하지 않는 것으로 결정되어 적대의 역할이 대폭 축소되자, 화성 동쪽 공사장의 엔지니어들이 성벽 라인을 곡선으로 수정하여 적대의 기능을 대체하려고 한 것이다. 이는 엔지니어들이 설계 시공 병행 진행 방식의 취지에 맞게 현장을 지휘한 것이라고 볼 수 있다.

그림 III-22 옹성 기능을 극대화하여 시공된 창룡문

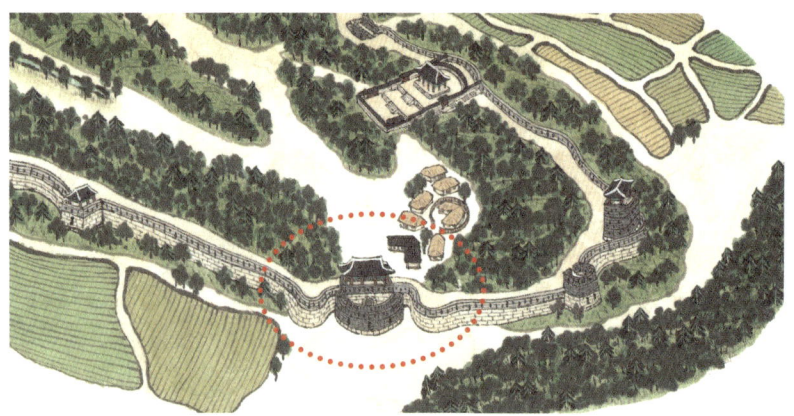

그림 III-23 곡선형 성벽으로 적대 기능을 대신한 창룡문 인근 성벽

봉돈은 정약용이 설계하지 않았던 시설물로 화성 건설 과정에서 필요에 의해 추가 시공된 것이다. 역참 제도와 더불어 위급한 상황을 전파하는 기능을 하는 봉수대는 보통 높은 곳에 위치하기 때문에 화성의 지형을 고려하면 서장대 옆에 세우는 것이 가장 합리적이다. 하지만 화성의 봉돈은 우안에 있는 행궁과 서장대에서 쉽게 내려다볼 수 있는 좌안의 평지 중에서 봉돈 쪽으로 신호를 보내는 곳과 봉돈의 신호를 받는 쪽을 고려하여 시공되었다.† 이는 한양 왕궁에서 훤히 보이는 목멱산(남산)에 전국에서 올라온 봉화가 모이도록 한 것과 마찬가지이다.

화성의 봉돈은 포루 기능을 겸하도록 많은 포혈이 뚫려져 있어 전투 기능을 갖추고 있는 공격형 통신 시설로서 최전방 통신 부대 역할을 수행하였다. 화성 공사가 한창이던 시기에 정약용은 금정찰방(金井察訪)으로 좌천되어 국가 통신망의 지역 허브인 찰방 40개 중 한 곳을 관리하는 일을 맡게 되었다.† 정약용이 지방 통신 사무소에서 업무를 보고 있는 동안 화성의 공격형 통신 시설인 봉돈이 지어지고 있었던 것이다.

† **화성 봉돈의 수신과 송신**
수신: 건달산 간봉(間烽)
송신: 석성산(石城山) 육봉(陸烽)
화성 봉돈이 담당하는 봉화 통신선은 직봉(職烽)이 아니라 간봉에 해당하는 보조 통신선이다.

† **금정찰방으로 좌천된 정약용**
조선은 전국의 중요한 도로에 500개가 넘는 역을 설치하고 말과 역졸을 두어 공문서 전달, 관리의 왕래와 숙박, 정보 수집 등의 업무를 수행하였다. 전국에 분포된 역을 관리하기 위하여 전국을 40개 구역으로 나누고 찰방을 두어 구역에 소속된 역들을 관리하였는데, 정약용이 좌천되어 떠난 곳이 충청도 내 5개의 찰방 중 하나인 금정찰방이다. 찰방은 각 도의 역참 일을 맡아보던 종6품 외직 벼슬이다.

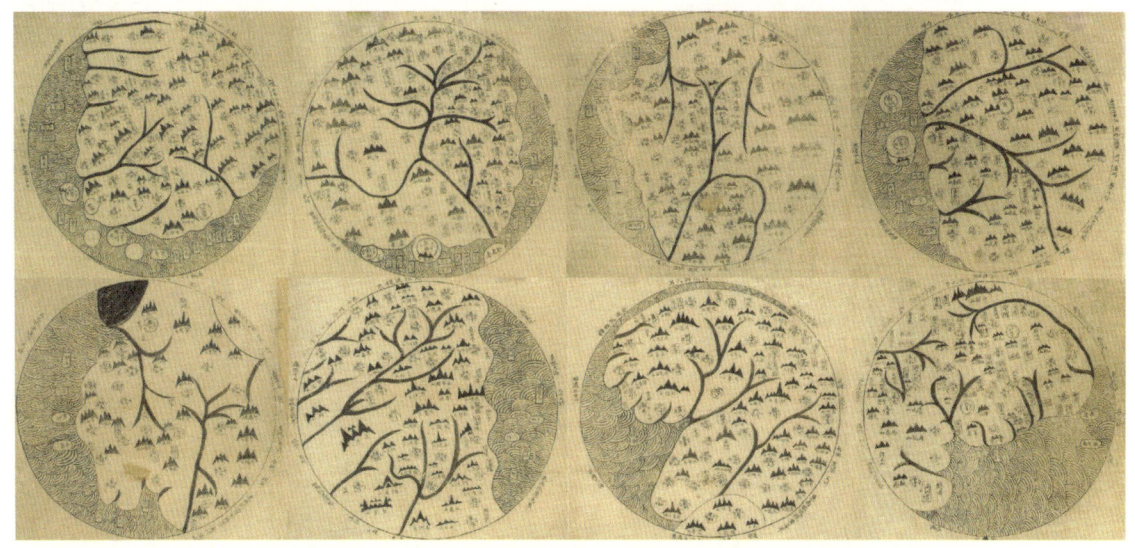

그림 III-24 조선 8도의 40개 찰방을 정리한 지도

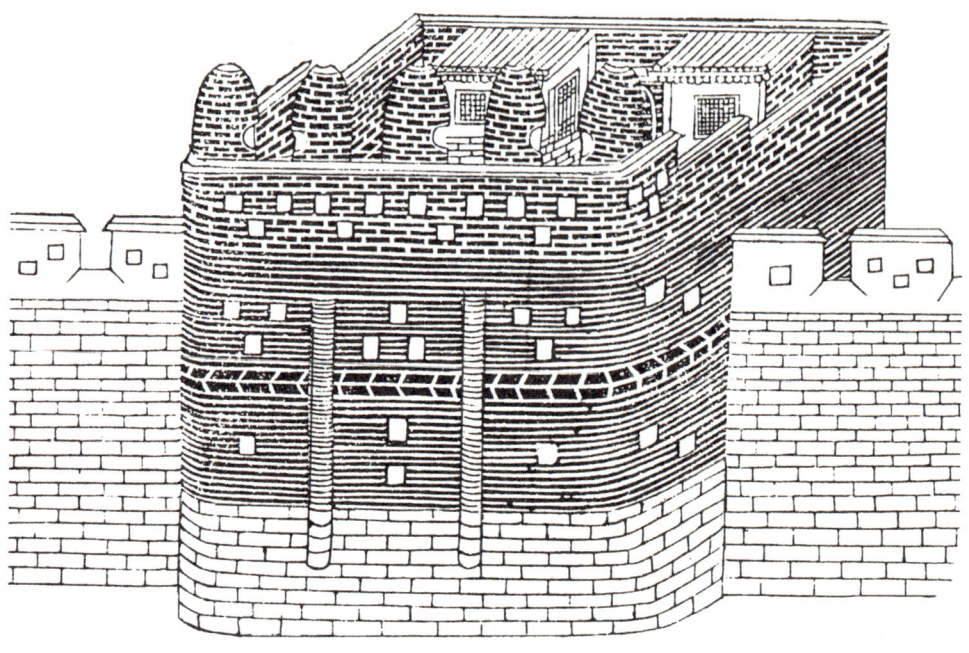

그림 III-25 『화성성역의궤』의 봉돈 외도

그림 III-26 봉돈 외부의 현재 모습

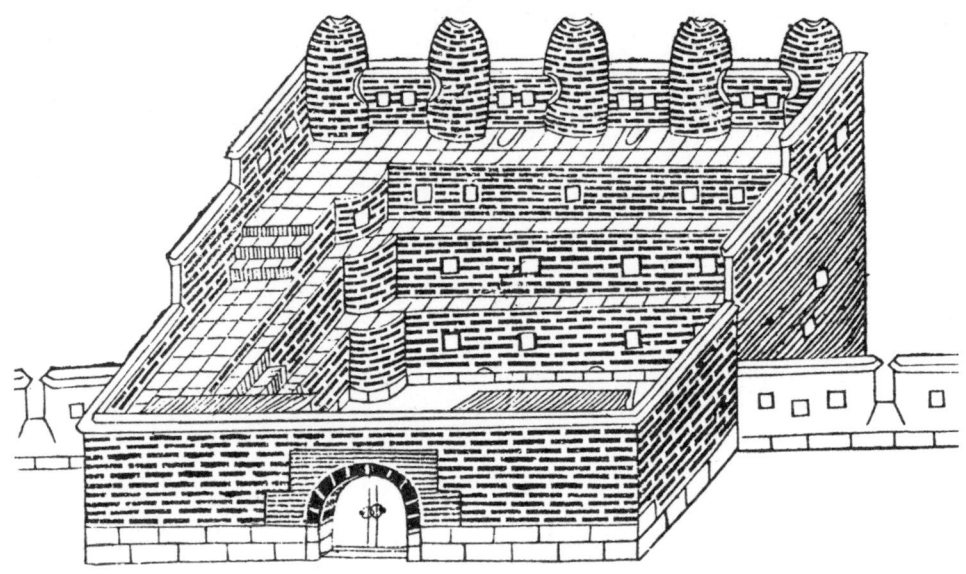

그림 III-27 『화성성역의궤』의 봉돈 내도

그림 III-28 봉돈 내부의 현재 모습

정약용의 설계,
시공 과정에서 무시되다

설계 시공 병행 진행 방식은 설계자가 시공에도 함께 참여하는 것이 바람직하다. 설계자가 시공에 참여하지 않을 경우 설계 의도를 잘못 해석하여 엉뚱하게 시공할 수 있기 때문이다. 화성 건설 과정에서도 우려했던 문제가 발생했는데, 설계 의도를 잘못 파악하여 부실시공한 대표적인 사례로는 오성지(五星池)를 들 수 있다.

정약용은 옹성이 없는 암문과 옹성 가운데에 문을 낸 장안문과 팔달문의 약점을 보완하고자 「누조도설」에서 『무비지』의 오성지를 도입해 물을 흘려 내보낼 수 있는 오성지를 설계하였다. 성문 위에 '누조(漏槽)'라는 큰 통을 설치하고 그곳에 물을 담아 두었다가 적병이 성문 앞에 불을 지르면 5개의 구멍을 열어 물을 내리쏟을 수 있도록 만든 것이다. 방화수 구멍이 5개인 것은

† [부록06] 「누조도설」 국역본 참조.

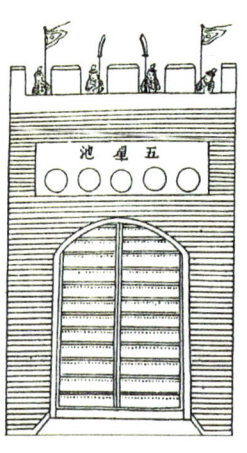

그림 III-29 『무비지』의 오성지

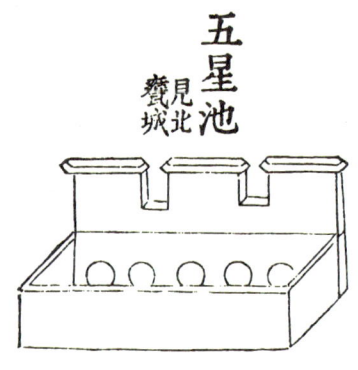

그림 III-30 『화성성역의궤』의 누조와 오성지

중국의 성제를 참조하여 뚫게 한 것이다. 정약용이 그린 「누조도설」의 도면은 전해지지 않지만 『화성성역의궤』에 있는 누조와 오성지 도면이 정약용이 설계한 것과 가장 유사한 것으로 추정된다.

그림 III-31 서남암문 오성지

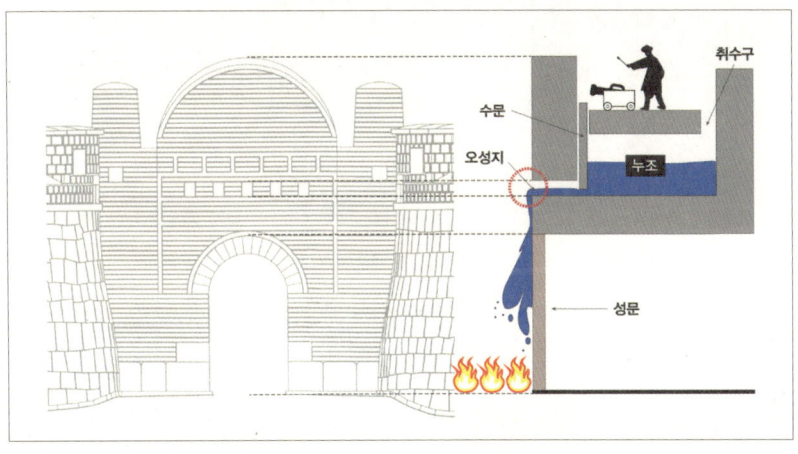

그림 III-32 정약용이 설계한 오성지의 원리

그러나 성문 시공자들은 정약용의 의도를 잘못 해석하여 총안†과 같이 구멍만을 뚫어 시공해 버렸다. 장안문과 팔달문의 옹성문에 시공한 오성지 구멍은 원총안(遠銃眼)과 다를 바 없으며, 암문의 오성지 구멍은 근총안(近銃眼)과 다를 바 없게 시공되었다.

† 총안(銃眼)
몸을 숨긴 채 총을 쏘기 위하여 성벽에 뚫어 놓은 구멍.
먼 곳을 조준하기 위한 원총안과 성벽 아래를 조준하기 위한 근총안이 있다.

그림 III-33 화성 북문(장안문) 옹성 오성지

그림 III-34 누조가 없는 화성 북문(장안문) 옹성 오성지 안쪽

그림 III-35 원총안과 다를 바 없는 북문(장안문) 안쪽 오성지 구멍

그림 III-36 북암문 오성지

그림 III-37 누조가 없는 북암문 오성지 안쪽

그림 III-38 근총안과 다를 바 없는 북암문 안쪽 오성지 구멍

1795년 가을 정약용은 정3품에서 종6품인 금정찰방으로 좌천되었으며, 임지로 내려가는 길에 화성을 지나면서 잘못 시공된 오성지를 보고 한탄하며 「화성오성지기(華城五星池記)」를 남겼다.

「화성오성지기」†

『무비지』의 성제에서 논한 오성지는 곧 누수통과 같은 종류이다. 올 가을에 나는 금정찰방으로 가는 길에 화성을 지나면서, 옹성문 위에 가로로 다섯 구멍이 뚫린 것을 보았는데, 마치 요즘의 성가퀴에 구멍이 세 개 있는 것과 같았다. 사람들에게 물어보니, "이것이 오성지이다."라고 한다. 아, 성문 위의 지(池)에도 가로로 구멍 뚫린 것이 있는가? 오성지라는 것은 물을 터 내려서 적이 성문을 태우려 할 때 이를 막는 것이니, 그 구멍을 곧게 뚫어서 바로 문짝 위에 닿게 하여야 쓸모가 있게 되는 것이다. 그런데 성 쌓는 일을 맡은 사람이 도본(圖本)만을 보고 구멍을 가로로 뚫어 놓았으니, 이것이 이른바 그림책을 뒤져서 천리마를 찾는다는 격이다.

『화성성역의궤』의 기록과 1795년 가을에 그려진 「화성부성조도」를 보면 정약용이 화성을 지나가면서 오성지의 오류를 지적한 시점에 서남암문은 아직 시공되지 않았었다. 하지만 정약용의 지적에도 불구하고 서남암문 역시 구멍 5개만 뚫어 시공하고 말았다. 결국 화성 성문에 반영된 오성지는 적의 화공을 예방하는 기능을 상실하였고, 구멍 5개만을 뚫어 놓은 명백한 부실시공이 되고 말았다. 오성지가 있는 것처럼 위장하여 적이 화공을 포기하도록 하는 기능을 할 수 있다면 그나마 다행일 뿐이었다.

만약 정약용이 시공 책임자로 참여했다면 오성지는 적의 화공을 제압할 수 있는 기능을 할 수 있도록 제대로 시공되었을 것이다. 다음은 부실시공된 팔달문 옹성 오성지와 정약용의 의도에 맞게 시공된 팔달문 오성지를 가상 복원한 것이다.

† 출처: 김도련 역, 『다산시문집』 제14권, 기(記), 「화성오성지기」, 한국고전번역원, 1984.
武備志城制所論五星池卽漏槽之類也。今年秋。余謫金井路由華城見甕城門上有五穴橫穿如今陴倪之有三穴問之人曰此五星池也嗟乎池亦有橫穿者乎五星池者將以灌水禦賊之焚門也直穿其穴正當門扇之上然後方可有用董役者只見圖本橫穿其穴此所謂按圖索驥者也

그림 III-39 부실시공된 팔달문 옹성 오성지

그림 III-40 정약용의 의도에 맞게 제대로 시공된 팔달문 옹성 오성지(가상 복원도)

3장 _ 건축 공학자 정약용, 새로운 공법을 제시하다

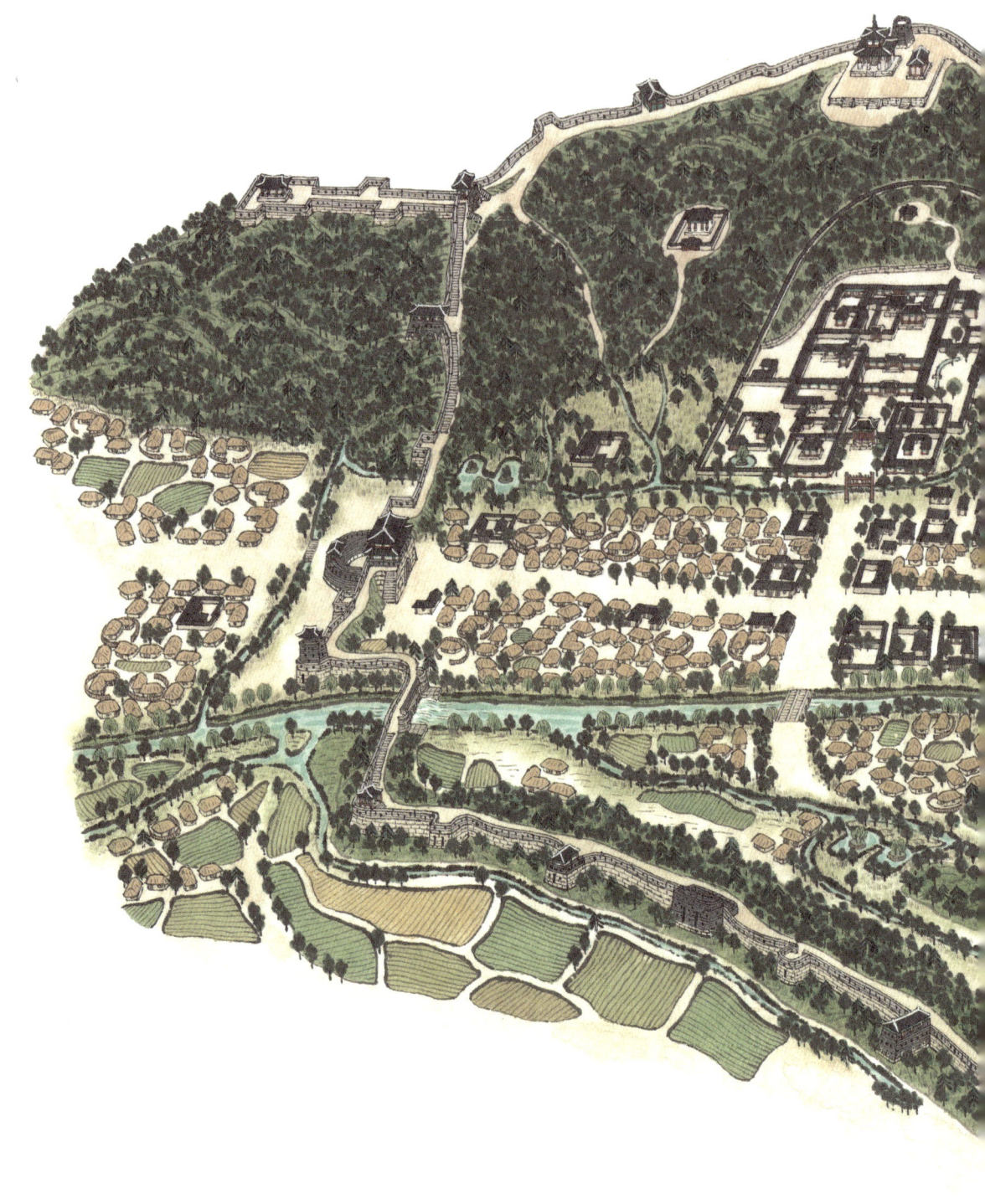

그림 III-41 『화성성역의궤』에 실린 「화성전도」를 바탕으로 새로 그린 채색 그림

※ 이 장은 『다산학』 제30호(다산학술문화재단, 2017)에 게재된 필자의 논문
「정약용이 설계한 거중기와 녹로의 용도」를 독자들이 이해하기 쉽게 수정한 것입니다.

4. 기계 공학자 정약용, 거중기와 녹로를 개량 발명하다

거중기는 무엇에 쓰는 기계인가
복합 도르래의 동시 발견 현상
시제품 기중소가와 완제품 거중기
조선의 지브 크레인 녹로
테렌츠 대신 라멜리의 도면을 참조했다면

거중기는
무엇에 쓰는 기계인가

다음은 실제로 어느 중학교 수업 시간에 거중기와 녹로의 용도에 대해 교사와 학생 사이에서 오간 대화를 재구성한 것이다.

선생님: 거중기와 녹로는 오늘날 크레인(crane)에 해당됩니다. 높은 곳으로 돌을 올린 다음, 원하는 곳에 맞춰 내려놓으면 되므로 녹로는 조선의 지브 크레인인 것입니다.

학 생: 선생님, 녹로가 크레인이라는 것은 이해되지만 거중기는 돌을 들어 올린 다음 원하는 곳에 내려놓을 수가 없는데 어떻게 크레인에 해당하나요?

선생님: 그렇죠. 거중기는 돌을 들어 올린 다음 수평 이동하기 어렵기 때문에 성벽을 쌓는 용도로 사용된 크레인은 아닌 것 같습니다.

학 생: 그럼 어떠한 용도로 사용한 크레인인가요?

선생님: 중학생 수준에서는 그것까지 알 필요 없으니 고등학교에 가서 배우세요. 아마 거중기의 용도를 밝힌 명확한 기록이 없으니 시험에 절대 나올 수 없을 것입니다.

기원전 550년경에 만들어진 것으로 알려져 있는 크레인은 그 종류가 매우 많고 사용 목적과 작동 방식이 제각각이어서 각각의 크레인들을 상호 배타적으로 분류하는 것이 매우 어렵다. 일반적으로 고정식 크레인과 이동식 크레인으로 구분할 수 있는데, 화성 건설 현장에서 사용했던 거중기와 녹로는 이동을 고려한 바퀴가 없기 때문에 고정식 크레인에 해당한다.

거중기의 형태는 오늘날 사용하는 갠트리 크레인†에 호이스트†를 장착한 것과 매우 유사하지만, 상승과 하강(권상과 권하)만 가능하고, 수직 이동(종행)이 불가능하며, 들어 올린 다음 수평 이동(횡행)을 할 수 없다는 점에서 기능에는 큰 차이가 있다. 종행이 가능하려면 갠트리 다리에 바퀴가 있어야 하고 횡행이 가능하려면 호이스트가 주행 레일에서 움직여야 한다.

그림 IV-1 호이스트 갠트리 크레인(hoist gantry crane)

그렇다면 물건을 들어 올리는 것만 가능한 거중기는 어떠한 용도로 사용한 장비였을까? 거중기를 활용한 축성 방법은 문헌에 언급되지 않았기 때문에 거중기를 이용해 성벽을 쌓았다는 것을 입증하려면 돌을 들어 올린 다음에 성벽으로 돌을 옮겨 놓는 타당한 방법을 제시해야 한다.

거중기는 흔히 성벽을 쌓는 용도로 사용되었다고 알려져 있으나 화성 건설 현장 곳곳에서 널리 사용한 범용 장비가 아니라 단 1대에 불과한 특수 장비였다는 점과, 단지 들어 올리고 내리는 기능밖에 할 수 없다는 점에서 성벽을 쌓는 장비로 보기에는 무리가 있다. 거중기의 높이는 약 4.4미터이지만 거중기의 구조적 특성을 고려할 때 최대로 돌을 들어 올릴 수 있는 높이는 3미터 정도에 불과하다. 상단 가로대인 횡량 아래에서 중유량(고정 도르래 묶음)

† **갠트리 크레인(gantry crane)**
문틀 모양으로 되어 그 밑으로 차량을 넣을 수 있도록 만든 크레인이다.

† **호이스트(hoist)**
비교적 가벼운 물건을 들어 올리는 소형 크레인으로 공기식과 전기식이 있다. 갠트리 크레인에 장착되어 사용되는 것이 일반적이다.

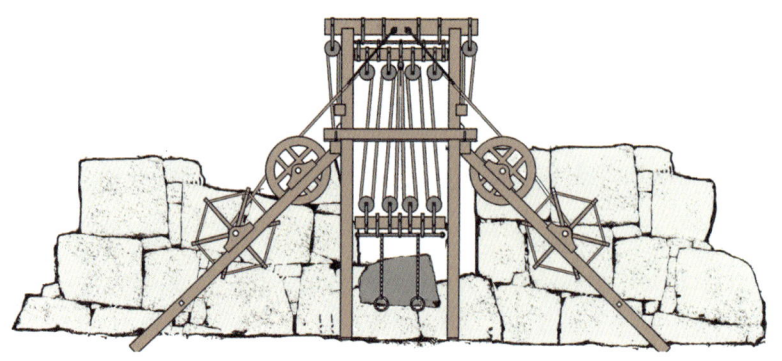

그림 IV-2 거중기를 활용한 축성 장면(정면)

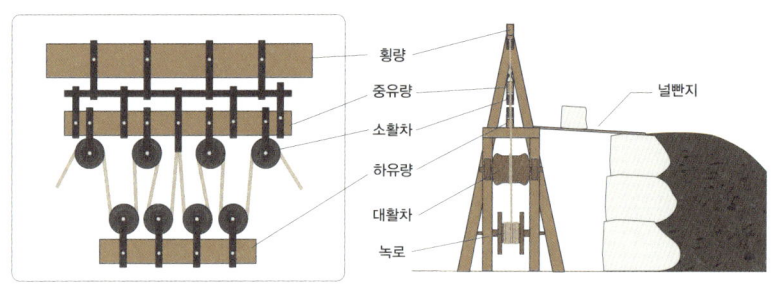

그림 IV-3 거중기를 활용한 축성 장면(측면)

과 하유량(下游樑, 움직도르래 묶음)이 만나는 공간을 빼야 하기 때문이다.

아동용 도서 삽화에서는 널빤지를 거중기와 연결하여 석재를 옮기는 것으로 표현하는 것이 일반적인데, 이에 관해 언급한 문헌과 기록은 남아 있지 않다. 단 1대 사용했다는 거중기가 이런 식으로 성벽을 쌓고 있는 동안 나머지 넓은 화성 공사장에서는 거중기를 이용할 수 있는 순서를 기다리며 쉬고 있었을까? 188,048제곱미터에 이르는 화성 축조 현장을 거중기를 옮겨 다니며 사용하는 것은 비효율적이다.

정약용은 「성설」 푼수 지침에서 화성의 성벽 높이를 대략 2장 5척(약 7.75미터)으로 설계하였기 때문에, 3미터 이상의 성벽을 쌓는 데 거중기를 사용할 수는 없다. 돌을 높이 들어 올릴수록 거중기의 무게 중심은 위쪽으로 이동하게 되는데 이러한 상황에서 돌을 이동시키면 거중기가 전복될 가능성이 크다. 거중기는 이동성을 고려하여 설계된 기계가 아니다. 『화성성역의궤』의 거중기 전도(全圖)와 분도(分圖)를 살펴보면 거중기는 수레바퀴와 같은 이동성을 고려한 부품이 전혀 없다. 분도를 제시한 까닭이 분해와 조립을 위한 것이라고 볼 수도 있지만, 분도 자체가 너무 세부적이며 많은 활차에 줄을 연결해야 하는 복잡한 조립 과정을 고려할 때 자주 분해하고 조립하는 것은 비효율적이다. 거중기는 한곳에 고정해서 사용하는 것이 가장 효율적이기 때문에 한곳에 고정된 시설이었을 가능성이 높다.

이처럼 거중기의 정확한 용도를 파악하기 위해서는 상상하고 추론하고 따지면서 논쟁할 수밖에 없는 것일까?[†] 많은 사람들의 상상력을 자극했던 거중기의 정확한 용도는 놀랍게도 『화성성역의궤』의 「화성 기적비(華城紀蹟碑)」편에 분명하게 적혀 있었다.

『화성성역의궤』의 「화성 기적비」편

재물이 80여 만 냥이나 들었고, 인부가 70여 만 명이나 들었는데, 이것은 모두 왕실의 사재에서 나온 것이니 특별히 계획한 것이요, 돈으로 군정(軍丁)을 사서 성역에 나가게 하여 번거롭게 조발(調發)하지 않았다. 또 무거운 것을 드는 기계(擧重之器)와 유형거(遊衡之車)를 사용한 것은 운반하기에 편리한 제도(利運之制)였기 때문이며, 둔전(屯田)을 설치하여 농사짓고 호(壕)를 파서 지키게 한 것은 먼 날을 염려한 꾀였다.

[†] 역사적 추론과 역사적 사실
오늘날의 관점에서 거중기를 활용해 성벽을 쌓을 수 있음을 증명하는 것(추론)과 실제로 그렇게 사용되었다는 것(역사적 사실)은 별개의 문제이다. 역사 교과서에 언급하려면 명확한 근거가 있어야 한다.

[†] 김종수(金種秀, 1728~1799)
노론의 거두로서 정조를 지지하는 남인 채제공과 사사건건 대립하는 정적이었다. 정조는 사도 세자의 무고를 주장한 채제공에게 화성 건설의 책임을 맡기고, 사도 세자를 죄인으로 간주한 노론 벽파의 거두에게 화성 기적비 문안을 작성하도록 지시했다. 김종수는 화성 기적비 문안을 작성한 후 1799년에 채제공과 함께 사망하였고, 이듬해인 1800년에는 정조도 세상을 떠났다.

화성 기적비는 화성 설계, 공사 과정, 동원된 인력과 비용 등을 요약 정리한 것으로 『화성성역의궤』의 요약(초록)으로 볼 수 있다. 1797년 정조의 명령으로 김종수[†]가 작성한 이 문안은 비석으로 세워질 예정이었으나 1800년 정조의 갑작스러운 죽음으로 인해 세워지지 못하다가 1991년 12월 수원 장안공원에 세워지게 되었다.

장안공원의 화성 기적비에는 『화성성역의궤』에 적힌 내용을 그대로 새겨 넣었는데, 거중기와 유형거를 만든 목적을 언급한 부분은 비석 뒷면 우측 하단에 새겨져 있다. 이처럼 화성 건설과 관련된 가장 공신력 있는 사서인 『화성성역의궤』에서 거중기는 유형거와 마찬가지로 돌을 운반하는 제도(시스템)였음†을 분명히 밝히고 있는 것이다. 만약 화성 기적비가 화성 장안문 앞에 실물 비석으로 세워졌다면 진흥왕 순수비와 같이 널리 알려져 후대의 사람

† 至若擧重之器遊衡之車利運之制也

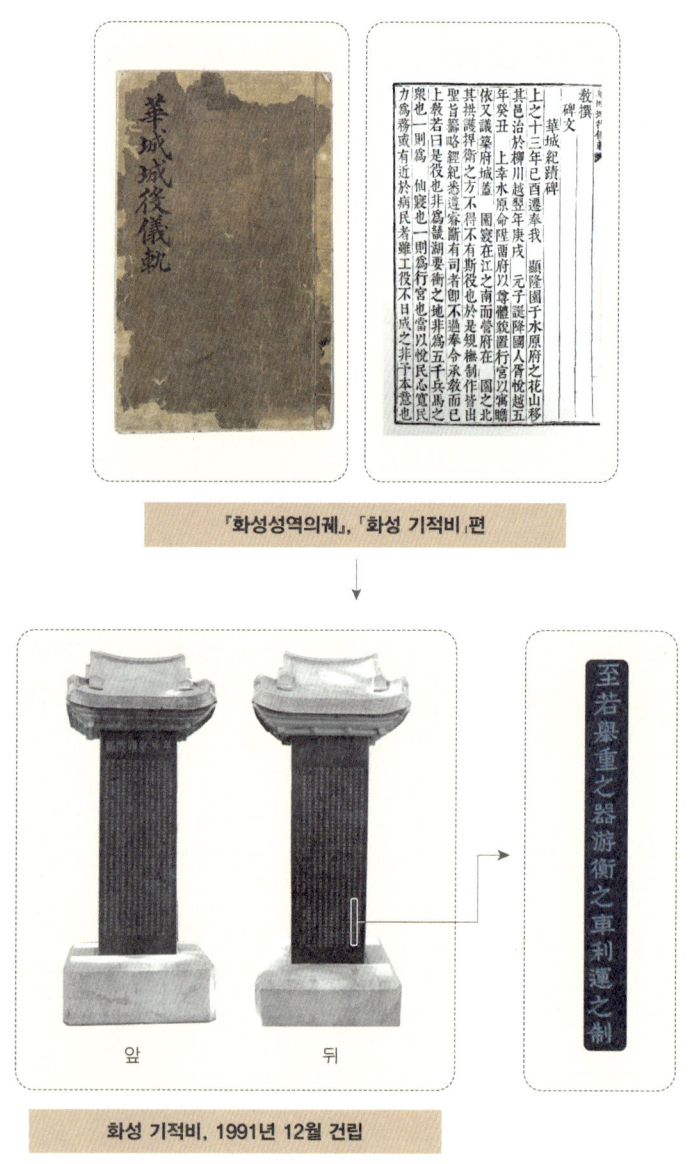

그림 IV-4 거중기의 용도를 분명하게 밝힌 화성 기적비

들이 거중기를 축성 장비로 상상하는 일은 없었을 것이다.

돌을 들어 올리거나 내릴 수밖에 없는 단순한 동선과 자유도†가 제한된 거중기의 구조적 한계를 고려할 때, 거중기는 가장 무거운 현단석†의 자리를 잡는 정도에 제한적으로 쓰였을 것이다. 거중기는 주로 부석소에서 사용되었을 것으로 추정된다. 부석소에서 공사장까지 돌을 끌어서 옮기자니 너무 힘들고, 수레를 이용하자니 높은 수레에 돌을 적재하기 어렵다는 문제를 해결하기 위해 사용된 장비로 보는 것이 타당하다. 거중기는 녹로처럼 높은 곳으로 물건을 들어 올리는 지브 크레인이 아니라, 수레에 돌을 적재하는 용도로 사용된 고정형 갠트리 크레인(stationary type gantry crane)이었던 것이다.

그렇다면 많은 사람들이 거중기가 작업 능률을 네 배 향상시킬 수 있었다고 말하는 까닭은 무엇일까? 그것은 10년을 예상했던 화성 공사를 실제로는 2년 9개월 만에 끝낸 것과 관련이 있다. 무더운 여름과 추운 겨울에 공사를 중단했던 6개월을 빼면 예상했던 공사 기간의 1/4 만에 공사를 마쳤던 것

† 자유도
(自由度, degree of freedom)
구조물이 움직일 수 있는 범위.

† 현단석(懸端石)
성문 양편에 세우는 돌.

그림 IV-5 거중기를 활용한 돌 적재 방식

이다. 그러나 이것은 단 1부 사용한 거중기를 통해 화성 공사 기간을 1/4 수준으로 줄일 수 있었다는 논리가 되기 때문에 비과학적인 추론인 동시에 오늘날 작업 능률을 계산하는 방식과도 차이가 있다.

그렇다면 거중기는 화성의 공사 기간을 단축하는 데 얼마나 공헌했을까? 정약용은 그의 자찬묘지명[†]에서 화성 공사를 끝마쳤을 때 "정조가 다행히 기중가(起重架)를 사용하여 4만 냥의 비용을 절약했다."라고 전하였는데, 이 4만 냥은 전체 공사비(약 87만 냥)의 약 4.6퍼센트를 절감하는 수준에 불과하다. 정조가 4만 냥이라는 예산 절감 액수를 정확하게 언급한 것으로 보아 이는 돌을 적재하는 인부인 담군들의 인건비일 가능성이 크다. 『화성성역의궤』에 따르면 1냥은 10전 또는 100푼이고 일용직 모군, 담군이 하루에 2.5전(상평통보 25개)을 받았다고 기록되어 있으므로 4만 냥은 담군 2,000명을 80일간 고용할 수 있는 인건비에 해당한다. 거중기는 2,000명의 일용직 노동자를 2.67개월간 고용할 수 있는 정도의 예산을 절감한 것이다. 인건비 측면에서는 적은 돈이 아니지만, 전체 공사비에서 차지하는 비중은 그리 크지 않기 때문에 거중기 1부 덕분에 화성 공사 기간을 1/4로 단축할 수 있었다는 논리는 곤란하다.

† [부록01] 정약용의 자찬묘지명 중 공학 관련 내용 국역본 참조.

복합 도르래의
동시 발견 현상

다음은 어느 고등학교 교실에서 일어날 법한 장면을 상상하여 구성한 이야기이다.

선생님: 실학을 집대성한 정약용은 거중기를 발명하여 무거운 돌을 적은 힘으로 들어 올릴 수 있게 했어요.

학　생: 발명이요? 세상에 없었던 것을 생각해 낸 것이 발명 아닌가요? 정약용보다 310년 먼저 태어났던 다빈치가 남긴 스케치 중에 정약용의 거중기와 형태가 동일한 거중기가 이미 있었는데요?

선생님: 학생은 왜 위대한 우리 조상의 업적을 무시하죠? 그 잘난 다빈치도 자격루를 발명한 장영실 선생이 돌아가신 후 2년 뒤에 태어났어요. 이미 다빈치보다 앞선 시대에 우리는 자격루, 측우기를 발명했던 민족입니다. 괜히 토 달지 말고 교과서에서 '발명'이라고 적었으면 그냥 그런가 보다 하세요.

학　생: 제가 궁금한 것은 장영실의 업적이 아니라 다빈치의 거중기와 정약용의 거중기의 차이점인데요.

선생님: 그런 것은 시험에 절대 안 나오니 제발 쓸데없는 질문하지 마세요. 그런 질문은 대학에 가서 교수님께 하세요.

위의 일화에 소개한 것처럼 고등학교 수업 중에 한 학생이 이처럼 날카로운 질문을 던진다면 우리는 어떻게 대답해야 할까? 다빈치[†]가 남긴 다양

[†] 레오나르도 다빈치 (Leonardo di ser Piero da Vinci, 1452~1519) 르네상스 시대 이탈리아를 대표하는 천재적인 융합형 인물로 공학, 조각, 건축, 수학, 과학, 음악, 철학에 이르기까지 다양한 방면에서 활약했다.

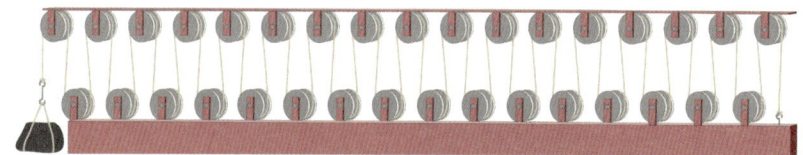

그림 IV-6 다빈치가 스케치로 남긴 거중기 도면

한 스케치 속에 정약용의 거중기와 동일한 메커니즘으로 설계된 거중기 도면이 있다는 사실을 아는 사람은 많지 않다. 게다가 다빈치가 생각한 거중기는 정약용의 거중기보다 300년 정도 앞서기 때문에, 정약용이 거중기를 발명했다고 말하기에는 민망한 상황이 되었다.†

정약용은 활차† 8개를 위아래로 분산 배치한 복합 도르래로 거중기를 설계하였고, 다빈치는 움직도르래 16개와 고정 도르래 17개로 물건을 들어 올리는 복합 도르래를 설계하였다. 다빈치가 설계한 복합 도르래†와 정약용이 설계한 거중기의 메커니즘은 정확하게 일치하며 단지 감아올리는 방식에서만 차이가 있다. 다빈치의 도면에서는 한쪽에서만 감아올리게 되어 있으나 정약용의 거중기는 양쪽에서 감아올리도록 설계되어 있다.

다빈치의 도면은 적은 힘으로 무거운 물체를 들어 올릴 수 있는 원리만 설명되어 있는 간단한 아이디어 스케치이기 때문에, 구체적으로 어떠한 방식으로 지지대를 설치하고 감아올리는 장치를 만들 것인가에 관한 자세한 설명은 없다. 오른쪽 그림과 같이 후대에 복원된 다양한 다빈치 거중기들이 각각 그 형태가 조금씩 다른 까닭도 이 때문이다. 다빈치 거중기는 복원하는 사람의 상상력이 더해져 다양한 모습으로 복원되었다.

호이스트 형태로 복원된 다빈치의 거중기는 고정된 위치에서 사용되며, 지브 크레인 형태로 복원된 경우는 넓은 작업 공간을 확보할 수 있다. 갠트리 크레인 형태로 복원된 다빈치 거중기는 바퀴를 장착한 네 개의 다리에 도르래 틀을 설치하였기 때문에 이동성 측면에서 가장 효율적이다. 이러한 다빈치의 거중기들은 한쪽에서만 동력을 전달하기 때문에 짐을 들어 올리는 동안 움직도르래 틀이 한쪽으로 기울어질 수 있다.†

† 이는 세계 최초를 강조하는 우리의 경쟁 문화와도 관련이 있다.

† 활차(滑車) = 도르래 = pulley

† **복합 도르래(block and tackle)**
움직도르래와 고정 도르래를 혼합한 것으로 힘의 방향을 바꾸는 동시에 물체를 들어 올리는 힘의 크기를 줄일 때 사용한다.

† 필자가 모형을 제작하여 확인한 결과 이러한 우려는 사실로 드러났다.

그림 IV-7 호이스트 형태로 복원된 다빈치의 거중기

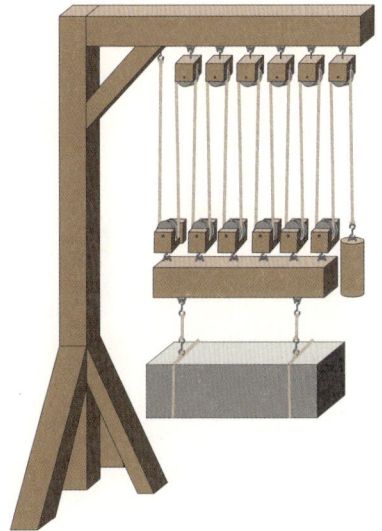

그림 IV-8 지브 크레인 형태로 복원된 다빈치의 거중기

그림 IV-9 갠트리 크레인 형태로 복원된 다빈치의 거중기

흔히 우리는 정약용이 거중기와 녹로를 발명한 것으로 알고 있으나, 사실은 전에 없었던 새로운 것을 발명한 것이 아니라 기존의 것을 우리의 실정에 맞게 개량한 것이다. 고정 도르래를 활용하여 물건을 높은 곳으로 들어 올리는 방식과 움직도르래와 고정 도르래 여러 개를 결합하여 적은 힘으로 무거운 물체를 들어 올리는 이른바 복합 도르래 방식은 여러 시대에 걸쳐 동서양 곳곳에서 발견되는 현상이다. 이미 로마 제국 시기부터 대형 크레인을 동원하여 도시를 건설하였으며, 고대부터 근대에 이르는 긴 시간 동안 세계 각국의 여러 사람들이 거중기를 개발하였다.

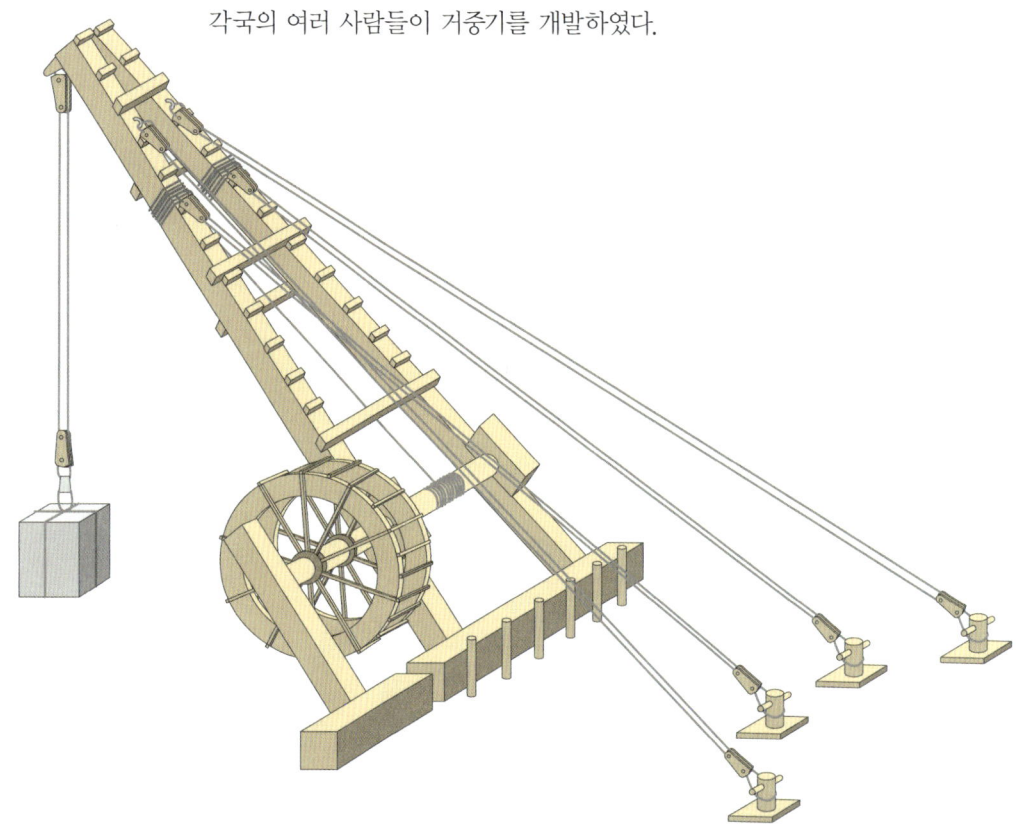

그림 IV-10 로마 제국의 크레인

† **요하네스 테렌츠**
(Joannes Terrenz, 1576~1630)
중국을 방문한 선교사들 중에서 가장 다재다능한 사람으로 영어를 비롯해 포르투갈어, 그리스어, 히브리어, 라틴어 등 외국어에 능통하였고, 철학, 의학, 수학, 천문학, 기계 공학 등에 능통한 인재이다.

정조는 정약용에게 테렌츠†의 『기기도설(奇器圖說)』을 내리면서 기중법(起重法)과 인중법(引重法)을 모두 연구하라고 지시하였다. 1627년 발행된 테렌츠의 『기기도설』은 다양한 기계의 도면을 간단한 설명과 함께 정리한 책으로, 고대 건설 장비를 비롯해 전해 내려오는 기존의 기계들을 종합 분석하여 개량한 기계들을 소개한 것이다. 『기기도설』 기중도(起重圖) 편에는 가장 간단한 제1도부터 가장 복잡한 제11도에 이르기까지 모두 11개의 도면으로 무거운 것을 들어 올리는 장치를 설명하였다. 무거운 것을 끌어당기는 인중도(引重圖) 편에는 모두 도면 4개를 소개하였다. 대부분 이탈리아 엔지니어 라멜리†의 도면을 거의 그대로 다시 그린 것이다. 인중기(引重器)와 기중기의 차이점은 동력을 이용하여 줄을 감아 당기는 윈치†와 중력 역방향으로 줄을 감아 들어 올리는 호이스트의 차이로 이해하면 무난하다.

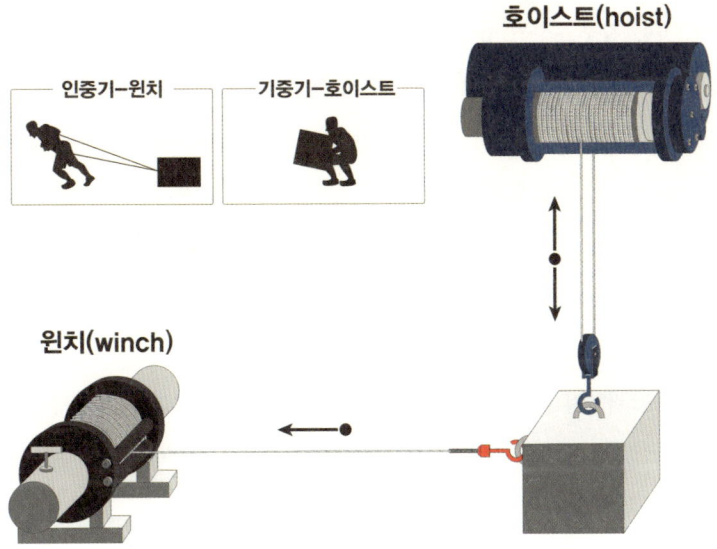

그림 IV-11 윈치(좌)와 호이스트(우)의 개념

정약용은 사람의 힘으로 기계를 돌려 수레나 돌에 연결된 줄을 끌어당기는 인중기는 개발하지 않았고, 사람의 힘으로 무거운 것을 들어 올리는 기중기 개발에 집중하였다. 정약용은 인중기를 제작하는 노력과 비용이 만만치 않으므로, 수레를 이용하는 방식이 더 효율적이라고 판단한 것으로 보인다.

† 아고스티노 라멜리
(Agostino Ramelli, 1530-1600)
테렌츠는 『기중도설』을 그릴 때 라멜리의 『각종 공예 기계 (Le Diverse et Artificiose Machine)』의 도면을 참조하였다.

† 윈치(winch)
권양기(捲揚機)라고 하며 밧줄이나 쇠사슬을 감아 무거운 물건을 견인하는 기계로 자동차나 케이블카에 사용된다.

그림 IV-12 『기기도설』 중 인중 제3도

정약용은 인중기를 개발하는 대신 12냥으로 제작할 수 있는 유형거를 발명하였다. 일부에서는 유형거 제작비 12냥을 매우 저렴한 비용으로 평가† 하기도 하지만 12냥은 상평통보 1,200개에 해당하고 이는 당시 화성 건설 현장의 일용직 노동자 48명을 하루 동안 고용할 수 있는 적지 않은 비용이다. 하지만 인중기를 개발하여 활용하는 방법보다는 훨씬 적은 비용임에는 분명하다.

정약용은 『기기도설』의 많은 도면 중에서 기중 제10도를 가장 정밀하고 신묘한 방식으로 보았다.† 제10도는 사람이 대형 바퀴 속에 들어가 쳇바퀴를 돌리는 다람쥐처럼 바퀴를 돌리면, 바퀴에 연결된 기어(gear)가 복합 도르래에 연결된 줄을 감아올리는 방식의 기계를 설명하고 있다. 이처럼 커다란 수레바퀴 통 속에 사람이 들어가 돌리면서 크레인의 동력을 만들어 내는 방식은 테렌츠의 『기기도설』에서 처음 제안한 것이 아니라 이미 로마 제국의 크레인에서 사용했던 방식이다.

기중 제10도는 복합 도르래와 대형 쳇바퀴를 사용한다는 점에서 로마 제국의 대형 크레인과 원리가 유사하지만, 웜 기어†와 케이지 기어†를 활용하여 동력을 효율적으로 전달하도록 개량하여 쳇바퀴의 크기를 줄였다는 점에서 차이가 있다. 힘을 가하는 기어가 크고 그 힘을 받는 기어가 작으면 속도는 빨라지지만 많은 힘이 들어간다. 반대로 힘을 가하는 기어가 작고 힘을 받는 기어가 크면 속도는 느려지지만 힘이 덜 들어간다. 감속비가 크다는 말

---

† **유형거 제작비**
'12냥=120전=1,200푼'이므로 유형거의 제작비는 상평통보 1,200푼에 해당하는 적지 않은 비용이다(일용직 노동자 1인당 하루 품삯 2.5전=25푼). 이러한 현상의 원인은 사극이나 영화에서 냥, 전, 푼(닢)을 구별하지 않고 함부로 사용하기 때문이다.

† [부록07] 「기중가도설」 국역본 참조.

† **웜 기어(worm gear)**
서로 직각으로 교차하지 않는 두 축 사이의 회전 운동을 전하는 데 사용되는 기어 장치로 큰 감속비를 얻을 수 있다.
웜 샤프트(worm shaft)와 웜 기어를 합쳐 웜 기어로 지칭하는 경우가 많고 웜 샤프트를 그냥 웜(worm)이라고 하기도 한다.

† **케이지 기어(cage gear)**
서로 직각으로 교차하는 두 축 사이의 회전 운동을 전하는 데 사용되는 새장 모양의 기어 장치로 다빈치의 스케치에서 많이 볼 수 있는 고전적인 기어 장치이다.

은 회전 속도를 줄이는 대신에 토크(회전력)를 키우는 비율이 크다는 의미다. 웜 기어는 공간을 많이 차지하지 않으면서도 다른 기어에 비해서 엄청나게 큰 감속비를 얻을 수 있다.†

† 웜 기어의 셀프 록킹(self-locking) 웜 기어는 큰 감속비를 얻는 것 외에 셀프 록킹이 가능하다는 장점이 있다. 셀프 록킹이란 웜 샤프트로 웜 기어를 회전시키는 것은 가능하나, 웜 기어로 웜 샤프트를 회전시킬 수는 없는 경우를 말한다. 동력은 웜 샤프트에 연결되고, 돌은 웜 기어에 연결되어 있기 때문에 돌의 무게에 의해 미끄러지는 것을 막을 수 있다.

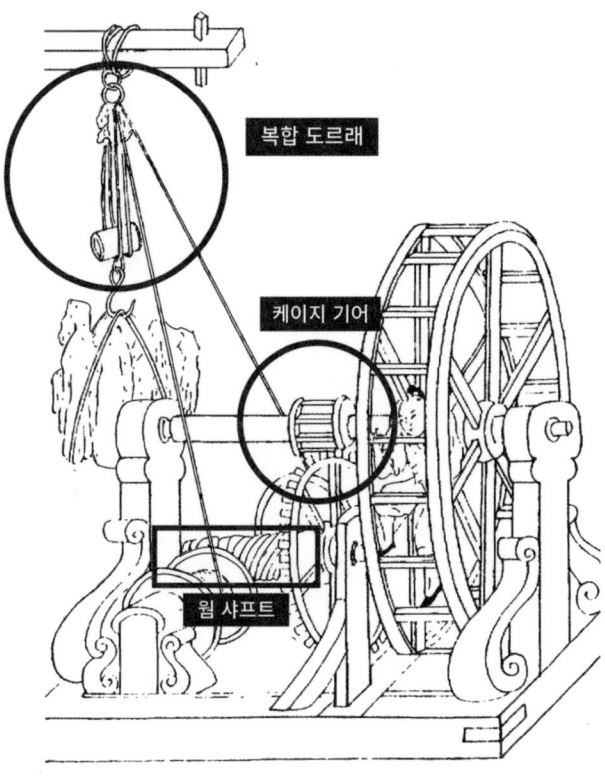

그림 IV-13 『기기도설』중 기중 제10도

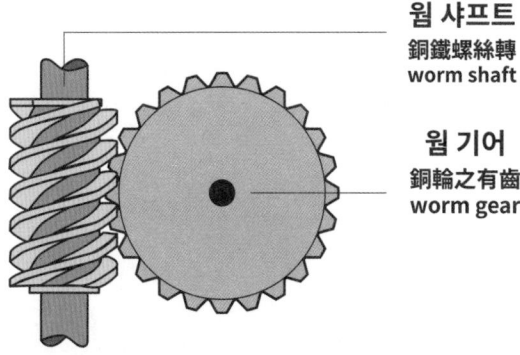

그림 IV-14 웜 샤프트와 웜 기어

4장 _ 기계 공학자 정약용, 거중기와 녹로를 개량 발명하다

정약용의 「기중가도설(起重架圖說)」을 한글로 번역한 한국고전번역원[†]에서는 '銅鐵螺絲轉'을 '구리쇠로 만든 나사 도르래'라고 표현하였으나, 정약용은 보통 도르래를 활차(滑車) 또는 활륜(滑輪)으로 표현하기 때문에, 앞뒤 문맥을 고려하면 '나선형 축'으로 번역하는 것이 옳다. 이는 오늘날 웜 샤프트(worm shaft)에 해당하는 기어로서 웜 기어(worm gear)와 짝을 이루는 기어이다. 정약용은 웜 샤프트와 구리쇠 바퀴에 톱니를 낸[銅輪之有齒] 웜 기어를 만드는 것이 불가능할 것이라고 판단하였다. 정약용이 이처럼 웜 기어에 대해 부정적인 결론을 내린 이유는 테렌츠가 라멜리가 그린 원본 도면의 웜 샤프트와 웜 기어의 접촉 부분을 자세하게 그려 전하지 않았기 때문이다.

「기중가도설」[†]

신(정약용)이 (정조가) 내려주신 『기기도설』에 실려 있는 무거운 것을 들어 올리는 방법들을 살펴보니, 무릇 11조나 되었습니다. 그런데 모두 정밀하지 못하고 다만 제8조·제10조·제11조의 그림만이 자못 정밀하고 신묘하였습니다. 그러나 제10조의 그림은 모름지기 **구리쇠로 만든 나선형(螺絲) 축이 있어야** 되니 지금 생각해보건대, 비록 나라 안에서 제일가는 기술자라 할지라도 능히 그것을 만들지 못할 뿐더러, 더구나 **구리쇠 바퀴에다 톱니를 만드는 것은** 어려울 것입니다.

[†] 한국고전번역원
『조선왕조실록』,『승정원일기』,『일성록』 등 공신력 있는 국가 기록물과 개인 문집을 비롯한 다양한 고서를 국역본으로 번역하는 교육부 산하 학술 연구 기관이다.

[†] [부록07] 「기중가도설」 국역본 참조.

[†] 병렬 2×2 도르래
(double parallel pulleys)
로마 제국과 테렌츠의 거중기 방식.

[†] 직렬 2×2 도르래
(double tandem pulleys)
다빈치와 정약용의 거중기 방식.

사실 『기기도설』 기중 제10도에서 기어 못지않게 중요한 것은 복합 도르래이다. 복합 도르래는 직렬 결합 방식과 병렬 결합 방식이 있는데, 그림 IV-15는 병렬 2×2 복합 도르래[†]와 직렬 2×2 복합 도르래[†]를 알기 쉽게 비교한 것이다.

힘에서 보는 이득이 동일할 경우 병렬 결합 방식이 직렬 결합 방식보다 도르래 블록(block)이 차지하는 공간을 더 작게 설계할 수 있다. 즉, 도르래 블록이 차지하는 공간이 좌우로 길어져 공간을 차지하고 블록 자체의 무게가 증가할 수밖에 없는 직렬 결합 방식보다는, 작은 모듈(module)의 형태로 도

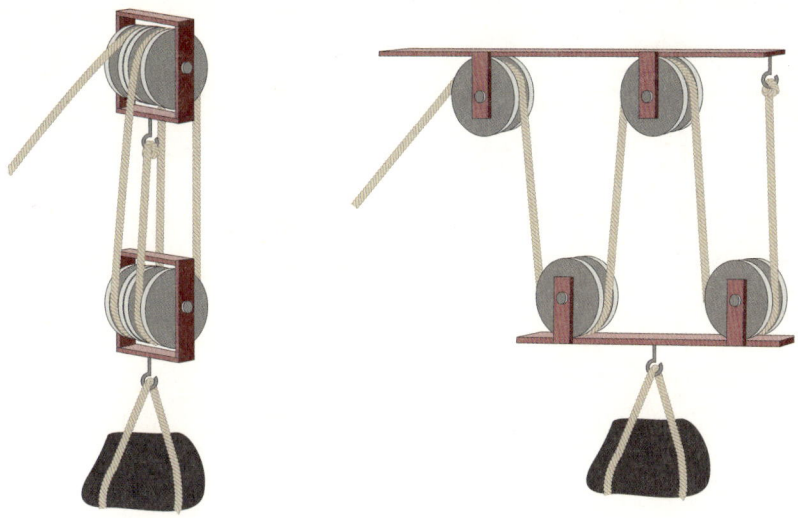

그림 IV-15 병렬 2×2 복합 도르래(좌)와 직렬 2×2 복합 도르래(우)의 비교

르래들을 응집할 수 있는 병렬 결합 방식이 건설 장비로서의 효율성이 더 뛰어난 것이다.

병렬 결합 방식은 상부의 고정 도르래 블록[†]과 하부의 움직도르래 블록[†] 사이의 거리를 길게 할 수 있어 높은 곳으로 물건을 들어 올리는 지브 크레인에 적용할 수 있다는 장점이 있다. 로마 제국에서 사용한 대형 지브 크레인도 병렬 결합 방식의 복합 도르래 블록을 사용하였다.

병렬 결합 방식은 도르래에 줄을 병렬로 연결하는 작업이 직렬 결합 방식에 비해 다소 번거롭다는 단점이 있는데 테렌츠는 이러한 병렬 결합 복합 도르래의 메커니즘을 정확하게 이해하고 다양하게 응용하였다. 그는 물건을 들어 올리는 동선이 단순하여 줄이 엉키지 않을 경우에는 고정 도르래 블록을 고리로 대체하고 움직도르래 블록을 원통으로 대체하는 융통성을 발휘하였다. 정약용이 많이 참조한 기중 제10도는 병렬 2×2 복합 도르래를 고리와 원통으로 대체한 대표적인 사례이다.

† 고정 도르래 블록
(pulleys on fixed block)
뒤에 살펴볼 거중기의 중유량(中游樑)에 해당하는 도르래 모듈이다.

† 움직도르래 블록
(pulleys on movable block)
뒤에 살펴볼 거중기의 하유량에 해당하는 도르래 모듈이다.

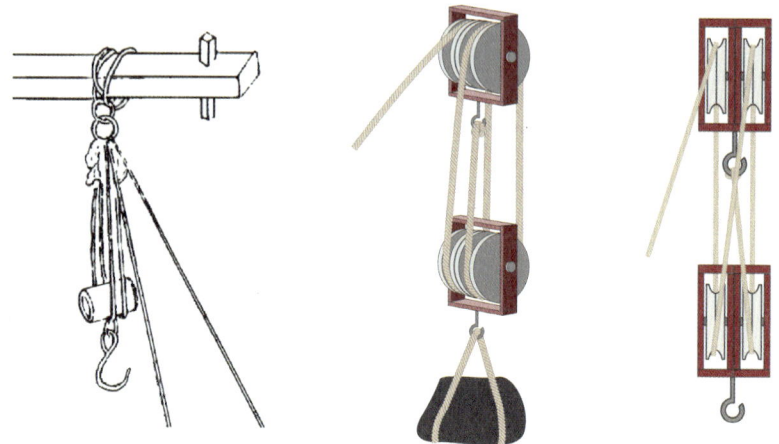

그림 IV-16 『기기도설』 기중 제10도의 병렬 2×2 복합 도르래 대체의 원리

이처럼 복합 도르래는 도르래 블록이 차지하는 공간을 최소화하는 것이 핵심 기술이다. 『기기도설』의 기중 제3도는 고정 도르래 1개와 움직도르래 1개로 구성된 최소 단위 복합 도르래†를 금속 고리 2개로 대체하고, 바퀴와 기어 장치 역시 사람이 손으로 녹로를 돌려 감는 방식으로 대체한 약식 장비이다.

† **최소 단위 복합 도르래**
2개 이상의 도르래를 묶은 블록을 사용하지 않고 만든 가장 간단한 복합 도르래 방식으로 외국에서는 '건 태클(gun tackle)' 방식이라고 한다.

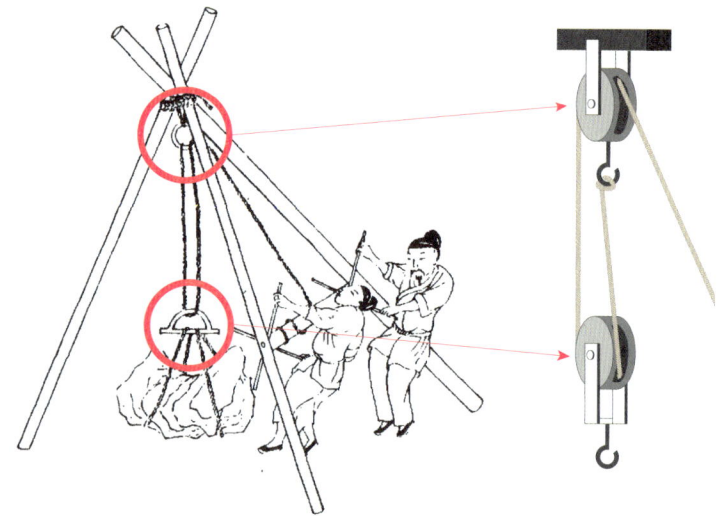

그림 IV-17 『기기도설』 기중 제3도

아쉽게도 라멜리의 원본 도면을 보지 못한 채, 테렌츠에 의해 변형된『기기도설』을 급히 공부했던 정약용은 병렬 복합 도르래를 사용하여 도르래가 차지하는 공간의 크기를 줄여야 한다는 생각까지는 못한 것 같다. 그 까닭은 화성의 축성 공법이 돌을 들어 올려 쌓아야 하는 내외 협축 공법이 아닌 것과 관련이 있다. 화성 건설 현장에서는 높은 곳으로 무거운 돌을 들어 올리는 지브 크레인이 필요한 것이 아니라, 수레 정도의 높이에 무거운 돌을 올려주는 고정형 갠트리 크레인이 필요했던 것이다. 만약 정약용이 화성을 내외 협축 공법으로 설계했다면, 병렬 복합 도르래 방식을 연구하여 거중기에 적용했을 것이다.

정약용은 기중 제10도에 묘사된 케이지 기어를 구현하려고 화공을 불러 도면을 크게 그리면서까지 노력하였으나 결국 불가능하다는 결론을 내리고 기어를 사용하는 방식을 포기하고 말았다. 대신 녹로를 감아 무거운 것을 들어 올리는『기기도설』기중 제3도와 양쪽에서 감아올리는 제6도의 구조를 참조하여 거중기의 몸체를 설계한 것으로 추정된다.

그림 IV-18 『기기도설』기중 제6도

정약용은 거중기를 만들기 위해『기기도설』기중 제8도, 기중 제10도, 기중 제11도를 주로 참조했다고 밝혔다.[†] 하지만 이는 복합 도르래와 톱니바퀴(기어)같이 복잡하고 효율적인 기계를 모방하고자 노력한 것이지, 위의 세 도면만을 조합하여 거중기를 발명한 것이라는 뜻은 아니므로 좁게 해석해서는 곤란하다.

정약용은『기기도설』곳곳에 소개되어 있는 병렬 결합 복합 도르래 대신, 네 개의 도르래를 나란히 수평 직렬 배치하는 방식으로 복합 도르래를 구성하였다. 전술한 바와 같이 이러한 방식은 병렬 결합 복합 도르래에 비해 도르래 블록이 많은 공간을 차지한다는 치명적인 단점이 있다. 도르래를 수평 직렬 방식으로 배열하면 장비의 폭이 넓어질 수밖에 없기 때문에, 지지대의 다리도 세 개에서 네 개로 늘어나게 되었다. 수평 직렬로 나열된 도르래 블록을 떠받쳐야 하기 때문이다.

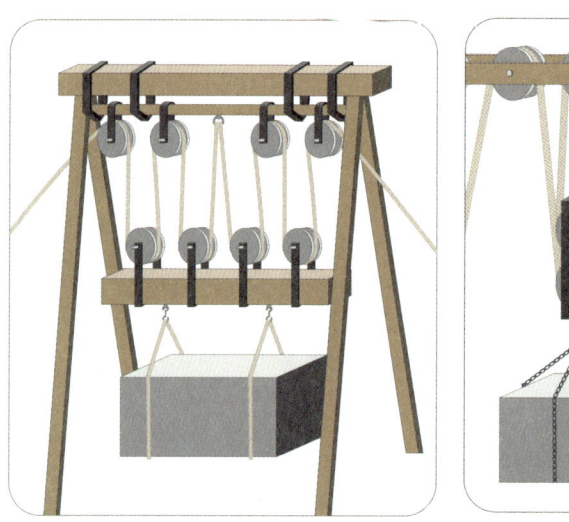

그림 IV-19 정약용의 복합 도르래(좌)와 테렌츠의 복합 도르래(우)

이처럼 정약용은 테렌츠의『기기도설』을 참조하여 당시 기술로는 제작할 수 없다고 판단한 기어 장치 대신 복합 도르래를 선택하였고 병렬 결합 복합 도르래 대신 수평 직렬 방식으로 복합 도르래를 구성하는 방식을 채택하였

[†] [부록07]「기중가도설」국역본 참조.

는데, 우연히 그것이 다빈치가 그린 도면과 일치하게 되었다. 시기적으로 보면 15세기 다빈치의 거중기와 16세기 라멜리의 거중기, 19세기 정약용의 거중기 순서이기 때문에 정약용이 거중기를 발명했다고 말할 수는 없다. 하지만 병렬 결합 복합 도르래와 기어 장치를 사용하지 않고 화성 공사장의 상황에 맞게 변용하고자 노력한 끝에, 정약용은 다빈치의 거중기와 유사한 아이디어에 이르게 된 것이다.

이는 누가 먼저 출원했는가를 중시하는 현대의 특허 개념이 아니라 동시 발견 현상†으로 보아야 한다. 복합 도르래를 통해 힘을 절약하는 원리는 특정 개인이 발명한 것이라기보다는 인류 보편적인 동시 발견 현상이다. 결국 정약용이 다빈치의 도면을 참조하여 거중기를 만든 것이 아니라 로마 제국의 기술자들, 라멜리, 다빈치 등과 마찬가지로 정약용 역시 복합 도르래의 원리를 스스로 발견한 것이다.

† 동시 발견 현상
동시 발견 현상은 다양한 분야에서 일어난다. 수학에서 로그(log)의 발견이 네이피어와 뷔르기에 의해서 거의 동시에 이루어졌고, 열역학 제1법칙으로 잘 알려진 에너지 보존의 원리는 1842년에서 1847년 사이 마이어, 헬름홀츠 등 무려 4명의 과학자에 의해서 독립적으로 연구되었다. 학자들의 관심을 끌지 못했던 멘델의 유전 법칙은 1900년에 더프리스, 코렌스, 체르마크 세 명의 생물학자에 의해서 동시에 각각 연구되어 재조명을 받았다.

시제품 기중소가와
완제품 거중기

정약용이 지은 「기중가도설」에서는 거중기를 '기중소가(起重小架)'로 표현하였다. 기중소가는 거중기를 만들기 위한 시제품에 해당하며, 우리가 알고 있는 거중기는 이를 발전시켜 실제 화성 공사장에서 사용된 장비이다. 기중소가는 가(架), 횡량(橫梁), 활차(滑車), 거(簴) 이렇게 네 부분으로 구성되어 있다.

정약용의 기중소가는 들어 올린 물체가 갑자기 밑으로 떨어지는 것을 방지하기 위해 고륜(鼓輪)이라는 바퀴를 거에 설치하였다. 고륜은 허리 부분이 잘록한 타악기 요고†를 닮았으며 복합 도르래에 걸린 밧줄과 줄을 감는 장치인 녹로 사이에서 힘을 전달해 주는 역할을 함과 동시에 갑자기 미끄러지는 것을 방지한다. 기중소가의 고륜은 나중에 거중기의 대활륜(大滑輪)으로 발전하게 된다.

† 요고(腰鼓)
국악에서 흔히 쓰는 타악기인 장구.

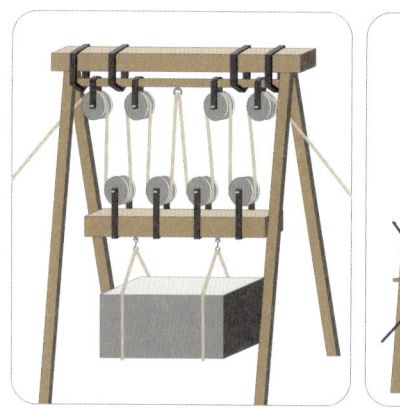

그림 IV-20 거중기를 개발하기 전 시제품인 기중소가

표 IV-1 시제품 기중소가의 구성과 부품

명칭	기능	구성 부품
가(架)	도르래와 줄을 감는 장치를 떠받치는 틀	
횡량(橫梁)	복합 도르래 설치 틀	고정 도르래 고정 틀(상단) 움직도르래 고정 틀(하단)
활차(滑車)	도르래	고정 도르래　　움직도르래
거(簴)	줄을 감아올리는 장치	고륜 녹로

4장 _ 기계 공학자 정약용, 거중기와 녹로를 개량 발명하다

바로 이 기중소가의 거에 적용된 미끄럼 방지 메커니즘†에서 정약용의 개성이 드러난다. 다빈치가 톱니바퀴와 멈춤 막대를 활용하고 테렌츠가 웜 기어를 비롯한 다양한 기어들을 사용한 것과 마찬가지로, 정약용은 고륜에 줄을 휘감은 뒤 줄과 고륜 사이의 마찰력을 활용하여 들어 올린 물건이 밑으로 흘러내리는 것을 방지하였다.

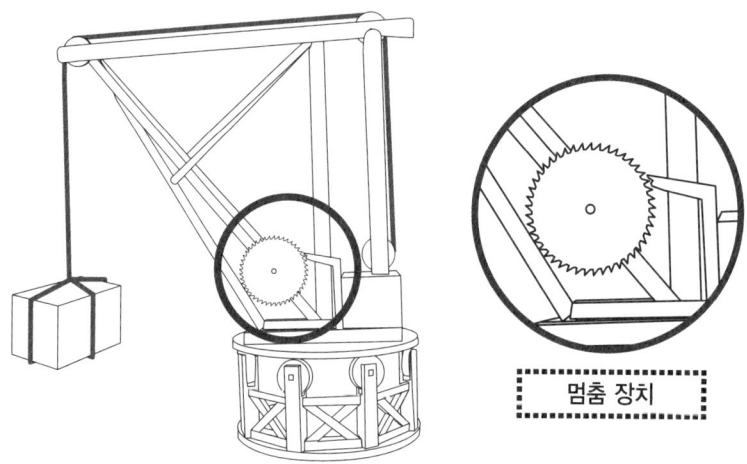

그림 IV-21 다빈치 크레인의 톱니바퀴와 막대를 이용한 멈춤 장치

구조가 간단한 시제품 기중소가와 최종 형태의 완제품인 거중기의 구성 부품을 비교하면, 시제품 기중소가가 오히려 조립이 더 번거로움을 알 수 있다. 개별 부품들을 구조물인 가(架)에 하나하나 장착해야 하기 때문이다. 이에 비해 완제품인 거중기는 시제품 기중소가를 발전시켜 분해와 조립이 용이하도록 부품을 세분화하고, 복잡한 것은 하나로 묶어 모듈화†하였다.

『화성성역의궤』에는 완제품 거중기의 전도와 각 부품을 그린 분도가 정리되어 있다. 이처럼 정약용의 거중기는 테렌츠의『기기도설』이나 다빈치의 스케치와는 달리, 기계를 분해하여 부품별로 역할을 설명한 매뉴얼이 함께 출판되었다. 엔지니어 정약용의 업적은 기계 시스템을 구성하는 각 부품을 자세하게 구분하여 명칭을 붙이고, 조립하기 어려운 핵심 부품들은 하나로 묶어 모듈(module)로 구성하여 실용성을 높였다는 점이다.

† 미끄럼 방지 메커니즘
① 다빈치 - 멈춤 막대
② 테렌츠 - 웜 기어
③ 정약용 - 고륜, 대활륜

† 모듈화(modulization)
개별 부품들을 구조물에 직접 장착하지 않고, 몇 개의 관련된 부품들을 하나의 덩어리로 묶어 장착하는 기술 방식.

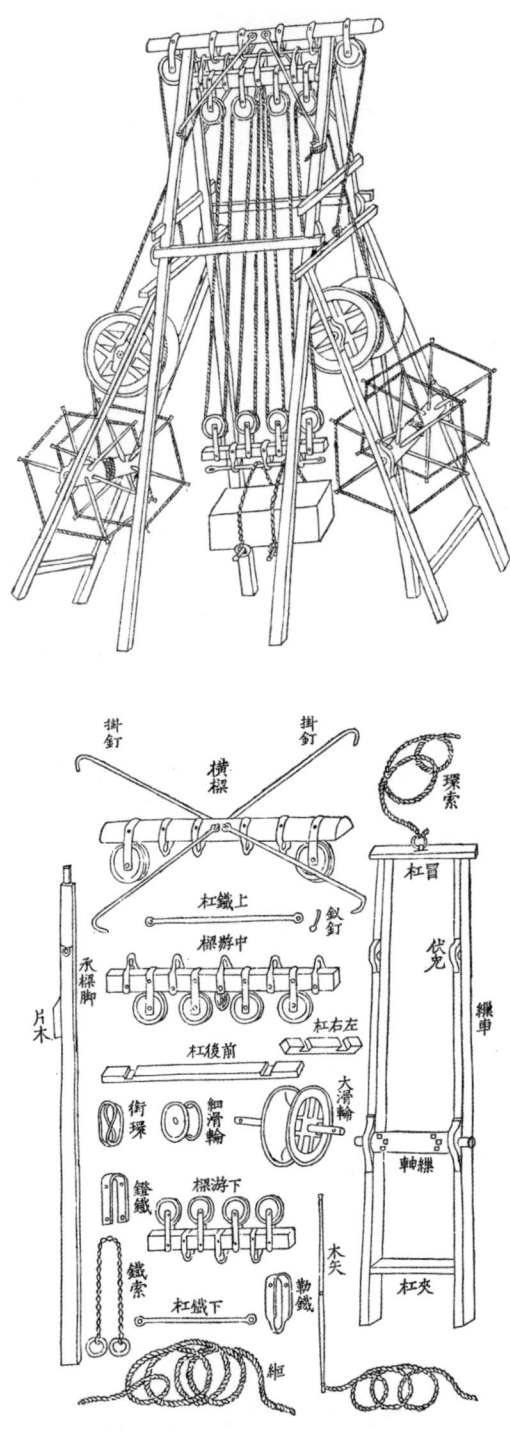

그림 IV-22 거중기의 전도(상)와 분도(하)

표 IV-2 완제품 거중기의 구성과 부품

기중소가		거중기	
가 (架)	정체 (定體)	횡량 (橫梁)	
		승량각 (承樑脚)	
		전후강 (前後杠)	
		좌우강 (左右杠)	
횡량 (橫梁)	유량 (游樑)	중유량 (中游樑)	
		하유량 (下游樑)	
활차 (滑車)	활륜 (滑輪)	세활륜(細滑輪)	대활륜(大滑輪)
거 (簴)	소거 (繅車)	소축(繅軸)	목시(木矢)

112　　　　　　　　　　　　　　　　　　　　　　　　　　엔지니어 정약용

이러한 도면들은 건설 현장에서는 조립, 해체, 보수 작업용 설명서로 활용될 수 있고 엔지니어에 입문하는 사람들에게는 공학 교과서로 활용될 수 있다. 이처럼 시제품 기중소가는 체계적인 부품 체계를 갖춘 기계 도면과 조립 매뉴얼을 갖춘 완제품으로 발전하였다.

정약용 거중기의 우수성은 하유량 모듈과 운반 석재를 결합하고 해체하는 방법을 쉽게 만든 점이다. 하유량 모듈에 무거운 석재를 연결하는 방법은 지면 위에 받침목을 설치하고 석재를 옮겨 놓은 후, 받침목 사이 빈 공간에 받침 철강 두 개를 꿰뚫어 넣는 것이 핵심이다. 받침 철강과 하철강에 연결된 쇠줄을 고리로 연결하여 쉽게 결합하고 해체할 수 있도록 설계한 것이다. 하유량 모듈과 쇠줄을 결합하는 방식을 통해서도 우리는 거중기가 축성 장비가 아니라 수레에 돌을 올려놓는 장비임을 확인할 수 있다. 돌 위에 돌을 올려놓아 성벽을 쌓을 경우 돌 밑에 있는 받침 철강을 제거하기 곤란하기 때문이다.

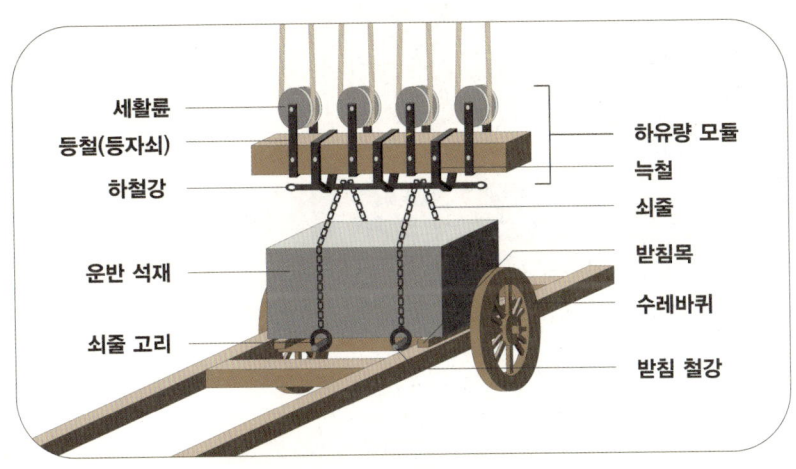

그림 IV-23 거중기 하유량 모듈의 부품 구성

다음은 필자가 부석소의 인부들에게 거중기의 사용법을 설명하는 상황을 가정하여 그림으로 정리한 거중기 사용 설명서이다.

거중기로 수레에 돌을 올려놓는 방법

① 돌을 끌어서 거중기 밑으로 가져간다.

② 돌을 거중기 하유량에 연결한다.

③ 얼레 바퀴를 돌려 돌을 들어 올린다.

④ 수레를 거중기 밑으로 옮긴다.

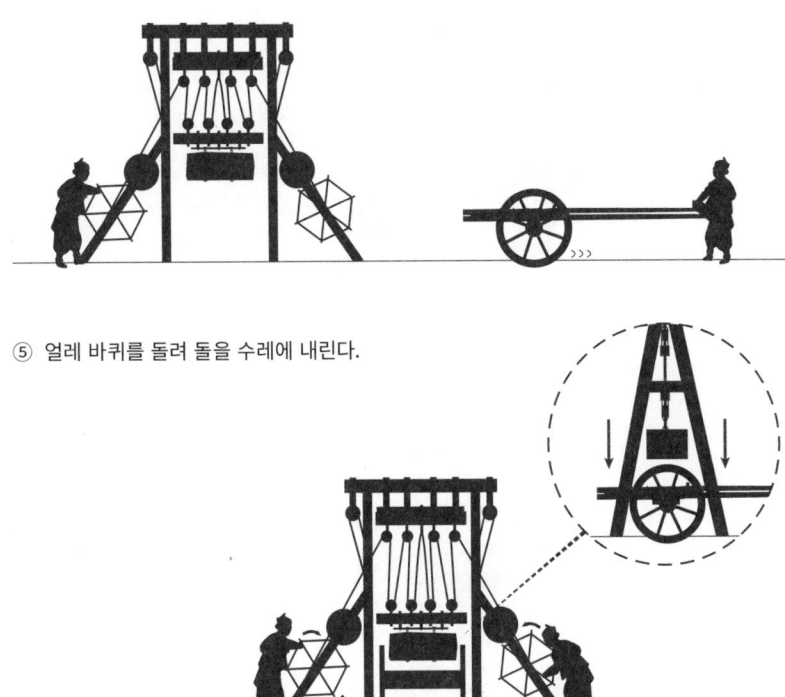

⑤ 얼레 바퀴를 돌려 돌을 수레에 내린다.

⑥ 연결 쇠사슬을 풀고 수레를 거중기 밖으로 옮긴다.

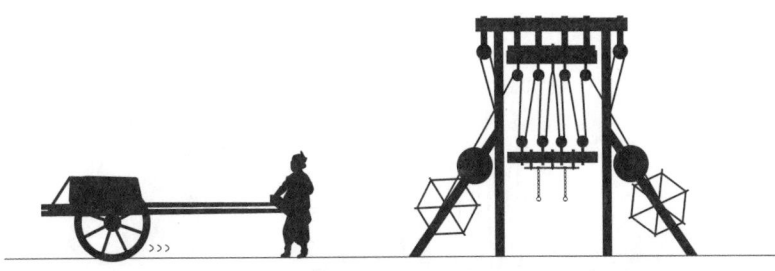

그림 IV-24 거중기 사용 설명서

하유량 모듈에 석재를 연결하는 방법

① (지면 위) 받침목 위에 석재를 올려놓는다.

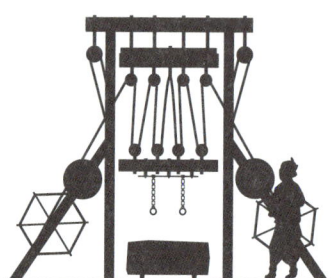

② 받침목 사이 공간에 받침 철강 두 개를 꿰뚫어 넣는다.

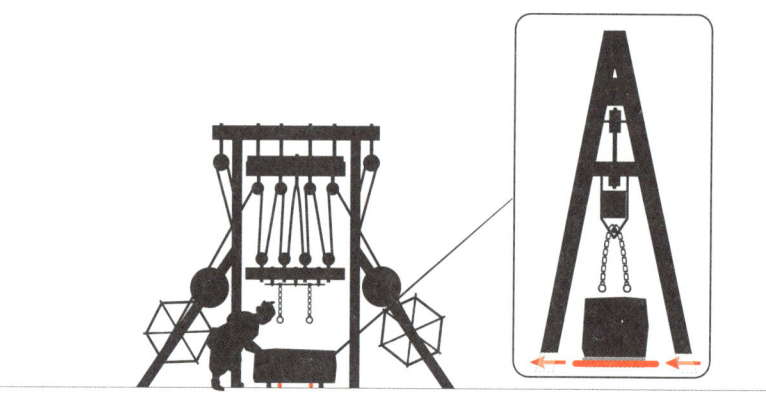

③ 받침 철강과 하철강에 연결된 쇠줄을 고리로 연결한다.

④ 석재를 들어 올린 후 수레를 넣는다.

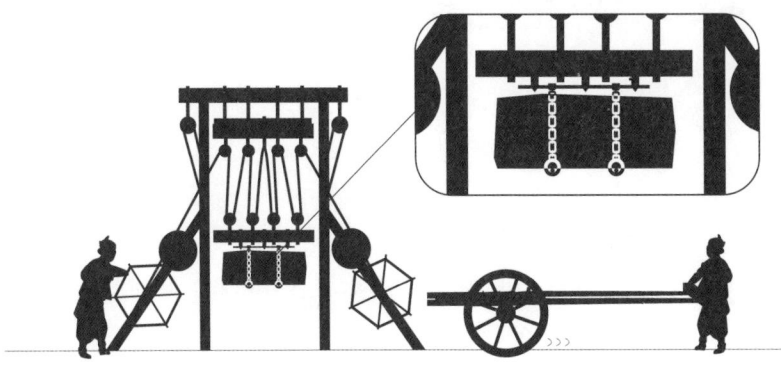

⑤ (수레 위) 받침목 위에 석재를 내려놓는다.

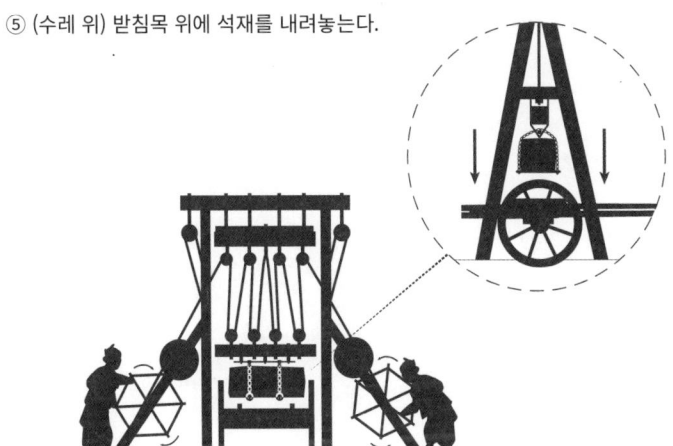

조선의
지브 크레인 녹로

녹로는 높은 곳이나 먼 곳으로 무엇을 달아 올리거나 끌어당길 때 쓰는 장치로서 보통 밧줄을 감는 장치에 두루 쓰이는 말이다. 배 위에서 닻을 감는 기계, 도자기를 만들 때 쓰는 돌림판, 우물가에서 박을 들어 올리는 도르래, 대형 쇠뇌에서 시위를 당기는 도르래, 무덤 속으로 관을 내릴 때 쓰는 도르래 등을 모두 '녹로'로 부른다. 결국 정약용의 녹로는 줄을 감는 기계라는 의미를 지닌 것으로, 장비의 일부가 장비 전체를 대표하는 말로 지칭된 것이다.

『화성성역의궤』에서는 거중기와 마찬가지로 녹로의 도면과 구성 부품을 상세하게 설명하고 있는데, 간주†와 도르래를 묶은 부품을 제외하고는 모듈화된 부분이 없을 정도로 매우 간단한 구조이다. 화성 건설 이후 거중기를 사용한 기록은 없지만 녹로는 1803년에 창덕궁 인정전을 재건할 때와 1857년에 인정전 중수 공사를 할 때에도 만들어 사용하였다. 이처럼 화성 건설 이후에 조선 후기 궁궐 공사를 비롯해 다양한 관급 공사에 녹로가 사용된 이유는 분해와 조립이 간단하고 구성 부품이 복잡하지 않았기 때문이다.

녹로는 오늘날 사용하는 고정식 지브 크레인과 구조와 기능이 유사하다. 높이 세운 간주 꼭대기에 활차를 달고 동아줄을 걸어 물건을 매단 후 녹로를 감아 줄을 끌어당기는 구조이다. 여덟 사람이 좌우로 나뉘어 얼레를 감는데 물건을 적당한 높이로 올리면 줄을 갈고리로 끌어서 원하는 자리로 조준한 다음, 녹로를 풀어 물건을 내리는 방식으로 사용하였다. 녹로는 기복(상하 운동)과 선회(회전 운동)가 불가능하고 무게 중심이 간주 쪽으로 치우쳐 있기

† 간주(竿柱)
건물이나 석등과 같은 구조물의 기둥을 의미한다. 크레인(crane)의 간주는 앞으로 내뻗친 긴 막대를 의미하며 보통 '지브(jib)'라고 지칭하는 경우가 많다.

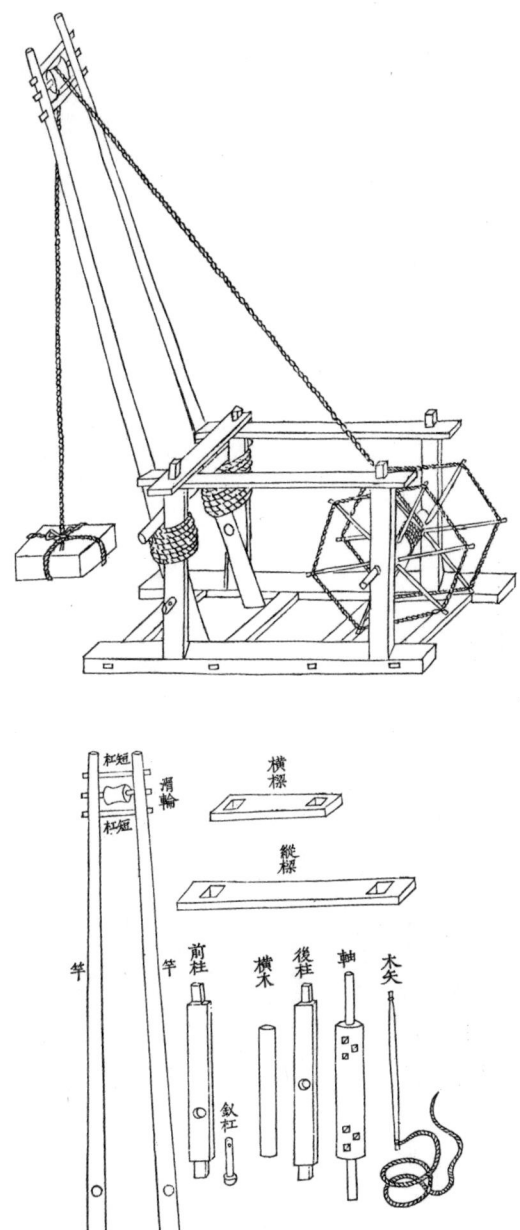

그림 IV-25 녹로의 전도(상)와 분도(하)

4장 _ 기계 공학자 정약용, 거중기와 녹로를 개량 발명하다

때문에 사용에 많은 제약이 있었다. 나무로 만든 활차(도르래)가 견디는 무게에 한계가 있으며, 앞부분에 치우친 무게 중심을 조정하기 위한 장치가 전혀 없다는 점에서 녹로는 작은 돌이나 목재를 높은 곳으로 올리는 데 사용한 장비로 추정된다.

정약용은 『기기도설』 중 기중 제11도를 참조하여 거중기를 만들었다고 하였는데, 사실 제11도는 줄을 감는 장치인 녹로가 발전된 형태이다. 제11도는 사람들이 시계 방향으로 돌면서 녹로를 감으면, 녹로에 연결된 케이지 기어를

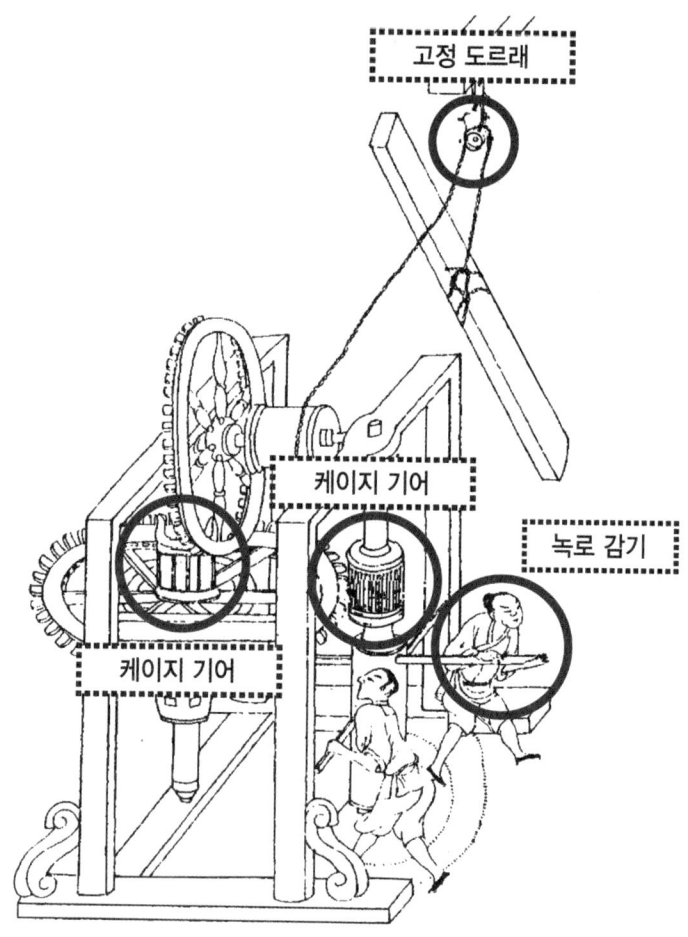

그림 IV-26 『기기도설』 기중 제11도

통해 힘이 전달되어 고정 도르래에 걸려 있는 물건을 들어 올리는 구조로서 지브가 없는 크레인 형태를 취하고 있다. 이때 사용된 케이지 기어는 힘을 절약함은 물론 미끄럼 방지 역할도 하고 있다. 기중 제11도에서 지브가 없는 이유는 건설 현장에는 이미 고정 도르래를 걸 수 있는 곳이 많기 때문에 굳이 긴 지브가 필요 없기 때문이다.

그렇다면 화성 건설 현장에서 녹로 2좌는 어느 공사에 활용되었을까? 녹로는 높은 곳에 물건을 내려놓기 용이하다는 점에서 거중기의 한계를 극복할 수 있는 장비이지만 복합 도르래를 활용한 거중기와는 달리 힘에서 큰 이득을 보지 못하며† 미끄럼 방지 고정 장치가 없다는 구조적 한계 때문에 화성 건설 현장에서는 성문의 누각이나 공심돈과 같이 높은 건물 공사에 제한적으로 활용되었을 것이다. 화성에는 누각이 높은 성문 4개와 공심돈 3개가 있으므로 녹로가 필요한 공사장은 모두 7곳이다. 정약용은 처음에는 성문의 누각을 짓는 데 활용하고자 녹로를 설계하였지만, 화성 건설 과정에서 정약용이 설계하지 않았던 공심돈들이 추가 건설되면서 성문 누각 공사에 사용된 녹로 2좌는 후반부에는 공심돈 공사에 투입되었을 것이다.

『화성성역의궤』에 기록된 공사 일지를 토대로 성문 누각 공사 기간과

† 축바퀴의 원리
줄을 감는 녹로의 손잡이가 길수록 축바퀴의 원리(principles of wheel and axel)에 따라 힘의 이득을 보게 된다.

그림 IV-27 화성의 공심돈(좌측부터 남공심돈, 서북공심돈, 동북공심돈)

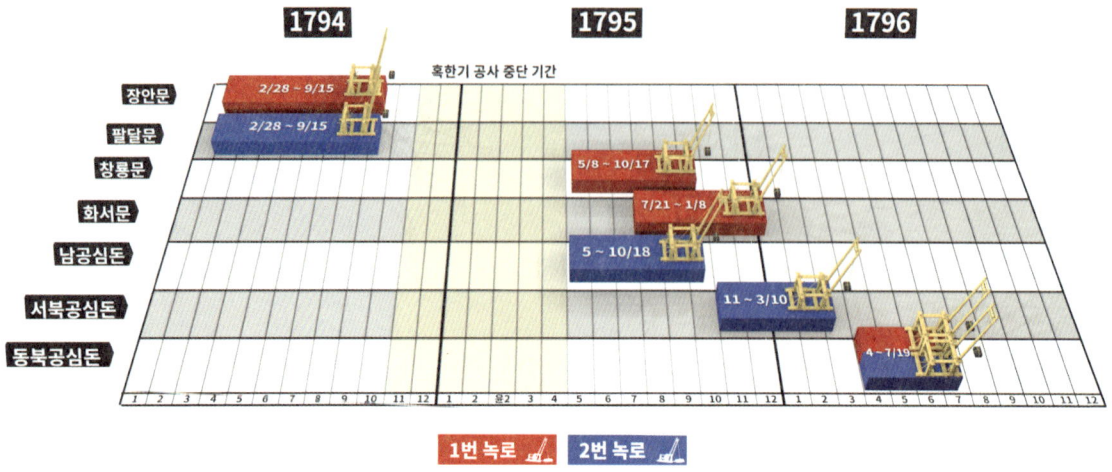

그림 IV-28 높은 건물들의 공정표를 토대로 추정한 녹로 2좌의 활용 기간

공심돈 공사 기간을 위와 같은 공정도로 정리한 후 녹로의 용도와 관련된 가설이 맞는지 확인해 보았다.

공정도를 보면 2층 누각 구조인 장안문과 팔달문의 공사는 1794년 2월 28일 동시에 시작하여 9월 15일에 동시에 끝났다. 당연히 이 두 곳 공사장에서 누각을 올리는 공사 후반부에 녹로 2좌가 각각 사용되었을 것이다. 규모가 동일한 창룡문과 화서문의 공사가 동시에 진행되지 못하고 창룡문과 남공심돈 공사가 짝을 이루어 공사에 들어간 까닭은 화서문과 서북공심돈이 인접해 있는 시설이기 때문에 동시에 공사를 추진하는 것이 효율적이었기 때문이었을 것이다.

창룡문과 남공심돈 공사장에 녹로 2좌가 사용되는 동안 화서문과 서북공심돈 공사장은 하부 축성 작업을 하고 있었고, 1795년 10월 17일과 10월 18일에 하루 차이로 창룡문과 남공심돈 공사가 끝나자마자 녹로 2좌는 각각 화서문과 서북공심돈 공사장으로 이동하여 배치되었을 것이다. 그 후 계획에 없었던 동북공심돈 공사가 추가되면서 녹로 2좌는 모두 동북공심돈 공사장에 투입되었을 것이다. 녹로 2좌가 동시에 투입되었기 때문에 구조가 복잡하고 높은 구조의 동북공심돈은 남공심돈이나 서북공심돈보다 더 짧은 기간

내에 공사를 마칠 수 있었다. 이처럼 고층 건물들 7개의 공사 기간을 두 개씩 짝을 이루어 추정하면 녹로 2좌를 사용한 공정을 합리적으로 추론할 수 있다.†

녹로를 중심으로 정리한 공정도를 통해 혹한기로 인한 공사 중단 기간(1794년 11월~1795년 4월)에 정약용이 설계하지 않았던 공심돈들이 설계되었음을 확인할 수 있다. 아마 장안문과 팔달문 공사 과정에서 녹로의 유용성을 확인한 공사 책임자들이 혹한기 기간을 활용하여 고층 건물인 공심돈들을 설계하였을 것이다. 이 기간에 혜경궁 홍씨 회갑 잔치가 화성에서 열렸기 때문에 정조와 함께 화성을 방문했던 정약용이 공심돈 설계에 관여했을 가능성도 있다.

† 녹로 사용 공정의 추론
녹로 2좌의 정확한 공정 추론이 가능한 까닭은 시설물별로 공사 일정, 공사 인원, 공사 비용, 공사 자재 등을 꼼꼼하게 기록한 『화성성역의궤』가 있었기 때문이다.

테렌츠 대신
라멜리의 도면을 참조했다면

라멜리가 그린 원본 도면들은 각종 기어의 결합 방식과 복합 도르래의 구성 방식을 사진으로 찍은 것처럼 상세하게 묘사하고 있다. 테렌츠가 기중 제10도를 그리면서 참조한 라멜리의 원본 도면을 보면 웜과 웜 기어의 연결 방식은 물론 복합 도르래가 어떠한 방식으로 줄을 연결했는지까지 정확하게 묘사하고 있다. 기중 제11도 역시 라멜리의 원본 도면에는 케이지 기어 모듈의 구성 방법은 물론 녹로를 돌리는 바닥의 트랙까지 정확하게 묘사되어 있다.[†]

† 테렌츠의 기중 제10도와 제11도는 아고스티노 라멜리 (Agostino Ramelli, 1530-1600)가 1588년에 저술한 『각종 공예 기계 (Le Diverse et Artificiose Machine)』에 더 자세하고 상세하게 묘사되어 있다.

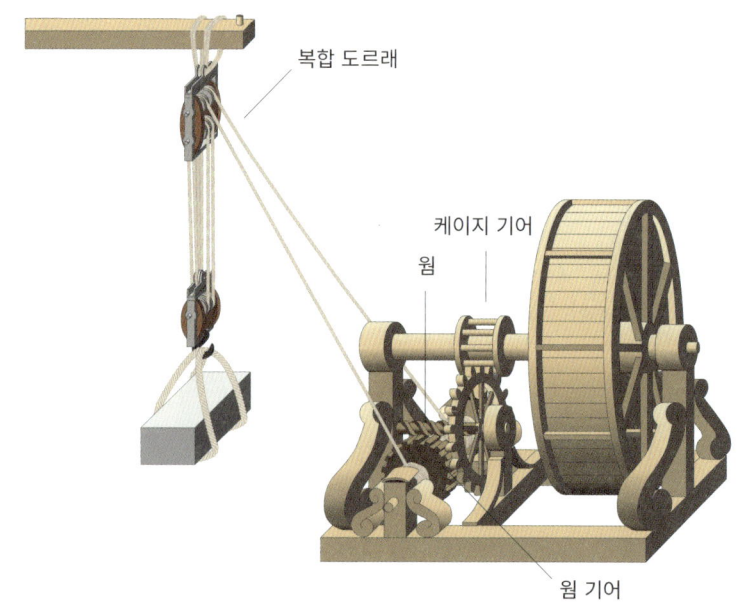

그림 IV-29 라멜리 도면에서 묘사한 기중 제10도의 기어와 복합 도르래의 구성

그림 IV-30 기중 제11도에서 참조한 라멜리의 원본 도면(1588년 도면)

단시간 내에 배다리와 유형거를 설계한 실력으로 볼 때, 만약 정약용이 라멜리의 원본 도면을 직접 보았다면 기중 제10도와 제11도를 충분히 구현했을 것이다. 정조의 명에 의해 규장각에 보관할 책을 구입하러 갔던 관리가 테렌츠의 『기기도설』이 아니라 라멜리의 『각종 공예 기계』를 구해 왔다면, 분명 정약용은 다양한 형태의 독창적인 거중기들을 개발했을 것이다. 특히 셀프 록킹이 가능한 기중 제10도의 웜 샤프트를 만드는 데 성공했다면 미끄럼 방지를 위해 굳이 대활륜을 사용할 필요가 없었을 것이다. 대활륜이 없다면 거중기의 무게를 파격적으로 줄일 수 있기 때문에 더 가볍고 간단한 거중기를 만들 수 있었을 것이다.

다음 그림들은 시간이 충분했다면 정약용이 만들어 낼 수 있는 수준의 거중기 모델들이다. 거중기 용도는 수레에 돌을 올려놓는 것으로 한정했으며 『화성성역의궤』에 남아 있는 거중기와 녹로의 도면에 기중 제10도와 제11도 기어 모듈을 결합하는 방식으로 필자가 직접 설계하였다.†

† 실제 모형으로 제작하여 작동 여부까지 확인하였으며 영재 학생들을 대상으로 어느 모형이 더 공학적으로 우수한가를 논쟁하는 공학 토론 프로그램을 운영하기도 하였다.

그림 IV-31 정약용이 개발한 거중기와 기중 제10도 기어를 결합한 모델

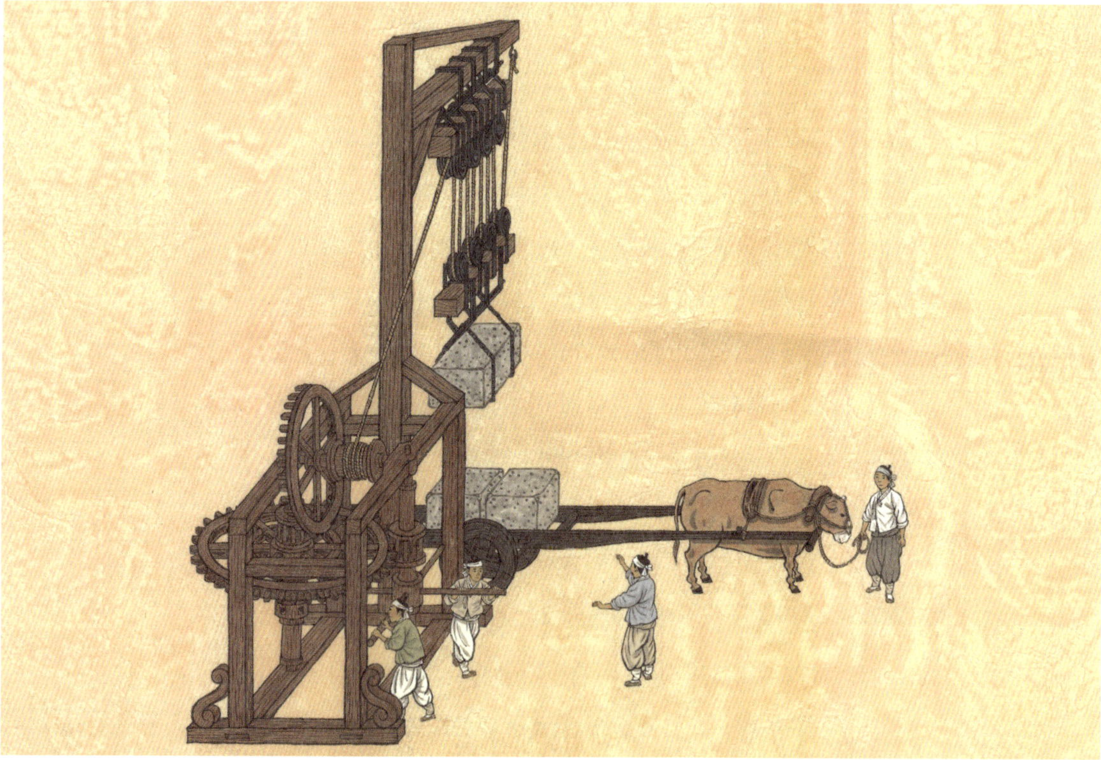

그림 IV-32 정약용이 개발한 거중기와 기중 제11도 기어를 결합한 모델

그림 IV-33 정약용이 개발한 녹로와 기중 제10도 기어를 결합한 모델

그림 IV-34 정약용이 개발한 녹로와 기중 제11도 기어를 결합한 모델

5. 자동차 공학자 정약용, 유형거를 발명하다

좁은 폭과 높은 무게 중심, 수레의 상식을 뒤집다
크레인과 수레의 기능을 통합한 다목적 장비
소는 끌고 사람은 흔들고, 유형차인가 유형거인가
수레가 받을 충격을 흡수하도록 형태를 변형하다
펌핑으로 보조 추진력을 얻다

좁은 폭과 높은 무게 중심, 수레의 상식을 뒤집다

다빈치의 기계 도면과 같은 고대 기계 제작 기술에서 발전한 근대 기계 공학은 고전 역학†의 발달에 힘입어 시민을 위한 토목 공사에 필요한 건설 장비를 만들고 연구하는 과정에서 발전하였다. 현대에 이르러서 기계 공학은 완제품을 기준으로 하여 자동차 연구를 하는 자동차 공학, 비행기 설계와 제작에 관련된 항공 공학, 배를 설계하고 제작하는 조선 공학 등으로 세분화되었다.

만 개가 넘는 엄청난 수의 부품, 고용 창출 효과, 다른 산업에 미치는 영향으로 인해 자동차 산업이 '기계 공학의 꽃'이라 불리고 있음은 주지의 사실이다. 이제는 '자동차 공학†'이라는 용어가 자연스럽게 자리 잡을 정도로 자동차 산업은 기계 공학이라는 큰집에서 분가†하여 발전을 거듭하고 있다. 화성 건설 현장에서도 오늘날 자동차 공학적 관점에서 큰 의미를 부여할 수 있는 정약용의 발명품인 유형거가 탄생하였다.

다음은 실제로 중학교 수업 시간에 일어난 일화를 재구성한 것이다.

선생님: 수원 화성을 건설할 때 정약용은 유형거를 발명하여 무거운 돌을 효과적으로 운반할 수 있게 했어요. 참 대단하죠?
학 생: 유형거는 폭이 좁고 돌은 싣는 위치가 다른 수레에 비해 높다는 것 외에는 별로 특별한 점이 없는 것 같은데 무엇이 대단하다는 건가요?
선생님: 학생은 조상의 업적을 폄하하는 버릇부터 고치도록 하세요. 지

---

† 고전 역학(古典力學)
물체에 작용하는 힘과 운동의 관계를 분석하는 학문으로 '뉴턴 역학'이라고 부르기도 한다. 움직이지 않는 물체들을 다루는 정역학과 운동하는 물체를 다루는 동역학으로 구분할 수 있다.

† 자동차 중심의 전공 융합
자동차 공학=기계 공학+전자 공학+컴퓨터 공학+산업 디자인+재료 공학

† 제작하는 대상에 따른 세분화
자동차 공학 - 기계 분야 중 자동차
조선 공학 - 기계 분야 중 배
항공 공학 - 기계 분야 중 비행기

난번에는 거중기를 가지고 트집을 잡더니만……. 유형거는 균형을 유지하면서 물건을 나를 수 있기 때문에 대단한 것입니다.

학　생: 다른 수레들과 달리 유형거는 어떤 방식으로 균형을 유지하나요? 유형거의 원리가 잘 이해가 안 됩니다. 자세하게 설명해 주세요.

선생님: 기록에서 그랬다고 하니까 맞겠지요. 그런 것은 시험에 안 나오니 제발 쓸데없는 질문하지 마세요.

그림 V-1 수원화성박물관 앞에 실물 크기로 복원된 유형거

　　정약용이 발명한 유형거는 저울의 원리로 균형을 맞추는 수레로 널리 알려져 있으나 구체적으로 어떻게 사용하는지 방법을 설명해 주는 경우는 거의 없다. 바퀴가 투박하며, 수레의 폭이 좁고 물건을 싣는 곳이 바퀴보다 높으며, 손잡이가 매우 긴 유형거는 겉으로 보기에는 당시 사용했던 수레들과 큰 차이가 없다. 따라서 위의 일화와 같이 학생이 유형거의 구체적인 사용 방법과 역학적 원리를 질문했을 때 명쾌하게 설명해 줄 수 있는 교사는 거의 없다. 박물관을 비롯해 각종 공신력 있는 자료에서도 유형거와 소를 연결하는 방향을 반대로 묘사한 경우가 많아 이러한 혼란을 더욱 가중시키고 있다.

　　앞에서 논의한 바와 같이 신도시 화성 건설 과정에서 효과적인 자재 운반 시스템은 공사 기간과 비용에 영향을 끼치는 중요한 문제였다. 『화성성역의궤』에 기록된 실제 공사비 지출 내역을 분석하면 부석소에서 화성 건설 현장까지 돌을 운반하는 일에 특히 많은 비용이 투입되었음을 확인할 수 있다. 이 때문에 미리 돌을 다듬은 다음 옮겨 축성하는 정약용의 PC 공법 즉, 「성설」 5번 벌석 지침의 성패는 원활한 운송 인프라†의 구축에 달려 있었다. 정약용은 「성설」 6번 치도 지침에서 원활한 자재 운송을 위해 부석소에서 화성 건설 현장까지 길을 먼저 닦아야 한다고 주장했고, 「성설」 7번 조거 지침†에서는 유형거라는 새로운 형태의 수레를 발명해 그 특징과 원리를 상세하게 언급하였다.

정약용은 기존에 사용하던 대거(大車)가 바퀴가 너무 높고 투박하여 돌을 싣기 어렵고, 바큇살이 약하여 무거운 돌을 많이 실었을 때 망가지기 쉬우며, 수많은 바큇살을 결합하여 바퀴를 만드는 공정이 복잡하고 비용이 많이 든다는 단점을 간파하고 있었다. 유형거는 단순한 수레가 아니라 기존 수레의 단점을 극복하고자 치밀하게 설계된 특수 건설 장비였다.

『화성성역의궤』에 소개된 거중기와 녹로와 같은 크레인들은 권수 도설 편†에서 다루고 있는데 비해, 유형거만은 정조가 발표한 「어제성화주략」 편에서 다루고 있는 까닭은 무엇일까? 이는 시제품 '기중소가'를 화성 건설 직전에 완제품으로 발전시킨 거중기†와는 달리, 유형거는 정약용이 「성설」을 지을 시점에 이미 시제품 개발 작업이 끝난 상태임을 의미한다.

「성설」 7번 조거 지침은 「성설」 중에서 유일하게 그림과 함께 그 원리를 상세하게 설명하였으며, 그 수준이 오늘날 유능한 변리사†가 작성한 특허 명세서†라 해도 과언이 아닐 정도로 각 부품의 기능과 메커니즘을 명쾌하게 설명하고 있다. 조거 지침이 이렇게 상세한 까닭은 공사 현장에서 필요에 따라 바로 제작할 수 있도록 정약용이 매뉴얼을 염두에 두고 집필했기 때문이다. 실제로 공사 현장에서는 「성설」 조거 지침을 토대로 11량의 유형거가 제작되었다. 불필요한 부품을 과감히 없애 12냥이면 1량을 제작할 수 있도록 비용을 절감하고자 한 변리사 정약용의 지혜가 엿보인다.

자체 동력이 없는 수레에 불과한 유형거가 어떠한 측면에서 공학적으로

---

† 인프라스트럭처(infrastructure)
생산이나 생활의 기반을 형성하는 중요한 구조물을 말한다. 도로, 항만, 철도, 발전소, 통신 시설 따위의 산업 기반과 학교, 병원, 상수·하수 처리 따위의 생활 기반이 있다. 근래에는 토목을 대체하는 외래어로 널리 사용되고 있다.

† [부록 02] 「성설」 국역본 참조.

† 도설 편(圖說編)
도면과 그림을 통해 설명하는 방식으로 구성된 부분.

† 거중기와 마찬가지로 녹로 역시 화성 건설 직전에 급히 개발되었다. 높은 곳에 자재를 올려야 할 필요에 의해 민간에서 널리 쓰였던 녹로를 지브 크레인 형태로 발전시켜 개발한 것이다.

† 변리사(辨理士)
특허·실용신안·의장 또는 상표에 관하여 특허청 또는 법원을 상대로 지식 재산권을 보호하는 업무를 대리하는 전문가.

† 특허 명세서(特許明細書)
특허를 청구하는 내용을 공개하고, 이를 통해 보호받고자 하는 권리를 기재한 문서.

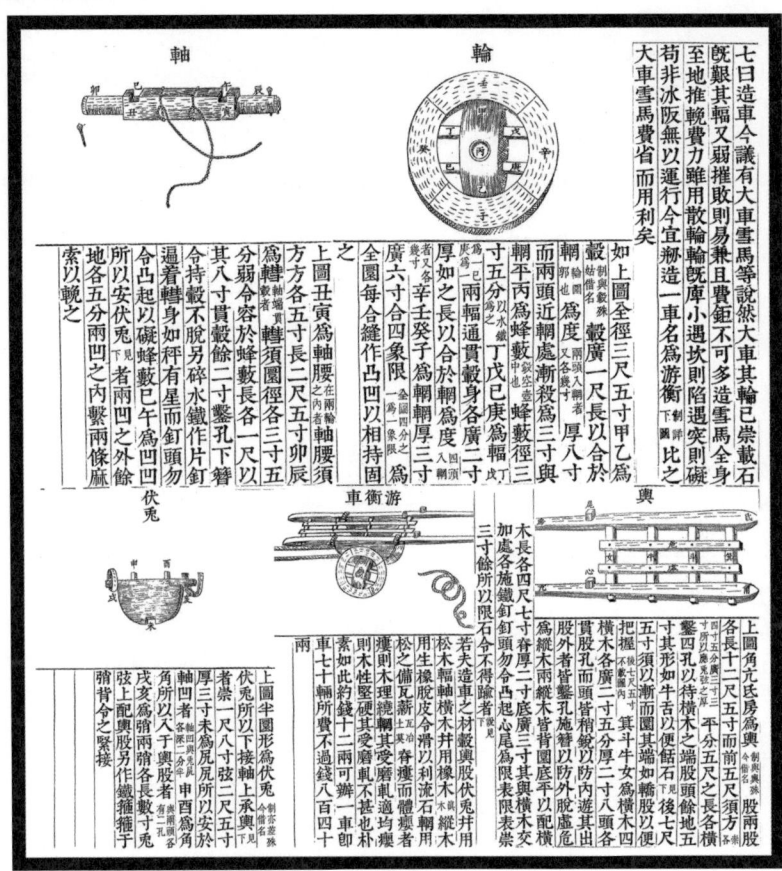

그림 V-2 「성설」 7번 조거 지침

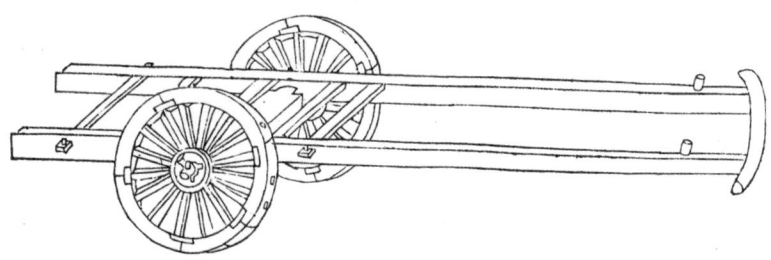

그림 V-3 화성 건설에서 8량 사용된 대거

높은 평가를 받을 수 있을까? 유형(游衡)이란 '흔들거리는 저울대'라는 의미로 결국 유형거는 '흔들거리는 저울과 같은 수레'이다. 정약용은 무게 중심이 낮고 폭이 넓어야 흔들리지 않고 이동할 수 있다는 수레의 상식을 깨고,

5장 _ 자동차 공학자 정약용, 유형거를 발명하다　　133

복토(伏兎)라는 반원형의 목재를 통해 짐을 싣는 부분을 의도적으로 높였으며, 폭을 좁혀 수레 자체가 매우 불안정하게 흔들리도록 설계하였다. 오늘날의 자동차들이 폭을 넓게 하고 높이를 낮춰 주행 안정성을 꾀하고, 첨단 서스펜션†시스템을 통해 차량의 충격을 흡수하여 흔들거림을 최소화하려는 노력을 하고 있는 것과는 정반대로 설계한 것이다.

유형거는 모두 모듈 4개로 구성되어 있는데 각 구성 부품의 기능과 특징을 정리하면 다음과 같다.

† 서스펜션(suspension)
스프링, 에어, 오일 등을 이용하여 기계나 자동차의 충격을 흡수하는 완충 장치.

표 V-1 유형거의 구성 부품

명칭	특징	구성 부품
윤(輪)=바퀴	제작하기 쉽고 하중을 견디는 힘이 큰 단순하고 투박한 바퀴	
복토(伏兎)	굴대와 짐을 싣는 차상 사이에 설치하여 차상을 바퀴보다 높게 한 장치	
바퀴 축=굴대	소가 끄는 봇줄을 연결하여 수레가 쉽게 출렁거리도록 한 장치	
여(輿)=차상	짐을 싣는 곳으로 물건이 앞뒤로 쉽게 출렁거릴 수 있도록 가운데 세로대 2개를 설치한 몸체	

크레인과 수레의 기능을 통합한 다목적 장비

정약용은 왜 수레의 폭을 좁힌 후 바퀴보다 높은 위치에 짐을 싣도록 불안정한 구조로 유형거를 만들었을까? 그 이유는 유형거가 돌을 적재하는 기능과 돌을 나르는 기능을 동시에 지닌 다목적 운반 차량이었기 때문이다. 화성 건설에 사용된 거중기는 단 1부, 녹로는 단 2좌에 불과했기 때문에 수레에 돌을 적재하는 대부분의 작업은 사람의 힘에 의지할 수밖에 없었다. 정약용은 수레에 돌을 싣는 노동력을 최소화하고자 수레에 돌을 적재하는 기능을 포함한 다목적 차량을 개발하였다.

그림 V-4 다목적 수레 유형거

5장 _ 자동차 공학자 정약용, 유형거를 발명하다

유형거의 바퀴와 복토는 지렛대의 받침점에 해당하고 긴 수레 손잡이는 힘점, 차상 앞부분은 돌부리에 찔러 넣어 돌을 들어 올리는 작용점에 해당한다. 바퀴보다 높은 위치에 짐을 적재하는 불안한 구조를 지닐 수밖에 없는 까닭도 수레 자체가 돌을 수레에 쉽게 실을 수 있도록 지렛대 역할을 해야 하기 때문이다.

작용점에 해당하는 유형거의 머리(여두)는 소 혀와 같은 모양으로 하였고, 힘점에 해당하는 긴 수레 손잡이는 끝부분을 점점 가늘고 둥글게 하여 사람 손으로 쉽게 잡아 누르도록 하였다. 이 손잡이 부분을 잡고 올리면 차상 앞부분(여두)이 낮아져 돌을 쉽게 차상에 올려놓을 수 있고, 다시 손잡이를 내리면 돌이 손잡이 쪽으로 미끄러져 내리게 된다. 유형거의 차상에는 다른 수레에는 없는 2개의 세로대가 보강되었다. 생참나무를 껍질을 벗겨 매끄럽게 만든 다음 등을 둥글게 하여 돌이 쉽게 미끄러져 움직일 수 있도록 하였다. 또한 손잡이 쪽으로 한표(限表)라고 하는 조그만 나무토막을 부착하여 어느 선 이상 돌이 넘어가지 못하게 하였다.

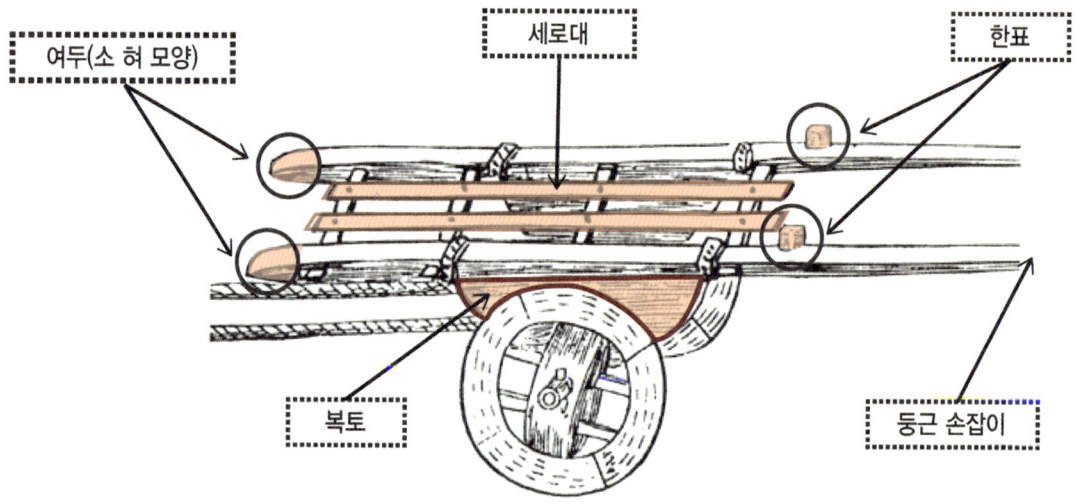

그림 V-5 돌을 싣기 편한 구조로 설계된 유형거

유형거의 구조는 정약용이 「성설」에 남긴 그림을 통해 정확하게 파악할 수 있다. 다음은 정약용이 남긴 그림들을 활용하여 유형거의 구조를 알기 쉽게 설명한 것이다. 이어서 유형거에 돌을 적재하는 방법을 그림 설명서 형태로 정리해 보았다.

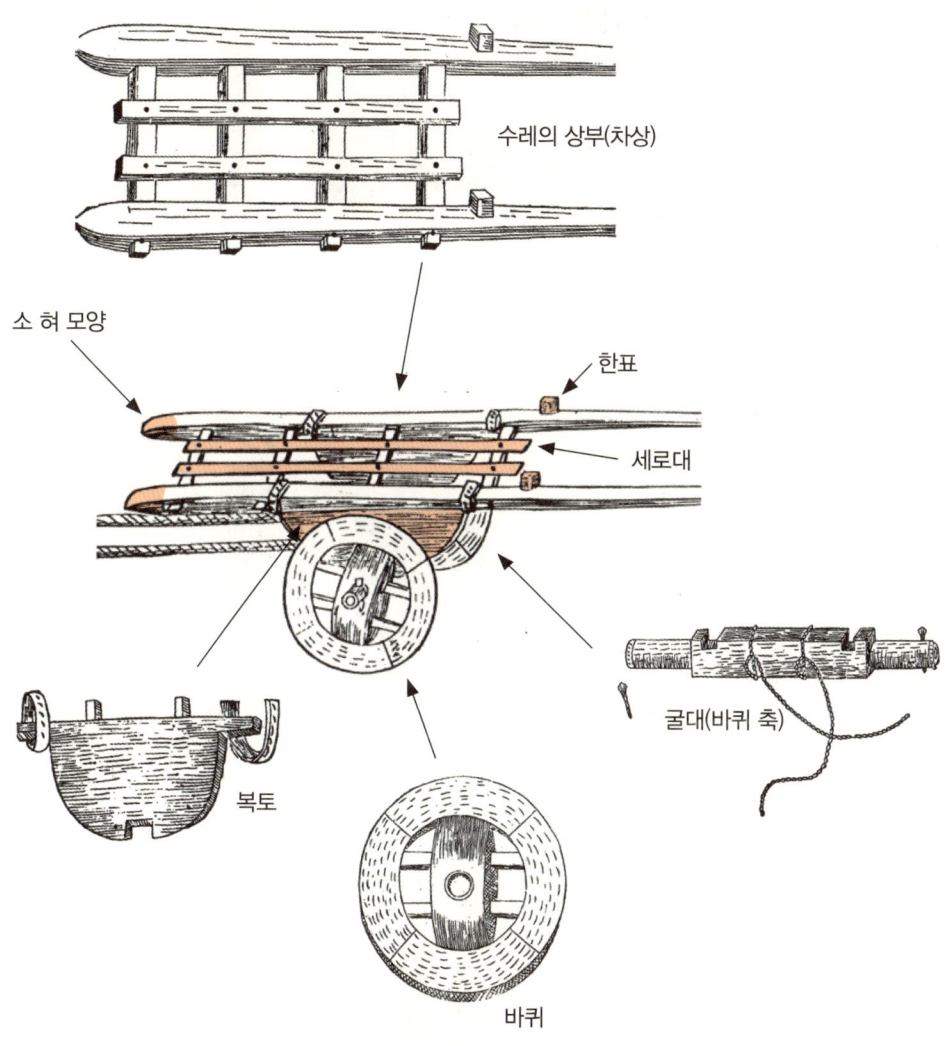

그림 V-6 유형거의 구성 부품

유형거에 돌을 적재하는 방법

① 유형거 끝을 돌부리에 찔러 넣는다.

② 지렛대의 원리로 들어 올린다.

③ 유형거 손잡이를 눌러 돌이 흘러내리도록 한다.

④ 유형거 위에 돌을 얽어맨다.

⑤ 황소의 봇줄을 굴대에 연결한다.

⑥ 황소에 채찍을 가해 유형거를 이동시킨다.

그림 V-7 유형거 사용 설명서

소는 끌고 사람은 흔들고, 유형차인가 유형거인가

정약용이 발명한 유형거는 실물로 제작되어 화성 건설 현장으로 보내졌다. 화성 현장에서는 이를 참조하여 새롭게 10량을 더 제작하였으니, 모두 11량의 유형거가 건설 현장을 누비면서 활약하였다. 안타깝게도 당시 풍속도나 『화성성역의궤』는 유형거를 활용하는 장면을 그림으로 남기지 않았기 때문에, 유형거의 활용 방법은 정약용의 설명을 토대로 상상할 수밖에 없다. 보통 유형거의 활용 장면은 수레 손잡이를 소의 멍에†나 봇줄†에 연결하는 방식으로 상상하는 경우가 대부분이다. 그러나 이와 같은 재현은 잘못된 것이다.

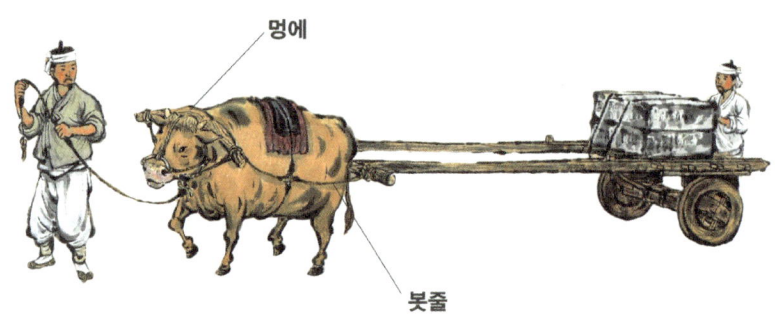

그림 V-8 유형거의 활용법을 잘못 추론한 경우

† 멍에
수레나 쟁기를 끌기 위하여 마소의 목에 얹는 구부러진 막대.

† 봇줄
마소에 써레, 쟁기 따위를 매는 줄.

'車'는 보통 소나 말이 수레를 끄는 경우에 '차'로 발음하고 사람의 힘을 이용하는 경우를 '거'로 발음하므로, 위 그림은 '유형거'가 아니라 '유형차'로 묘사한 것이다. 하지만 정약용은 「성설」에서 수레가 상하로 흔들려야 하므로 수레 손잡이를 소의 멍에에 바로 연결해서는 안 된다고 분명히 밝히고 있다.

> **「성설」 7번 조거 항목 중 수레의 연결**[†]
>
> 끄는 줄(鞅索)을 굴대(軸)에 맨 것은, 짐을 싣는 부분의 머리(輿頭)가 상하로 자유롭게 움직이므로, 멍에(轅軛)처럼 목(項)이 곧게 고정되어서는 안 되기 때문이다.

정약용의 설명에 따라 유형거의 활용 장면을 재현하면 아래와 같다.

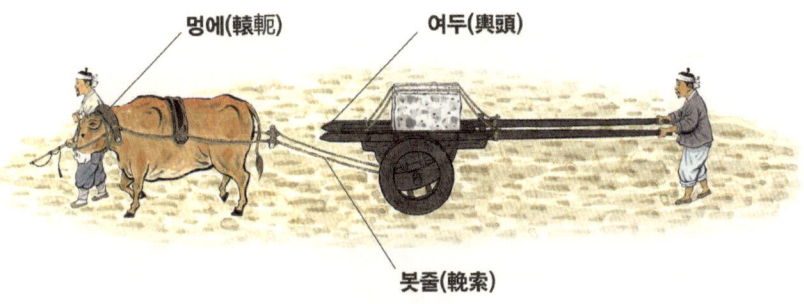

그림 V-9 정약용의 설명에 따른 유형거와 소의 연결

소가 수레를 끈다는 점에서 '유형차'일 수도 있지만 굳이 '유형거'로 불리는 까닭은 수레 손잡이를 사람이 조작하기 때문이다. 소가 수레를 끌고 사람이 미는 방식이 아니라, 소는 끌고 사람은 손잡이를 상하로 흔든다는 점이 매우 독특하다. 정약용은 「성설」에서 사람이 유형거의 손잡이를 조작하면서 평지는 물론 오르막과 내리막을 경쾌하게 달릴 수 있다고 설명하였다.[†]

[†] [부록02]「성설」 국역본 7번 조거 (造車) 항목 참조.
鞅索之繫軸者欲輿頭之隨手俯昂不似轅軛之強項也

[†] [부록02]「성설」 국역본 7번 조거 항목 참조.
車以輕快登陁則擎走阪則仰不曳不駛(수레는 비탈을 오르면 들고, 언덕을 달리면 눌러서, 힘들여 끌지 않아도 편하게 가게 된다.)

수레가 받을 충격을
흡수하도록 형태를 변형하다

유형거의 가장 큰 특징은 짐을 싣는 몸체에 해당하는 여와 바퀴 축인 굴대 사이에 복토라는 반원형의 부재를 설치한 것이다. 복토의 위치는 오늘날 자동차의 서스펜션[†]에 해당하는데, 서스펜션이란 노면에서 전해 오는 충격을 완화하기 위해 설치한 '암(arm/linkage)', '코일 스프링(coil spring)', '쇼크 옵서버(shock absorber, 일명 쇼바)'를 말한다.

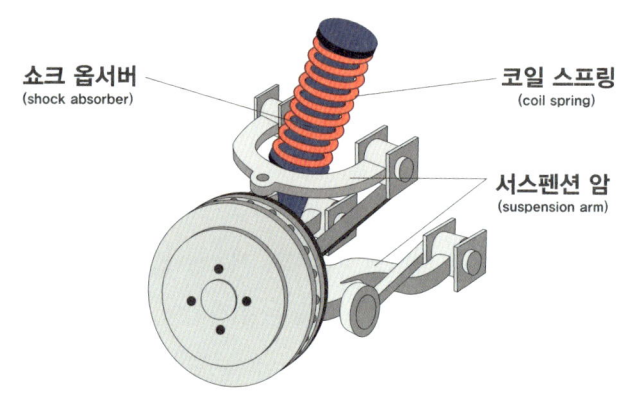

그림 V-10 서스펜션의 구조

하지만 유형거의 복토는 하나의 나무판으로 되어 있어 코일 스프링과 쇼크 옵서버와 같이 출렁거리면서 충격을 흡수하지 못한다. 이 때문에 서스펜션에 해당하는 위치에 자리 잡았으나 그 기능은 바퀴 축인 굴대와 짐을 싣는 몸체인 차상의 간격을 높이는 기능만을 하고 있을 뿐이다. 유형거의 충격 완충 장치는 다른 메커니즘에 의해 작동하고 있다.

† 자동차의 서스펜션은 현가장치라고 한다. 자동차의 구조 장치로서 노면의 충격이 차체나 탑승자에게 전달되지 않게 충격을 흡수하는 장치이다.

유형거는 수레인 동시에 수레 자체가 하나의 서스펜션 시스템이다. 서스펜션은 차축이 노면에서 받는 진동이나 충격을 차체에 직접 전달되지 않도록 함으로써 하물의 손상을 방지하고 승차감을 좋게 하기 위해 설치된 완충 시스템이다. 유형거의 완충 시스템은 유형거를 운용하는 사람이 노면 상황에 따라 변화하는 수레의 무게 중심을 판단하여 손잡이를 조정한다는 점에서 자동차 공학에서 말하는 소위 '액티브 서스펜션'[†]에 해당한다고 평가할 수 있다.

유형거가 달릴 때 수레바퀴가 받는 충격은 상하 방향, 좌우 방향, 전후 방향으로 구분할 수 있다. 노면의 굴곡을 만난다면 상하 방향으로, 코너를 돌게 되면 상하+좌우 방향으로, 급정거나 급가속을 하게 되면 상하+좌우+전후 방향의 복잡한 충격이 발생하게 된다.

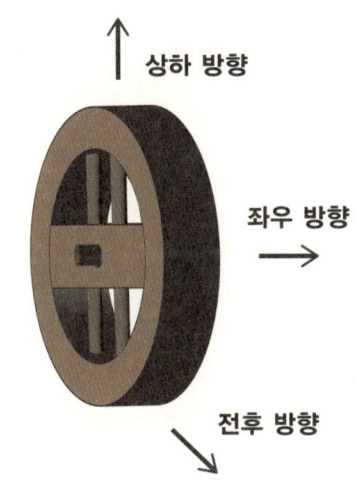

그림 V-11 유형거 바퀴가 받는 3차원의 충격

액티브 서스펜션은 외부의 진동을 차체에 설치한 센서로 감지하여 진동을 억제할 수 있는 힘의 크기와 방향을 계산한 후, 진동과는 반대의 힘을 발생시켜 자동차 완충 장치를 구성하는 용수철이나 쇼크 옵서버의 공기압을 조절하는 것이다. 예를 들어 차량이 선회할 때 센서가 차가 옆으로 기우는 현상인 '롤링(rolling)'을 감지하면 '안티 롤링 제어(anti-rolling control)' 프로그램에 따라 기우는 방향과 반대 방향의 힘을 발생시켜 기우는 현상을 보정하는 것이다. 고속철이나 고급 승용차에 적용되는 이 기술은 진동을 적극적으로 억제하는 효과는 매우 높지만 복잡한 제어 회로가 필요하고 완충 장치를 변형하는 데 별도의 에너지를 필요로 하기 때문에 소비 에너지가 크고 시스템의 크기도 커진다는 단점이 있다.

[†] **액티브 서스펜션 (active suspension)**
완충 장치의 유압을 자유롭게 바꾸면서 자동차의 자세를 가능한 한 일정한 상태로 유지하도록 스스로 제어하는 첨단 기술을 말한다. 능동 현가장치로 불린다.

표 V-2 액티브 서스펜션의 제어 체계

자동차에 일어나는 현상	운행 상황	서스펜션 제어
리프트(lift)	급가속 급출발	안티 리프트 제어 (anti-lift control)
다이브(dive)	급제동	안티 다이브 제어 (anti-dive control)
롤링(rolling)	좌회전 우회전	안티 롤링 제어 (anti-rolling control)
피칭(pitching)	경사 운행	안티 피칭 제어 (anti-pitching control)

유형거를 조작하는 사람은 손에 익은 경험을 통해 유형거가 받는 충격을 판단하고 그 힘을 상쇄할 수 있는 제어 동작을 하게 된다. 언덕을 오를 때는 손잡이를 들고 내려갈 때는 손잡이를 내리는 안티 피칭(anti-pitching)을 기본으로, 좌회전 시에 왼쪽이 올라가므로 왼쪽 손잡이를 누르는 안티 롤링(anti-rolling), 갑자기 출발할 때는 손잡이를 올리는 안티 리프트(anti-lift), 갑자기 정지할 때는 손잡이를 내리는 안티 다이브(anti-dive) 등 유형거는 액티브 서스펜션 제어와 더불어 완충 장치를 변형하는 힘도 사람의 손

잡이 조작에 의존하고 있다. 수레를 끄는 주동력은 소에서 얻고, 사람은 뒤에서 부지런히 수레 손잡이를 상하로 조작하면서 액티브 서스펜션을 담당하고 있다.

그림 V-12 유형거의 안티 피칭 제어

펌핑으로
보조 추진력을 얻다

정약용이 발명한 유형거의 혁신성은 보조 동력 발생 메커니즘이다. 동역학(動力學)[†]을 체계적으로 공부했을 리가 없던 정약용이 어떻게 보조 동력을 생성하는 펌핑(pumping)의 원리를 알아냈을까?

「성설」 7번 조거 항목 중 수레의 이동[†]

세로대 나무가 둥글고 미끄럽기 때문에 돌이 미끄러져 수레의 한표(限表)에까지 와서 닿는다. 이것을 정돈하여 얽어매서 황소에 매고 채찍질을 한 번 한다. 그러면 뒤쪽이 무겁기 때문에 복토가 반듯이 눕고 바퀴 앞으로 차서 굴리면 수레가 달리면서 들렸다 내려졌다 한다. 그리하여 **1치쯤 물러섰는가 하면 1자쯤 앞으로 나아간다.** 이것은 무게 중심이 앞으로 쏠렸다가 뒤로 쏠렸다가 하여 언제나 평형을 유지하려는 원리 때문이다.

정약용의 설명에 따르면 유형거가 달리면 돌이 차상 세로대 위에서 앞뒤로 움직여 수레가 조금 물러섰다가 그보다 훨씬 많이 앞으로 나가게 된다. 1보 후퇴 후 10보 전진하는 셈이다. 유형거는 수레 손잡이를 들어 올려 정지 마찰력을 극복하고 빗면을 타고 흘러내린 돌이 가속도 운동을 하면서 수레의 운동 방향에 에너지를 더해 주는 외력(external force)으로 작용한다. 이때 1자(1尺=약 30센티미터) 정도의 추진력을 얻는다. 돌을 다시 원위치로 돌리기 위해 수레 손잡이를 내려 다시 빗면을 타고 흘러내리게 하는데 이 힘은

[†] **동역학(動力學)**
운동하는 물체의 운동과 힘의 관계를 다루는 학문으로, 움직이지 않는 고정된 물체를 다루는 정역학과 구분된다.

[†] [부록02] 「성설」 국역본 7번 조거 항목 참조.
縱木圓滑石流至限酒整酒縛爰策我犍後勢旣重伏兔仰臥蹴輪前輾機激奮迅且擎且抑寸局尺進蓋其重心倏前倏後常欲得平

전진하는 수레의 반작용에 해당하며 수레는 1치(1寸=약 3센티미터) 정도 뒤로 밀리게 된다.

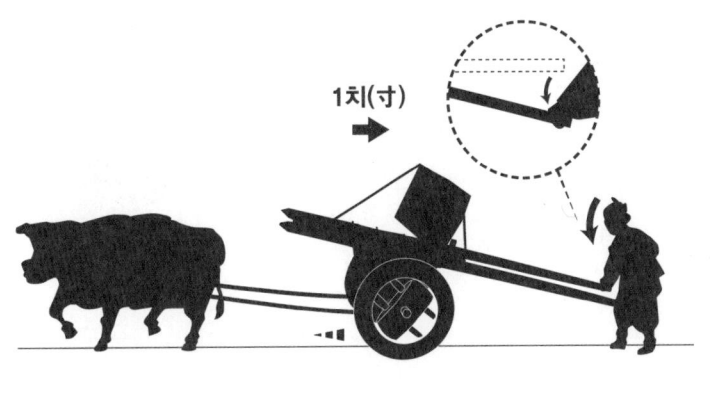

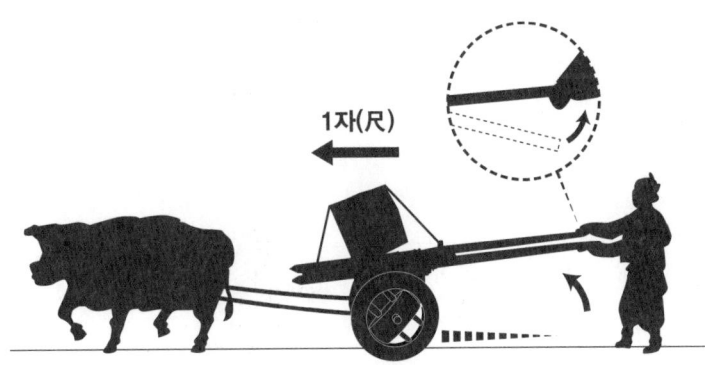

그림 V-13 보조 동력 생성을 위한 펌핑

수레에 올려놓은 돌을 일부러 움직이게 해서 보조 동력을 얻어 내기 위해서는 일정한 단계를 반복해야 한다. 유형거의 보조 동력 생성 절차는 2행정† 내연 기관과 유사하다. 손잡이를 내려 돌을 뒤로 물리는 동작은 '압축(흡입)' 행정, 손잡이를 들어 올려 돌이 밀려 내려가도록 하는 동작은 '폭발(배기)' 행정에 해당하기 때문이다. 차이점이 있다면 연료를 사용하지 않고 사람의 펌핑에 의존하기 때문에 흡입과 배기 행정은 필요 없다.

† 행정(行程)
실린더 안에서 피스톤이 왕복하는 거리를 의미하지만 한 사이클(cycle) 동안 피스톤이 이동하는 횟수를 의미하기도 한다. 예를 들어 2행정 내연 기관은 피스톤이 2회 이동하면 축이 한 바퀴 회전하게 된다. 4행정 내연 기관은 피스톤이 4회 이동(흡입-압축-폭발-배기)하면서 축이 두 바퀴 회전하게 된다.

유형거의 펌핑 4단계를 정리하면 다음과 같다.

표 V-3 유형거의 펌핑 4단계

단계	특징	구성 부품
펌핑 (아래로)	• 역방향 하강 진행 역방향으로 가속도 운동을 하면서 하강. 소가 반대 방향으로 봇줄을 당기기 때문에 반작용에 의해 뒤로 쉽게 밀림.	
정지	• 하드 정지 (hard stop) 물체가 한표에 닿아 정지함.	
펌핑 (위로)	• 순방향 하강 물체가 진행 방향으로 가속도 운동을 하면서 하강하여 보조 동력으로 작용함.	
정지	• 소프트 정지 (soft stop) 물체가 견인줄에 걸려 정지함.	

유형거의 손잡이를 상하로 흔드는 조작을 핸드카(railway hand car)의 펌프질과 유사하다고 생각할 수 있다. 철도 레일을 보수할 때 재료나 작업원을 운반하기 위해 사용하는 핸드카는 주동력을 생성하기 위해 그림 V-14처럼 펌핑을 사용한다. 그러나 유형거의 수레 손잡이를 상하로 흔드는 펌핑은 핸드카의 펌핑과는 차이가 있다.

그림 V-14 핸드카의 동력 생성 펌핑

유형거의 펌핑은 그네를 탈 때 다리를 구부렸다 폈다 하는 동작을 통해 그네의 진동을 증폭시키는 펌핑과 유사하다. 그네의 펌핑은 공기와의 마찰로 점점 진폭이 감소하면서 힘을 잃어 가는 그네에 추가적인 외력을 가해 진폭을 증가시키는 것으로, 동역학 원리를 모르는 어린이들도 직관적으로 하고 있는 동작이다.

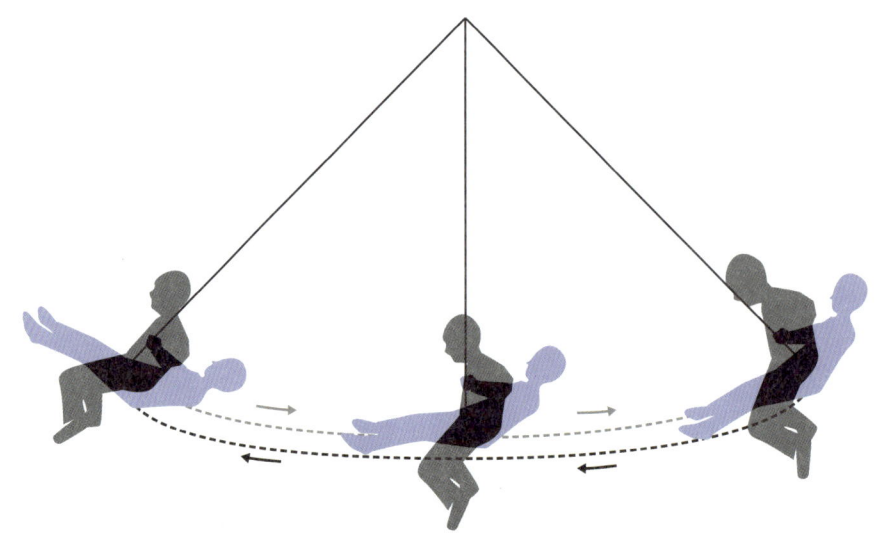

그림 V-15 그네의 진폭을 증가시키는 펌핑

　빗면에서 미끄러지는 돌의 힘을 보조 동력으로 활용하는 유형거의 메커니즘과 유사한 방식으로 레오나르도 다빈치는 빗면에서 구르는 구슬의 가속도 운동을 주동력으로 사용하는 자가 회전 바퀴를 구상하였다.

　다빈치가 구상한 자가 회전 바퀴는, 바퀴가 회전하기 시작하면 기울어져 있는 경사면을 따라 공이 굴러가 바큇살을 돌아가게 하고 그 회전력은 다시 공을 굴려 보내는 운동으로 전환되어 끊임없이 회전하는 영구 기관이다. 나름대로 일리가 있는 이야기이지만 주변 공기의 마찰이나 저항, 공이 기계의 표면을 구를 때 생기는 열이나 소리 같은 것에 의해 손실되는 에너지 때문에 절대로 실현될 수 없는 아이디어다.

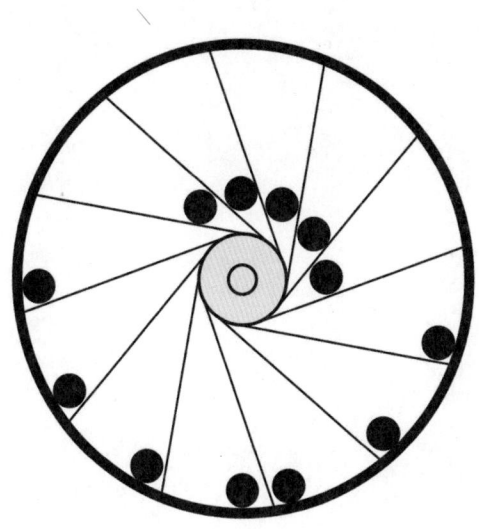

그림 V-16 다빈치의 자가 회전 바퀴

이것으로 볼 때 유형거는 단순한 수레라고 할 수 없다. 유형거는 짐을 싣는 지게차이자 충격을 흡수하는 서스펜션인 동시에 펌핑을 보조 추진력으로 활용하는 시스템을 갖춘 정약용의 발명품이었다.

※ 이 장은 『한국과학사학회지』 제39권 제1호(한국과학사학회, 2017)에 게재된 필자의 논문
「정조(正祖) 대 한강 배다리[舟橋]의 구조에 관한 연구」의 일부를 독자들이 이해하기 쉽게 수정한 것입니다.

6. 조선 공학자 정약용, 배다리를 설계하다

한강 배다리 건설 지침 『주교지남』
흘수와 건현을 측정하여 설계한 배다리 하부 구조
정약용의 부판 다리와 군산의 부잔교

한강 배다리 건설 지침
『주교지남』

관리로 등용된 후 정약용이 엔지니어로서의 능력을 가장 먼저 발휘한 분야는 토목 공학 분야 중 교량 공학 분야이다. 1795년에 한강에 가설된 배다리(舟橋)가 바로 정약용이 주도해 설계한 것으로 알려져 있기 때문이다. 1795년 한강 배다리 건설 프로젝트는 한강 다리에 건설된 배다리 중 가장 효율적으로, 가장 단기간에 건설한 프로젝트이다. 규모 또한 가장 컸으며 건설 과정도 현대의 토목 공사 과정과 일치할 정도로 체계적이었다.

1795년은 정조가 왕위에 오른 지 20년이 되는 해이자 어머니인 혜경궁 홍씨와 동갑인 아버지 사도 세자가 회갑을 맞는 의미 있는 해였다. 정조는

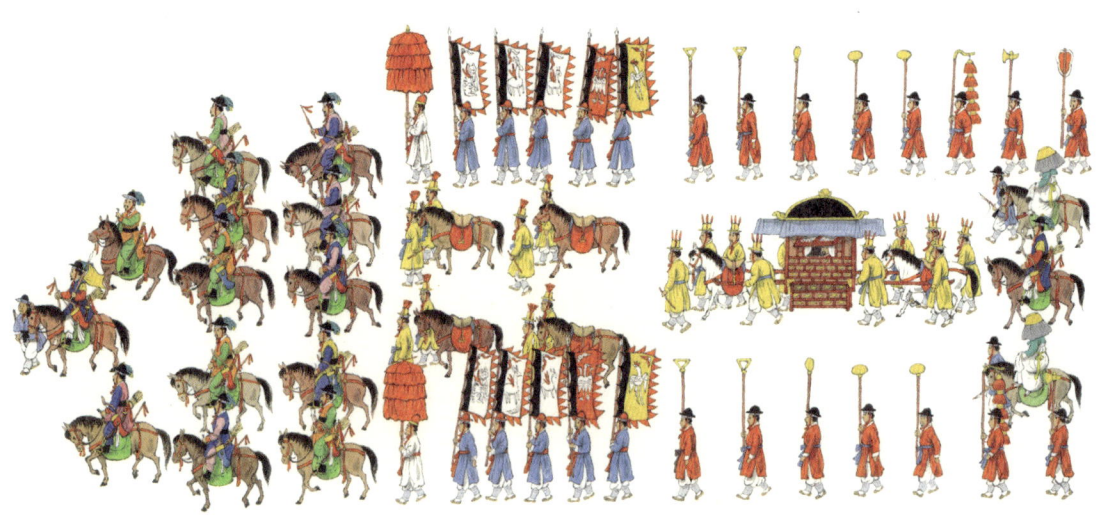

그림 VI-1 1795년(을묘년) 정조의 화성 원행

국왕의 권위를 드러내기 위해 성대한 행차와 더불어 친위 부대인 장용영의 군사 훈련과 어머니의 회갑 축제를 겸한 대국민 행사를 기획하였다. 이 행사는 화성 건설 비용의 약 1/8에 해당하는 10만 냥이 투입된 엄청난 규모의 축제였다. 1794년 12월부터 행사를 주관하는 기관인 정리소(整理所)†가 설치되어 축제 준비를 시작하였다. 이 행사는 많은 인원이 한양에서 수원 화성으로 이동하는 원행(園幸)으로 시작되었다. 정조의 화성 행차에서 가장 큰 문제는 대규모 인원이 동시에 한강을 건너는 일을 수행함과 동시에 배다리 건설로 인한 백성들의 피해가 없도록 하는 일이었다. 16세기 연산군 때처럼 생계 수단인 백성들의 배를 강제로 모아 배다리를 만들고 청계산을 왕래하며 사냥을 즐길 수는 없는 노릇이었다. 더 큰 문제는 크고 작은 배들로 촘촘하게 배다리를 만들 경우 한강 수로를 막게 되어 한강을 중심으로 전국 각지의 물품이 유통되는 수운이 두절되는 것이었다. 이와 같은 문제들 때문에 정조는 개인의 배보다는 대형 조운선†을 동원하도록 지시하였으며, 능행 시기도 날씨가 좋은 봄이나 가을보다는 추위가 풀리지 않은 연초에 실시하였다. 이때가 바로 많은 조운선을 배다리를 만드는 데 동원해도 큰 문제가 없으며, 강가 백성들의 피해를 최소화할 수 있는 시기였기 때문이었다.

  1789년 배다리를 만들기 위해 주무 관청인 주교사(舟橋司)†가 설치되었으며 1,800여 명이 동시에 한강을 건널 수 있는 역사상 가장 큰 규모의 배다리 건설 프로젝트가 시작되었다. 주교사는 노량진 나루터를 최적의 입지로 선정하여 최초의 설계 보고서인 「주교절목(舟橋節目)」†을 조정에 제출하였다. 「주교절목」에는 도면이 없기 때문에 설계 단계로 보기 어려운 측면이 있다. 하지만 도면을 묘사하는 내용을 통해 충분히 도면을 추론할 수 있고, 공사를 마친 뒤의 모습을 묘사한 「주교도(舟橋圖)」와 같은 그림을 의궤에 남긴 것으로 볼 때 「주교절목」을 제출했을 당시에도 도면이 포함되었을 것으로 추정된다. 주교사에서 제출한 「주교절목」 21개 항목은 정조와 조정 대신들에 의해 대부분 기각되었다.† 노량진 나루터의 지형과 조류 분석이 잘못되었다는 비판, 길이와 자재는 재어 보기 전에는 알 수 없다는 지적, 배마다 큰 고리를 장착하여 배들을 줄로 묶는 핵심 공법 자체를 부정한 점 등 「주교절목」의 거의

† 정리소(整理所)
정리소는 1795년 7박 8일간의 화성 행차를 준비하기 위해 1794년 12월에 장용영에 설치한 임시 관청이다. 화성 행궁이 완성된 1796년 이후에는 외정리소(外整理所)로 바뀌어 화성 행궁의 행사를 담당하는 관청이 되었다.

† 조운선(漕運船)
물건을 실어 나르는 데 쓰는 큰 배. 조선 후기의 것으로 추정되는 규장각 도서 『각선도본(各船圖本)』에 수록되어 있다. 국립 해양 문화재 연구소에서 조운선을 복원하여 경하 중량(순수 선박 중량)을 측정한 결과 41톤이었다.

† 주교사(舟橋司)
조선 후기 임금이 거동할 때 한강에 배다리를 놓는 일을 담당하는 관청이다. 정조 13년(1789)에 설치되었으며 고종 19년(1882)에 폐지되었다.

† [부록08] 「주교절목」과 논변 국역본 참조.

† 기각 10건, 보류 5건, 수정 5건, 재조사 1건.

† 거더교(girder bridge)
가장 일반적인 다리 형식으로 교각 사이에 걸쳐 놓은 보가 하중을 교각으로 분산시키는 구조이다.

모든 항목은 배다리를 가설하는 공법으로 적합하지 못하다는 냉정한 평가를 받았다.

초계문신으로 정조 가까이 있었던 정약용은 공법에 대해 고민하고 있던

표 VI-1 「주교절목」의 설계 감리 및 설계 경제성 검토 결과

항목	내용	감리 및 경제성 검토	결과
1	배다리 위치와 환경 분석	노량진 나루터의 지형과 수심 분석이 잘못되었음.	재조사
2	배를 구하는 법	건설 방법이 구체적으로 결정되어야 결정할 수 있는 일임.	보류
3	배를 구하는 것과 관련된 규제		보류
4	조운선 활용법		보류
5	개인 소유 배 활용법	특정 집단의 독점 이익이 예상됨.	기각
6	지방의 배 활용법	특정 집단의 피해가 예상됨.	기각
7	배 운용 체계	합리적으로 원안 대폭 수정.	수정
8	배다리 보관 창고 계획	지금 논의할 단계가 아님.	보류
9	비용 조달 방법	불필요한 지출이 많음.	기각
10	배다리 공법	크고 둥근 고리로 각 배의 상하 좌우를 연결하여 묶는 방법은 적합하지 않음.	기각
11	바닥 판 필요량 및 조달 방법		기각
12	배다리 보관 창고 계획	불필요한 지출이 많음.	기각
13	선창다리 자재의 필요량		기각
14	연결용 생 칡 구입 방법	할당하지 말고 일괄 구입.	수정
15	선창머리의 다리용 싸리바자	송판으로 대체하니 불필요.	기각
16	크고 둥근 고리와 각종 철물	둥근 고리 불필요.	기각
17	빈 가마니 조달 방법	할당하지 말고 일괄 구입.	수정
18	기타 목재 조달 방법	난간용 나무의 종류 변경.	수정
19	잔디 조달 방법	낭비가 심함.	기각
20	시공 책임자 선정	일부 직책은 불필요함.	수정
21	배다리 인력 배치	자질구레한 일이니 나중에 결정.	보류

정조에게 오늘날 거더교(girder bridge)†에 해당하는 혁신적인 공법을 제시하였다.† 1790년 7월 1일 정조는 정약용의 설계를 토대로「주교절목」21개 조항을 15개 항목으로 대폭 수정한 『주교지남(舟橋指南)』을 발표하였다. 『주교지남』 15개 항목을 정리하면 다음과 같다.†

표 VI-2 『주교지남』의 내용

항목	분야	내용
1	지형 분석 (건설 계획)	배다리를 놓을 위치(노량진 나루터)
2		강물의 넓이(다리 길이)
3	하부 구조 설계 (조선 공학)	배의 선택(평저선)
4		배의 수효(60척)
5		배의 높이(예비 부력의 측정)
6	상부 구조 설계 (교량 공학)	종량(縱梁): 보(거더) 설치 공법
7		횡판(橫板): 바닥 판 설치 공법
8	상판 안전시설 설계	잔디 깔기(충격 흡수)
9		난간(안전시설)
10	하부 구조 설계	닻을 내리는 일
11	건설 행정	자재의 보관(일련번호 부여)
12		배를 운용하는 관리 감독 체계
13		상벌(안전 규칙과 처벌)
14		배를 소집하는 방법
15	상부 구조 설계 (교량 공학)	선창다리: 부판(浮板) 다리

『주교지남』을 현대적 관점에서 해석하면 국가가 건설하는 교량의 시방서†를 대통령이 직접 발표한 셈이다. 이를 통해 우리는 정조가 얼마나 배다리 건설에 신경을 썼는지 알 수 있다. 『주교지남』에서는 배다리 공법과 선창(부두)과 주교를 연결하는 선창다리의 연결 공법 등이「주교절목」과는 비교할 수 없을 정도로 자세하게 보완되었다.† 『주교지남』을 발표하기 전에 정약용의 아

† [부록01] 정약용의 자찬묘지명 중 공학 관련 내용 참조.
上曰己酉冬舟橋之役鏞陳其規制事功以成(주상이 이르기를, "기유년 배다리를 만드는 공사에 정약용이 규제를 진달하여 공사가 이루어졌으니")

† [부록09]『주교지남』 국역본 참조.

† 시방서(示方書)
공사와 작업의 순서를 적은 설명서.

† [부록09]『주교지남』 국역본 제15항, 『정조실록』 권 30, 1790년 7월 1일자 첫 번째 기사 참조.
先編長大厚板數十張以長椓隱簪以聯之次以大木外帶上下以合之次以長板環舷各二層以圍之襦衲以補罅隙使水不得漏一如船制次使其頭直接舟橋之底而浮于水面其尾直過潮痕之界而着于岸上名之曰浮板次於浮板上如法作橋其高廣以舟橋爲準使舟橋槍橋兩頭密接作爲平面以連其路則能隨水高下與舟無間矣
(먼저 길고 두꺼운 판자 수십 장을 엮되 긴 빗장과 은못으로 연결하고, 다음은 큰 나무를 둘러 아래위로 맞댄 다음, 긴 판자로 뱃전을 각각 2층으로 둘러막은 다음에, 헌솜으로 틈을 막아 물이 새어 들지 못하게 한다. 이는 꼭 배를 만드는 작업과 유사하다. 그 후에는 그 머리를 배다리 밑에 닿게 하여 수면에 뜨게 하고, 그 꼬리는 곧바로 밀물의 흔적이 있는 경계를 지나서 언덕 위에 붙여 놓는다. 이 구조물의 이름을 '부판'이라 하고, 다음은 부판 위에 규정대로 다리를 만들되 그 높이와 넓이는 배다리로 기준을 삼아 배다리와 선창다리의 두 머리가 꼭 맞게 하여 평면으로 만들어서 그 길을 연결해 놓으면 물을 따라 높아졌다 낮아졌다 하여 배와 다름이 없을 것이다.)

이디어가 정조에게 전해졌으므로『주교지남』자체를 정약용의 배다리 설계 초안으로 보는 것이 타당하다. 이는 마치 정약용의「성설」을 정조가 동일한 내용으로「어제성화주략」으로 발표한 것과 같다.

주교사는『주교지남』을 토대로 1793년에 최종 완성된 시방서인「주교사개정절목(舟橋司改定節目)」36개 조항을 완성하였고, 교각으로 쓸 배와 건설 자재를 철저하게 준비하였다. 1793년 1월 11일, 주교사에서 왕에게 최종 보고한「주교사개정절목」은 배다리 공법, 자재 준비, 운영 방법 등을 36개 항목으로 종합한 것으로 배의 개수와 선창다리 공법을 제외하고 대부분이『주교지남』과 일치한다. 1795년 원행을 앞두고 이루어진 배다리 공사는 2월 13일에 시작하여 2월 24일에 끝내, 12일 만에 공사를 마쳤다. 을묘원행 직전인 1795년 윤2월 4일에는 배다리를 시험하는 주교도섭습의(舟橋渡涉習儀)가 있었다. 이는 많은 인원이 동시에 건널 때 배다리가 그 하중과 진동을 견디어 낼 수 있는지를 점검하는 중요한 안전 점검으로 오늘날 준공 검사†에 해당한다.

화성 원행을 무사히 마치고 난 뒤 간행한『원행을묘정리의궤』†의「주교도」는 배다리의 전체 구조를 간략하게 묘사하였으나 교배선(橋俳船)을 엇갈려 배치하지 않고 일렬로 표현하는 오점†을 남겼다. 정리소에서는 의궤와는 별도로

† 준공 검사(竣工檢査)
완성된 건축물의 품질이 설계도와 시방서에서 정한 대로 제대로 지켜졌는지를 평가하는 것이다.

†『원행을묘정리의궤(園幸乙卯整理儀軌)』
1795년 윤2월 9일부터 16일까지 수원 화성으로 행차하여 펼친 혜경궁 홍씨(정조의 어머니이자 사도 세자의 부인)의 회갑연 행사를 기록한 의궤이다.

† 엔지니어가 아닌 화공이 멀리서 배다리를 관찰한 후 그린 것이기 때문에 오류가 생길 수 있다. 주교사 소속 엔지니어가 그림 초안을 꼼꼼하게 검토하지 않은 것은 아쉬운 일이다.

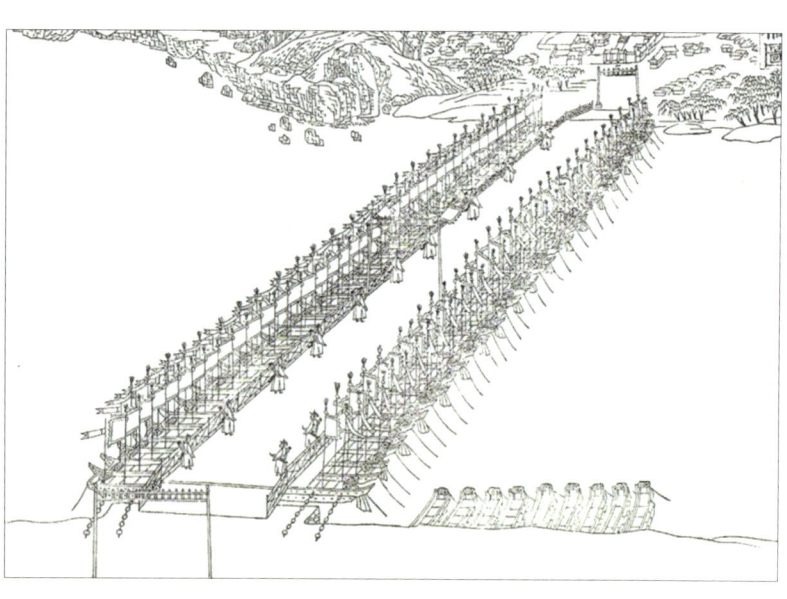

그림 VI-2『원행을묘정리의궤』권수「주교도」

정조의 화성 행차 모습을 8폭의 병풍에 담아 「화성능행도병」을 제작하였는데, 그중 제8폭 그림인 「한강주교환어도(漢江舟橋還御圖)」는 교배선 36척을 엇갈려서 배치한다는 정약용의 공법을 충실하게 잘 표현하였다.

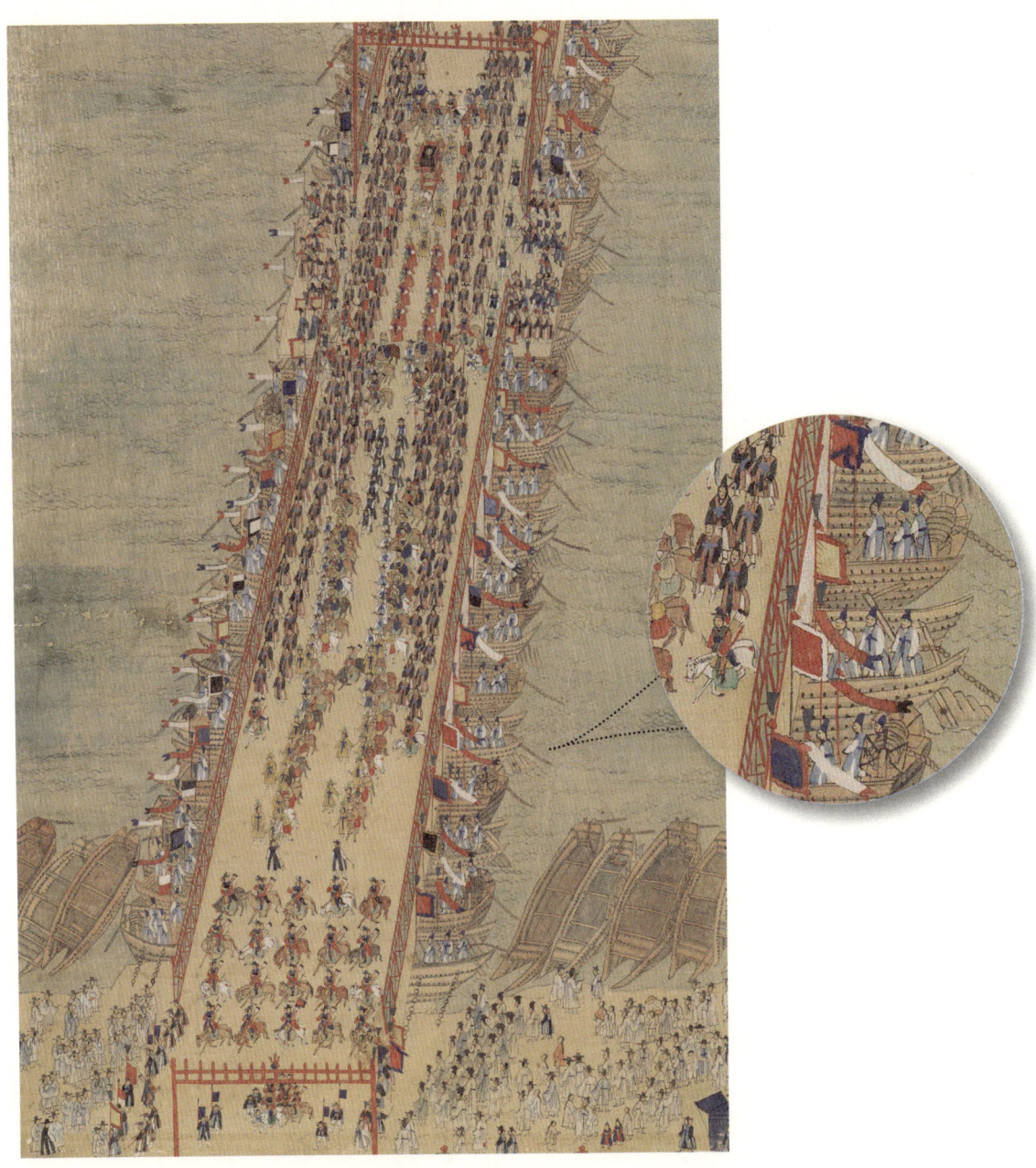

그림 VI-3 「화성능행도병」 8폭 중 「한강주교환어도」

흘수와 건현을 측정하여 설계한 배다리 하부 구조

주교사는 『주교지남』을 토대로 노량진 나루터의 정확한 강폭을 측정하였는데 배다리를 놓아야 하는 강폭의 길이는 190발(把)이었다. 양팔을 벌린 길이가 1발이니, 오늘날 사용하는 미터 단위로 환산하면 강폭의 전체 길이는 대략 340미터 정도였다. 처음에 정약용은 배의 개수를 60척으로 추정했지만, 교배선으로 사용된 배들이 비교적 규모가 큰 조운선이었으므로 모두 36척으로 다리를 완성할 수 있었다. 『각선도본』[†]을 토대로 복원한 국립해양문화재연구소의 조운선 도면을 참조하면 36척으로 이어 만든 340미터 길이의 배다리를 합리적으로 추론할 수 있다.

† 『각선도본(各船圖本)』
조선 후기 전선(戰船), 병선(兵船), 조선(漕船)을 채색한 그림 6장을 모은 도본이다. 상장(上粧)이 있는 전선(戰船) 그림 1장, 상장을 제거한 전선 그림 2장, 병선 그림 1장, 남부 지방의 조선(漕船) 그림 1장, 북부 지방의 조선 그림 1장으로 구성되어 있다.

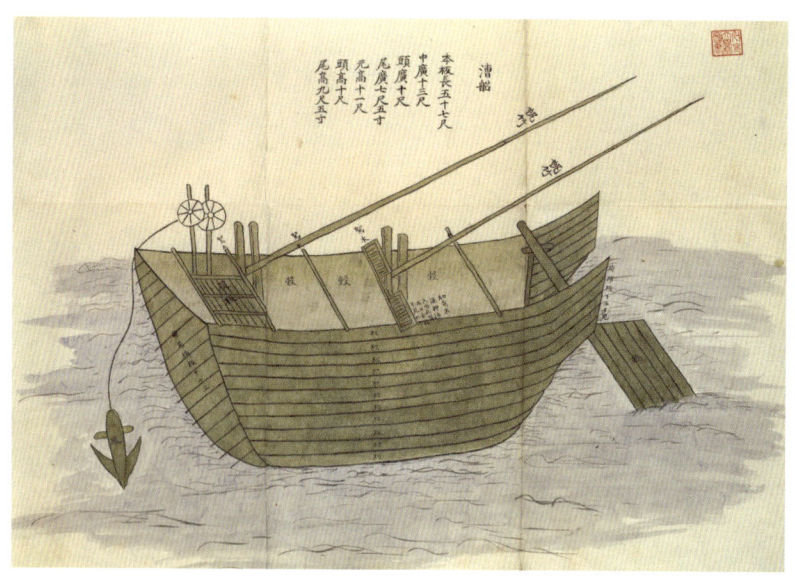

그림 VI-4 『각선도본』에 수록된 조운선

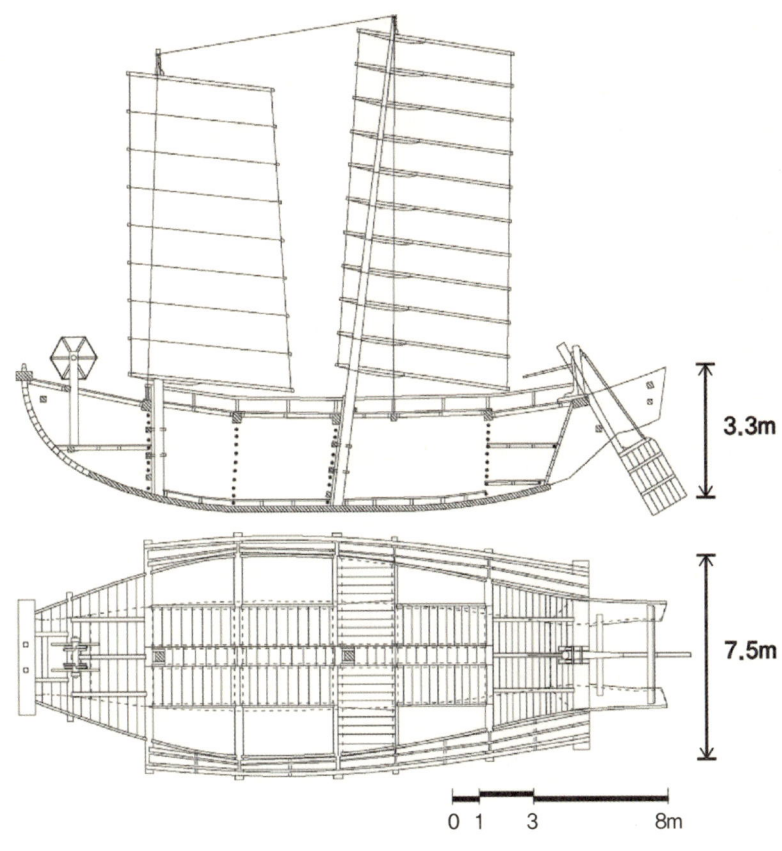

그림 VI-5 조운선의 복원 도면

하부 구조가 상부 구조의 무게를 잘 버티려면 무게를 잘 분산해야 하는데 이를 위해서는 구조물이 대칭형이어야 한다. 교배선 36척 중에서 몸체가 가장 크고 뱃전이 가장 높은 배(예비 부력이 가장 큰 배)를 골라 강 한복판에 정박시켜서 기준으로 삼고, 그 배를 시작으로 크기 순서대로 선창까지 나열하면 결국 아치교(arch bridge)† 모양이 된다.

† [부록10] 「주교사개정절목」 국역본 참조
「주교절목」 원문에는 '궁륭교(穹隆橋)' 형태라고 표현하였으며, 이는 현대 교각의 아치 구조와 동일하다.

그림 VI-6 교배선 36척의 배열

6장 _ 조선 공학자 정약용, 배다리를 설계하다

교배선으로 징집된 조운선들은 대략 높이가 3.3미터, 너비가 7.5미터, 길이가 24미터 정도로 큰 크기였다. 모든 교배선의 너비를 합치면 대략 270미터이다. 강폭의 길이 340미터에서 270미터를 뺀 나머지 70미터를 배와 배 사이 공간 35개와 배와 선창다리 사이 2개 공간을 합친 37개 공간으로 분배하면, 배와 배 사이의 공간은 대략 1.9미터 정도로 추론할 수 있다. 따라서 최종적으로 완성된 배다리는 상부 구조의 80퍼센트 정도가 교배선 갑판 위에 올라가 있는 매우 안정적인 구조를 취하게 된다.

정약용은 교량의 하부 구조를 설계할 때 밑바닥이 평평한 평저선(平底船)의 특성을 이용하고, 예비 부력을 체계적으로 측정하여 활용하였다. 『주교지남』 제3항에서는 배 밑바닥이 좁은 소금 배는 첨저선(尖底船)이기 때문에 쓸모가 없다†고 밝히고 있으며, 제5항에서는 배의 높이(depth of hull)를 흘수(draft)와 건현(freeboard)으로 구분하여 배의 부력을 평가하고 추정하는 과정을 상세히 설명하고 있다.

† [부록09] 『주교지남』 국역본 제3항, 『정조실록』 권 30, 1790년 7월 1일자 첫 번째 기사 참조. 今議將以牙山漕船及訓局船數十隻用之江心兩邊則以鹽船充用蓋鹽船舷薄而底窄不堪用(지금의 의견에 의하면 앞으로 아산(牙山)의 조세 운반선과 훈련도감의 배 수십 척을 가져다가 강복판에 쓰고 양쪽 가장자리에는 소금 배로 충당해 쓰겠다고 하나, 소금 배는 뱃전이 얕고 밑바닥이 좁아서 쓸모가 없다.)

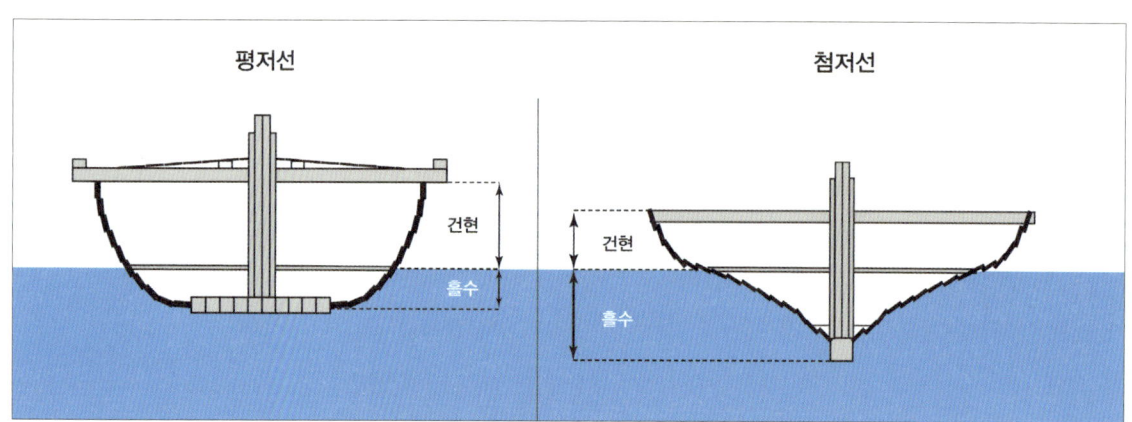

그림 VI-7 평저선과 첨저선의 흘수와 건현

빈 배 상태에서 같은 크기의 평저선은 첨저선에 비해 흘수가 작기 때문에 부력이 작다. 하지만 건현이 크기 때문에 예비 부력은 매우 크다는 점에 주목해야 한다. 많은 사람들이 배다리를 건너 상부 구조의 하중이 증가하면 흘수가 점차 깊어지게 되는데, 이때 부력도 함께 증가하면서 새로운 평형 상태를 찾게 되는 것이다. 평저선은 흘수가 깊지 않고 배의 폭이 커서 방향 전환과 움직임이 자유롭기 때문에 배를 정렬하고 보를 연결하기에 편리하다.

배가 잠기는 깊이인 흘수는 부력과 중력이 평형을 이루는 지점으로 『주교지남』 제5항을 보면 물속에 들어간 높이를 재어 현재의 부력을 측정하였으며, 물 밖에 나온 높이인 건현을 수직선으로 재어 예비 부력을 계량화하였음을† 알 수 있다. 상부 구조에서 전해지는 활하중†(사람, 말, 가마)과 고정하중†(횡판+난간+잔디)을 버텨 내야 하는 배는 상당한 양의 예비 부력을 가지고 있어야 하기 때문에 예비 부력을 측정하는 일은 그만큼 중요하다.

『주교지남』 제5항 예비 부력의 측정

배의 높이를 재는 방법은 두 가지가 있다. 그 하나는 물속에 들어간 높이이고 하나는 물 밖에 나온 높이이니, 이것을 만약 정밀하게 하지 않으면 어긋나기 쉽다. 물 밖에 나온 높이는 수직선으로 재야 하고 물속에 들어간 높이는 곡척으로 재야 하며, 완전한가 완전하지 않은가에 대해서도 또한 충분히 살펴서 공정하게 기록해야 한다.

배의 예비 부력과 관련된 내용들은 주교사에서 제출한 「주교절목」에는 없었던 내용이다. 정조가 정약용에게 아이디어를 얻은 후 발표한 『주교지남』에 추가된 내용이므로 정약용은 조선 공학에도 상당한 수준의 능력을 갖추고 있었음을 알 수 있다.

† [부록09] 『주교지남』 국역본 제5항, 『정조실록』 권 30, 1790년 7월 1일자 첫 번째 기사 참조.
而第其尺量高低便有兩段一爲入水之高一爲出水之高此若不精審則易致乖舛出水之高宜用垂線入水之高宜用曲尺其完不完亦須十分精審從公該錄

† 활하중(活荷重)
열차, 자동차, 군중 등이 구조물 위를 이동할 때에 구조물이 부담하는 하중.

† 고정 하중(固定荷重)
구조물 자체의 무게로서 구조물에 고정되어 항상 구조물에 작용하는 외부의 무게도 포함된다.

정약용의 부판 다리와 군산의 부잔교

노량진 나루터는 배다리를 놓을 최적의 장소임은 분명하지만 조수(潮水)의 영향을 받는 곳이어서 수위가 변한다는 문제가 있었다. 잦은 수위 변화는 결국 선창(船艙)을 무너뜨리게 되는데 정약용이 지은 한시 '배다리를 건너며(過舟橋)'[†]에도 이러한 근심이 반영되어 있다.

過舟橋	배다리를 건너며
丁若鏞	정약용
歲歲靑陽月　鑾輿幸華城	해마다 정월달이 오면
船從秋後集　橋向雪前成	임금 타신 가마 화성으로 향하네
鳥翼紅欄夾　魚鱗白板橫	가을이 저물면 배들을 모아
艙磯石不轉　千載識宸情	눈 내리기 전에 다리를 만들었네
	붉은 난간 새 날개처럼 양쪽에 서고
	흰 널판자 물고기 비늘처럼 가로로 깔렸네
	선창의 돌들아 구르지 말고
	천 년토록 임금의 마음을 알려 주려마

[†] 출처: 『다산시문집』 제2권 시(詩), 과주교(過舟橋)

[†] 선창다리=선창(船艙)=부두

[†] [부록09] 『주교지남』 국역본 제15항, 『정조실록』 권 30, 1790년 7월 1일자 첫 번째 기사 참조. 計不過拔出一船使槍橋之頭與舟橋之頭稍遠而鋪跨長板以連其路使陞降之勢不至太急而已豈不悚且窘哉 (대책으로는 하는 수 없이 배 1척을 뽑아내어 선창머리와 배다리의 머리 사이가 좀 떨어지게 한 다음 긴 판자를 깔아서 길을 연결하여 오르내리는데 지나치게 급하지 않게 하는 정도에 불과하다. 이 어찌 위태롭고 군색하지 않겠는가?)

배다리의 시작과 끝 지점을 설계하는 데 있어 해결해야 할 중요한 과제는 조위(潮位) 변화에 영향을 받지 않는 안정적인 선창다리[†] 공법을 개발하

그림 VI-8 쇠사슬로 연결한 선창과 항선   그림 VI-9 주교사에서 처음 제안한 선창과 항선을 판자로 연결하는 선창다리

는 것이다. 노량진에 설치할 배다리는 밀물일 때는 선창보다 배다리 상부 구조가 높아지게 되고, 썰물일 때는 배다리가 선창과 같거나 오히려 낮아지게 되기 때문이다. 부두에 해당하는 선창과 첫 번째 배인 항선은 쇠사슬 네 개로 묶어 연결한 다음, 선창과 항선 사이를 선창다리로 연결하는 방식을 취하게 되었다. 선창다리를 만드는 구체적인 공법은 세 가지 방식이 제안되었다. 1789년 주교사에서 제출한 「주교절목」에서 제일 먼저 제안한 방식은 그림 VI-9와 같이 선창과 배 사이를 판자로 걸쳐 놓는 간단한 방식이었다.†

선창의 높이가 자주 변화하는 상태에서 선창다리의 경사를 최소화하려면 선창과 항선 사이의 거리를 되도록 길게 유지해야 한다. 하지만 선창다리의 길이가 길어질수록 선창다리 역할을 하는 판자가 견디어야 하는 하중 또한 증가하므로 붕괴될 우려가 있다. 또한 이 방식은 선창과 배 사이를 걸쳐 놓은 판자를 결속하는 공법이 불분명하여 판자가 흔들거리며 이탈할 가능성이 크다.

정약용의 공법이 반영된 『주교지남』에서는 판자 방식 선창다리의 위험성을 경고하고, 부판 방식을 새로운 대안으로 제시하였다.† 부판은 오늘날 군부대에서 사용하는 부교(pontoon bridge)의 폰툰(pontoon)에 해당하는 것이다. 부판의 부력이 매우 약해 안전에 문제가 있을 것이라는 반대론자들의 우

† [부록09]『주교지남』국역본 제15항,『정조실록』권 30, 1790년 7월 1일자 첫 번째 기사 참조.
先編長大厚板數十張以長椽隱簪以聯之次以大木外帶上下以合之次以長板環舷各二層以圍之襦袱以補罅隙使水不得漏一如船制次使其頭直接舟橋之底而浮于水面其尾直過潮痕之界而着于岸上名之曰浮板次於浮板上如法作橋其高廣以舟橋爲準使舟橋槍橋兩頭密接作爲平面以連其路則能隨水高下與舟無間矣
(먼저 길고 두꺼운 판자 수십 장을 엮되 긴 빗장과 은잠으로 연결하고, 다음은 큰 나무를 둘러 아래위로 맞댄 다음, 긴 판자로 뱃전을 각각 2층으로 둘러막은 다음에, 헌솜으로 틈을 막아 물이 새어 들지 못하게 한다. 이는 꼭 배를 만드는 작업과 유사하다. 그 후에는 그 머리를 배다리 밑에 닿게 하여 수면에 뜨게 하고, 그 꼬리는 곧바로 밀물의 흔적이 있는 경계를 지나서 언덕 위에 붙여 놓는다. 이 구조물의 이름을 '부판'이라 하고, 부판 위에 규정대로 다리를 만들되, 그 높이와 넓이는 배다리로 기준을 삼아 배다리와 선창다리의 두 머리가 꼭 맞게 하여 평면으로 만들어 그 길을 연결해 놓는다면 물을 따라 높아졌다 낮아졌다 하여 배와 다름이 없을 것이다.)

려에 대해『주교지남』에서는 다음과 같이 부력의 원리를 설명하면서 반박하고 있다.

『주교지남』 제15항 부력의 원리†

어떤 사람은 말하기를 "배다리는 많은 배를 서로 연결하여 그 세력이 서로 버티기 때문에 발로 차고 밟아도 움직이지 않지만, 지금 이 부판은 단순하고 머리가 가벼운 만큼 큰 다리로 내리누르고 많은 말이 밟으면 떴다 잠겼다 하지 않을 수 있겠는가."라고 한다. 하지만 이것은 그렇지 않다. 대개 물에 뜨는 이치는 물체의 밑창이 클수록 물의 압력을 많이 받는다. 지금 부판은 수십 개의 큰 판자를 가로로 연결하여 물에 띄워 놓은 만큼 그 물의 힘을 받는 것은 몇만 근 정도가 아니다.

부판을 선창에 연결해 두기 위해서는 너무 과하지도 너무 약하지도 않은 힘으로 지속적으로 부판을 당겨 주어야 한다. 정약용은 중력을 활용하여 부판을 선창에 결속하는 방식으로 이 문제를 해결하였다. 이 방식은 부판의 머리에 매어 둔 굵은 밧줄에 돌을 담은 주머니를 매달아 선창에 세운 丫자 형태의 두 개의 기둥에 걸어서 부판을 선창다리 쪽으로 끌어당기게 하고, 반대쪽은 굵은 밧줄로 항선의 가룡목†에 동여매는 구조다.† 추에 해당하는 돌 주머니는 배다리의 상부 구조에서 전해지는 하중이 증가할 때는 부판이 물에 가라앉지 않을 정도로 무거워야 하지만, 그렇다고 너무 무거워서 썰물 때 수면이 내려감에 따라 부판이 함께 내려가지 못하는 경우가 발생해도 안 된다.

정약용의 부판 결속 방식은 일제 강점기 군산 내항에 설치한 부잔교(浮棧橋)에서 폰툰에 걸쳐 놓은 도교(渡橋)를 일정한 압력으로 눌러 주는 메커니즘과 동일하다. 군산 부잔교는 일명 '뜬다리 부두'로 일제가 호남평야의 미곡을 수탈하기 위하여 군산 내항에 설치한 시설이다. 일제는 화물 전용 철로를 해변까지 연결하고 대형 화물선에 선적할 수 있도록 부잔교 시설을 군산 내항 곳곳에 설치하였다. 군산 부잔교는 일제의 식민지 수탈과 관련하여 한

† [부록09]『주교지남』국역본 제15항,『정조실록』권 30, 1790년 7월 1일자 첫 번째 기사 참조.
或曰舟橋百舟相維勢力相撐故蹴踏而不動今此浮板勢單而頭輕以大橋壓之萬馬踏之能不乍沈而乍浮乎云爾而是則不然凡浮法其底愈大而水力愈撐今此浮板橫聯數十大板浮之水上則其倚水力也不啻萬勻

† 가룡목(駕龍木)
배의 좌우 외판을 연결하는 긴 나무. 배의 양쪽 외판에서 오는 힘을 견디는 가로 뼈대 역할을 함으로써 배가 좌우로 벌어지거나 비틀어지는 것을 막는 역할을 한다.

† [부록09]『주교지남』국역본 제15항,『정조실록』권 30, 1790년 7월 1일자 첫 번째 기사 참조.
先取丫頭大木二株削爲兩柱對竪樹于艙橋左右頭之地以大纜縛之舟橋船之駕龍木次以極大纜繫浮板之頭上掛于樹柱丫處次以纜端繫一大網囊次取許多石塊盛于囊中以作垂錘而錘之重須以勿放勿引爲度勿放者謂人馬踏艙而浮板不能沈入一分也勿引者謂浮板不能自擧一分也 (먼저 丫 형태의 큰 나무 두 그루를 베어다가 두 개의 기둥을 만들어 선창다리의 좌우 머리에 마주 세워 놓고 굵은 밧줄로 선창다리와 맞닿아 있는 첫 번째 배의 가룡목에 동여맨다. 다음은 아주 굵은 밧줄로 부판 머리를 매고 세워 놓은 기둥의 丫자 사이에 줄을 올려 걸고 밧줄 끝에 큰 주머니를 달아 많은 돌덩이를 주머니 속에 채워서 늘어뜨려 추로 만든다. 추의 무게는 반드시 늦춰지지도 않고 끌어당기지도 않게 하는 것을 한도로 한다. 늦추어지지 않게 한다는 것은 사람과 말이 선창을 밟아도 부판이 조금도 잠기지 않음을 말함이고, 끌어당기지 않는다는 것은 부판이 조금도 저절로 들리지 않음을 말한다.)

그림 VI-10 정약용의 부판을 이용한 선창다리

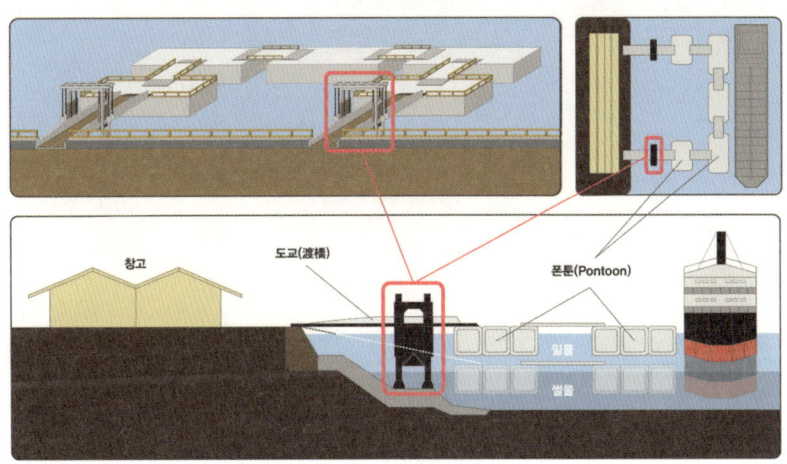

그림 VI-11 군산 내항의 부잔교 시스템

국지리와 한국사 과목에서 오랫동안 다루고 있는 내용이고, 정약용의 부판 선창다리의 원리가 적용된 곳이건만 구체적인 원리를 소개하는 내용은 거의 없었다. 그림 VI-11은 군산 내항 부잔교 시스템을 독자가 이해하기 쉽도록 정리한 것이다.

 군산 부잔교에서는 조수 간만의 차에 따라 상하로 이동하는 도교를 물

위에 떠 있는 콘크리트 폰툰 위에 적절한 압력으로 눌러 주기 위해 그림 VI-12와 같이 콘크리트 구조물을 활용하였다.

이 구조물은 도교에 걸어 둔 쇠사슬을 콘크리트 구조물 상단에서 방향을 전환한 후, 콘크리트 추를 달아 중력을 이용하여 도교를 당겨 올리도록 설계되었다. 이때 추의 무게는 정약용의 돌 주머니와 마찬가지로 폰툰을 가라앉게 하지 않을 정도로만 적당히 무거워야 한다. 너무 무거우면 썰물 때 수면이 내려가는데도 폰툰과 함께 도교가 내려가지 못하고 공중에 떠 있게 된다. 반대로 추가

그림 VI-12 현재까지 남아 있는 군산 내항 부잔교

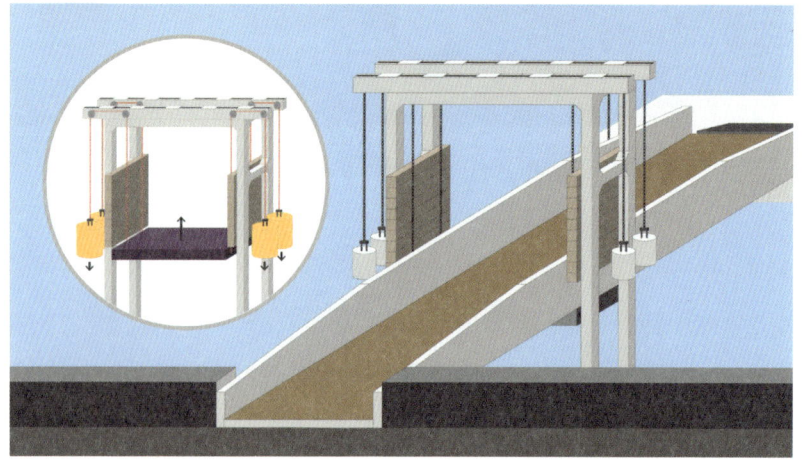

그림 VI-13 군산 내항 부잔교의 원리

너무 가벼우면 도교가 폰툰을 과하게 눌러서 폰툰이 물에 잠기게 된다.

선창다리를 만드는 세 번째 공법은 주교사에서 최종적으로 선택한 공법으로 요철 결합 방식†의 선창다리였다. 요철 결합 공법은 널다리의 바닥판을 받치는 종보(종량) 5개의 머리를 배의 종보 머리에 연결시켜, 요철(凹凸) 모양으로 깎아 서로 잇댄 후 철심을 박아 자유자재로 구부러지고 펴지도록 한 것이다. 요철 결합 방식은 조립과 설치가 간단하다는 장점은 있으나 요철 부위에 심한 하중이 전달되기 때문에 요철의 파손이 우려되며 한 번 사용한 선창다리는 다음 해에 재활용하기 힘들었을 것이다. 사실 정약용이 설계한 두 번째 부판 방식이 요철 결합 방식에 비해 더 안전한 방식이었다.『주교지남』에서는 부판을 모듈별로 분해 조립하여 보관하고 조립하는 전략까지 상세히 안내하였으나 비용과 효율성 문제를 고려하여 최종적으로 세 번째 요철 결합 방식으로 시공된 것으로 보인다.† 이처럼 한강 배다리는 시대를 앞서 부잔교 시스템을 구상한 엔지니어 정약용의 공학적 마인드와 부력의 원리를 정확하게 파악하고 문제를 해결한 조선(造船) 공학자로서의 지혜가 담긴 구조물이다.

† [부록10]「주교사개정절목」국역본 제11항,『정조실록』권 37, 1793년 1월 11일자 두 번째 기사 참조. 略倣弔橋之制造成板橋而縱排縱梁橫鋪廣板一如橋制以板橋縱梁之頭接於項船縱梁之頭 而削爲凹凸之形相接揷簪如三排目樣以爲圓轉屈伸之地(대략 조교의 제도를 본떠 널다리를 만들되, 세로로는 종보를 배치하고 가로로는 넓은 널빤지를 깔아 다리 모양처럼 똑같이 만든다. 그리고 널다리의 종보 머리를 항선의 종보 머리에 연접시키되, 요철(凹凸) 모양으로 깎아 서로 잇대서 비녀장 지르는 것을 마치 삼배목 궤도와 같이 하여 자유자재로 구부러지고 펴지도록 한다.)

† [부록09]『주교지남』국역본 제15항,『정조실록』권 30, 1790년 7월 1일자 첫 번째 기사 참조. 若其浮板轉運之道就於板底量宜作六輪或八輪則不過五六人挈之可以登岸矣又若以體大藏弄之不便爲難則分爲兩隻或三隻【如帳革帳分合】臨時更合何足謂之弊也(부판을 이동하는 방법은 부판의 밑에다 바퀴를 여섯 개나 여덟 개쯤 달면 5, 6인이 끌어도 언덕에 올릴 수 있을 것이다. 또 물체가 커서 보관하기가 불편한 것이 문제라면 그것을 두 척, 혹은 세 척으로 나누었다가【가죽 과녁을 나누었다 합쳤다 하는 것과 같이 한다】필요할 때 다시 합친다면 무엇이 문제이겠는가.)

그림 VI-14 최종 시공된 선창다리의 원리

※ 이 장은 『한국과학사학회지』 제39권 제1호(한국과학사학회, 2017)에 게재된 필자의 논문
「정조(正祖) 대 한강 배다리[舟橋]의 구조에 관한 연구」의 일부를 독자들이 이해하기 쉽게 수정한 것입니다.

7. 토목 공학자 정약용, 거더교를 설계하다

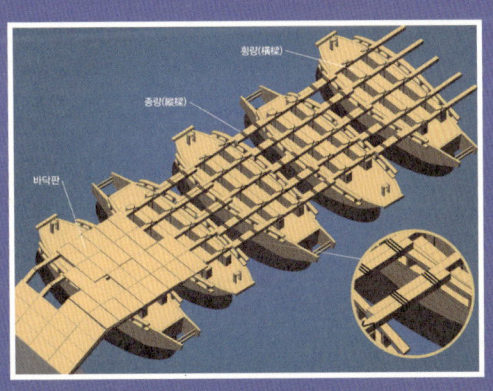

거더교로 설계한 배다리 상부 구조
어느 위치에서 어떻게 보를 결합했을까
맞춤보다 묶음이 더 효율적인 까닭은
엔지니어 정약용의 내진 설계 철학

거더교로 설계한 배다리 상부 구조

한강에 설치할 배다리의 상부 구조는 1,000명이 넘는 대규모 인원이 동시에 건널 수 있도록 하중을 분산시켜야 했으며, 하부 구조는 부력으로 하중을 지탱해야 함은 물론 흔들림을 최소화하거나 흔들림에 견딜 수 있도록 설계해야 했다. 배다리의 하부 구조인 교배선으로 사용했던 조운선은 크기가 커서 예비 부력이 크다는 장점이 있으나, 많은 세곡을 적재하기 위하여 선체의 높이를 높게 만들었기 때문에 무게 중심이 높아져 복원력은 좋지 못한 편이었다. 배다리의 상부 구조는 이를 보완할 수 있도록 설계할 필요가 있었다.

최초의 설계안인 「주교절목」에서는 배마다 고리를 장착해 줄로 묶는 공법이 제시되었다. 하지만 대규모 인원이 건널 경우 다리의 상판이 크게 출렁거릴 수 있다는 치명적인 단점 때문에 검토 과정에서 기각되었다.† 정약용은 현대 거더교(girder bridge)의 상부 구조와 같이 종량(縱梁)들이 상판을 떠받치는 안정적인 구조를 제안하였다. 종량은 현대 교량의 거더(girder, 보)에 해당한다. 정약용은 긴 장대를 사용하여 여러 배 위에 걸쳐 쓰는 기존의 방식을 지양하고, 종량들을 나누어 각각을 연결하는 모듈 방식을 선택하였다.

정약용이 설계한 배다리는 교량의 상부 구조에서 전달되는 하중을, 하부 구조인 교배선의 부력에 의지해 안전하게 분산시키는 구조를 취하고 있다. 교량의 하부 구조는 부력을 크게 하고 좌우로 흔들리는 것을 최소화하기 위해 배 밑이 평평한 대형 조운선을 앞뒤 방향을 엇갈려 배치한 다

† [부록08] 『주교절목』과 논변 국역본 제10항, 『정조실록』권 30, 1790년 7월 1일자 첫 번째 기사 참조. 大圓環朴排徒繁工役而反有悠揚之患矣尤萬萬不當(크고 둥근 고리를 다는 것은 한갓 공사만 번거롭고 도리어 흔들흔들 일렁이게 할 염려가 있으므로 더욱 부당하다.)

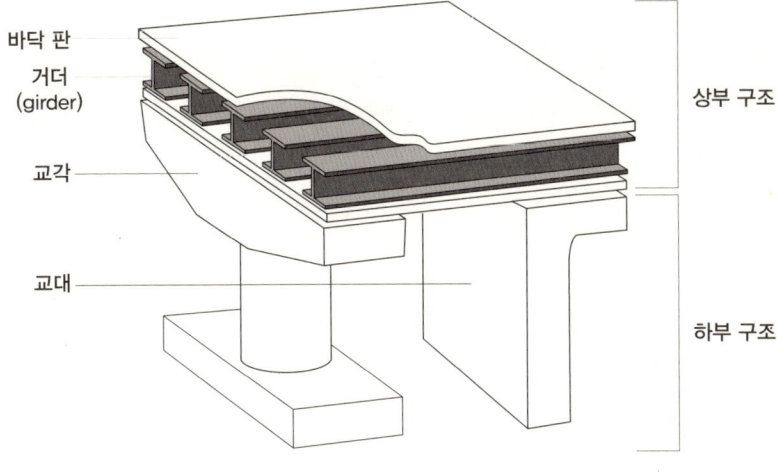

그림 VII-1 현대 거더교의 구조

음, 배의 골격이 되는 가룡목 위에 보를 올려놓도록 설계하여 하중을 가장 안정적으로 지탱할 수 있도록 하였다. 가룡목 위는 멍에에 해당하는 부분이다.

정약용이 배의 가룡목에 주목한 까닭은 가룡목이 없는 부위에 종량을 얹어 상부의 하중이 가해질 경우 교배선 난간에 무리를 주게 됨은 물론 다리의 안전성에도 영향을 끼치기 때문이다. 배를 앞뒤로 교차 배열하여 가룡목이 있는 부위가 개 이빨처럼 살짝 엇갈려 맞물리도록 한 까닭도 이 때문이다. 정약용은 멍에 위에 얹은 종량을 배 사이에서 서로 걸치게 한 후 칡 줄로 묶기 위해 종량의 길이를 배의 넓이인 5발에 비해 다소 긴 7발 정도로 가공하였다. 종량 5개는 배 갑판 위에 세로로 나란히 놓인 2개의 횡량(橫樑) 위에 고정되었고, 이 때문에 횡량은 모두 72주가 사용되었다.† 횡량은 조운선 갑판 위와 난간의 높이를 맞추기 위한 것으로 횡량과 종량 역시 칡 묶음 방식으로 처리하였다.

† [부록11]『만기요람』, 재용편 5, 주교 편 국역본 참조.
횡량 수 계산 근거: 교배선 갑판 위에 2개의 횡량×36척=72주의 횡량

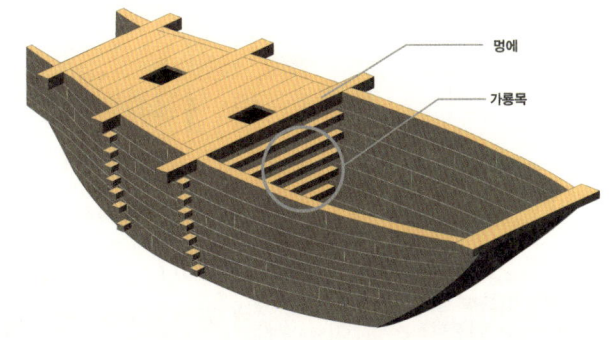

그림 VII-2 가룡목과 멍에의 위치

7장 _ 토목 공학자 정약용, 거더교를 설계하다

† [부록10] 「주교사개정절목」 국역본 제7항, 『정조실록』 권 37, 1793년 1월 11일자 최종 기사 참조.
編結之法船隻先向上流下碇而駕龍木勿令兩頭相接錯排互進直當彼此杉板有若犬牙相制毋得動退
(늘어세워 묶는 방법은, 배를 먼저 상류를 향해 닻을 내리게 하고 가룡목은 양쪽의 끝이 서로 닿지 않도록 어긋나게 배치하여 서로 끼어들게 해서 바로 이 배와 저 배의 뱃전 판자가 개 이빨처럼 서로 맞물려 틈새가 나지 않도록 한다.)

가룡목의 양쪽 끝이 서로 닿지 않도록 어긋나게 배치하는 까닭은 배의 가룡목 위에 종량(종보)을 연결하여 걸쳐 놓기 위해서다. 『주교지남』에서는 구체적으로 설명하지 않았으나, 뒤에 주교사에서 최종 보고한 「주교사개정절목」에서는 '개의 이빨'에 비유하여 이 배와 저 배의 뱃전 판자가 개 이빨처럼 서로 맞물려 틈새가 나지 않도록 해야 한다†고 강조하였다. 이를 도면으로 설명하면 다음과 같다.

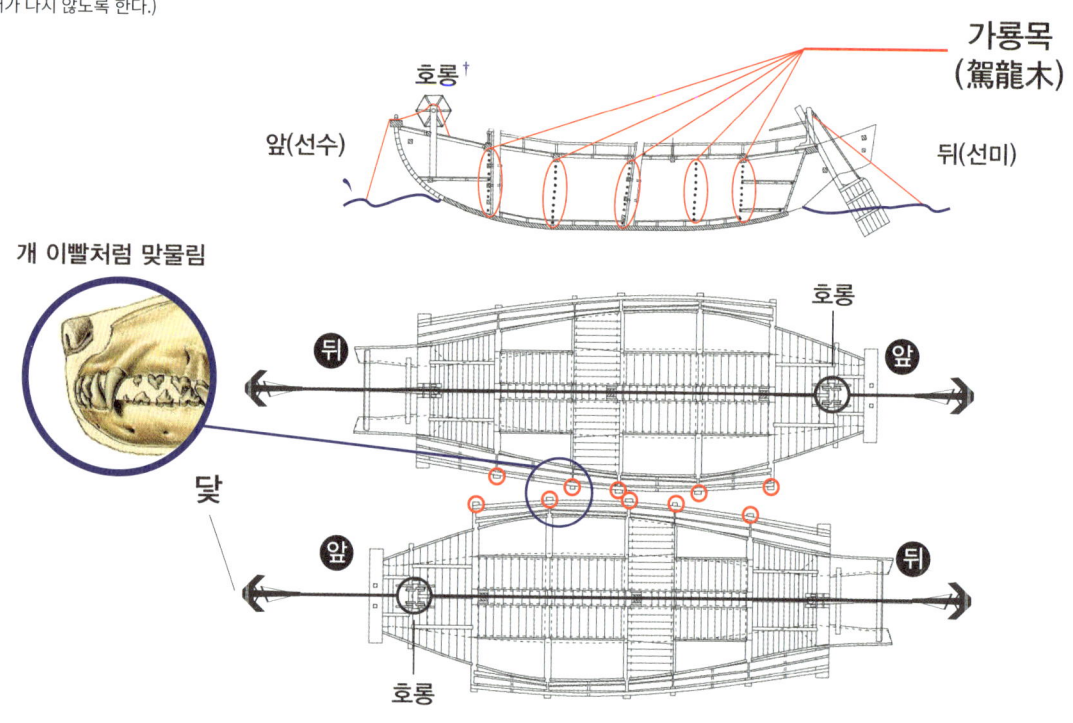

그림 VII-3 닻을 내린 후 배를 배열하는 방법

† 호롱
배의 닻을 감아 올리고 풀어 내리는 장치이다. 닻감개 또는 양묘기(揚錨機)라 불린다.

† 복공판(覆工板)
보 사이에 걸쳐 놓은 직사각형 금속판으로 임시 교량의 상판 구실을 한다. 토목 공사장에서 흔히 쓰는 단어임에도 아직 외래어로 등재되지 않았다.

상부 구조의 바닥 판은 현대 가설 교량의 복공판†에 해당하며 『주교지남』에서는 횡판(橫板)이라고 표현하였다. 배다리의 바닥 판은 난간과 더불어 하부 구조가 지탱하는 고정 하중에 해당하기 때문에 가볍고 튼튼한 소나무가 선택되었다. 『주교지남』에서는 가로 1척(약 30cm) 이상, 두께 3치(약 3cm) 정도로 크기를 제시하였으며, 큰 소나무 한 주당 횡판 4장이 나오는 것으로 산출하였다.

어느 위치에서
어떻게 보를 결합했을까

거더교는 보(종량)를 결합하는 위치와 방법에 따라 공법을 구분할 수 있다. 정약용이 설계한 배다리는 보를 어느 위치에서, 어떤 방법으로 결합했을까? 정약용의 생가인 여유당(與猶堂)에 복원했었던 배다리는 『주교지남』과 「주교절목」을 토대로 복원한 것이 아니라 지상에 약식으로 만든 것이다.† 여유당 배다리는 교배선으로 조운선이 아닌 소형 선박을 사용하였고 보와 보를 결합하는 위치와 방법 역시 명확하지 않았다. 현재 여유당의 배다리는 철거되었고, 대신 인근 세미원(洗美苑)에 수상 배다리인 열수주교†가 설치되어 있다. 열수주교는 많은 예산을 투입하여 실제 배를 강 위에 띄워 놓고 종량을 설치했다는 점에서는 여유당 배다리보다 개선되었지만, 적용된 공법이나 자재 측면에서 볼 때는 정확한 복원이라고 보기 어렵다. 열수주교는 배

그림 VII-4 정약용 생가인 여유당에 복원되었던 배다리

† **여유당 배다리**
지금은 철거된 여유당 배다리는 각목 위에 마루를 올려놓는 방식으로 전체가 하나의 구조물로 제작되었다.

† **열수주교(洌水舟橋)**
물과 꽃의 정원 세미원과 두물머리(양수리)를 연결하기 위해 2012년에 건설한 배다리의 명칭이다.

그림 VII-5 세미원 열수주교

그림 VII-6 세미원 열수주교의 연결 부위

와 배 사이를 쇠사슬로 연결하였으며, 연결 부위에 또 다른 상판을 덮어 보강하는 방식으로 제작되었다.

그렇다면 정약용의 설계에서 각 교배선들의 보와 보는 어느 위치에서 어떠한 방식으로 결합했을까? 보를 결합하는 방법으로는 목조 가구를 만들거나 건축물을 지을 때 과거부터 널리 사용했던 전통적인 짜 맞춤 기법과 못질을 하는 방법 그리고 물건을 묶는 데 흔히 사용하는 칡 묶음 방식이 있다.

먼저 가구를 만들 때 주로 사용하는 쇠못으로 결합하는 방법과 목재들을 서로 물리도록 깎아 결합하는 짜 맞춤 기법을 비교해 보자. 쇠못으로 결합하는 방법은 가장 쉽고 간단하지만 결합 부위가 오래가지 못하고 결국 삐거덕거리게 된다. 짜 맞춤 기법은 모양을 맞추는 정교한 작업 때문에 많은 시간이 필요하지만 한번 결합되면 분해가 어려울 정도로 아주 튼튼하게 맞물린다. 이 때문에 전통 가구와 건축물은 못으로 결합하는 방법보다는 짜 맞춤 기법을 주로 사용하였다.

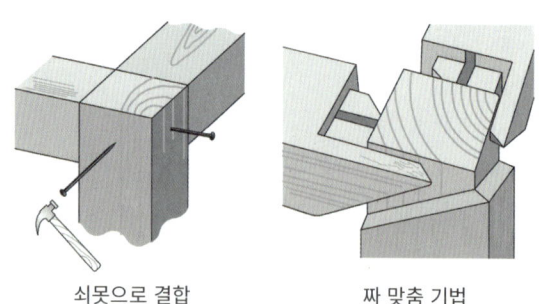

쇠못으로 결합   짜 맞춤 기법

그림 VII-7 목재와 목재의 결합 방식 비교

배다리의 경우에는 배다리를 지탱하는 보의 크기나 보가 견디어야 하는 하중 등을 고려했을 때 못을 박아 결합하는 방법은 무리가 있으니 결국 짜 맞춤 기법이나 칡 묶음 기법 둘 중 하나를 채택했을 것이다.

다음으로, 보와 보를 결합하는 위치는 배와 배 사이 또는 조운선 갑판 위 둘 중 하나로 가정할 수 있다. 여러 가지 기법을 동시에 혼용했을 가능성도 배제할 수 없으나, 국가 기관인 주교사가 보를 비롯한 배다리 구성 부품들을 창고에 관리하면서 해마다 조립과 분해를 반복한다는 점에서 그 가능성은 낮다.

보와 보를 결합하는 위치와 방법을 각각 두 가지 변수로 구분하여 조합하면 배다리 공법은 표 VII-1과 같이 네 가지로 요약할 수 있다. 정약용이 설계하고 실제 한강에 가설된 배다리는 네 가지 공법 중 하나였을 것이다.

표 VII-1 배다리 상부 구조 공법의 종류

공법	보의 결합 위치	보의 결합 방법
갑판 위 칡 묶음 공법	배 갑판 위	칡 묶음
갑판 위 짜 맞춤 공법		짜 맞춤
배 사이 칡 묶음 공법	배와 배 사이	칡 묶음
배 사이 짜 맞춤 공법		짜 맞춤

그렇다면 네 가지 배다리 공법 중에서 정약용이 설계한 공법은 어느 것이었을까? 물론 네 가지 공법으로 배다리 축소 모형을 제작한 후 다양한 실험을 통해 가장 타당한 공법을 규명하는 것도 의미 있는 연구가 될 것이다. 하지만 정약용의 배다리 복원은 현대의 공학적 지식을 동원하여 가장 이상적인 구조를 추론하는 것이 아니라, 정약용의 공법이 반영된『주교지남』과 실제 시공에 적용된「주교사개정절목」을 토대로 과거의 공법을 규명하는 것이 바람직하다.

다음에 나올 네 가지 공법 그림은 교육에 활용하기 위해 필자가 그린 도면들이다. 정약용이 사용했던 공법을 정확하게 복원하는 것뿐만 아니라 네 가지 공법의 장점과 단점을 분석하여 글로 쓰고 발표하는 활동은 고등학교 학생들의 과제 연구는 물론 공과 대학 학생들에게 공학적 사고를 익히게 하는 데 도움이 될 것이다.

① 갑판 위 칡 묶음 공법

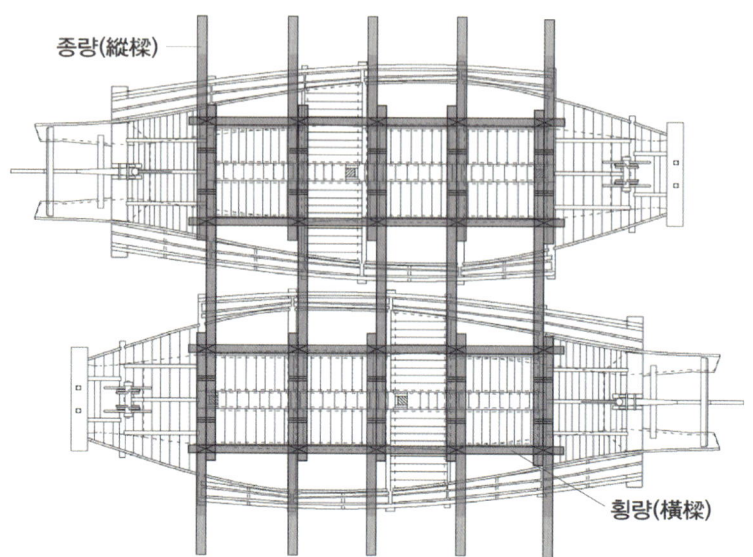

그림 VII-8 갑판 위 칡 묶음 공법의 평면도

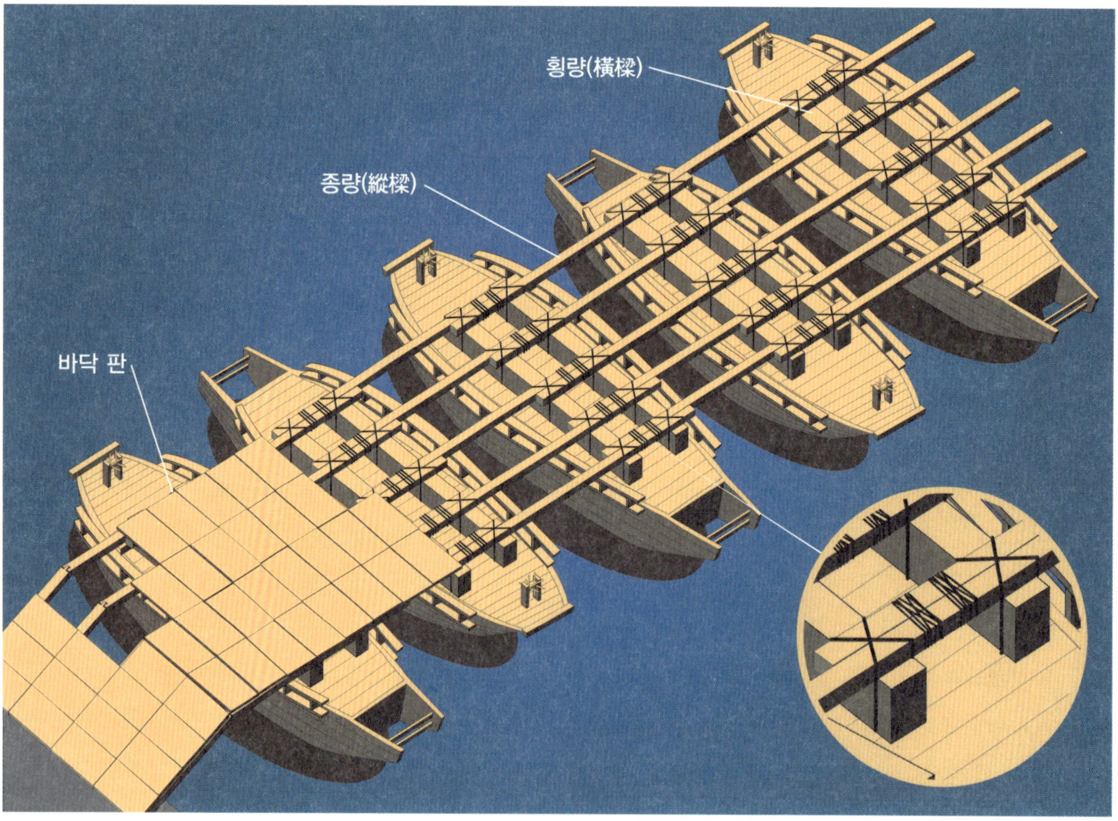

그림 VII-9 갑판 위 칡 묶음 공법으로 복원한 한강 배다리

② 갑판 위 짜 맞춤 공법

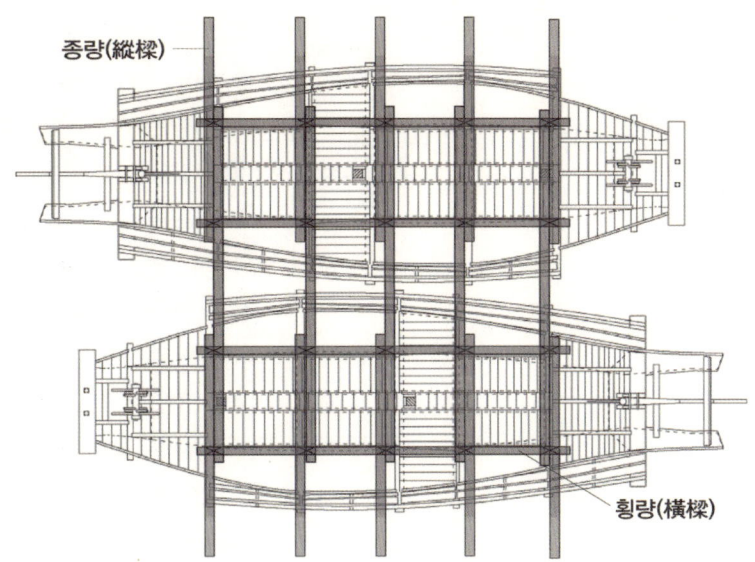

그림 VII-10 갑판 위 짜 맞춤 공법의 평면도

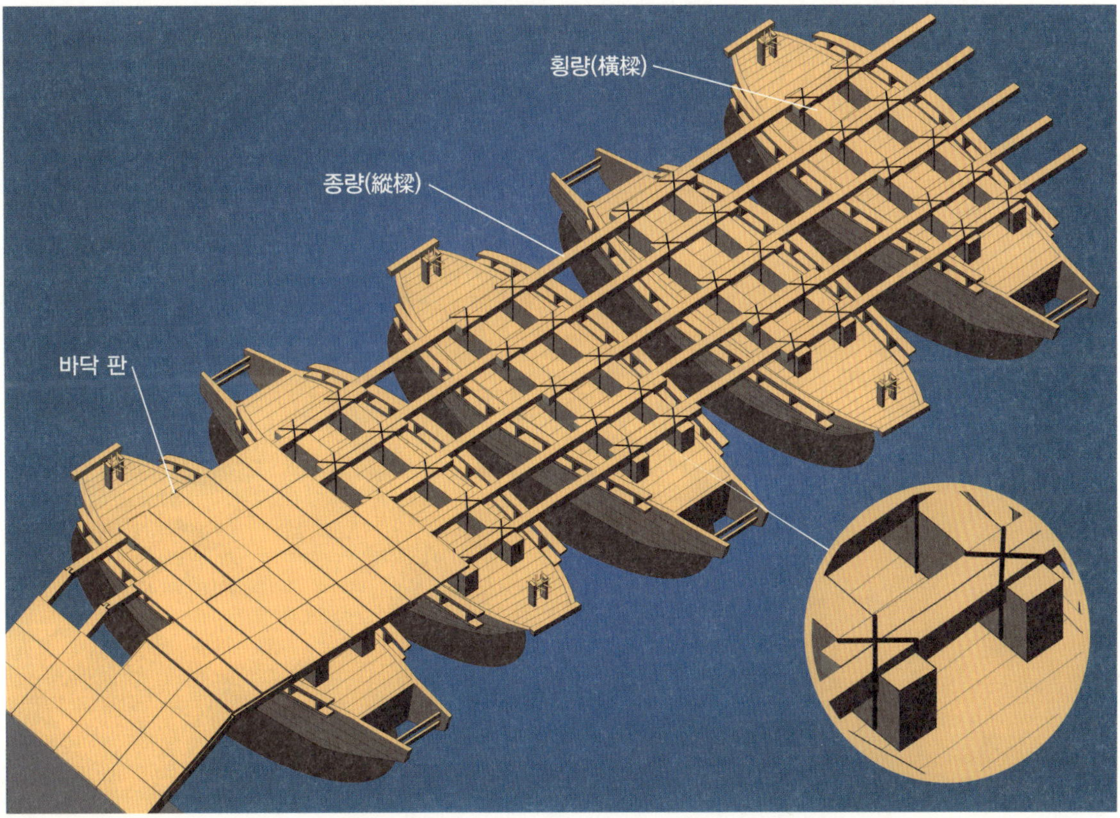

그림 VII-11 갑판 위 짜 맞춤 공법으로 복원한 한강 배다리

③ 배 사이 칡 묶음 공법

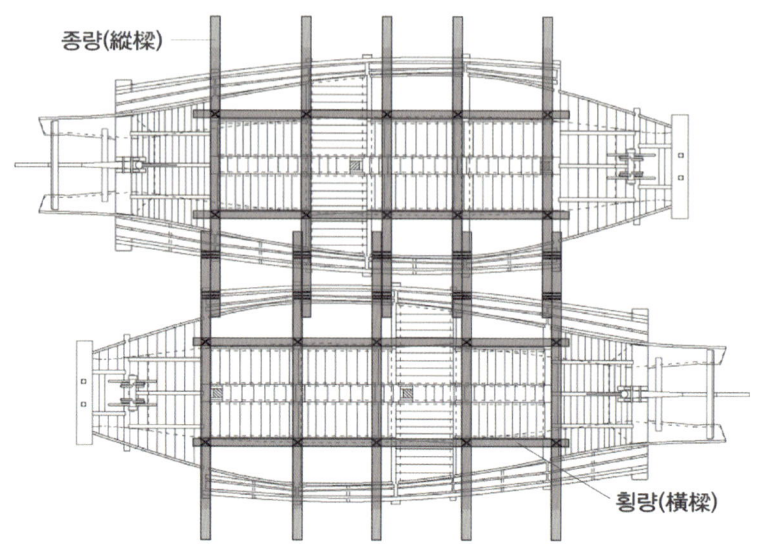

그림 Ⅶ-12 배 사이 칡 묶음 공법의 평면도

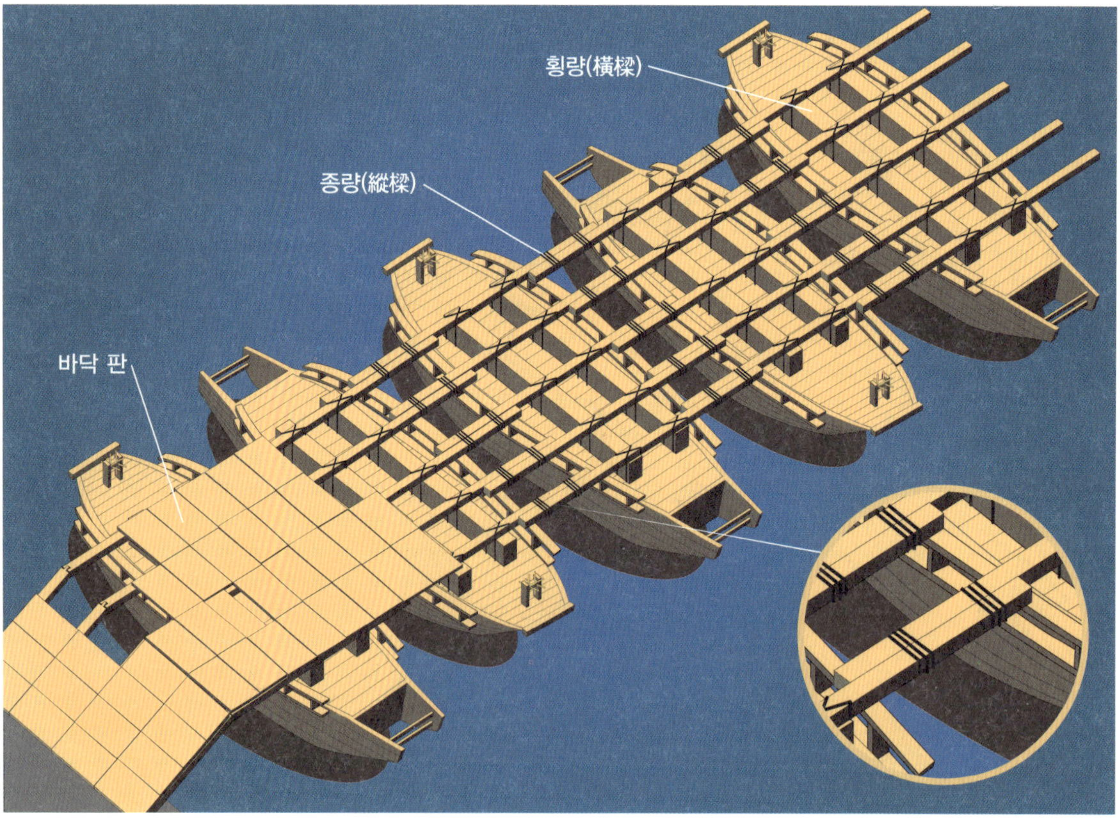

그림 Ⅶ-13 배 사이 칡 묶음 공법으로 복원한 한강 배다리

180　　엔지니어 정약용

④ 배 사이 짜 맞춤 공법

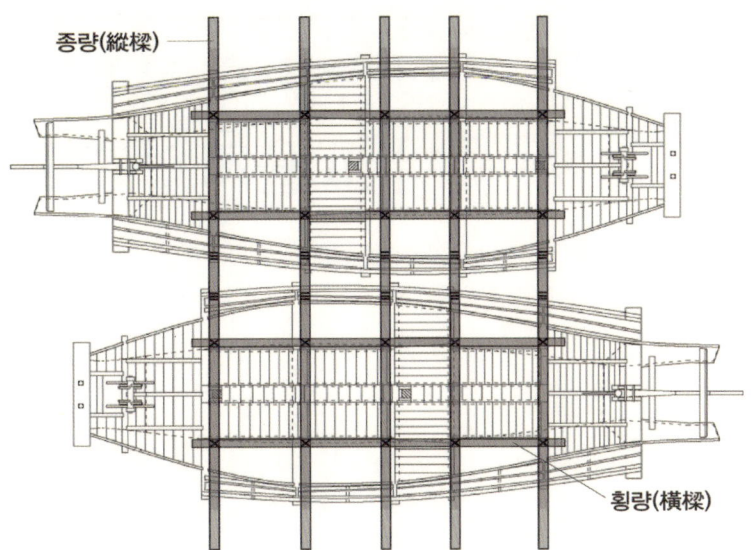

그림 VII-14 배 사이 짜 맞춤 공법의 평면도

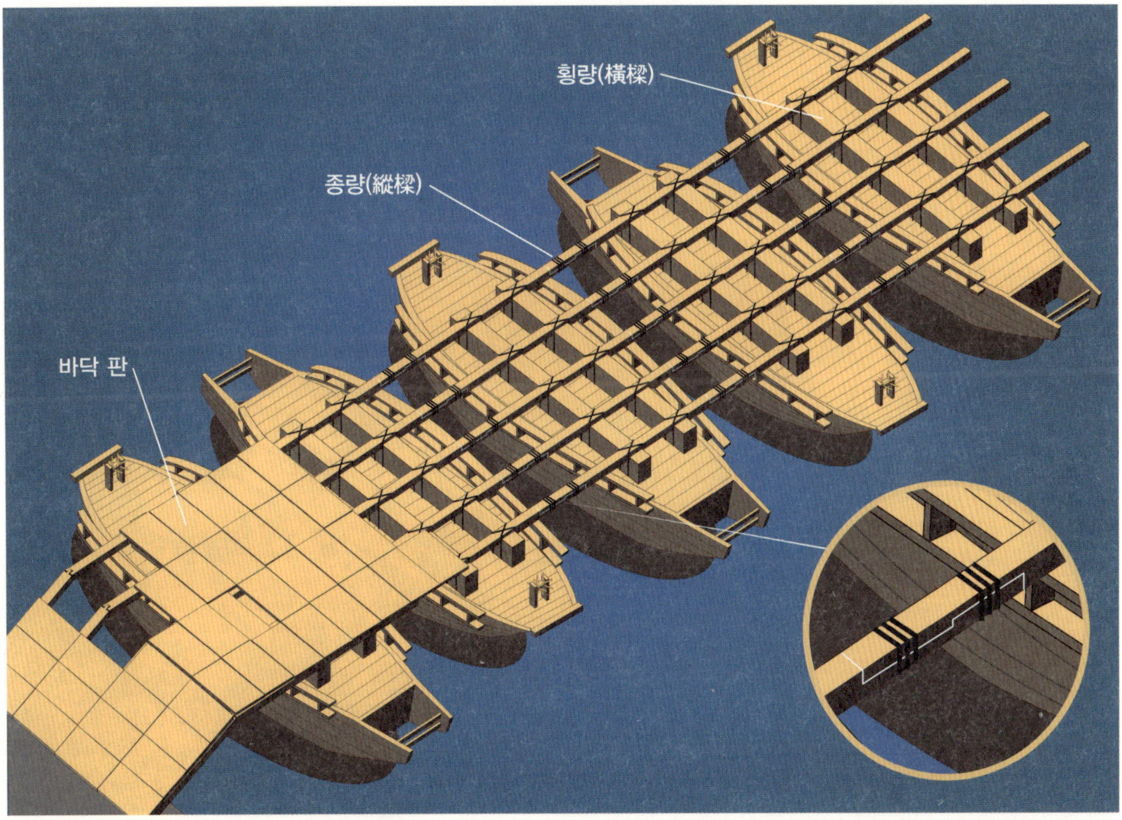

그림 VII-15 배 사이 짜 맞춤 공법으로 복원한 한강 배다리

맞춤보다 묶음이 더 효율적인 까닭은

상식적으로 보와 보를 튼튼하게 결합하기 위해서는 칡으로 묶는 것보다는 짜 맞춤 방식으로 결합해야 한다. 2013년 10월 10일 방영된 KBS 다큐멘터리 「의궤, 8일간의 축제」 역시 배다리 결합 방식을 갑판 위에 놓인 횡량에 종량을 짜 맞추는 기법으로 재현하였다. 그러나 이는 잘못된 재현이다.

KBS 한국방송에서 삼차원(3D) 입체 영상으로 제작한 재현 영상을 보면 배 갑판 위에 놓인 횡량이 하나뿐이다. 그 까닭은 「주교절목」에서 설명하는 '가룡목(駕龍木)'을 '횡량'과 동일한 것으로 해석하였기 때문이다. 『주교지남』

† [부록09] 『주교지남』 국역본 제6항, 『정조실록』 권 30, 1790년 7월 1일자 첫 번째 기사 참조. 又其甲船縱梁之盡頭處正當乙船之駕龍木【卽舟中橫木以撑船腹分爲一間二間者】之上而與乙船縱梁相合乙船縱梁之盡頭處正當甲船之駕龍木而與甲船縱梁相合以葛纜縛之以撑杠促之(갑이란 배의 종량 끝부분이 을이란 배의 가룡목【곧 배 안에 가로지른 나무로서 배 안에 버텨 놓아 한 간, 두 간으로 가르는 것이다】위에 맞닿아 을이란 배의 종량과 서로 합하게 하고 을이란 배의 종량 끝부분이 갑이란 배의 가룡목과 맞닿아 갑이란 배의 종량과 서로 합하게 한 다음 칡 줄로 동이고 탕개로 조인다.)

그림 VII-16 KBS 다큐멘터리 「의궤, 8일간의 축제」에서 복원한 배다리 공법

에서는 '가룡목'을 '배 안에 가로지른 나무로서 배 안에 버텨 놓아 한 칸, 두 칸으로 가르는 것'으로 설명하였는데,† KBS 다큐멘터리 제작 팀에서는 '배 안'의 의미를 '배의 갑판 위'로 해석한 것이다. 이는 '가룡목(駕龍木)'과 '가룡목(加龍木)'이 동음이의어 관계임을 전제했을 때 장쇄(長鎖)로 불리는 '가룡목(加龍木)'과는 달리 '가룡목(駕龍木)'을 배다리의 '횡량'으로 본 것이다.†

하지만 『만기요람(萬機要覽)』에 배다리를 만들 때 72주의 횡량이 사용되었다는 기록이 명백하게 남아 있기† 때문에, 횡량과 가룡목을 동일하게 보고 배다리의 구조를 추론하는 것은 문제가 있다. 가룡목을 배다리의 횡량으로 본다면 횡량은 72주가 아니라 절반인 36주만 필요하기 때문이다. 더불어 『일성록(日省錄)』이나 『각사등록(各司謄錄)』과 같은 공문서를 통해 정조 시대에는 '駕龍木'과 '加龍木'을 구분하지 않고 동일하게 사용했음†을 확인할 수 있다.

오늘날의 관점에서는 갑판 위 짜 맞춤 공법을 선호하겠지만, 정약용이 설계한 공법은 배와 배 사이에서 보를 칡으로 묶어 결합하는 공법이었다. 정약용은 긴 장대 여러 개를 배 위에 겹쳐 묶는 기존의 방식을 지양하고, 배와 배 사이에서 보를 결합하는 모듈 방식을 선택하였다.† 이는 고장 난 배를 교체하는 문제와도 관련 있는데 『주교지남』에서는 고장 난 배를 교체하는 상황을 다음과 같이 언급하고 있다.

『주교지남』 제6항 종량의 교체

논자들은 오히려 완고한 긴 장대만 못하다고 할 수 있을 것이다. 그렇다면 또 두 종량이 서로 맞닿는 곳에 구멍을 뚫고 빗장을 질러 놓으면 더욱 안전하게 될 것이다. 그렇게 되면 1척의 배가 고장 난다 하더라도 양쪽에 동인 밧줄만 풀면 고장 난 배를 고칠 수 있으니, 또한 어찌 장대를 길게 놓아 많은 배가 지장을 받겠는가.

배다리는 필요할 때마다 가설하고 다시 분해하는 작업을 반복하는 임시 교량이므로 짜 맞춤 기법보다는 칡 묶음 방법이 더 효율적이다. 배와 배 사이

---

† 『해동역사(海東繹史)』 제29권, 궁실지(宮室志), 기용(器用) 편에는 배의 '횡량'을 '가룡(駕龍)'이라고 표현하였다. 하지만 '배'의 '가로목'과 배다리 '상부 구조'의 '가로목'은 방향이 서로 다르기 때문에 주의해야 한다. 배의 '가룡(駕龍)'을 가로목(횡량)이라고 표현하는 까닭은 배를 기준으로 했을 때 가로 방향이기 때문이다.

† [부록11] 『만기요람』, 재용편 5, 주교 편 국역본 참조.

† [부록12] 『일성록』 국역본, [부록13] 『각사등록』 국역본 참조. 사서에서 加와 駕를 구분하는 경우는 없고, 단지 가목(駕木)을 멍에라고 하는 경우는 있다.

† [부록10] 「주교사개정절목」 국역본 제8항, 『정조실록』 권 37, 1793년 1월 11일자 두 번째 기사 참조. 每船各以五株酌量鋪板之長分排縱結而兩頭跨出船艙之外兩船縱頭互相對合以椽簪相對揷之仍以葛纜緊束又以撑柱木項竪於船板之上俾無遊移之患(배마다 각각 기둥 다섯 개를 배에 깔아 놓을 판자의 길이를 계산하여 분배한 후 세로로 묶되, 두 쪽 끝이 뱃전을 걸쳐 밖으로 나가게 한다. 그리고 두 배의 종보 머리는 서로 마주 잇닿게 하고 말목을 맞세워 박은 다음 칡 밧줄로 야무지게 묶는다. 그리고 또 버팀목을 배 위에다 세워 배가 흔들리는 걱정이 없게 한다.)

그림 VII-17 짜 맞춤 기법의 결합

의 간격과 높이가 조금씩 다르기 때문에 분해한 종량을 다시 조립하려 할 때 정확한 위치를 찾아 배치하는 일이 만만치 않기 때문이다. 더불어 짜 맞춤 방식보다는 칡 묶음 방식이 교배선으로 동원한 조운선들을 다시 원래 상태로 복구하기 쉽다는 것도 고려했을 것이다. 왼쪽 그림에서 묘사한 바와 같이 짜 맞춤 기법에서도 나무망치로 큰 압력을 가해 목재와 목재를 결합시키기 때문에, 한 번 결합된 것을 분해하는 작업 또한 만만치 않다. 이에 비해 칡으로 묶어 결합하는 방법은 쉽게 결합하고 분해할 수 있다는 장점이 있다.

교배선 갑판 위에서 칡으로 묶거나 짜 맞추지 않은 까닭은 하나의 교배선이 부력을 상실하여 교체할 경우 배와 배 사이에서 결합하는 방법이 인접한 두 배의 상판을 뜯는 일 없이 가장 간단하게 배를 교체할 수 있는 방법이기 때문이다.† 갑판 위에서 결합하는 공법의 경우 교배선을 교체할 경우 이웃한 배 2척의 상판을 모두 뜯어내야 하는 번거로움을 피할 수 없다.† 다음 그림들은 갑판 위 짜 맞춤 공법과 배 사이 칡 묶음 공법으로 제작된 배다리를 가정하고 부력을 상실하여 교배선 역할을 할 수 없는 조운선을 다른 조운선으로 교체하는 장면을 상상하여 그린 것이다.

† [부록09] 『주교지남』 국역본 제6항, 『정조실록』 권 30, 1790년 7월 1일자 첫 번째 기사 참조. 然則一船雖有欠只解其兩邊縛纜則改其該船而已又焉有長竿亘聯縛多船受害之弊哉(그렇게 되면 1척의 배가 고장 난다 하더라도 양쪽에 동인 밧줄만 풀면 고장 난 배를 고칠 수 있으니, 또한 어찌 장대를 길게 놓아 많은 배가 지장을 받겠는가.)

† [부록10] 「주교사개정절목」 국역본 제8항, 『정조실록』 권 37, 1793년 1월 11일자 최종 기사 참조. 且大長而橫亘多船一船有頉解纜亦難(크고 긴 것을 가로로 여러 배에 뻗혀 있음으로써 배 1척에서 탈이 발생하면 묶은 줄을 풀기가 또한 어려웠다.)

그림 VII-18 갑판 위 짜 맞춤 공법으로 가설한 다리의 교배선 교체 작업

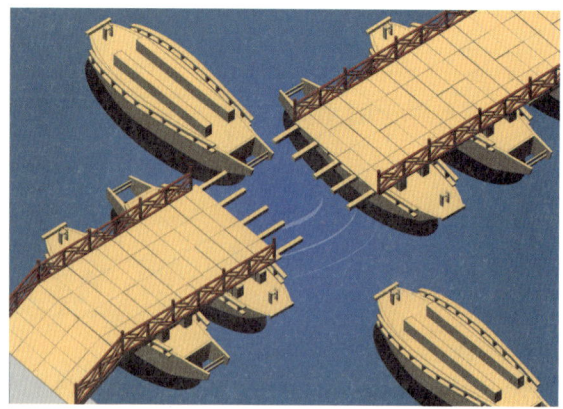

그림 VII-19 배 사이 칡 묶음 공법으로 가설한 다리의 교배선 교체 작업

엔지니어 정약용의
내진 설계 철학

노량진 나루터는 조류의 영향을 크게 받는 곳이기 때문에 밀물과 썰물 때마다 조류의 방향이 바뀐다. 배의 앞과 뒤를 서로 엇갈려 배열한 상태에서 닻을 제거하는 호롱이 있는 선수에서만 닻을 내릴 경우, 조류 방향이 바뀜에 따라 배를 지지하는 닻줄이 서로 달라 기준점이 일치하지 않게 되는 문제가 발생한다. 「한강주교환어도」를 보면 1척의 배에서 2개의 닻을 내리는 방식으로 이러한 문제를 해결하였음을 알 수 있다.

그림 VII-20 「한강주교환어도」의 닻의 배열

하지만 각 배에서 내린 2개의 닻줄만으로 배가 흔들리는 것을 막을 수는 없다. 오늘날 대형 선박과 달리 조운선은 좌우로 출렁거리는 롤링(rolling)은 물론 머리와 꼬리가 출렁거리는 피칭(pitching)이 심하기 때문이다.

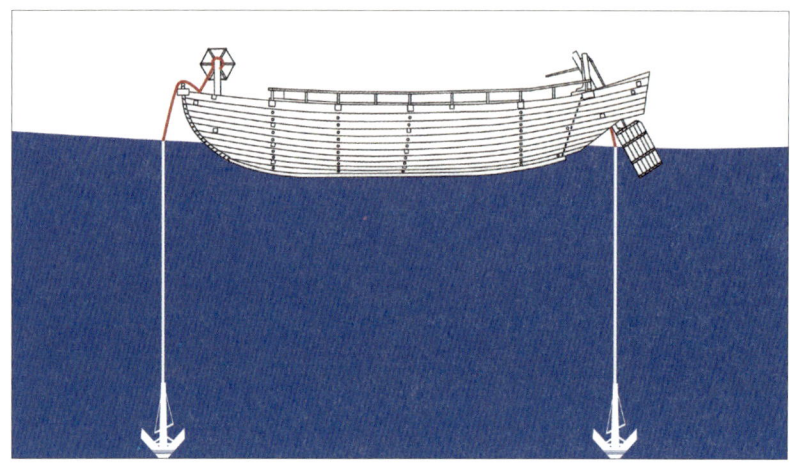

그림 VII-21 2개의 닻줄로 고정한 교배선

현대 교량은 교각과 교각 사이보다는 주로 교각 위에서 보를 결합하고 있지만 이것만으로 교량의 안전성이 보장되는 것은 아니다. 교각과 교각 사이가 멀어질수록 그 사이에 걸쳐 놓은 보는 심한 응력(應力, stress)†을 받기 때문이다.

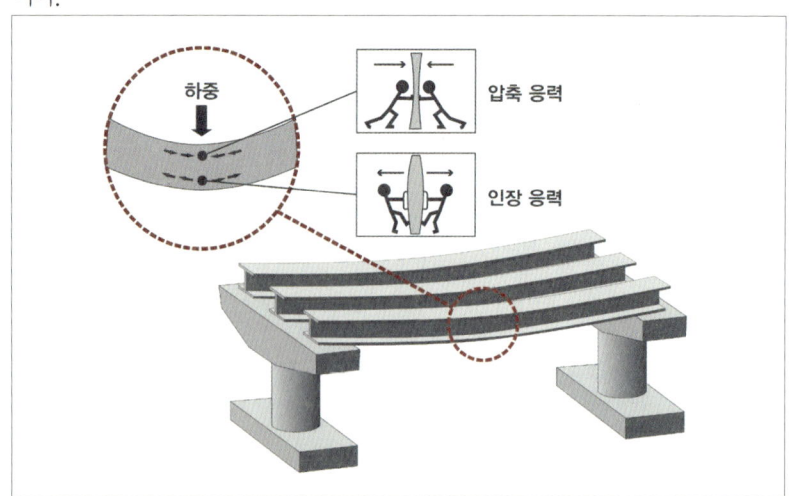

† 응력(應力)
재료에 하중(외력)을 가했을 때, 그 크기에 대응하여 재료 내에 생기는 저항력을 의미한다. 하중을 가하는 방향에 따라 압축 응력, 인장 응력, 굽힘 응력, 전단 응력, 비틀림 응력 등으로 구분한다.

그림 VII-22 압축 응력과 인장 응력

1994년 성수 대교 붕괴 사고†에서 보듯이 교각과 교각 사이 한가운데가 구조적으로 가장 취약하다. 보의 상단부에서 발생하는 압축 응력†과 하단부에서 발생하는 인장 응력†을 모멘트가 가장 큰 보의 중간 부위에서 견뎌 내지 못하면 교량은 파괴되고 만다. 그렇다고 무조건 교각과 교각 사이를 촘촘하게 할 수는 없다. 교량의 안전을 위해 교각을 촘촘하게 설치할수록 공사비는 감당할 수 없을 정도로 증가하기 때문이다. 따라서 교량 설계는 안전을 해치지 않는 선에서 교각을 최소로 건설하는 방향으로 이루어진다. 배다리 역시 이러한 교량 설계의 원칙에서 크게 벗어나지 않는다. 배들을 틈이 없을 정도로 촘촘하게 나열하면 가장 안전한 배다리가 되지만, 많은 수의 배를 동원해야 하기 때문에 많은 비용이 발생하게 된다. 결국 배다리 설계의 핵심은 교배선으로 동원하는 배의 수를 최소화하되, 교배선 사이에 걸쳐 놓은 보들이 상부 구조의 하중을 충분히 견딜 수 있도록 설계하는 것이다.

　규모가 매우 큰 배들을 활용할 수 있다면 일반 교량과 다름없는 튼튼한 배다리를 만들 수 있다. 하지만 이러한 튼튼한 배다리는 예비 부력이 충분한 대형 선박을 교배선으로 사용해야 하고, 하중에 따른 압축 응력과 인장 응력을 감당할 수 있도록 강철로 만든 형강(beam)†을 보로 사용해야 한다.

　일반 교량과 다름이 없는 튼튼한 배다리의 사례는 교량 건설의 대가 구스타프 린덴탈(Gustav Lindenthal, 1850~1935)이 구상한 허든슨 강의 배다리†를 들 수 있다. 이 배다리는 갑판 위에서 양쪽의 트러스 구조† 모듈을 결합하는 방식으로 설계되었는데, 배의 갑판 위가 바로 교각 상단이 된다. 결국 구스타프 린덴탈의 배다리는 교각을 대형 선박으로 바꾸었을 뿐 일반 교량 설계와 큰 차이가 없다.

† 성수 대교 붕괴 사고
1994년 10월 21일에 일어난 성수 대교 붕괴 사고는 10번과 11번 교각 사이 120미터에서 발생하였다. 사고의 원인은 교량 상부 구조의 하중을 분산시키는 이음새 연결이 부실하여 피로 균열이 발생했고, 이것이 누적되어 상부 트러스(truss) 48미터가 붕괴된 것이다.

† 압축 응력(壓縮應力)
물체를 눌렀을 때, 재료 내부에 생기는 저항력을 의미한다. 물체가 누르는 힘에 견딜 수 있는 최대한의 응력을 압축 강도(壓縮強度)라고 한다.

† 인장 응력(引張應力)
물체를 잡아당겼을 때, 재료 내부에 생기는 저항력을 의미한다. 물체가 잡아당기는 힘에 견딜 수 있는 최대한의 응력을 인장 강도(引張強度)라고 한다.

† 형강(型鋼)
자르는 면이 일정한 형상으로 된 압연 강철재를 말한다. H 형강(H-Beam)이 대표적이다.

† 허드슨 강의 배다리
실제로 건설한 것이 아니라 도면만 남아 있다.

† 트러스(truss) 구조
뼈대에 해당하는 재료가 휘지 않게 직선 빔(beam)을 삼각형으로 조립하여 접합 지점을 핀으로 연결한 골조 구조물.

그림 VII-23 H 형강(H-Beam)

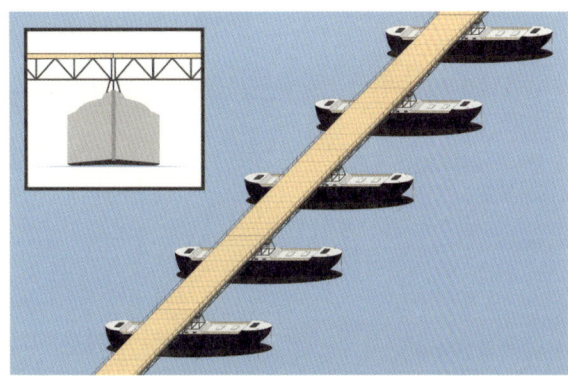

그림 VII-24 구스타프 린덴탈이 설계한 배다리

정약용이 배와 배 사이에서 보를 결합하되 칡으로 묶는 공법을 선택한 이유는 한강 조류에 의해 흔들릴 수밖에 없는 교량의 하부 구조 때문이다. 짜 맞춤 공법은 처음에는 튼튼하게 결합시킬 수 있는 것처럼 보이지만 상부 구조의 하중과 하부 구조가 흔들리면서 받는 복잡한 내부 응력이 누적될 경우 삐걱거리면서 결국 파손되는 것을 피할 수 없다. 정약용의 배다리는 뼈대에 해당하는 보의 재료가 철강이 아닌 목재†이기 때문이다. 목재 역시 탄력성이 있어 완충† 작용, 반발† 작용, 진동 감쇠† 작용을 어느 정도 갖지만 상부 구조의 엄청난 하중과 흔들리는 하부 구조를 견디는 인장 강도에는 한계가 있다. 오늘날 교각에 사용하는 형강과는 달리, 목재 보는 강(强)하지만 강(剛)하지† 못하기 때문이다. 즉 지속적인 응력을 받으면 변형되면서 부러지는 태강즉절†한 재료인 것이다.

목재로 만든 보는 하단부에서 발생하는 인장 응력에 특히 취약하다. 콘크리트 역시 압축 응력에는 강하지만 인장 응력에 취약한데, 인장 응력을 받는 부분에 철근을 넣어 이를 보완한 것이 그 유명한 '철근 콘크리트' 구조이다.

† **목재 보의 강도**
철강의 인장 강도는 4,000kg/㎠ 정도이고 벚나무의 인장 강도는 742kg/㎠ 수준이다.

† **완충(緩衝)**
충돌하는 힘 사이에서 충돌을 누그러지게 하는 것.

† **반발(反撥)**
탄력이 있는 물체가 퉁겨져 일어나는 것.

† **진동 감쇠(震動減衰)**
진동이 줄어서 약해지는 것.

† **강하다**
강(强)하다: 힘이 세다.
강(剛)하다: 물체가 굳다.

† **태강즉절(太剛則折)**
너무 굳거나 빳빳하면 꺾이기가 쉬움.

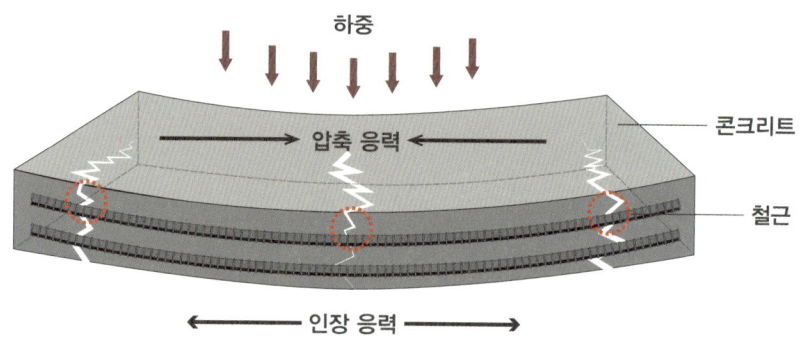

그림 Ⅶ-25 철근 콘크리트의 인장력 강화

다음 그림은 형강이 압축 응력과 인장 응력을 견디고 있는 반면, 목재 보가 인장 응력을 이기지 못하고 균열이 생기면서 파손되고 있는 모습을 표현한 것이다.

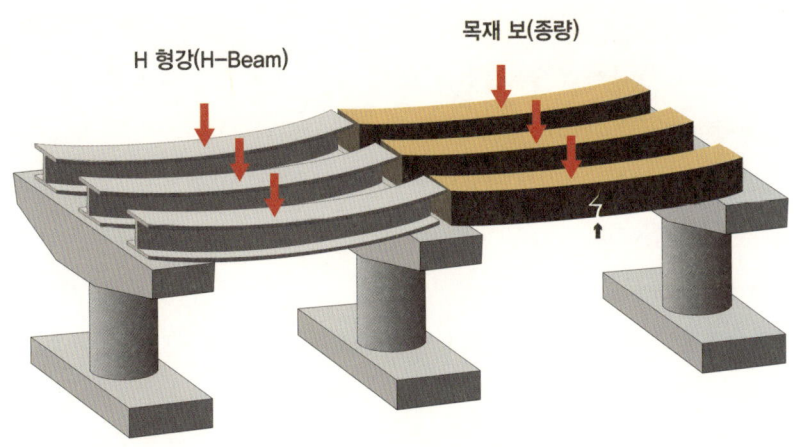

그림 VII-26 형강과 목재 보의 응력 변형

조운선들을 교각으로 활용한 조선 후기의 배다리는 흔들리는 하부 구조가 상부 구조의 불규칙한 하중을 견디어야 하는 연속 구조체이다. 따라서 배다리 설계는 외부 충격이 가해질 때, 충격에 저항하기보다는 구조물이 변형될 수 있도록 함으로써 대형 참사를 방지하는 내진 설계 철학[†]으로 접근해야 한다. 1980년대 미국 캘리포니아 엔지니어 협회에서 채택한 내진 설계 철학은 아래의 세 가지로 정리할 수 있다.[†]

표 VII-2 내진 설계의 원리

지진 세기	보호 정도	목적
약하거나 중간 정도 지진	손상 방지	구조물의 보호
강한 지진	손상 허용	수리 후 사용 가능
아주 강한 지진	파손 허용	붕괴 방지(생명 보호)

[†] 내진 설계 철학(seismic design philosophy)
내진 설계의 대원칙으로 지진에 대하여 구조물을 어느 정도로 보호할 것인가를 결정하는 원칙이다.

[†] 출처: 김장훈, 『상식과 지식으로 버무린 내진설계철학』, 예영커뮤니케이션, 2008.

[†] 다자유도(multi degree of freedom) 구조물
구조물의 변위를 여러 방향으로 가정할 수 있는 구조물로서, 고유 진동수가 하나뿐인 단자유도 구조물에 비해 매우 복잡한 수학적 계산이 필요하다.

구조물의 변형은 구조물의 형태와 하중에 의해 결정된다. 정약용이 설계한 배다리 구조체는 사람이 건너기 시작하면서 출렁거리기 시작하여 36척 교배선의 변위가 시간에 따라 각각 다르게 변화하는 다자유도 구조물[†]이다. 출렁거리는 구조체에서는 관성력과 감쇠력, 복원력이 복잡하게 작용하기 때문에 이를 철저하게 해석한다는 것은 오늘날의 내진 설계 기술로도 쉽지 않

은 일이다. 정약용은 이 모든 것을 계산하여 공법을 설계하지는 않았지만, '강성(剛性)', '구조적 연속성', '탄성 설계(elastic design)', '소성 설계†'와 같은 공학적 개념을 체득하고 있었다.

정약용은 배다리 상부 구조(횡판, 난간, 잔디)의 고정 하중†과 사람과 말들이 다리를 건너는 동안 발생하는 활하중†은 물론 배다리 하부 구조의 진동까지 흡수하여 연결 부위가 변형될 수 있도록 칡 묶음 공법을 선택하였다. 상부 구조의 불규칙한 하중과 하부 구조가 흔들리는 복잡한 상황을 고려하여 응력 변형(應力變形, stress strain)에 반응하는 연성† 구조물로 설계한 것이다.

배다리 전체가 연성 구조물로 작용하기 위해서는 뼈대를 이루는 재료의 경계에 강성과 구조적 연속성을 부여해야 한다. 정약용은 교배선과 보들을 하나의 모듈로 구성하여 강하게 결합한 후, 모듈과 모듈 사이(배와 배 사이)를 느슨하게 결합하는 방식으로 응력 변형이 배 사이에 집중되도록 유도한 후 에너지를 소산†시키는 방식으로 강성을 부여하였다. 보는 엇갈려 이웃한 배의 가룡목 위에 걸쳐 있어 배와 배 사이에 놓인 보들은 서로에 의지해 이중으로 묶여 있는 셈이고, 이들 사이의 마찰 면적이 크기 때문에 에너지를 소산시킬 수 있다. 이는 서로의 자유도를 서로가 구속하게 하는 연속보(continuous beam) 개념으로 이해해도 무난하다. 이는 서로 연결은 되어 있으나 상호 신뢰를 바탕으로 각자의 독립성을 유지하면서 분리되어 있는 '이완 결합 체제'† 조직과도 같은 원리이다.

물론 배다리는 극단적인 파괴 상태를 전제로 설계한 것은 아니지만, 최악의 경우 특정 부위로 소성 힌지†를 유도하는 소성 설계와 유사한 철학이 담겨 있다. 이는 마치 궁지에 몰린 쥐가 고양이를 무는 것을 예방하기 위해 퇴로를 열어 주는 원리와 같다. 보와 보를 너무 강하게 결합하여 부러지는 것보다는 느슨하게 결합하여 흔들리게 하고, 최악의 경우 결합 부위 칡 끈만 끊어지도록 하는 것이다. 극단적인 상황에서 칡 끈은 보가 부러지는 것을 막기 위해 미리 끊어지게 된다. 이는 전기 장치와 회로를 보호하고자 설치한 퓨즈가 과전류가 흘렀을 때 회로를 보호하기 위해 끊

---

† **소성 설계(塑性設計, plastic design)**
구조물의 일부에 소성 변형이 생기더라도 그것이 어느 한도 이상으로 진행하지 아니하도록 하는 내진 설계 기법이다. 소성이 붕괴되거나 파괴되지 않는 하중의 한계치를 구하여, 이것을 기준으로 하여 설계한다.

† **고정 하중(固定荷重)**
구조물 자체의 무게 또는 구조물에 고정되어 항상 작용하는 외부의 무게.

† **활하중(活荷重)**
열차, 자동차, 사람 등이 구조물 위를 이동할 때 생기는 하중.

† **연성(ductile)**
파괴되지 않고 강함을 유지하면서 동시에 변형이 가능한 성질.

† **소산(消散)**
흩어져 사라지는 현상.

† **이완 결합 체제(loosely coupled system)**
엄격한 통제를 기반으로 하는 군대 조직 또는 관료제와 비교되는 조직이다. 하위 구성 요소 사이의 상호 작용, 영향력, 통제 등이 약하거나 결여된 체제로 학급 단위로 운영되는 학교 교사 조직이 이완 결합 체제에 근접한 것이다.

† **소성 힌지(plastic hinge)**
구조 재료의 탄성 한계를 넘어 소성이 지배하는 변형 구간.

그림 VII-27 정약용 배다리의 보 결합

어지는 것과 같은 현상이다.

배다리 상부 구조의 마지막 안전장치는 난간이다. 배다리를 건너는 행렬의 안전을 위해 붉은색 난간을 설치하여 위험을 알리는 동시에 멀리서 보았을 때 아름답게 보이도록 하였다.† 난간 역시 모듈 방식으로 결합하고 분해할 수 있도록 설계되었다.†

그림 VII-28 정약용 배다리의 난간

† 「한강주교환어도」를 보면 난간을 붉은색으로 도색하여 미관에도 신경을 썼음을 알 수 있다. 정약용은 한시 「과주교」에서 "붉은색 난간이 새 날개처럼 양쪽에 섰다(鳥翼紅欄夾)"라고 표현하였다.

† [부록10] 「주교사개정절목」 국역본 제10항, 『정조실록』 권 37, 1793년 1월 11일자 두 번째 기사 참조.
鋪板左右兩邊先設中方木次以短柱每一間列立一柱以劈鍊木造成橫十字欄干連揷於兩柱之間而先於柱一面對穿邊錫以爲欄干合接出入之地 (깔판의 좌우 양쪽에는 먼저 중방목을 설치하고 다음으로 짧은 기둥을 매양 한 칸에 한 개씩 늘어세우고, 벽련목을 가지고 가로로 열십자 모양의 난간을 만들어 두 기둥 사이에 연이어 박아 넣되, 먼저 기둥 한쪽에 서로 맞보게 변석을 뚫어서 난간이 서로 맞붙고 드나들게 하는 뒷받침으로 삼는다.)

8.

조선 후기
근대 공학의 성립과
엔지니어
집단의 형성

열심히 일하게 만드는 법
엔지니어와 테크니션 집단의 형성
엔지니어 정약용과 테크니션 장영실
배다리와 신도시 건설 현장에서 싹튼 조선의 근대 공학
엔지니어 정약용의 공학적 사고

열심히 일하게 만드는 법

무거운 돌을 나르는 일에 대한 임금을 지급할 때 시급으로 계산하는 방식과 횟수로 계산하는 방식 중에서 어느 방식이 노동자를 열심히 일하게 만들까? 정약용은 「성설」에서 기초 공사의 과업을 설계하고 임금을 지급하는 방식을 다음과 같이 제안하였다.

「성설」 중 정약용이 제안한 품삯 지급 방식[†]

지금 성지(城址)를 따라 구덩이를 파서 너비는 약 1장(丈)이 되게 하여 돌로 다지고, 깊이는 4척(尺)이 되게 하여 겨울에 얼게 하고는 한 걸음마다 표목(表木)을 세워 3,600단(段)으로 나누고, 그 다음 인부를 모집하여 개울의 자갈을 지고 와 1단을 채우는 데 따라 품삯을 얼마씩 준다면, 그들은 자신이 계산하여 많이 나를수록 이익이 많으므로 힘껏 일을 하여 며칠 안 되어 채울 수 있을 것입니다. 날품을 주는 것과 비교하면 비용이 절약되고 공정도 빠를 것입니다.

한 걸음마다 표목을 세워 3,600단으로 나누는 것은 과업 설계에 해당하며, 1단을 채우는 데 따라 품삯을 주는 방식은 오늘날 성과급제에 해당한다. 이처럼 정약용은 건설 노동자의 임금을 일당으로 지급하는 방식 대신에 노동 과업을 세부적으로 분류하고 가치를 매겨 작업량에 따라 성과급을 지급하는 방식으로 전환해야 비용이 절약되고 공사 일정도 빠르게 진행될 것이라고 제안하였다.

[†] [부록02] 「성설」 국역본 참조.

실제 화성 공사장에서 기능직의 경우 작업량과 난이도에 따라 품삯이 매겨졌고, 사람들은 자신의 노동 가치를 높이기 위해 노력하였다. 직무 분석을 통한 인적 자원 관리와 상황에 따라 근무 일수에 차등을 두는 탄력 근무제†를 통해 노동 생산성을 높였다는 점에서 엔지니어 정약용은 경영학적인 마인드와 함께 산업 공학†적 마인드를 지니고 있었음을 알 수 있다.

정조 역시 정약용의 「성설」을 읽은 후 기능직은 물론 단순 일용직까지 모든 직종에 성과급제를 시행하도록 지시하였으나, 복잡한 절차로 인해 실제 화성 건설 현장에서는 실현되지 못하였다. 하지만 정조는 화성 건설 현장으로 전국 각지에서 많은 사람들이 몰려올 것을 정확하게 예측하였다. 일용직 노동자의 경우 화성과 먼 지역에서 동원하면 여비와 식사 등 불편한 점이 많아 이틀 내에 도착할 수 있는 가까운 지역에서 동원하는 것을 원칙으로 했으나 실제 화성 건설 현장에는 전국 각지의 사람들이 몰려들었다. 정조는 전국 각지에서 몰린 임금 노동자들이 의식주를 해결하는 과정에서 또 다른 일자리를 창출하고, 결국 그들이 신도시 화성의 인구로 흡수될 것임을 예측하였다.

† 탄력 근무제
(彈力勤務制, flexible time)
효율적인 생산 라인 운영 및 생산 인원 조정을 위해 근무 시간과 장소를 유연하게 조정하는 제도다.

† 산업 공학
시스템을 설계하고 관리하는 공학과 경영학이 융합한 분야다. 산업 공학 전공자는 경영학을 비롯한 사회 과학적 지식을 공학적 원리에 적용하여 분석하고 조정하는 능력을 갖추어야 한다. 필자가 정약용을 산업 공학자로 지칭하지 않은 까닭은 실제 공사 현장에서 인적 자원을 관리하면서 실천하지 않았기 때문이다.

정조의 품삯 지급 방식과 고용 창출론†

그 공사를 할 때에는 품삯을 날짜로 계산해서 주지 않고 짐을 단위로 해서 거리의 원근을 헤아려 차등을 둔다면 강한 자는 넉넉히 백 전을 취할 것이요 약한 자도 제 한 몸 가리기에는 족할 것이다. 이 어찌 다만 부민(府民)뿐이겠는가. 동서남북의 적당한 거처 없이 품팔이해서 살아가는 자들은 모두 소문을 듣고 다투어 달려올 것이다. 이들이 혹은 움집을 짓고 혹은 가게를 차려 술이나 밥을 팔아 그 있는 것을 가지고 없는 것을 바꾼다면 이 또한 홀아비와 과부의 이익인 것이다. 이렇게 된다면 성은 만세토록 무너지지 않을 기반이 정해질 것이고, 백성은 만여 호가 기름진 땅을 얻을 것이며, 창고에는 만 명이 충분히 먹을 수 있는 양식을 저장할 수 있을 것이니, 일거에 모든 이익이 다 갖추어지는 것이다. 어찌 참으로 아름답고 훌륭한 일이 아니겠는가.

†『정조실록』권 41, 1794년 11월 1일자 기사.
而方其役也雇直不以日而以負立表 計遠近而差等則强者優取百錢弱者 足庇一身此豈特府民南北東西之之 適有居 傭保資生者皆可以聞風爭 趨而或穴或肆爲酒爲食以其所有易 其所無亦矜寡之利夫如是則城則奠 萬世不拔之基,民則獲萬家如膏之地 倉則貯萬人足食之糧一擧而衆美具 豈不誠休且美哉

그림 VIII-1 화성 건설 현장으로 모여든 임금 노동자와 장인들

오늘날 건설 노동자에 해당하는 모군†, 담군, 차부들도 기술자인 장인들과 마찬가지로 일방적인 부역이 아니라 매일 2전 5푼씩의 보수를 받으며 일하였다. 전문 기술자들이 보통 4전 5푼을 받았으므로 건설 노동자의 노동력 가치는 기술자의 55.6퍼센트에 해당함을 알 수 있다. 단순 일용직 노동자들의 명단과 근무 일자는 『화성성역의궤』에 기록되지 않았기 때문에† 동원된 인원을 정확히 알 수 없으나 공사비 지출 규모가 장인과 비슷하였으므로 대략 연인원 수십만 명 이상이 동원된 것으로 추정해 볼 수 있다.†

화성 건설 현장의 인적 자원 관리는 미국의 테일러주의(Taylorism)†와는 차이가 있었다. 테일러주의는 노동자의 작업 단계를 계량적 방법으로 세밀하게 분석한 후, 노동자가 마치 기계처럼 정해진 방식으로 정해진 같은 일을 반복하는 것을 이상적으로 보았다. 하지만 정조는 화성 건설 현장의 건설 기술자와 일용직 건설 노동자들의 건강을 염려하여 혹한기와 혹서기에는 공사를 잠시 중단시키고, 일하는 백성들을 위해 보약을 지어 내려보내는 등 인본주의에 입각한 인적 자원 관리를 추구하였다. 1794년 7월 6일 정조가 너무 더우니 공사를 중지하라는 명령을 내렸으나, 노동자들이 오히려 일을 하게 해 달라고 건의하는 기이한 현상이 일어났다. 결국 단 이틀 뒤에 수원 유수†는 일하기를 원하는 백성들의 목소리를 전하는 상소를 올렸다.

† 모군(募軍)
크고 작은 관영 토목 공사에 고용된 미숙련 잡역부. 공사가 있을 때마다 품삯을 치르는 조건으로 인부를 고용하던 제도를 모립제(募立制)라고 하고 이때 모집한 역군을 모군이라 부른다.

† 흔히 『화성성역의궤』에 모군, 담군, 차부와 같은 일용직 노동자의 이름과 근무 일자까지 기록되었다고 설명하는 경우가 많은데 이는 잘못된 설명이다.

† 「화성 기적비」에는 70여 만 명을 동원하였다고 기록되어 있다.

† 테일러주의(과학적 관리법)
프레드릭 윈슬로 테일러(Frederick Winslow Taylor)는 1911년에 출판한 『과학적 관리의 원칙(The Principles of Scientific Management)』을 통해 능률성과 생산성의 원칙에 의해 노동자를 다루는 방식을 제안하였다.

† 유수(留守)
조선 시대에 수도 이외의 요긴한 곳을 맡아 다스리던 정이품의 외관(外官) 벼슬. 개성, 강화, 광주, 수원, 춘천 등지에 두었다.

정조의 혹서기 공사 중지 명령[†]

● 화성에 부역하고 있는 장인(匠人)들과 모군(募軍)들에게 날씨가 조금 서늘해질 때까지 일을 정지하라고 명하다.

성역이 이루어지고 있는 각 곳과 돌을 뜨고 기와를 굽는 곳에서 뙤약볕에 그대로 노출되어 부역하는 무리들은 조금 서늘해질 때까지 일을 하지 못하게 하라.

수원 유수 조심태의 상황 보고[†]

● 수원 유수 조심태가 화성 공역에 대한 일로 급히 장계하다.

석공들은 말하기를, "돌을 뜨는 자와 돌을 쪼는 자를 막론하고, 이 일은 행로(行路)에서 노역해야 하는 일과는 달라서 헛간처럼 지붕을 덮어서 치목소(治木所)[†]에서 볕을 가리는 것처럼 한다면 갈증에 시달리는 어려움은 면할 수 있을 것입니다." 하였고, 모군들은 말하기를, "저희들은 모두 일정한 소득을 얻을 수 있는 터전이 없어서 이와 같은 날품팔이로 입에 풀칠하는 자들인데, 이 공역에 나온 지 이제 반년이 되었습니다. 지금 흩어져 다른 곳으로 가더라도 떠돌이 지게꾼이나 마찬가지로 지내야 하니 또한 더위를 피하여 서늘한 곳에 머물 방도가 없습니다. 게다가 여기에 움막을 치고 처자를 거느리며 살고 있는 자들이 대부분이어서 마치 뿌리내리고 사는 것과 같습니다. 더구나 지금은 한창의 더위가 이미 지나서 서늘한 기운이 생길 날이 머지않았으니 지금은 우선 머뭇거리며 처분을 기다리는 것 외에는 별다른 도리가 없습니다. 여기서 저희가 받아먹는 것을 끊어 버리면 굶주림이 절박해지니 규례대로 모군의 일을 하는 것은 감히 기대할 수 없다 하더라도 결국 여기에서 흙이나 돌을 떠다 팔면서 아침저녁 끼니를 때우려 합니다." 하였습니다.

[†] 『정조실록』 1794년 7월 6일자 기사.

[†] 『정조실록』 1794년 7월 8일자 기사.

[†] 목재를 규격에 맞게 다듬는 곳.

엔지니어와 테크니션 집단의 형성

† 권수(卷首) 좌목(座目)에는 엔지니어의 명단을, 제4권 공장(工匠)에는 테크니션의 명단을 기록하였다. 일용직 임금 노동자는 기록되지 못하였다.

† 비장(裨將)
조선 시대 부사령관 정도의 높은 무관 벼슬로서 감사(監司), 유수(留守), 병사(兵使), 수사(水使), 견외 사신(使臣) 등을 보좌하였다.

† 장령(將領)
장군 또는 장수에 해당하는 지휘관이다.

† 책응소(策應所)
성을 쌓는 데 필요한 물자와 인력을 조달하는 기관이다.

화성 건설은 지금의 국무총리에 해당하는 채제공(蔡濟恭)이 시공을 지휘한 중요한 국책 사업이었다. 1794년부터 1796년까지 2년 9개월간 이루어진 신도시 화성 건설 프로젝트는 전국 각지에 흩어져 있던 당대의 명장들과 기술자들이 한곳에 모여 엔지니어(공학자) 집단과 테크니션(기술자) 집단을 형성하는 계기가 되었다.

『화성성역의궤』에는 총리대신(總理大臣) 채제공부터 장인 1,845명에 이르기까지 화성 건설에 참여했던 사람들의 이름과 근무 기간이 꼼꼼하게 기록되어 있다.† 화성 건설에 관여했던 인적 자원은 시공을 지휘했던 중신들(건축 행정가), 현장 기술 관리(엔지니어), 시공에 참여했던 수많은 기술자(테크니션), 일용직 건설 노동자로 나눌 수 있다.

엔지니어에 해당하는 '감동(監董)' 직종은 28명이 참여하였는데 '별감동(別監董)', '감동', '별간역(別看役)', '간역(看役)' 등 4개의 직위로 구성되었다. 별감동과 별간역은 화성 성역 공사 기간에 임시로 둔 벼슬이어서 소속이 다양했지만, 감동과 간역은 오군영(五軍營)에 소속된 기술 장교인 비장†이나 장령†을 파견한 경우가 많았다. 1716년 근대 공학의 시작이 프랑스 공병대에서 시작된 것과 마찬가지로 화성 건설에 파견된 감동들은 대부분 군부대 장교들이었던 것이다. 감동은 테크니션인 장인(匠人)과 일용직 노동자인 모군에게 작업을 지시하고 감독하는 한편, 근로자들의 품삯 지급 서류를 올려 공사 기술 관리 책임자인 도청의 결재를 받은 후, 책응소†에서 수당을 받아 분배하는

그림 VIII-2 채제공 초상화

엔지니어 정약용

역할까지 담당하였다.

특히 별감동은 각 작업장의 업무를 분배하고 지시하는 중책을 맡고 있어 별감동의 처소에는 사환과 기수 각 1명씩을 배정하였다. 『화성성역의궤』 권수 좌목(座目)에는 장안문 건설을 지휘했던 양훈(梁壎)을 포함한 10명의 별감동 명단이 있으며, 이들은 오늘날 건축 기술사 또는 토목 기술사에 해당하는 전문가로 볼 수 있다. 만약 정약용이 화성 건설 시공에도 참여했다면 감동직 28명을 총지휘하는 감동 당상직을 맡는 것이 합리적이었을 것이다.

표 VIII-1 화성 건설에 참여한 인력의 직무 분석

직종		직위	인원	직무
건축 행정가	성역소 (城役所)	총리대신(總理大臣)	1명	사업 총책임
		감동 당상(監董堂上)	1명	현장 공사 총책임
		도청(都廳)	1명	공사 기술 관리 책임
	책응소 (策應所)	책응 도청(策應都聽)	3명	돈이나 자재의 출납 담당
		경감관(京監官)	7명	
		부감관(府監官)	5명	
		서리(書吏)	54명	
		서사(書寫), 고직(庫直)	93명	
엔지니어		별감동(別監董)	10명	공사의 기술적인 업무 담당
		감동(監董)	12명	
		별간역(別看役)	2명	
		간역(看役)	4명	
테크니션		경패장(京牌將)	60명	직능별 장인 감독
		부패장(府牌將)	122명	
		22개 분야 장인	1,845명	각 분야 직능 담당
건설 노동자		모군(募軍)	연인원 수십만 명	흙을 파고, 다지고, 옮기기
		담군(擔軍)		돌이나 나무를 운반하기
		차부(車夫)		소를 몰아 수레를 운용하기

8장 _ 조선 후기 근대 공학의 성립과 엔지니어 집단의 형성

『화성성역의궤』 제4권 공장(工匠)에는 오늘날 기능사와 기능장†에 해당하는 장인들의 명단과 소속, 노동 일수가 상세히 기록되어 있다. 각 직종에 따라 개인별 근무 일수는 최저 10일에서 최고 875일에 이르고 있다.† 석수 장인들의 경우 평균 근무일은 299.44일이며 표준 편차는 200.35일로 나타나 직종 내 근무일 편차가 매우 컸음을 알 수 있다. 이는 장인의 숙련 수준과 작업 능력에 따라 탄력적으로 노동량을 조정하여 생산성을 높였음을 의미한다. 성과 중심 탄력 근무제를 통해 노동 생산성을 높인 것이다. 이렇게 할 수 있었던 까닭은 기술자인 장인들에게 임금을 차등 지급했기 때문이었다. 부역 노동 시스템 속에서는 주어진 의무 일자를 억지로 채우고 가려는 기술자들이 많았으나, 장인의 기술에 대한 가치를 평가하기 시작한 임금제 아래에서는 기술자들이 더욱 열심히 일하게 되었다.

표 Ⅷ-2 10개 주요 직종 장인들의 근무 통계

직종	인원(명)	평균 근무일	최대 근무일	최소 근무일	표준 편차
석수	642	299.44	809	30	200.35
목수	335	190.21	738	30	157.95
미장이	295	103.89	470	30	90.41
와벽장이	150	317.54	772	30	207.88
대장장이	83	207.45	875	29	206.77
가칠장이	34	49.63	163	30	24.47
화공	46	67.38	342	30	50.94
조각장이	36	61.17	309	30	49.55
나막신장이	34	79.35	442	34	76.49
기와장이	34	44.12	187	10	34.91

조선 전기에는 국가에 큰 공사가 있을 때 국가가 장인과 기술자들을 강제로 동원하였다. 이들은 1년에 일정 기간 부역†의 의무를 지고 있었다. 16세기에 들어서는 장인들이 부역 대신 장포†를 납부하면, 관청에서 그 포를 팔아 필요한 장인을 고용하는 방식으로 변화하였다. 일정 기간이라는 모호한

† 오늘날 기능장에 해당하는 편수(編首/邊首)는 장인들 중에서도 실력이 뛰어나 엔지니어와 같이 현장을 지휘 감독할 수 있는 사람을 가리킨다. 장안문과 화서문 건설에 모두 참여한 석수 박상길이 대표적이다.

† 수원부의 대장장이 최장천(崔長天)이 875일간 근무했고, 서울에서 온 기와장이 최만세(崔萬世)와 김태백(金太伯)은 10일만 일하였다. 석수로는 충청도에서 온 이재선(李再先)이 809일, 목수로는 수원부의 한진욱(韓辰郁)이 738일, 미장이로는 수원의 유바위(劉巖回)가 470일, 와벽장이로는 서울의 이용해(李龍海)가 772일 등 장기간에 걸쳐 참여하였다.

† 부역(負役)
일정 기간 국가가 지정하는 노동을 해야 하는 백성의 의무.

† 장포(匠布)
조선 시대에 병역을 면제해 주는 대신 제출하는 베를 군포(軍布)라고 하며, 기술자들의 부역을 면제해 주는 대신 제출하는 베를 장포라고 한다.

그림 VIII-3 기와장이의 작업 장면

그림 VIII-4 기술자인 미장이와 일용직 노동자인 모군의 작업 장면

기준 대신 부역 노동의 가치를 현물인 포(베)로 평가하고, 포를 통해 그 노동 가치를 교환하는 시스템으로 전환된 것이다.

17세기 이후에는 기술자를 고용하는 방식이 부역 노동에서 임금을 월 단위로 지급하는 이른바 삭료(朔料) 방식으로 변화하였다. 삭료는 직종 및 숙련 수준과 상관없이 일률적으로 지급하는 방식이어서 겉으로는 임금제를 취하고 있으나 노동 생산성을 높이는 데는 기여하지 못하였다. 화성 건설 현장처럼 임금이 작업 일수와 숙련도에 따라 차등 지급되는 일급제(日給制)는 기술의 숙련 수준을 세 개의 등급으로 차등 지급할 수 있어 엔지니어 집단의 형성과 분화를 가속화할 수 있는 계기가 되었다. 일급제가 적용된 후 목수나 석수는 삭료를 지급받던 때에 비하여 임금이 거의 두 배 정도 증가하였다. 이처럼 기술자의 노임이 일급제로 바뀌게 된 배경에는 18세기 후반 조선이 근대 사회로 발전하면서 부역으로 인력을 동원하는 데 한계가 있었기 때문이며, 기술자를 관청에 등록하여 관리하던 제도†가 폐지되었기 때문이다.

† 공장(工匠)과 공장안(工匠案)
고려와 조선 시대에는 나라에 필요한 물품을 생산할 때 기술자를 동원하여 쓰는 제도가 있었다. 이때 기술자를 공장이라 하고, 공장을 조사하여 기록한 장부를 공장안이라 한다.

엔지니어 정약용과
테크니션 장영실

다음은 어느 고등학교 교실에서 일어날 법한 일을 상상하여 재구성한 이야기다.

선생님: 여러분이 공과 대학에 진학한다면 국가 기술 자격 등급† 중 3등급에 해당하는 기사 자격을 취득하여 공학자가 될 수 있습니다.

학　생: 공학자와 기술자는 어떤 차이가 있나요?

선생님: 공학자는 공과 대학에서 이론을 공부한 사람을 말하며, 기술자는 현장에서 숙련된 기술을 발휘하는 사람을 말합니다.

학　생: 그렇다면 국가 기술 자격 등급인 '기술사', '기능장', '기사', '산업기사', '기능사'를 공학자와 기술자로 구분할 수 있나요?

선생님: 이론 지식을 필요로 하는 '기사'와 '기술사'를 공학자로 볼 수 있고, 숙련된 기술을 필요로 하는 '기능사'와 '기능장'을 기술자로 볼 수 있겠습니다. '산업기사'는 그 사이에 위치하는 등급 정도로 보면 되겠습니다. 산업기사는 2년제 대학(전문 대학) 졸업자에게 응시 자격이 주어집니다.

학　생: 그렇다면 정약용은 오늘날 기술 자격 등급으로 본다면 어느 정도의 등급에 해당할까요?

선생님: 신도시 하나를 계획하고 건물들을 설계했으므로 기술사 등급인 '건축 기술사' 또는 '토목 기술사' 정도에 해당하겠네요.

† 국가 기술 자격 등급
① 기술사(1등급)
　고도의 전문 지식과 실무 경험자.
② 기능장(2등급)
　최상급의 숙련된 기능 보유자.
③ 기사(3등급)
　공학 이론을 습득하고 실무 능력을 가진 자.
④ 산업기사(4등급)
　기초 기술 이론을 습득하고 숙련 기능을 가진 자.
⑤ 기능사(5등급)
　숙련된 기능을 발휘하는 자.

위의 이야기처럼 현대적 관점에서 볼 때 정약용을 건축 기술사로 보는 것이 타당할까? 먼저 현재의 국가 기술 자격 등급 기준을 살펴보자.

표 VIII-3 국가 기술 자격(National Technical Qualification) 등급 기준

자격 등급	검정 기준
기술사 (1등급)	고도의 전문 지식과 실무 경험에 입각한 계획, 연구, 설계, 분석, 조사, 시험, 시공, 감리, 평가, 진단, 사업 관리, 기술 관리 등의 기술 업무를 수행할 수 있는 능력의 유무
기능장 (2등급)	최상급 숙련 기능을 가지고 산업 현장에서 작업 관리, 소속 기능 인력의 지도 및 감독, 현장 훈련, 경영 계층과 생산 계층을 유기적으로 연계시켜 주는 현장 관리 등의 업무를 수행할 수 있는 능력의 유무
기 사 (3등급)	공학적 기술 이론 지식을 가지고 설계, 시공, 분석 등의 기술 업무를 수행할 수 있는 능력의 유무
산업기사 (4등급)	기술 기초 이론 지식 또는 숙련 기능을 바탕으로 복합적인 기능 업무를 수행할 수 있는 능력의 유무
기능사 (5등급)	숙련 기능을 가지고 제작, 제조, 조작, 운전, 보수, 정비, 채취, 검사 또는 직업 관리 및 이에 관련되는 업무를 수행할 수 있는 능력의 유무

공과 대학에 입학하기 위해서는 과학이나 수학을 잘해야 하고, 졸업하려면 수준 높은 수학과 역학을 더 많이 공부해야 한다. 대학에서 배우는 공학은 상당 부분 기술적 문제에 과학이나 수학을 적용한 것이기 때문이다. 공과 대학을 졸업한 사람이 국가 기술 자격 등급 중 3등급인 기사에서 시작하여 1등급인 기술사로 성장한다고 보면, 기술자는 5등급인 기능사에서 2등급인 기능장으로 성장하게 된다. 물론 공과 대학을 졸업하지 않았어도 현장에서 최상급의 숙련 기술을 연마하면서 공과 대학 졸업자 수준의 이론을 습득한 사람들도 많다.[†] 오늘날 국가 기술 자격 등급 중에서 2등급에 해당하는 '기능장' 등급이 여기에 해당하는데, 공과 대학을 막 졸업한 젊은 기사보다 한 등급이 더 높다.

이 같은 현대적 관점으로 볼 때 수원 화성 건설에 참여했던 감동 28명은 기사 등급에 해당하고, 패장 182명은 기능장 등급에 해당하며, 장인 1,800여 명은 기능사 등급에 해당한다고 볼 수 있다. 그렇다면 정약용의 경우는 어떠

† 『토목 기사 포켓북(Civil Engineer's Pocket-book)』의 저자 존 트라우트와인(John Trautwine)은 '공학 이론들은 가장 단순한 사실들을 수학이라는 쓰레기 더미 속에 묻어 버리는 꼴'이라고 비판하면서 현장 경험을 통해 체득한 지식의 중요성을 강조한 바 있다.

어떠한가? 엔지니어 정약용의 경우 이미 고도의 전문 지식과 실무 경험을 배다리 프로젝트에서 인정받아 신도시 화성을 설계했기 때문에 기술사 등급인 '건축 기술사' 또는 '토목 기술사' 정도에 해당한다고 볼 수 있을 것이다.

그렇다면 어릴 적부터 기계 분야에 천재적인 재능을 보였다고 알려진 장영실(蔣英實, 1390~1450)과 정약용의 차이점은 무엇일까? 정약용은 엔지니어 집단이 형성된 조선 후기, 국가가 주도하는 대규모 공사에서 필요에 의해 거중기와 녹로와 같은 기계를 개발하였고, 그 기계의 원리와 부품을 도면과 함께 체계적으로 설명하여 기술 교범을 『화성성역의궤』에 남겼다는 점에서 엔지니어로 평가할 수 있다. 이에 비해 장영실은 엔지니어 집단을 양성하고 교육하는 시스템이 부재한 조선 초기에 시대를 앞서 활동한 탁월한 기계 분야 기술자†였다. 자격루의 경우 자동 시보 장치를 갖춘 물시계로서 상당한 수준의 기계 공학적 지식이 있어야 실현 가능한 기술이지만, 당시 장영실 이외에는 그만한 수준에 오른 전문가 집단이 형성되지 못했다. 결국 정약용과 장영실의 차이점은 공학자와 기술자, 즉 엔지니어와 테크니션†이다. 오늘날 국가 기술 자격 등급으로 본다면 정약용은 '기술사'이고, 장영실은 '기능장'인 셈이다.

† 기술자는 영어로 테크니션(technician)에 해당한다. 미국에서는 공학 기술계 종사자를 3개 등급 즉, 엔지니어(engineer), 테크놀로지스트(technologist), 테크니션(technician)으로 구분하기도 한다. 이처럼 미국인들은 엔지니어를 테크니션을 포함하는 개념으로 보는 것이 아니라 학위를 가지고 있는 '전문직'의 의미로 보고 있다.

† 엔지니어는 외래어이지만, 테크니션(technician)은 표준 국어 대사전에 등재되지 않기 때문에 외국어다.

배다리와 신도시 건설 현장에서 싹튼 조선의 근대 공학

공학은 길과 운하를 만들고 식수와 농업용수를 확보하기 위한 것으로, 지배자의 권력을 상징하는 건물을 만들거나 군사 방어 시설을 만들면서 발전하였다. 지금까지 남아 있는 이집트의 피라미드나 중국의 만리장성, 로마의 수도교를 통해, 이미 기원전부터 공학이 체계적으로 발전하고 있었음을 확인할 수 있다.† 이처럼 공학은 자연을 개척해 온 인류의 역사와 함께해 왔으며, 고대의 토목 공학은 현대의 모든 공학을 총칭하는 개념이었다.

현대 엔지니어링(공학)의 기원은 18세기 후반 시민의 편의를 위해 철도, 도로, 교량, 운하, 항만 등을 건설하는 이른바 '시빌 엔지니어링(civil engineering)'으로 고대 토목 공학과는 거리가 있다. 우리는 시빌 엔지니어링을 한자어 '토목(土木)'을 사용하여 지칭하였는데, 이는 건설 재료인 흙과 나무가 공학 전체를 대표하게 된 것으로 어떤 대상의 특징적인 부분이 그 대상 전체를 대표하는 제유법†이 적용된 것이다. 하지만 현대에는 토목 공학의 재료가 흙과 나무보다는 강철, 콘크리트, 신소재 등으로 다양해졌기 때문에 굳이 '토목'이라는 말을 쓸 필요는 없어졌다. 대신 인프라 공학, 사회 기반 공학, 시민 공학 등이 사용될 수 있을 것이다.

이처럼 오늘날 우리가 사용하는 공학이라는 개념은 바로 토목 공학을 지칭하는 것이었으며, 토목 공학은 기계 공학, 전기 공학, 건축 공학 등 현대의 다양한 공학 분야의 뿌리였음을 알 수 있다. 토목 공학이 학문적인 체계를 갖추고 엔지니어 집단이 형성되기 시작한 것은 근대 사회로 넘어가는 격동기인 18세기였다. 1716년 루이 14세 치하에서 프랑스 공병대가 창설한 '다리

† **우리나라의 고대 토목 공학 기술**
피라미드, 만리장성, 수도교와 마찬가지로 우리도 대규모 시설물과 저수지를 축조할 수 있는 고대 토목 공학 기술을 보유하고 있었다. 고조선 시대 강화도 삼랑성(三郞城)과 같이 기원전부터 다양한 시설물을 구축하였음을 문헌으로 확인할 수 있으며, 330년에 축조된 것으로 알려진 저수지 벽골제는 전라북도 김제에 지금까지 남아 있다.

† **제유법(提喩法)**
"인간은 빵만으로 살 수 없다."에서 '빵'이 '식량'을 나타내는 것처럼, 한 부분으로 전체를 나타내는 수사법이다.

표 VIII-4 근대 공학(토목 공학)의 다양한 명칭

명칭	조어 방식
토목 공학(土木工學)	제유법
civil engineering	외국어
시빌 엔지니어링	외국어 + 외래어
인프라 공학	외래어 + 한자어
사회 기반 공학	한자어
시민 공학	한자어

와 도로 기사단[†]'은 세계 최초로 조직화된 토목 기술자 집단으로, 그들은 군사 공사뿐 아니라 국민을 위한 공사에도 참여하였다. 1743년 파리에 세워진 국립 공과 대학 '다리와 도로 건설 학교[†]'는 엔지니어 집단을 유지할 수 있는 교육 시스템으로서, 이러한 조직과 교육 시스템이 유럽으로 확산되면서 근대 공학이 학문적 체계를 갖추기 시작하였다.

1771년에 결성된 영국 토목 기술자 협회에서는 토목 공학을 군사 공학[†]과 구분하기 위해 시빌 엔지니어링이라고 부르게 되었다. 1818년에는 영국 토목 학회가 헌장을 기안함으로써 서구의 근대 토목 공학이 공식적으로 자리를 잡았다. 이처럼 18세기 후반 유럽에서 성립된 근대적 의미의 공학은 결국 토목 공학이었으며, 최초의 엔지니어 집단 역시 결국 토목 기사들이었다. 이후 서양의 시빌 엔지니어링(토목 공학)은 점차 기계 공학, 전기 공학, 화학 공학 등 다양한 공학 분야로 분화 발전하였으며 근대 엔지니어들도 이와 함께 성장하였다.[†] 유럽에서 근대 공학이 성립한 18세기 후반, 공학은 산업 혁명과 맞물려 자연스럽게 새로운 세상을 만드는 원동력이 되었다. 유럽에서 성립된 근대 엔지니어링을 통해 우리는 시빌 엔지니어링(근대 공학)의 요건을 다음과 같이 크게 세 가지로 정리할 수 있다.

첫째, 공학은 귀족이나 왕실을 위한 것이 아니라 시민을 위한 인프라 건설을 목적으로 해야 한다(공익 목적성). 둘째, 프랑스의 '다리와 도로 기사단'과 같이 노동자들을 지휘 감독할 수 있는 전문가 조직이 편성 운영되

† 다리와 도로 기사단
(Corps des Ingenieurs des Ponts et Chaussées)
오늘날 공병대에 해당하는 조직이다.

† 다리와 도로 건설 학교
(L'ecole des Ponts et Chaussées)
공병 학교에 해당하는 시설이다.

† 군사 공학
(military engineering)
전쟁 무기를 개발하고 개선하기 위한 공학을 말한다.

† 근대 엔지니어의 성장
2014년 이내주 등이 펴낸 책 『근대 엔지니어의 성장』은 전기 공학 및 화학 공학 계통의 엔지니어들이 어떻게 탄생했고, 어떻게 성장해왔는지를 프랑스, 영국, 독일, 미국을 중심으로 잘 설명하고 있다.

어야 한다(엔지니어 집단의 형성). 셋째, 엔지니어 집단을 유지할 수 있는 기술 매뉴얼과 국가 주도의 공학 교육 시스템이 있어야 한다(공학 교육 체제의 구축).

프랑스와 영국에서 근대 공학이 성립하고 있었던 18세기 후반, 우리 조선도 한강 배다리 건설과 수도권 신도시 건설이라는 대규모 국책 사업을 통해 근대 공학과 엔지니어 집단이 성립하고 있었다. 전국에서 모인 각 분야 전문가들이 신도시를 건설하는 초대형 프로젝트에 참여하면서 근대 엔지니어 집단이 형성되었고, 다양한 분야의 기술 매뉴얼이 제작되어 엔지니어와 테크니션(장인, 기술자) 집단을 체계적으로 교육할 수 있는 공학 교육 시스템이 구축되었다. 정조와 정약용이 의도하지는 않았겠지만 공익 목적성, 엔지니어 집단의 형성, 공학 교육 체제의 구축 등의 요건을 모두 갖춘 명실상부한 근대 공학이 조선 후기에 성립된 것이다.

화성은 국왕의 치적을 기념하거나 왕실의 사적인 이익을 추구하기 위해서가 아니라 공익을 위해 건설된 신도시였다. 화성은 상품 경제의 발달을 촉진시키는 기능과 백성의 삶의 터전을 성벽으로 보호하는 기능, 그리고 군사 요새의 기능을 모두 겸한 다목적 신도시였다. 한강 배다리 역시 백성들로부터 수백 척의 배를 모으는 과정에서 발생하는 피해를 방지하기 위해 공용 선박인 조운선을 활용하여 신속하게 건설할 수 있는 시스템을 갖췄다는 점에서 공익을 추구하고 있다. 배다리는 특히 전쟁 시에 매우 중요한 기술이었다. 적에게 오히려 도움을 줄 수도 있는 상설 다리와는 달리 배다리는 방어에 유리하기 때문이다. 오늘날 부교를 건설하는 공병대와 마찬가지로 조선의 주교사는 신속하게 배다리를 건설하고 해체하는 능력을 갖춘 유사시를 대비한 공적 시스템이었다.

전국 각지에서 화성 건설 현장으로 모여든 기술자들과 임금 노동자들을 관리하기 위해 군관(장교)들을 중심으로 한 관리자들이 파견되었고, 이들은 건설과 기계 분야의 엔지니어 집단으로 성장하였다. 화성 건설 과정에서 성장한 엔지니어 집단은 그 뒤 궁궐 보수와 같은 대규모 관급 공사에서 활약하였다.† 배다리 건설을 담당했던 엔지니어들은 주교사에 소속되어 배다리를

† 1803년(순조 3년) 창덕궁 인정전(仁政殿) 재건 공사 때와 1857년(철종 8년) 인정전 중수 공사 때에도 화성 건설 현장에서 사용하였던 녹로를 활용한 바 있다.

구성하는 모듈과 부품을 체계적으로 관리하여† 해마다 배다리를 건설하고 해체하는 업무를 감독하였다.

조선의 치밀한 기록 정신은 공학 분야에도 예외가 없었다. 『조선왕조실록』에는 왕과 신하가 치열하게 논의한 공학적 쟁점이 기록되었으며, 대형 프로젝트가 끝나면 백서에 해당하는 의궤†를 발행하였다. 조선 기록 문화의 꽃이라 불리는 의궤는 왕실의 예산으로 발행되었는데 『화성성역의궤』를 통해 화성 건설과 관련된 기록을, 『원행을묘정리의궤』를 통해 배다리 건설과 관련된 기록을 남김으로써 유사한 프로젝트를 기획할 때 참조할 수 있도록 하였다. 엔지니어 정약용도 다양한 도설을 남겨 건물, 기계, 도구에 관해 기록하였다. 청년기에 남긴 정약용의 설(說)은 대부분 공학과 관련된 것이었다.

조선에 공학 교육 시스템이 존재했다는 근거†는 크게 네 가지로 정리할 수 있다. 첫째, 1789년 배다리 건설을 담당하는 국가 기관인 주교사를 설립하고 1795년 1,800여 명이 동시에 건널 수 있는 교량의 가설 기술을 『주교지남』이라는 매뉴얼로 정리한 후, 해마다 교량 건설 작업에 활용했다는 점이다. 둘째, 1792년에 정약용이 신도시 수원 화성을 설계한 문서인 「성설」을 비롯하여 각 시설물 도면들이 건설 보고서인 『화성성역의궤』에 체계적으로 정리되어 그 뒤 국책 공사에 활용되었다는 점이다. 셋째, 정약용의 「성설」 7번 조거 항목은 공사 현장에서 유형거 11량을 제작하는 데 실제 사용된 기술 매뉴얼이었다는 점이다. 넷째, 기계 공학 분야 매뉴얼에 해당하는 정약용의 「기중가도설」은 거중기 개발 당시의 시행착오 과정은 물론 참고한 선행 기술을 모두 밝혔다는 점에서 현대의 공학 논문의 요건을 갖추었다는 점이다.

† 1808년(순조 8년)에 쓴 책 『만기요람』 재용편 중 주교 편에는 배다리의 구성 부품 현황이 상세하게 정리되어 있다. [부록11] 참조.

† 조선 왕조 의궤
서울대 규장각 한국학 연구원에 소장된 546종 2,940책과 한국학 중앙연구원 장서각(藏書閣)에 소장된 287종 490책의 각종 의궤는 조선 시대의 주요 행사와 건축물이나 왕릉의 조성 등에 관한 기록이 그림과 함께 정리되어 있다. 귀중한 자료로 희소성을 인정받아 2007년 유네스코 세계 기록 유산으로 등재되었다.

† 조선의 근대 공학 교육 체제
① 교량 공학 매뉴얼
『주교지남』
② 건설 공학 매뉴얼
「성설」, 『화성성역의궤』
③ 기계 공학 매뉴얼
「성설」 7번 조거
(유형거 매뉴얼)
④ 공학 논문
「기중가도설」

그림 VIII-5 국가 주도의 공학 매뉴얼 『화성성역의궤』 출판

특히 정약용이 설계한 배다리는 교량 공학과 조선 공학이 융합하여 만들어낸 합작품으로 외국의 기술 서적을 많이 참조한 기계 분야와는 달리 자생적으로 싹튼 조선의 공학이라는 점에서 더 큰 의미가 있다. 계획과 설계부터 다리를 시공하여 유지하고 보수하는 모든 과정을 연구하는 분야가 교량 공학이라고 한다면, 18세기 후반 조선 정조 때 이미 교량 건설 담당 관청인 주교사를 설치하여 한강에 주교를 가설하고 유지 보수하는 교량 공학 시스템이 존재했다는 사실은 놀라운 일이다.

현대의 교량 공사는 계획, 설계, 시공 단계를 거친다. 계획 단계에서는 지형, 지질, 유속 등을 조사하여 최적의 위치를 선정하고 교량의 형식을 결정한다. 설계 단계에서는 하부 구조와 상부 구조를 나누어 도면으로 그리고 매뉴얼에 해당하는 시방서를 작성한다. 시공 단계에서는 설계와 시방서를 토대로 먼저 하부 구조를 만들고, 이어 상부 구조를 만들어 간다. 설계와 시공 단계에서 발생할 수 있는 실수와 부정을 방지하기 위해서는 감리†와 설계 경제성 검토†를 받는다. 1795년 조선에서 1,800여 명이 동시에 건널 수 있는 교량을 건설하는 과정은 현대의 교량 공사 과정과 정확하게 일치한다. 아래 표는 이를 정리한 것이다.

표 VIII-5 1795년 을묘년의 주교 가설 과정

단계		과정
계획	시공사 선정	① 1789년 12월, 주교사 설치 후 공사 발주
	계획 및 설계	② 1789년, 「주교절목」 제출
설계	설계 감리	③ 1790년, 묘당찬진주교절목논변(廟堂撰進舟橋司節目論辨)
	시방서	④ 1790년 7월, 정조의 공사 지침『주교지남』발표
시공	시방서 확정	⑤ 1793년, 주교사가 수정 보완된 「주교사개정절목」 발표
	시공	⑥ 1795년 2월 13일 ~ 2월 24일(12일)
	준공 검사	⑦ 1795년 윤2월 4일, 주교도섭습의(舟橋渡涉習儀)
	준공 보고서	⑧ 1795년,『원행을묘정리의궤』의 주교도(舟橋圖)

† 감리(監理)
감독하고 관리하는 것으로 보통 시공 감리를 지칭한다. 대규모 공사에서는 기준과 상황에 맞게 제대로 설계했는지를 점검하는 설계 감리를 포함한다. 설계 감리의 주된 목적은 구조적 안정성을 평가하는 것이다.

† 설계 경제성 검토
(VE, Value Engineering)
공사비를 절감하고 시설물의 성능을 향상시키고자 분야별 전문가로 팀을 구성하여 설계 내용에 대한 경제성과 현장 적용의 타당성을 심도 있는 토론을 통해 평가하는 것을 말한다.

이처럼 18세기 조선의 배다리 건설 담당 기관인 국가 기관 주교사의 건축 행정은 같은 시기에 근대 공학이 성립되었던 프랑스의 다리 건설 기사단의 활동과 견주어 전혀 뒤지지 않는다.

오늘날 우리 학계에서는 건물을 짓는 것은 건축 공학, 설비나 시설을 짓는 것은 토목 공학, 도시의 내용·규모·배치를 공학적인 입장에서 접근하는 것은 도시 공학으로 보고 있다. 따라서 신도시 화성 건설 사업은 자연스럽게 건설과 관련된 세 개의 공학 분야와 관련을 맺는다. 또 거중기와 녹로와 같은 건설 장비를 설계하고 제작하는 것은 현대의 기계 공학과, 유형거와 같은 특수 운반 수레의 설계와 제작은 현대의 자동차 공학과 관련이 있다. 화성 건설에 참여한 엔지니어 집단을 효율적으로 배치하고 운영하기 위한 전략을 모색한다는 점에서는 현대의 산업 공학 영역도 포함하고 있다. 결국 우리도 18세기 후반 화성 건설 현장을 통해 토목 공학으로부터 다양한 공학의 분야가 분화하고 있음을 확인할 수 있는 것이다. 그림 VIII-6은 이를 나타낸 인포그래픽이다.

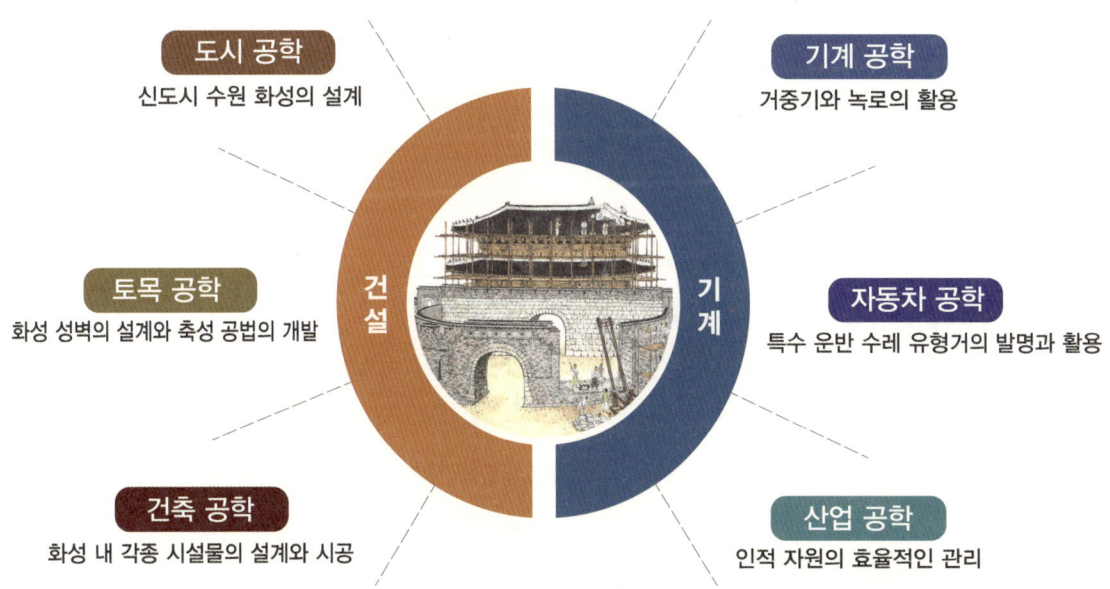

그림 VIII-6 화성 건설 프로젝트를 통해 6개 분야로 분화한 공학

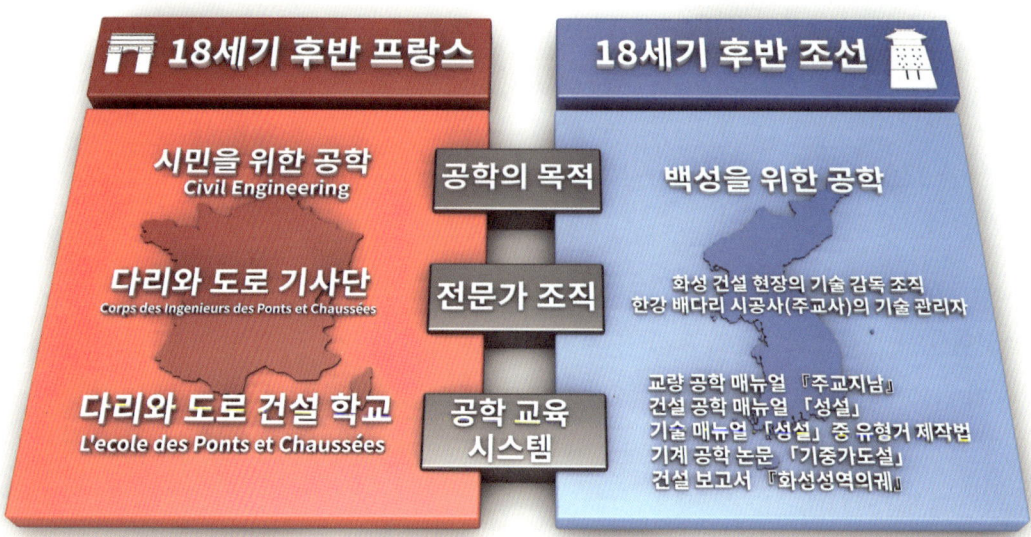

그림 VIII-7 조선 후기 엔지니어링 맹아론(김평원)

이처럼 유럽을 중심으로 시빌 엔지니어링과 엔지니어 집단이 성립되고 있던 시기에, 우리는 국가 주도의 교량 건설과 신도시 화성 건설 프로젝트를 통해 공학은 물론 엔지니어 집단과 공학 교육 시스템이 자생적으로 성립되면서 발전하고 있었던 것이다. 일부 사학자들이 내재적 발전론†의 관점에서 실학과 자본주의 맹아론†을 강조하듯이, 필자는 이러한 현상을 '엔지니어링 맹아론'으로 보았다. 과학 철학 및 과학사 전공이 융합 전공으로 대학에 자리를 잡았듯이 앞으로 역사학과 공학이 융합한 기술 및 공학사(工學史) 전공이 탄생한다면 이러한 논의가 더욱 확대 재생산될 것이다. 조선 후기 엔지니어링 맹아론을 요약 정리하면 그림 VIII-7과 같다.

이상의 논의는 정약용을 실학자로 간주하던 기존의 시각에서 벗어나 근대 엔지니어로 평가한 후, 다시 실학과 자본주의 맹아론을 강조하는 내재적 발전론의 입장에서 이른바 '엔지니어링 맹아론'을 피력한 것이다. 결국 필자는 실학의 실체를 부정하는 논의와 실학을 강조하는 논의를 융합하여 다산 정약용을 근대 엔지니어로 평가한 것이다.

† **내재적 발전론과 식민지 근대화론**
내재적 발전론은 조선 후기에 자본주의가 스스로 생겨난 것으로 보는 입장이고, 식민지 근대화론은 외부로부터 이식된 것으로 보는 입장이다. 내재적 발전론은 식민 사학을 극복하기 위해 실학과 자본주의 맹아론을 강조하고 있다.

† **자본주의 맹아론**
조선 후기에 발달된 상품 경제를 근거로 자본주의가 스스로 싹트고 있었다고 보는 관점이다.

엔지니어 정약용의
공학적 사고

다음은 대학 사학과 강의실에서 논쟁이 될 법한 일화를 상상하여 재구성한 이야기이다.

학 생: 『주교지남』과 『조선왕조실록』 같은 기록을 볼 때, 한강 주교는 국왕인 정조가 직접 설계한 것으로 볼 수 있지 않을까요?

교 수: 왕명을 받아 수행한 공사이기 때문에 왕의 치적으로 발표되지만, 분명 뒤에서 주도적으로 설계를 한 사람이 있었을 것입니다. 한강 주교는 다산 정약용이 주도적으로 설계한 것으로 볼 수 있습니다.

학 생: 정약용은 주교 건설에 참여했을 뿐이지 주도적인 역할을 했다고 평가하기에는 과한 것이 아닐까요? 『조선왕조실록』, 『승정원일기』, 『일성록』 등 공신력 있는 기록을 보면 주교와 관련된 내용에 정약용이 언급된 적이 없습니다.

교 수: 화성 공사 후 제작한 보고서인 『화성성역의궤』에도 정약용이 언급되지 않았지만 우리는 화성 설계를 정약용이 주도한 것으로 평가하고 있습니다. 정조가 지은 것으로 기록된 「어제성화주략」의 내용이 대부분 정약용이 지은 「성설」과 일치하기 때문입니다.

학 생: 그럼, 『주교지남』과 일치하는 정약용의 글은 남아 있습니까?

교 수: 아쉽게도 없습니다. 다만 정약용은 자찬묘지명에서 정조의 말을 빌려 자신이 주교 설계를 주도했음을 밝히고 있습니다.

학 생: 스스로 적은 묘지명도 사료가 될 수 있을까요? 결국 정약용 선생의 인격을 믿는 수밖에 없겠네요.

앞서 살펴본 바와 같이 정약용은 여섯 개 공학 분야의 엔지니어로 활약한 조선을 대표하는 근대 엔지니어였다. 화성 건설 프로젝트에서 정약용의 역할은 오늘날 국가와 지방 자치 단체의 고급 공무원에 해당하는 건축 행정가로 볼 수 있는데, 건축 행정가는 직접 시공하지는 않지만 국가 차원에서 정책을 수립하고 제도적인 측면에서 좋은 건축물과 도시를 만들기 위해 일하는 사람이다. 만약 정약용이 감동 당상이나 도청의 직책을 달고 화성 건설 책임자로 참여했다면 설계자의 의도를 파악하는 데 필요한 시간과 노력이 절약되어 화성 건설은 더욱 효율적으로 진행되었을 것이다. 더불어 정약용은 인적 자원을 효율적으로 관리하는 시스템을 구축하여 산업 공학 측면에 해당하는 업적도 남겼을 것이다.

이러한 빛나는 업적에도 불구하고 『조선왕조실록』, 『승정원일기』, 『일성록』과 같은 공신력 있는 사서(史書)에는 정약용이 수원 화성을 설계했다는 사실과 배다리를 설계했다는 명확한 기록이 남아 있지 않다. 수원 화성과 관련된 각종 기록물을 정리한 『화성성역의궤』에서도 정약용의 이름을 찾을 수가 없다. 사서에 충실한 실증주의 사학자들은 공신력 있는 사서에서 배다리와 관련된 내용에 정약용이 언급되지 않았음을 근거로 정약용이 배다리 설계에 실무적으로 참여하긴 했지만 주도적인 역할을 하진 않았을 것으로 평가하기도 한다. 하지만 당시 정약용이 본래의 직무를 면제받고 연구에 전념하면서 왕이 낸 과업을 수행할 수 있었던 초계문신 신분이었다는 점과, 그가 직접 '임금께서 말씀하시기를 기유년 겨울에 배다리를 놓을 때 그 방법을 올려 일이 성공적으로 이루어졌으니†'라고 자찬묘지명에 언급했다는 점에서 정약용이 주도적으로 배다리를 설계했음을 알 수 있다. 28세 1년 차 관리가 제안한 한강 주교 가설 방법이 너무나도 탁월했기 때문에 정조는 정약용의 실력을 인정했고, 몇 년 뒤 31세 초급 관리에 불과한 정약용에게 신도시 화성을

† [부록01] 정약용의 자찬묘지명 중 공학 관련 내용 국역본 참조.
上曰己酉冬舟橋之役 鏞陳其規制事 功以成

설계하라는 과중한 책임을 맡겼을 것이라고 추론함이 합리적이다.

물론 배다리를 주도적으로 설계한 사람이 누구인지를 명확하게 밝힌 기록은 없다. 하지만 정약용의 삶을 돌이켜 볼 때 자신이 하지 않은 일을 과장하여 기록할 정도의 인물이 아니라는 점, 정약용 이외에 자신이 했다고 주장하는 인물이 없다는 점, 정조 사후 유배된 정약용을 당시 노론들이 비중 있게 평가할 리가 없었다는 점, 배다리와 화성을 설계할 당시 정약용의 나이가 너무 어리고 관직에 막 입문하여 직급이 매우 낮았다는 점, 화성 설계를 누가 했는지를 명확히 밝힌 기록은 없으나 결국 정약용의 저서와 정조가 발표한 건설 지침이 일치한다는 점 등을 종합할 때 배다리는 수원 화성과 마찬가지로 정조의 명에 따라 정약용이 주도적으로 설계한 것으로 볼 수 있다.

1792년 겨울 정약용이 화성 설계를 마쳤을 때 남인 세력의 중심이었던 채제공은 정약용의 든든한 후원자였다. 하지만 정조와 채제공의 총애를 받았던 정약용은 노론 벽파에 의해 제2의 채제공으로 간주되어 집요한 공격을 받았다. 『화성성역의궤』에 설계자였던 정약용의 이름이 언급되지 않는 이유는 그의 설계가 정조의 「어제성화주략」으로 발표되어 공식 문서에는 정조가 설계한 것으로 되어 있기 때문일 수도 있다. 조선 후기와 같이 지식 재산권의 개념이 불분명했을 때에는 왕의 명령을 받아 수행한 업적은, 왕의 업적으로 간주되는 것이 일반적이었다. 또 정조의 갑작스러운 죽음 이후 『화성성역의궤』를 발행하는 과정에서 죄인 신분이었던 정약용을 삭제했기 때문일 수도 있다. 만약 『화성성역의궤』가 정조 사후에 발행되지 않고 이전에 발행되었다면 정약용의 이름이 삭제되지 않았을 것이다.

이처럼 한 사람의 업적이었다고는 믿기 어려운 청년 엔지니어 정약용의 활약은 그가 생각하고 문제를 해결하는 방식이 오늘날 추구하는 공학적 사고에 근접했기 때문에 가능했다고 볼 수 있다. 1768년 정약용이 7세 때 지어 부친을 놀라게 했던 '산(山)'[†] 이라는 오언시는 정약용이 7세 때 이미 원근법에 관한 공학적 사고를 시로 표현할 수 있을 정도로 천재적인 능력을 타고났음을 알게 해 준다.

[†] 출처: 『사암선생연보(俟菴先生年譜)』
『사암선생연보』는 정약용의 현손(玄孫) 정규영(丁奎英)이 1921년에 편찬한 정약용의 일대기이다.

산(山)

小山蔽大山 遠近地不同
(작은 산이 큰 산을 가렸으니 멀고 가까움이 다르기 때문이네)

이 시는 직관적이고 자기중심적인 사고 수준에서 벗어나 실제 크기와 다르게 보이는 착시 현상의 원인을 탐구하고 결론을 찾아 인과 관계를 표현한 작품이다. 이는 인지 발달 수준이 전조작기(pre-operational stage)에 불과한 시기에 정약용은 이미 형식적 조작기(formal operational stage)에 해낭하는 수준에 이르렀음을 의미한다.[†] 3년 차 관리인 정약용이 그토록 짧은 시간에 그 누구도 만들어 보지 않았던 신도시 화성을 중국의 병서와 서양 과학 기술 서적을 참조하여 성공적으로 설계할 수 있었던 힘은 어릴 때부터 키워 온 공학적 사고방식 덕분이었을 것이다. 과학적 사고, 수학적 사고, 인문학적 사고, 공학적 사고 등 다양한 분야의 사고방식에 관한 통합된 논의와 이론은 아직 명확하게 세워지지 않았지만, 많은 사람들이 그 차이를 인식하고 있음은 분명하다. 인문학자, 과학자, 공학자가 생각하는 방식을 필자 나름대로 비교하여 정리하면 다음과 같다.

표 VIII-6 다양한 분야의 사고방식

사고 유형	사고의 목적	사고의 절차
인문적 사고	현상을 해석하기 위해	자료 수집 - 비평 - 종합
과학적 사고	현상을 설명하기 위해	관찰 - 가설 수립 - 검증 - 이론
공학적 사고	문제를 해결하기 위해	과제 분석 - 설계 - 검증 - 문제 해결

엔지니어로서 정약용의 활동은 자발적인 것이 아니라 모두 정조의 명령에 의한 것이다. 정약용은 왕명에 의해 단기간에 집중적으로 공부하여 얻은 공학적 지식을 체계적인 논리로 재구성하여 국가 프로젝트를 완수하기 위한

[†] 피아제의 인지 발달 이론
1. 감각운동기(만 0세~2세)
2. 전조작기(만 2세~6세)
3. 구체적 조작기(만 7세~12세)
4. 형식적 조작기(만 12세 이후)

전략을 마련하였다. 결국 정조의 공학 영재를 보는 안목과 리더십이 정약용에게 공학 리터러시†를 형성케 했으며, 실무를 통해 다져지고 형성된 공학적 사고는 유배 시기 다양한 분야의 책을 저술하면서 실학을 집대성할 수 있는 핵심 역량이 되었다. 실무를 통해 발전시킨 정약용의 공학적 사고 전략을 여섯 가지로 정리하면 다음과 같다.

표 VIII-7 정약용의 공학적 사고

공학적 사고	정약용이 해결한 문제
최적화	흔들거리는 배 위에 흔들림에 순응하는 안전한 배다리를 만듦.
	수위 변화가 심한 나루터(선창)에 순응하는 안전한 부두를 만듦.
합리적 절충	군사 도시와 상업 도시, 둘 모두를 충족할 수 있는 도시를 설계함.
경제성 판단	비용 대비 효과를 냉철하게 분석하여, 기어 대신 복합 도르래만으로 거중기를 제작함.
	인중기 개발을 포기하고 대신 수레를 개발함.
역발상	높이가 낮고 폭이 넓은 수레 대신, 높이가 높고 폭이 좁아 흔들거리는 유형거를 개발함.
모듈화	쉽게 결합하고 해체할 수 있도록 거중기와 유형거의 주요 부품을 모듈로 제작함.
단순화	유형거와 녹로 모두 최대한 간단하게 제작하여 제작비와 유지 보수비를 낮춤.

이와 같이 정약용의 공학적 사고를 추론할 수 있는 까닭은 많은 기록물들이 남아 있기 때문이다. 정약용의 공법이 반영된 배다리 설계 지침서인 『주교지남』은 현대의 교량 공학 교과서에 해당하며, 신도시 화성 설계 지침서인 「성설」은 토목 및 건축 공학 교과서로 손색이 없다. 「기중가도설」은 기계 공학 논문인 동시에 실무 매뉴얼에 해당한다. 비록 정약용의 이름을 올리지는 못했지만 설계도, 시방서, 공문서, 시공 일지 등을 10권 9책으로 모아 국가가 발행한 『화성성역의궤』는 각종 설계도, 시방서, 준공 검사 보고서를 모두 망라한 건설 백서로 손색이 없다. 대형 토목 공사를 설계하고 건설 기계를 발명하여 실제 시공 단계에서 활용할 수 있도록 했다는 점에서 정약용은 조선의

† 공학 리터러시(engineering literacy)
리터러시(literacy)는 읽고 쓸 수 있는 기초 문해력을 의미한다. 따라서 리터러시가 없는 경우를 문맹이라고 한다. 오늘날 리터러시는 다양한 분야에서 기초 소양을 의미하는 개념으로 사용되고 있다. 예를 들어 미디어 교육 분야에서 강조하는 미디어 리터러시는 매체를 이해하고 활용하는 능력을 의미한다. 공학 리터러시는 '공학의 특성을 이해하고 활용할 수 있는 능력'으로 정의할 수 있다.

근대 공학을 세운 명실상부한 근대 엔지니어로 평가할 수 있다.

 18세기 이후 서양의 토목 공학은 기계 공학, 전기 공학, 화학 공학 등 다양한 공학 분야로 분화 발전하였으나, 조선은 정조 사후 1801년부터 18년간 엔지니어 정약용을 유배지로 보내 손발을 묶고[†] 그의 엔지니어 활동을 기록에서 삭제하고 말았다. 1807년 증기선이 다니고, 1814년 증기 기관차가 다니면서 산업 혁명이 유럽과 미국으로 확산되는 동안 정약용은 유배지에서 공학 이외의 다양한 분야의 책을 저술하고 있었다. 결국 우리는 일본과 서구 열강에 의해 도로, 철도, 교량 등이 건설되면서 일제 강점기를 거쳐 '시빌 엔지니어링'을 지칭하는 '토목 공학'이라는 용어와 함께 근대 공학을 받아들이는 운명에 처하게 되었다. 우리는 엔지니어 정약용과 함께 발전할 수도 있었던 조선 근대 공학의 추진력을 잃고, 대신 후대 학자들이 실학을 집대성했다고 평가할 정도로 다양한 분야의 수준 높은 저서를 얻었다. 얼마나 잃었고 얼마나 얻었는가를 냉정하게 따져 보는 일은 우리에게 남겨진 몫이다.

[†] 정약용은 18년간의 유배 생활에서 풀려난 뒤에도 18년을 더 살았기 때문에 결국 36년간 그의 손발을 묶은 셈이었다.

부록01 _ 정약용의 자찬묘지명 중 공학 관련 내용
부록02 _ 「성설」 국역본
부록03 _ 「옹성도설」 국역본
부록04 _ 「포루도설」 국역본
부록05 _ 「현안도설」 국역본
부록06 _ 「누조도설」 국역본
부록07 _ 「기중가도설」 국역본
부록08 _ 「주교절목」과 논변 국역본
부록09 _ 『주교지남』 국역본
부록10 _ 「주교사개정절목」 국역본
부록11 _ 『만기요람』 재용편 5, 주교 편 국역본
부록12 _ 『일성록』 1792년 윤4월 6일 기사 국역본
부록13 _ 『각사등록』 충청 감영 장계 국역본
부록14 _ 모형 제작 사례
부록15 _ 거중기와 녹로를 개량한 창작 모형 사례

부록 01

정약용의 자찬묘지명 중 공학 관련 내용

해설

정약용은 1822년 회갑을 맞아 스스로 자신의 묘지명(墓誌銘)을 지었다. 묘지명은 죽은 자의 일생을 전하는 글로서, 생전에 자신의 묘지명을 직접 작성하는 경우는 매우 드문 일이다. 정약용의 자찬묘지명(自撰墓誌銘)은 실제로 무덤 속에 넣을 소략한 광중본(壙中本)과 문집에 담을 상세한 집중본(集中本)이 있다. 이 중에서 집중본은 군왕인 정조와의 일화를 소개하고 있어 엔지니어 정약용의 업적을 연구하는 데 중요한 자료이다. 아래에 소개하는 내용은 한국고전번역원에서 국역한 자찬묘지명[1] 중에서 정약용이 배다리와 화성 설계를 주도했음을 입증하는 내용이다. 정약용은 자찬묘지명을 쓰고 14년 뒤인 1836년에 세상을 떠났다(향년 75세).

그림 IX-1 다산 정약용의 묘(남양주 다산 유적지)

[2]이해 겨울에 수원에 성을 쌓게 되었다. 주상이 이르기를, "기유년(1789년) 주교(舟橋)의 역사에 용(鏞)[3]이 그 규제(規制)를 진달하여 사공(事功)이 이루어졌으니, 그를 불러 사제(私第)에서 성제(城制)를 조진(條陳)하도록[4] 하라."라고 하였다. 용이 이에 윤경(尹畊)의

보약(堡約)과 유 문충공(柳文忠公) 성룡(成龍)의 성설(城說)에서 좋은 제도만 채택하여 모든 초루(譙樓)·적대(敵臺)·현안(懸眼)·오성지(五星池) 등 모든 법을 정리하여 진달하였다.

주상이 또 『고금도서집성(古今圖書集成)』과 『기기도설(奇器圖說)』을 내려 인중법(引重法)·기중법(起重法)을 강구하도록 하였다. 용이 이에 「기중가도설(起重架圖說)」을 지어 올렸다. 활거(滑車)와 고륜(鼓輪)은 작은 힘을 써서 큰 무게를 옮길 수 있었다. 성역(城役)을 마친 뒤에 주상이 일렀다. "다행히 기중가(起重架)를 써서 돈 4만 냥의 비용을 줄였다." (후략)

그림 IX-2 다산 정약용의 동상(남양주 다산 유적지)

---

1) 이정섭 역, 『다산시문집』 제16권, 「묘지명(墓誌銘)」, 자찬묘지명(自撰墓誌銘) 집중본(集中本), 한국고전번역원, 1985.
2) 是年冬城于水原上曰己酉冬舟橋之役鏞陳其規制事功以成召之使于私第條陳城制鏞乃就尹畊堡約及柳文忠成龍城說探其良制凡譙樓敵臺懸眼五星池諸法疏理以進之上又內降圖書集成奇器圖說令講引重起重之法鏞乃作起重架圖說以進之滑車鼓輪能用小力轉大重城役旣畢上曰幸用起重架省費錢四萬兩矣
3) 정약용
4) 정조가 사제에서 설계하라 명한 까닭은 당시 정약용이 부친상 중이었기 때문이다.

부록 02 「성설」국역본

해설

정조의 명에 의해 부친상 중에 있는 정약용이 지어 올린 「성설(城說)」은 화성 공사를 마치고 발행한 『화성성역의궤』의 「어제성화주략」과 일치하는 내용이다. 아래는 한국고전번역원에서 국역한 「성설」 국역본[1]을 독자가 이해하기 쉽도록 인포그래픽과 삽화를 넣어 정리한 것이다.

그림 IX-3 성설의 8개 지침

[2]신(臣)이 삼가 생각하건대, 화성(華城)을 쌓는 일은 비용이 많이 들고 일이 번잡하며 시기는 어려운데 일은 크게 벌여 놓았으므로 성상(聖上)께서는 근심하며 애쓰시나 조정의 의논은 통일되지 않고 있습니다. 그러나 당초 시작할 때 계획을 치밀하게 하여야 하므로 신은 삼가 전에 들은 것을 간추려 외람되나마 어리석은 견해를 진달합니다. 그 조목은 다음과 같습니다. 1. 푼수(分數), 2. 재료(材料), 3. 호참(壕塹), 4. 축기(築基), 5. 벌석(伐石), 6. 치도(治道), 7. 조거(造車), 8. 성제(城制)인데, 거제(車制)에 관해서는 약간의 도식을 사용하여 성

상께서 보기 편리하게 하였습니다. 신은 송구스러움을 견딜 수 없습니다.

[3) 1. 푼수(分數)

지금 이 신읍(新邑)의 성곽은 그 주위가 대략 3천 6백 보(步)【곡성(曲城)[4)]까지 합하여 계산한 것이다】인데 그런대로 쓸 만하고, 그 높이는 대략 2장(丈) 5척(尺)【여장(女墻)은 계산에 넣지 않았다】이면 타고 넘을 수 없을 것입니다. 모든 석재(石材)와 기술자와 인부 및 비용은 모두 이것에 기준합니다.

[5) 2. 재료(材料)

지금 의논이 벽성(甓城)을 하느냐 토성(土城)을 하느냐는 등의 설이 있습니다. 그러나 동인(東人)은 벽돌 굽는 데 익숙하지 못하고 또 벽돌을 구워대기가 어려우니, 본디 잘못된 계획입니다. 토성(土城)은 비록 외면(外面)에 회(灰)【세 가지 물질을 혼합한다고 한다】를 바른다고 하지만 흙과 석회는 서로 견고하게 부합되지 아니하므로 얼었다가 녹을 때에 흙이 부풀었다 가라앉게 되고, 비에 삭은 석회의 표면에 틈이 생기게 되어 흙이 점점 속에서 부풀어 오르면 석회는 밖으로 떨어지니 사용할 수 없고 반드시 석재(石材)를 써야 합니다.

[6) 3. 호참(壕塹)

무릇 성곽은 안과 밖에서 동시에 쌓는 것이 본디 가장 좋은 것[7)]입니다. 지금 그렇게 할 수 없다면 안쪽에서는 반드시 산을 의지하여야 할 것이니, 평지(平地)에서 흙을 파려면 흙이 어디서 나오겠습니까. 『역경(易經)』에, "성(城)이 황(隍)으로 돌아갔다."라고 하였습니다. 대체로 흙을 파서 호참(壕塹)을 만들고 그 흙으로 성을 쌓는데, 호참이 바로 황(隍)입니다. 그러므로 성이 무너지면 황으로 되돌아갔다고 할 수 있습니다. 겸하여 또한 성을 쌓으면 호참이 생기니, 그것으로 수비한다면 견고합니다. 이러한 이점을 이용하면 편리하기도 하고 흙도 마련하기 쉬우니, 이야말로 배 먹고 이 닦기입니다. 두 가지 수고를 할 필요가 있겠습니까. 이번에는 호참을 파서 흙을 사용하는 것이 옳습니다.

[8)] ① 호참을 파는 곳이 성과 너무 가까우면 흙이 점점 붕괴되어 성근(城根)이 견고하지 못하게 되니, 성에서 3, 4장(丈) 정도 떨어져서 흙을 파게 하여야 합니다. 이렇게 하면 흙을 운반하는 데는 약간 먼 것이 흠이지만 걱정할 것은 못 됩니다.

---

1) 양홍렬·박소동·김윤수 공역, 『다산시문집』 제10권, 「설(說)」, 한국고전번역원, 1983.
2) 臣竊念城華之役費鉅而務繁時詘而擧嬴聖念憂勞廟議岐貳第惟經始之初商確宜密臣謹摭舊聞猥貢愚見一曰分數二曰材料三曰壕塹四曰築基五曰伐石六曰治道七曰造車八曰城制至於車制略用圖寫以便淵覽臣無任戰悸之至
3) 一曰分數者今此新邑之城其圍約三千六百步【竝曲城計之】可以苟容其崇約二丈五尺【女墻不在計】可無踰越凡石材及工役容費竝以此爲準
4) 곡성은 옹성을 의미한다.
5) 二曰材料者今議有甓城土城等說然東人不嫺燒甓且難辦薪甓固非計土城雖曰外面築灰【三物交合云】土之與灰不相膠附凍之方融土根隨陷雨之所泐灰面多觖土漸內脹灰則外落必不可用莫如仍用石材
6) 三曰壕塹者凡城內外夾築固爲大善今茲未能內必依山平地出土土將何出易云城復于隍蓋掘土爲壕土則爲城濠乃成隍故城之旣壞得稱復隍兼又城而有壕以守則固利乘便土自易辦啖梨磋齒奚費兩勞今宜掘壕取土而用之
7) 내외 협축 공법의 우수성: 정약용은 내외 협축 공법이 가장 우수함을 분명히 밝혔다.
8) 一掘壕之地若太逼城土漸崩下城根不固宜離城三四丈許方許跑地此于運土雖病稍遠不足恤矣

9) ② 호참을 파는 깊이는 대략 1장(丈) 5척(尺)이고, 그 너비는 대략 7장이며 점점 좁아져 호참의 바닥에서는 3장 정도가 되게 합니다【형세를 만일 가파르게 하면 쉽게 무너져 메워지기 쉽다】. 이 안에서 파낸 흙으로 산을 만들면 성과 같게 할 수 있습니다.

10) ③ 호참을 파는 기구는 대궤(大鐝)【속명(俗名)은 괭이[光屎]다】로 흙을 파고, 첨궤(尖鐝)【속명은 곡괭이[直光屎]다】로 돌을 뽑으며, 흙을 담아내는 기구는 반드시 대초(大鍬)【가래의 종류다】를 사용하여야 합니다. 날은 철인(鐵刃)으로 하였는데 둥글기는 반달[半月]과 같고, 꼬리는 긴 자루를 박았는데 그 모습은 위로 휘어지게 하여야 합니다. 날이 반달 같으면 뾰족한 날처럼 흙에 걸리지 않고 흙을 넓게 긁을 수 있으며, 자루가 위로 휘어지면 곧은 자루처럼 뻣뻣하지 않아서 흙을 호참에서 멀리까지 보낼 수 있습니다. 건장한 사내가 자루를 잡고 좌우에서 각기 줄을 당기면 5명의 힘을 낼 수 있습니다.

11) ④ 이미 흙을 팠으면 반드시 성지(城址)를 따라 퇴적하되 위를 반드시 평탄하게 하여 석재(石材)를 실어 오면 그 위에 놓게 하여야 합니다. 대체로 돌이란 밑에서 달아 올리려면 어렵고 위에서 달아 내리기는 쉽습니다.12) 이 때문에 돌을 여기에 모아 놓는 것입니다.

13) **4. 축기(築基)**

궁실(宮室)과 성곽(城郭)에는 오직 기초가 중요합니다. 기초를 견고하게 쌓지 아니하면 조장(雕墻)·분첩(粉堞)이 아무리 아름다워도 무엇에 의지하겠습니까. 대석(大石)을 사용하는 것이 진실로 좋지마는 공사비를 감당할 수 없습니다. 언제인가 부중(府中)의 개울가를 보았는데 모두가 흰 자갈【수마석(水磨石)】이었습니다. 물길을 따라 주워 모으면 이루 다 쓰지 못할 정도로 많아질 것입니다. 지금 성지(城址)를 따라 구덩이를 파서 너비는 약 1장이 되게 하여 돌로 다지고, 깊이가 4척이 되게 하여 겨울에 얼게 하고는 한 걸음마다 표목(表木)을 세워 3천 6백 단(段)으로 나누고, 그 다음 인부를 모집하여 개울의 자갈을 지고 와 일단(一段)을 채우는 데 따라 품삯을 얼마씩 준다면, 그들은 자신이 계산하여 많이 져 나를수록 이익이 많으므로 힘껏 일을 하여 며칠 안 되어 채울 수 있을 것입니다. 날품을 주는 것과 비교하면 비용이 절약되고 공정도 빠를 것입니다.14) 구덩이가 차고 나서 여럿이 방망이로 힘껏 다지면 견고한 기초를 잠깐 사이에 만들 수 있습니다.

15) **5. 벌석(伐石)**

석재(石材)는 어느 산이고 따질 것 없이 이미 떴으면 석공(石工)을 그곳으로 보내 대략 다듬게 하여 무게를 감소시켜야 실어 나르기가 편리합니다. 또한 돌덩이의 크고 작은 것을 몇 등급으로 나누어 용도에 맞추어 자르되 큰 것은 한 덩이를 한 수레가 되게 하고, 그 다음은 두 덩이를 한 수레가 되게 하고, 작은 것은 세 덩이나 네 덩이씩 되게 하되 한 수레를 실어 날라 성(城) 일보(一步)씩에 해당되게 한다면, 곧 3천 6백 수레로 한 둘레를 채울 수 있습니다. 한 둘레의 층에 돌이 몇 덩이나 사용되는지는 일정한 숫자가 없다 하더라도 한 수레가 일보

그림 IX-4 돌 크기의 표준화

(一步)씩 되는 것은 남거나 모자람이 없게 하여야 합니다. 이렇게 한 다음에야 공사비와 인부 삯이 모두 분수(分數)가 있어서 남잡(濫雜)하게 되지 않습니다. 성을 쌓을 때는 큰 돌은 아래층에 사용하고, 중간 것은 중간층에, 작은 것은 위층에 사용하여 크고 작은 것을 차례로 하여야 자재도 알맞게 사용됩니다.

16) 6. 치도(治道)

장차 수레를 다니게 하려면 반드시 길을 먼저 닦아야 됩니다. 지금 돌이 있는 곳에서 시작하여 성이 있는 곳까지 마음을 다하여 길을 닦아, 곧고 평탄하게 하여야 수레를 끌고 소를 몰 때 망가지거나 뒤집히는 것을 면할 수 있습니다. 이것이 비록 하찮은 일 같지마는 먼저 하여야 할 일입니다.

17) 7. 조거(造車)

지금 의논이 대거(大車)와 설마(雪馬) 등의

그림 IX-5 부석소에서 공사장까지의 운송로

설이 있습니다. 그러나 대거는 바퀴가 너무 높아서 돌 싣기가 어렵고, 폭(幅)은 약하여 부서지거나 뒤집히기 쉬우며, 겸하여 비용이 많이 들기 때문에 많이 만들 수 없습니다. 설마는 전체가 땅에 닿으므로 밀고 당기는 데 힘이 들고, 아무리 산륜(散輪)을 사용한다 해도 바퀴가 낮고 작으므로 구덩이를 만나면 빠지고, 돌출된 곳을 만나면 걸립니다. 아예 빙판(氷阪)이 아니라면 운행할 수 없기에 지금 새로 수레 하나를

---

9) 二掘壕之深約一丈五尺其闊於地面約闊七丈以漸而窄令至壕底爲三丈許【勢若峭急又易圮易塡】此內所掘之土以之爲山足以配城

10) 三掘壕之器大鍬反土【鐵俗名光屎】尖鍬拔石【俗名直光屎】而至於放土之器須用大【鍬鐸屬】也頭屬鐵刃其圍如半月尾屬長柄其勢令仰卷刃如半月則不似尖刃之礙土而話土敦闊柄勢仰卷則不似直柄之木强而送土豪遠令健男操柄左右各輓二索則五夫之力足以連用

11) 四旣已取土堆積城須循城址其背須令平坦石材旣輪列置土脊蓋石從下縋上難從上縋下易故令稅石于此也

12) 이를 통해 화성 성벽은 거중기를 이용하여 들어 올리는 방식이 아니라 흙 경사로를 이용하여 위에서 아래로 돌을 내리는 방식으로 축성하였음을 알 수 있다. 흙 경사로는 치우지 않고 다져 그대로 사용하였다.

13) 四曰築基者宮室城郭惟基是重築基不固卽雕牆粉堞雖何賴大石固築工費不給嘗見府內川邊盡是白礫【水磨石】沿流拾取不可勝用今宜循址開坎約廣一丈令過石限而深四尺令過凍限又每一步立一表木分作三千六百段次募役夫令川礫每塡一段給雇幾銭則渠自爲計愈負愈利力作疾趣不日可塡比之計日給雇費省而功遄矣坎旣平夷衆杵亂擣不拔之基朝暮可成

14) 정약용의 산업 공학자다운 면모가 드러나는 부분이다.

15) 五曰伐石者石材無論某山旣伐宜令石工卽其本地草草攻治以減其重便於載輪又其石體之大小分爲數等斲載有制大者一顆一車其次兩顆一車小者三顆或四顆每輪一車令供城一步之用卽三千六百車可供一周一層石之幾顆雖無定數一車一步令無嬴縮如此然後工費役夫俱有分數不至濫雜方其築城大者用于下層中者中層小者上層大小以漸而次亦中用矣

16) 六曰治道者將欲行車必先治道今宜起自石所至于城所極意修治如砥如矢驅車策牛方免摧敗此雖細節而先務也

17) 七曰造車者今議有大車雪馬等說然大車其輪已崇載石旣艱其幅又弱摧項則易傷兼且費鉅不可多造雪馬全身地以推輓費力雖用散輪輪旣庳小遇坎則陷遇突則礙苟非氷阪無以運行今宜捌造一車名曰游衡[制詳下圖]比之大車雪馬費省而用利矣

고안하였는데 유형(游衡)【제도는 다음 그림에 상세합니다】이라고 이름을 지었습니다. 대거와 설마에 비하면 비용이 절약되고 사용하기도 편리합니다.

[18)]신이 언제인가 『무비지(武備志)』를 보았는데 여러 가지 수레 제도가 실려 있었습니다. 그중에 바큇살이 정자(井字) 무늬와 같은 것이 있었는데 아마도 난(亂)을 당하여 급히 만들고 비용을 절약하려는 의도였을 것입니다. 지금의 유형거(游衡車)도 역시 이것을 모방하여 만들었는데 삼가 도본(圖本)을 만들어 다음과 같이 열거합니다.

되는데 봉수의 지름은 3촌 5푼입니다【수철(水鐵)로 만든다】. 정(丁)·무(戊)·기(己)·경(庚)은 바큇살이 되는데【정·무가 하나이고 또 기·경이 하나이다】두 바큇살은 바퀴통에 관통(貫通)합니다. 너비는 각기 두 치로 하고 두께도 같게 하며, 길이는 일정한 척도(尺度)가 없이 다만 양쪽 머리가 바퀴 테에 닿게 합니다【바퀴 테에 닿는 네 개의 머리도 각각 몇 치씩 되게 한다】. 신(申)·임(壬)·계(癸)·자(子)가 바퀴 테가 되는데 바퀴 테의 두께는 세 치이고, 너비는 여섯 치로 네 쪽을 합하여 완전히 둥글게 합니다【대체로 완전한 원(圓)을 4등분하여 하나씩 만든다】. 합봉(合縫)되는 곳마다 요철(凹凸)을 만들어 서로 굳게 물리도록 합니다.

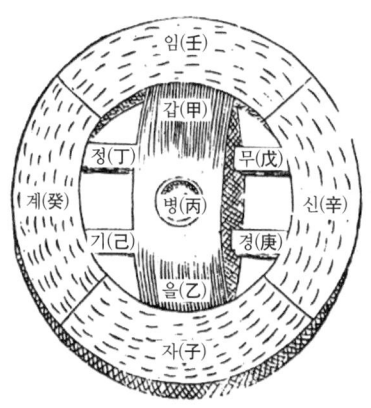

그림 IX-6 유형거 바퀴의 구성

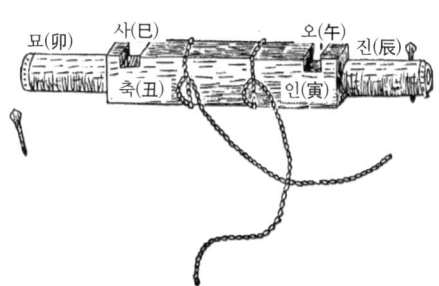

그림 IX-7 유형거 바퀴 축의 구성

[19)] 위의 그림과 같이 전체의 지름이 3척 5촌입니다. 갑(甲)과 을(乙)이 바퀴통[轂]【제도는 바퀴통과 다르지마는 차명(借名)하여 일컬은 것이다】인데 바퀴통의 너비는 1척이고 길이는 일정한 규칙이 없습니다. 다만 양쪽 머리 가에 닿게 하고 그 끝이 바퀴 테[輞]【바퀴를 싸고 있는 곽(郭)】에 들어가는 것이 또 각기 몇 치씩 되어야 합니다. 두께는 여덟 치로 하되 양쪽 머리 바퀴 테에 가까운 곳에서는 차츰 얇게 하여 세 치가 되게 함으로써 바퀴 대와 평형이 되게 합니다. 병(丙)이 봉수(蜂藪)【바퀴통의 구멍이다】가

[20)] 위의 그림과 같이 축(丑)과 인(寅)이 굴대[腰]【두 바퀴 안쪽에 있는 것】에 해당되는데 굴대는 반드시 각이 져야 합니다. 각은 일면이 각각 다섯 치이고 길이는 두 자 다섯 치입니다. 묘(卯)와 진(辰)이 굴대 끝[轊]【굴대의 끝이 바퀴를 끼는 곳이다】이 되는데 굴대 끝은 반드시 둥글게 하고, 지름은 각각 세 치 5푼이 조금 못 되게 하여 봉수(蜂藪)에 들어갈 수 있게 만듭니다. 길이는 각각 한 자씩 되게 하여 그것의 8촌으로 바퀴통을 끼고, 나머지 2촌에는 구멍을 뚫어 비녀[簪]를 끼워서 바퀴통이 벗어지지 않

게 합니다. 별도로 수철(水鐵)을 가지고 편정(片釘)을 만들어 굴대 끝의 전체에다 마치 저울의 눈금처럼 박는데, 편정의 머리를 돌출되지 않게 하여야 봉수에 걸리지 않습니다. 사(巳)와 오(午)가 오목한 부분[凹]인데 오목한 부분은 복토(伏兔)【다음의 그림을 참고하라】를 고정시키려는 것입니다. 두 오목한 부분의 밖에 남은 곳이 각기 5푼이며 두 오목한 부분의 안쪽에는 두 가닥의 마색(麻索)을 묶어 그것을 잡고 당깁니다.

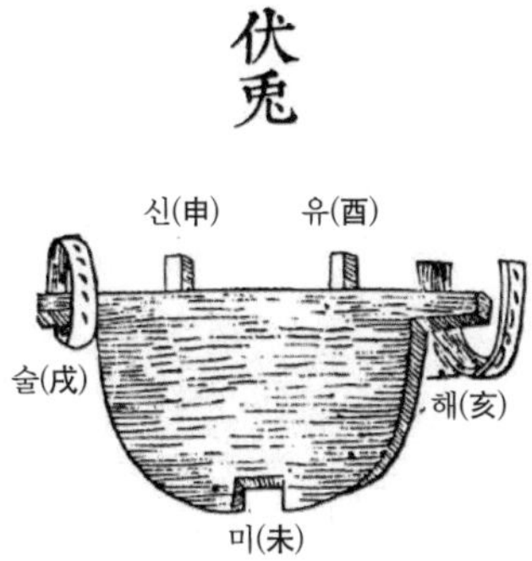

촌입니다. 미(未)가 꽁무니[尻]인데 꽁무니는 【굴대[軸]의 오목한 부분[凹]에】 고정시키는 것입니다【굴대의 오목한 부분과 복토의 꽁무니 길이는 각각 3푼 반씩이다】. 신(申)과 유(酉)는 뿔[角]이라는 것인데 뿔이란 짐칸의 다리[輿股]에【짐칸에 다리가 둘인데 구멍이 각각 둘씩 있다】 삽입하는 것입니다. 술(戌)과 해(亥)는 활 끝[弰]이란 것인데 두 활 끝은 길이가 각각 몇 치씩 됩니다. 그리고 복토의 현(弦)이 위로 짐칸의 다리와 접합되는 곳에 별도로 쇠고리를 만들어 활 끝에 끼워 긴접(緊接)되게 합니다.

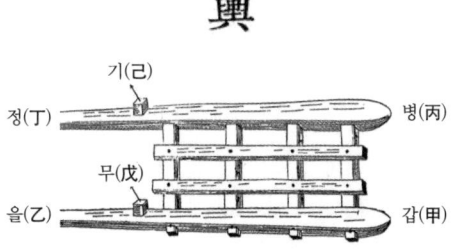

그림 IX-8 유형거 복토의 구성

그림 IX-9 유형거 상부 수레의 구성

21) 위의 그림과 같은 반원형(半圓形)을 복토(伏兔)【제도는 약간 다르지마는 차명(借名)한 것이다】라고 하는데 복토 판 아래로 굴대[軸]와 접합하고 위로는 짐칸[輿]을 받는 것입니다. 높이가 1척 8촌이고 현(弦)은 2척 5촌에 두께는 3

22) 위의 그림에서 갑(甲)·을(乙)·병(丙)·정(丁)은 수레의 다리인데, 두 다리의 길이는 각각 12척 5촌입니다. 앞부분의 5척은 반드시 모지게 합니다【높이는 각각 4촌 5푼, 너비는 3촌으로서 이 3촌은 토현(兔弦, 복토의 둘레)의

---

18) 臣嘗見武備志載諸車制其中或有輻如井文者蓋亦臨難急造欲以省費之意也今游衡之車亦倣是而爲之謹將圖本開列如左
19) 如上圖全徑三尺五寸甲乙爲轂【制與轂殊姑借名】轂廣一尺長無定度惟其兩頭抵輞輪圍郭其末入輞者又各幾寸厚八寸而兩頭近輞處漸殺爲三寸與輞平丙爲蜂藪【轂空壺中也】蜂藪徑三寸五分【以水鐵爲之】丁戊己庚爲輻【丁戊爲一又己庚爲一】兩通貫轂身各廣二寸厚如之長無定度惟其兩頭抵輞【四頭入輞者又各幾寸】辛壬癸子爲輞輞厚三寸廣六寸合四象限【凡全圍四分之一爲一象限】爲全圍每合縫作凸凹以相持固之
20) 上圖丑寅爲軸腰【在兩輪之內】軸腰須方方各五寸長二尺五寸卯辰爲轊【軸端貫轂者】轊須圓徑各三寸五分弱令容於蜂藪長各一尺以其八寸貫轂餘二寸鑿孔下簪令持轂不脫另碎水鐵作片釘遍著轊身如秤有星之釘頭勿令凸起以礙蜂藪巳午爲凹凹所以安伏兔【見下圖】者兩凹之外餘地各五分兩之內繫兩條麻索以靷之
21) 上圖半圓形爲伏兔【制亦差殊今借名】伏兔所以下接軸上承輿者崇一尺八寸弦二尺五寸厚三寸未爲尻尻所以安於軸凹者【軸凹與兔尻各深三分半】申酉爲角角所以入于輿股者【輿兩股各有二孔】戌亥爲弰兩弰各長數寸兔弦上配輿股另作鐵箍箍于弰背令之緊接
22) 上圖甲乙丙丁爲輿股【制與輿殊今借名】兩股各長十二尺五寸而前五尺須方【崇各四寸五分廣三寸三寸以應兔弦之厚】平分五尺之長各橫鑿四孔以待橫木之端股頭餘地五寸其形如牛舌以便鮎石【見下文】股之後七尺五寸須以漸而圓其端如輢股以便把握四橫木各廣二寸五分厚二寸八頭各貫股孔而頭皆稍銳以防內游其出股外者皆鑿孔施簪以防外脫

두께에 맞도록 한다). 이 5척의 길이를 똑같이 나누어서 각각 옆 부분에 네 개씩의 구멍을 뚫어 가로지르는 나무를 끼울 수 있도록 하며, 다리[股] 앞부분의 5촌 정도는 소의 혀와 같은 모양으로 깎아서 돌 밑에 밀어 넣어 싣기에 편리하도록 하고, 다리 뒷부분의 7척 5촌은 반드시 점점 둥글게 깎아 끝부분을 가마채같이 만들어 손으로 거머쥐기 편리하게 합니다. 네 개의 가로지르는 나무는 각각 너비가 2촌 5푼, 두께가 2촌으로서, 양편 끝부분인 여덟 군데의 끝머리를 각각 다리에 뚫어 놓은 구멍에 끼우는데 끝쪽으로 가면서 조금 가늘게 깎아 안쪽으로 흔들거리는 것을 막고, 구멍을 통과하여 다리 바깥쪽으로 나오는 끝에는 모두 구멍을 뚫어 쐐기를 박아서 바깥쪽으로 빠져나가는 것을 막습니다.

23) 두 개의 세로로 지르는 나무[수레의 다리 안쪽에 대는 나무이다]는 모두 등(背) 쪽은 둥글고, 밑 쪽은 편편하게 깎아 가로지르는 나무와 잘 맞도록 하는데, 길이는 각각 4척 7촌이며, 등마루의 두께는 2촌, 밑부분의 너비는 3촌으로 하여 가로지르는 나무가 맞물리는 곳엔 각각 쇠못을 박되, 쇠못의 머리가 위로 삐죽이 나오지 않도록 합니다. 무(戊)와 기(己)는 한표(限表)라는 것인데, 높이가 3촌 남짓하여 돌을 거기까지만 실어 넘치지 않도록 하기 위한 것입니다[자세한 것은 아래에 보인다].

24) 수레를 만드는 데 사용하는 재목은, 곡(轂, 바퀴의 속통) · 여(輿, 수레의 바탕) · 고(股, 수레의 다리) · 복토(伏兎, 수레의 굴대 좌우에 있어서 수레의 상자와 굴대를 연결하는 역할을 함) 등에는 모두 소나무를 사용하고, 복(輻, 바퀴의 살) · 축(軸, 굴대)과 가로대는 나무에는 모두 참나무를 사용하며, 세로대는 나무에는 생참나무를 사용하되 껍질을 벗겨서 미끄럽게 하여 돌을 내릴 때 잘 굴러 내리도록 합니다. 망(輞, 수레바퀴의 바깥쪽 테)을 만드는 데

는 결이 꼬이고 혹이 나서 울퉁불퉁하여 땔감으로나 사용됨직한 소나무를 사용하는데, 결이 꼬인 것은 나무의 결이 감겨져서 고르게 닳아지고, 혹이 나서 울퉁불퉁한 것은 성질이 단단해서 별로 잘 닳지 않기 때문입니다. 간단하기가 이와 같아서 약 12냥 정도면 수레 한 대를 만들 수 있으므로 70대의 수레를 만드는 데 소요되는 경비는 8백 40민(緡, 옛날 돈의 단위 즉 양(兩)) 정도면 됩니다.

25) 앞에서 말한 수레 제작에 관한 여러 가지 방법은 각기 그에 따른 이유들이 있는데, 바퀴 전체 지름이 3척 5촌인 까닭은, 너무 높거나 낮지 않은 중간을 취하려 함이며, 한 개의 곡(轂)을 세로로, 두 개의 복(輻)을 가로로 하는 것은 둘레의 망(輞)과 합쳐서 네 가지가 한 덩어리가 되게 하려는 것이니, 다른 종류의 수레는 모든 복(輻)이 곡으로 모여서 여러 개의 구멍을 파서 살이 맞물리도록 하여 바퀴를 만드는 까닭에 만들기가 어려운 데 비해서 쉽게 부서지므로, 이 방법은 간단하면서도 견고하게 하기 위한 것입니다. 굴대의 끝에 쇠붙이를 붙이는 것은 닳지 않고 견고해서 오래가도록 하기 위함이며, 축(軸) 위에 복토를 세우는 까닭은 첫째, 수레의 높이를 높게 해서 수레 위에 싣는 짐이 바퀴보다 높게 실리게 하기 위해서이며[바퀴 전체의 지름이 3척 5촌이므로 수레의 높이가 합해서 3척 7촌 5푼이 된다] 둘째, 유형(游衡, 저울대처럼 앞뒤로 높낮이를 마음대로 함)의 작용을 이용하여 앞과 뒤를 서로 높게 들 수도 있고 낮게 숙일 수도 있게 하기 위함이고, 수레의 다리를 앞은 짧게 하고 뒤는 길게 하는 것은, 저울대처럼 물건을 실을 때 마음대로 움직일 수 있도록 하기 위함이며, 두 다리의 간격을 좁게 하는 것은, 힘쓰기에 편리해서 힘을 적게 들이고도 능히 물건의 무게를 감당해 낼 수 있도록 하려는 것입니다. 또 세로대는 나무의 등을 둥글게 깎는 것은, 돌이 굴러 내릴 때 걸리

지 않고 잘 흘러내리도록 하기 위함이며【아래에 자세히 보인다】끌어당기는 줄[索]을 축[軸]에다 매는 것은, 수레가 손[手]의 움직임에 따라 들려지고 숙여지는 것이, 수레채에다 멍에를 맬 때처럼 마음대로 잘 되지 않는 것과는 다르게 하기 위한 것입니다.

낮게 합니다. 그러면 그 형세가 마치 비탈진 곳을 굴러 내리듯 쉽게 실립니다. 이때 세로 댄 나무가 둥글고 매끄러워서 돌이 쉽게 흘러 한표(限表)에 이르면, 다시 정돈하고 묶은 뒤에 소를 모는데, 뒷부분이 무겁기 때문에 복토(伏兎)가 위쪽으로 향해 바퀴를 밀어 앞쪽으로 구르게 하므로 수레의 움직임이 빨라지면 수레의 채를 올렸다 내렸다 함에 따라 한 치의 움직임으로 한 자나 나아갑니다. 대개 그 무게의 중심은 앞뒤로 자주 움직여서 기울지 않도록 하면 수레가 경쾌하게 움직이게 되는데, 비탈진 곳을 오를 때는 치켜들고 내려갈 때는 밑으로 숙이면, 끌리지도 않고 너무 빠르지도 않아 수레 바닥이 기울지 않습니다. 성(城)을 쌓은 흙더미 위에 이르러 묶었던 줄을 풀고 돌을 쏟으면 많은 힘이 필요치 않습니다. 수레 한 대에 소 두 마리가 끌고 몇 사람이 밀면 갈 수가 있는데, 그 공사에 있어서 성의 한 층을 한 바퀴 쌓는 데 필요한 돌이 3천 6백 수레라면, 아홉 층(層)을 쌓는 데 필요한 양은 3만 2천 4백 수레가 되는데, 이제 70대의 수레로 매일 세 차례씩 돌을 운반(運搬)할 경우 1백 54일이면 모두 운반할 수가 있습니다.

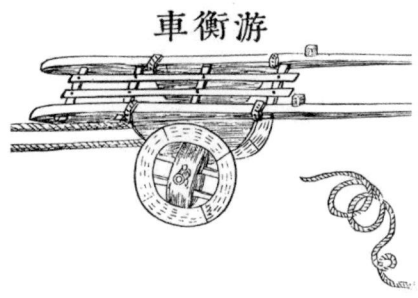

그림 IX-10 유형거 전도

26)이렇게 해서 수레가 완성되면 돌이 있는 곳으로 끌고 가서 수레채를 조금만 들면 우설(牛舌, 소 혀)27)이 땅에 닿아서 돌 밑으로 파고 들어가는데 그 형세가 마치 천금(千金)의 무게라도 당할 만하여, 움직일수록 더 파고 들어가 마치 혀[舌]로 낚아채듯 합니다. 돌이 이미 수레의 끝에 끌어 들리면, 바로 수레채를 밑으로 숙여서 앞을 높게 하고 뒤를

---

23) 兩縱木【在輿股內者】皆背圓底平以配橫木長各四尺七寸脊厚二寸底廣三寸其與橫木交加處各施鐵釘釘頭勿令凸起戊己爲限表限表崇三寸餘所以限石令不得踰者【說見下】

24) 若夫造車之材轂輿股伏兎竝用松木輻軸橫木竝用橡木而橫木用生橡脫皮令滑以利流石輞用松之備瓦薪脊癭而體瘦者癭則木理繞輞其受磨軋適均癭則木性堅硬其受磨軋不甚也朴素如此約錢十二兩可辦一車卽車七十輛所費不過錢八百四十緡

25) 右車諸法各有其故輪全徑之三尺五寸者欲崇庳之得中也轂輻之一縱二橫圍輞之合四爲一者他車諸輻湊轂多牙【輪之瓣】成輞故艱造而易敗此欲省費而牢實也輞之著鐵星者欲其不受磨軋堅硬而耐久也軸上之豎伏兎者一爲增車之崇使輿載高出輪上也【輪全徑三尺五寸而車之崇合爲三尺七寸五分】一爲游衡之用使前後迭相軒輊也輿股之前短後長者欲其如衡載物隨意游弄也股兩間相距之窄者欲其力專而能勝任也縱木之圓者欲流石之不礙也【詳見下】輓索之繫軸者欲輿之隨手俯昻不似轅軛之强項也

26) 此車旣成驅至石所燕尾纔擧牛舌至地衝入石根勢若千金【千金支來也】愈動愈衝如舌舐取餂石旣全乃抑其前高後低勢如下阪【言石流如此】縱木圓滑石流至限【限表也】洒整洒縛爰策我駷後勢旣重伏兎仰蹴輪前輞輪激奮迅且擎且抑寸跬尺進蓋其重心【擧重家有全論】倐前倐後常欲得平車以輕快登阤則擎走阪則抑不曳不駛輿面平直及至城所積土之脊縛解石瀉不費人力每一車兩牛輓之數夫推之可以行矣若其工役則城一周一層約入石三千六百車卽九層所需爲三萬二千四百車今車七十輛每一日三次運石則計一百五十四日零可以畢輸矣

27) 돌 밑에 밀어 넣는 수레의 앞부분을 소의 혀에 비유하였다.

8. 성제(城制)

성이 쉽게 무너지는 것은 그 배[腹, 성의 중심부]가 튀어나온 때문입니다. 똑바르게 쌓는 법이 오히려 배가 튀어나오는 폐단이 생기므로 이제 한 가지 방법을 강구해서 시행하는데, 그 성벽의 높이를 셋으로 나누어 성을 쌓을 때에 아래 2등분【성이 만일 9층이면 아래 6층을 말한다】은 점점 안으로 들어서 쌓아 올리는데 한 층마다 1촌씩의 차이를 두어 그 형세가 점점 줄어드는 모양이 되도록 하고, 위 1등분은 점점 밖으로 나오게 쌓아 올려 층마다의 차이는 3푼 정도를 두어서 그 형세기 밑을 내려다보는 모양이 되도록 합니다. 성이 모두 완성되면 그 배[腹]는 비어 있는 듯하니, 이것이 가장 좋은 방법입니다. 아래의 기울기가 돌다리 휘어지듯 하여 무너지는 일이 없고, 위의 기울기는 처마와 같아 적병이 넘어올 수가 없습니다. 일찍이 듣건대, 경성(鏡城)의 성(城)이 그 제도가 이와 같아 몇백 년 동안 한 번도 무너진 곳이 없다 하니, 이 방법이 취할 만합니다. 곡성(曲城, 옹성을 말함)이나 초루(譙樓, 망루)의 제도에 있어서는 문충공(文忠公) 유성룡(柳成龍)이 이미 자세하게 말하였고, 문루(門樓)의 누조(漏槽, 성문의 화재를 대비하여 성문 위에 설치한 물통)에 대한 법은 모원의(茅元儀, 명나라 사람으로 호는 석민)의 『무비지(武備志)』에 자세하게 설명되어 있으니, 모두 마땅히 살펴서 시행해야 할 것입니다. 또 이러한 모든 법은 진실로 편리함이 많은데 다만 수레의 제도에 있어서마는 그다지 힘이 절약됨이 없어 무거운 물건을 들어 올리는 여러 가지 기구들과 비교해 볼 때 하늘과 땅의 차이가 날 뿐만이 아닙니다. 마땅히 무거운 물건을 들어 올리는 기구에 대해서 설명해 놓은 여러 가지들을 취해서 더욱 미루어 연구하고 방법을 강구하여 시행한다면 비록 완전히 터득하지 못한다 할지라도 그 이익이 됨은 적지 않을 것이기에 황공함을 무릅쓰고 아룁니다.

■ 「성설」 제출 후 정조의 평가와 추가 지시 사항

글이 올려지자 임금의 비답이 융중(隆重)하셨는데 "옹성(甕城)·포루(砲樓)·현안(懸眼)·누조(漏槽) 등의 제도와 기중(起重)의 모든 설(說)을 빨리 강구하라."라고 하고, 인하여 1권(卷)으로 집성(集成)된 내장도서(內藏圖書)를 내리시니, 이는 곧 『기기도설(奇器圖說)』이었습니다. 신(臣)에게 그 제도들을 참고해 보게 하였으므로 신은 삼가 그 뜻에 따라 옛날의 법을 거슬러 올라가 살펴보고 다음과 같은 여러 가지 도설(圖說)을 만들어 올립니다.

---

28) 八曰城制者城之易壞其腹飽也作法於平其弊猶飽今宜講行一法參分其城之崇方其築時下二分[城若九層則下爲六層]漸引而內之每層差以一寸使其勢若縮上一分漸引而外之每層差以三分使其勢若頹城旣完築其腹如栂斯良法也下所差若礎則無以潰圮上所差若簷則無以踰越也嘗聞鏡城之城其制類是閱累百年無一崩頹此必當取法者也至若曲城譙樓之制文忠公柳成龍言之旣詳門樓漏槽之法茅元儀武備志說之亦備當按法而行之也又此諸法固多便利第其車制無甚省力比之擧重家諸器不啻霄壤宜取擧重諸說益加推究講行其法雖得糟粕其爲益且不淺鮮矣惶恐附奏

29) 書旣徹御批隆重亟求甕城砲樓懸眼漏槽之制及起重諸說仍降內藏圖書集成一卷卽奇器圖說也令臣參考其制臣謹依聖旨溯玫古法爲諸圖說以進如左

「옹성도설」 국역본

해설

다산의 「옹성도설(甕城圖說)」은 그림을 통해 설명하는 도설(圖說) 형식을 취하고 있지만 글만 남아 있고 도면은 전하지 않는다. 결국 다산이 처음에 설계한 형태는 『화성성역의궤』를 통해 추론할 수밖에 없다. 다산은 북문, 남문, 동문, 서문에 하나의 문을 낸 옹성을 설치하는 방식으로 설계하였으나, 실제 시공 과정에서 창룡문과 화서문은 옹성문을 만들지 않았다. 아래는 한국고전번역원에서 국역한 「옹성도설」[1]을 정조에게 보고하는 형식의 문체로 의역하고, 독자가 이해하기 쉽도록 가상 그림과 현재 모습의 사진을 추가한 것이다.

[2]옹성은 성문을 방비하기 위한 시설입니다. 성을 지켜 내려면 반드시 성문을 지켜 내야 합니다. 성문을 지켜 내야만 하는 첫째 이유는 성문 위에 있는 다락은 화공(火攻)에 취약하며, 성문의 빗장은 적이 부수고 들어오는 것을 막아 내기가 어렵기 때문입니다. 성문의 방어력은 돌로 쌓은 성벽을 당할 수 없습니다.[3]

[4]성문이 중요한 둘째 이유는 평지에 세운 성문을 지켜 내지 못했을 때 적병이 쉬운 길을 통해 곧바로 들어올 수 있기 때문입니다. 이럴 경우 성문의 방어력은 차라리 험한 지형에 있는 성벽만도 못합니다.[5] 이 때문에 공격하는 적병은 언제나 성문을 먼저 공격하고 나머지 성벽은 나중에 공략하게 됩니다. 따라서 병법(兵法)을 아는 사람이라면 반드시 이 성문을 방비하는 데 힘을 쏟게 됩니다.

[6]『역경(易經)』에 이르기를, "중문(重門)에서 목탁(木柝)을 친다."라고 하였는데, 여기서 말한 중문은 이미 옹성을 의미한 것입니다. 또 손권(孫權)이 윤주성(潤州城)을 가리켜 '철옹(鐵甕)'이라고 불렀던 것을 보면 이미 한(漢)·위(魏) 시대에도 옹성이 있었던 것입니다.

[7]우리나라에는 오직 도성의 동문인 흥인문(興仁門)에 옹성이 있지만, 흥인문 옹성에는 문이 없습니다. 사실 옹성 안에 적이 들어오면 사방에서 공격을 받게 되므로 문은 없어도 됩니다.[8] 그러나 중국의 옹성은 보통 두 개의 문을 고려하여 설계되었습니다. 모원의(茅元

---

1) 양홍렬·박소동·김윤수 공역, 『다산시문집』 제10권, 「설(說)」, 한국고전번역원, 1983.
2) 甕城所以備門也守城必備門其故有二門有樓易被火攻有關難禦椎碎不若城之石築一也
3) 읍성의 방어력을 극대화하려면 성문의 수를 최소화해야 한다.
4) 門占地多在平衍失守卽通坦路不若城之據險二也故敵之所趨每先門後城而知兵者必於是致力焉
5) 산성론(山城論): 평상시 읍성에 살다가 전쟁이 일어나면 산성(山城)으로 피난하는 전략으로 적의 침입을 막는 데는 평지 읍성보다는 산성이 절대적으로 유리하였다.
6) 易曰重門擊柝重門已甕城之意而至孫權潤州城號稱鐵甕則漢魏之際早有其制也
7) 我國唯興仁之門特有甕城而但此無門蓋賊入甕中四面受攻有門亦可無門亦可爾甕制本有二門茅元儀曰甕城或圓或方視地形高之高厚與城等唯偏開一門左右各隨其便
8) 「옹성도설」에 이렇게 언급했기 때문에 화성 동문(창룡문)과 서문(화서문)을 시공할 때 옹성문을 만들지 않았던 것으로 추정된다.

儀)는 "옹성은 지형(地形)에 따라 둥글거나 모나게 만들고, 높이와 두께는 성(城)과 같게 하며, 다만 한 짝만 열되, 좌우(左右) 어느 편이든 편리한 대로 한다."라고 하였습니다.

9) 하지만 모원의가 제안한 옹성은 도읍으로 통하는 큰 성에나 가능하기 때문에 아치 형태의 문10)에 대한 제도나, 명나라 윤경(尹耕)의 『보약(堡約)』에 실려 있는 옹성들은 모두 하나의 문으로 설계되어 있습니다. 이제 이러한 옹성 제도를 참고하여 화성의 옹성을 만들도록 하는데, 문마다 각각 옹성을 두되 거기에는 작은 문을 하나씩 둡니다. 전붕(戰棚)11) · 노옥(露屋)12) · 방안(方眼)13) · 타안(楕眼)14) · 화창(花窓)15) · 각대(角臺)16) 등의 제도는, 화성의 옹성이 작은 규모이기 때문에 채택하지 않았습니다. 아래 그림에 자세히 설명하겠습니다.

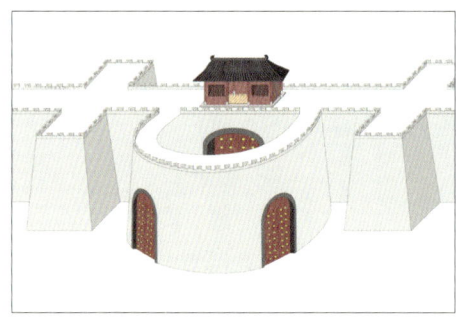

그림 IX-11 두 개의 문을 낸 옹성(상상도)

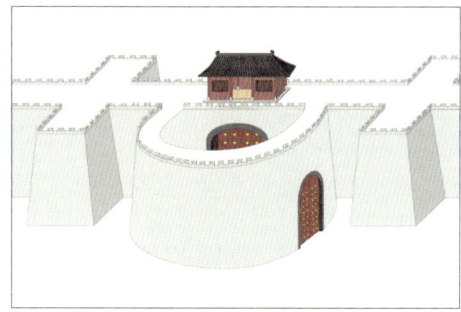

그림 IX-12 하나의 문을 낸 옹성(상상도)

그림 IX-13 팔달문 옹성

그림 IX-14 창룡문 옹성

---

9) 然此唯通都大城宜然故其券門之制及堡約所載並止一門今參考諸制令作甕城每門各置甕一面面各一小門如戰棚露屋方眼楕眼花窓角臺之制甕制旣小玆不採制詳下圖
10) 권문(券門): 홍예문, 아치문
11) 전투용 누각
12) 야전 누각
13) 사각형의 구멍
14) 길고 둥근 모양의 구멍
15) 꽃 모양의 창
16) 성벽 네 모서리에 바깥쪽으로 돌출한 시설

「포루도설」 국역본

부록 04

 해설

다산의 「포루도설(砲樓圖說)」은 포루(砲樓)만을 다루는 것이 아니라 포루를 포함한 적루(敵樓), 적대(敵臺), 포루(鋪樓), 노대(弩臺) 등과 같은 다양한 방어 시설들을 함께 다루고 있다. 「포루도설」역시 그림을 통해 설명하는 형식을 취하고 있지만 도면은 전하지 않는다. 다산이 설계한 시설과 실제 시공된 건물의 위치, 숫자, 명칭이 다르기 때문에 「포루도설」을 정확하게 해석하기는 쉽지 않다. 치에 세우는 시설의 기능에 따라 각각 명칭이 다른 것으로 이해하면 무난하다. 아래는 한국고전번역원에서 국역한 「포루도설」[1]을 독자들이 이해하기 쉽도록 의역하고, 전하지 않는 다산의 도면 대신 『화성성역의궤』의 도면과 현재 모습의 사진을 넣어 재구성한 것이다.

적루(敵樓)·적대(敵臺)·포루(鋪樓)·노대(弩臺)

[2] 포루(砲樓)와 같이 성벽에 설치하는 누각이나 높고 평평한 곳은 방어를 목적으로 한 시설로서 그 형태는 다르지만, 모두 치(雉)에서 변형된 것입니다. 옛날에는 성을 만들 때 반드시 치를 설치했는데 『춘추좌전(春秋左傳)』에, "성의 치라는 것은 무엇인가? 5판(板)을 도(堵)라 하고 5도를 치(雉)라 하는데, 1백 개의 치가 모여 성이 된다."라고 하였습니다. 대개 하후 씨(夏后氏)[3] 이래로 성에 치를 만들었고 그 제도가 계승되면서 점점 체계를 갖추었습니다.

[4] 육기(陸璣)는, "낙양성(洛陽城)은 주공(周公)이 만든 것인데, 성의 위에 백 걸음[百步]마다 망루를 하나씩 두었다."라고 하였으니, 즉 주공 때 이미 망루의 제도가 있었던 것입니다. 생각건대, 치는 각성(角城)[5]만을 쌓기도 하고 혹은 사이에 노대(露臺)[6]를 두기도 하여, 오직 백 보(百步)의 높이로 천판(千板)의 가운데 망루를 우뚝 세워 멀리 살피기도 하고, 명령을 내리기도 하는 곳이기 때문에 『공양전(公羊傳)』의 주(註)에, "천자의 성은 1천 치(雉)인데 높이가 7치(雉)이고, 공후(公侯)는 1백 치인데 높이는 5치이고, 자(子)와 남(男)은 50치인데 높이가 3치이다."라고 하였습니다. 여기서 "높이가 몇 치이다."라고 한 것은 결국 망루의 높이를 말한 것입니다.

---

1) 양홍렬·박소동·김윤수 공역, 『다산시문집』제10권, 「설(說)」, 한국고전번역원, 1983.
2) 砲樓等諸樓諸臺所以禦賊之附城也其制不等其爲雉制則一也古者有城必有雉故春秋傳曰城雉者何五板而堵五堵而雉百雉而城蓋自夏后氏而來從未有城而無雉者特其制降而漸備
3) 기원전 2070년에 중국에서 하나라를 세운 우임금을 이르는 말.
4) 然陸璣云洛陽城周公所制城上百步有一樓櫓卽周公之時已有樓櫓矣意其諸雉或只作角城或間置露臺唯百步千版之中或崒起樓櫓以備瞭望以發號令也故公羊傳注曰天子之城千雉高七雉公侯百雉高五雉子男五十雉高三雉其所云高幾雉者卽樓櫓之謂耳
5) 돌출한 성벽만 있는 상태로 보통 '치'로 불린다.
6) 돌출한 성벽 위에 설치한 망루이다.

7) 우리나라도 치에 대한 제도가 있었는데, 문충공(文忠公) 유성룡의 전수 기의(戰守機宜)에 따르면 치가 없고는 성을 지킬 수 없으며, 포루(砲樓)가 있다면 큰 이익을 얻는다고 말한 바 있습니다. 진주(晉州) 병영(兵營)의 성8)에 포루를 많이 설치한 것도 역시 유성룡의 제안에 따른 것입니다. 대개 치의 머리가 성 밖으로 불쑥 튀어나오면 성벽의 바깥 부분을 한눈에 살필 수 있고, 또 치와 치가 서로 마주 보고 있게 되어서 탄환이나 화살이 서로 미칠 수 있으므로 적병이 성벽 가까이 접근할 수 없어, 성 위의 타(垜, 성가퀴 위에 있는 살받이)에 있는 군사들이 안전하고 여유 있게 싸울 수가 있으니, 진실로 절묘한 제도입니다.

9) 모원의(茅元儀)는 성을 쌓는 제도를 설명하면서, "무릇 성 위에는 모두 여장(女墻)이 있는데 10보(步)마다 설치하고 마면(馬面, 치 위의 평면) 위에는 모두 적붕(敵棚)이나 적단(敵團), 또는 적루(敵樓)를 설치하는데, 적루는 반드시 쌓아 올린 성벽으로부터 똑바로 벽돌을 쌓아 올리되 높이는 얼마라고 한정하지 않지만 반드시 처마는 만들지 말 것이며, 창문은 넓게 만들어 두 사람이 한꺼번에 드나들 수 있도록 한다. 적루를 만드는 제도는 모나게 하거나 길게 하기도 하며, 또는 몇 층씩도 만든다. 층과 층의 거리는 반드시 9척(尺)이 되게 하여 화살이나 돌, 화기(火器)들을 설치해 두는데, 앞쪽의 창문 아래 창대(窓臺)는 낮게 하는 것이 좋다. 너무 높으면 활이나 기타 화기를 쓰기가 어렵기 때문이다."라고 하였습니다.

10) 또, "노대(弩臺)는 위쪽은 좁고 아래쪽은 넓으며 높이는 성벽의 높이와 같게 하되 위에는 통로를 넓게 둔다. 대(臺) 위에 지붕을 만들고 삼면(三面)에 유전(濡氈)을 드리워서 매달아 놓은 종판(鍾板)을 가리고, 그 안에는 노수(弩手) 몇 사람이 있도록 한다. 붕(棚) 위에도 삼면에 역시 가리개를 세워서 화살을 막도록 하고, 그 위에도 노수 몇 사람이 있을 수 있도록 하며, 언제나 기(旗)·북·활·쇠뇌·돌쇠뇌·불화살 등을 설치하여 두었다가, 적병이 이르면 기를 들어서 신호한다."라고 하고, 또 다음과 같은 말이 실려 있습니다. "매양 치(雉) 하나에 포루(鋪樓) 하나씩을 만드는데, 치두(雉頭)가 밖으로 내밀어져 성 위의 너비가 넓어지므로 포루를 세우는 데 어려움이 없다. 만일 성이 좁아서 대(臺)를 만들기가 불편하면 기성(騎城)과 주마포(走馬鋪)를 만들기도 하는데, 바깥쪽은 적루를 만드는 법과 같이, 벽돌을 사용하여 똑바로 쌓아 올리되 전안(箭眼, 활을 쏘거나 망을 보기 위한 구멍)을 만들고, 안쪽에는 기호(綺戶)를 만드는데 성을 뚫어서 벽돌로 쌓아올려서 말을 타고 지나갈 수 있도록 하며, 혹은 그 위에다 다락을 한층 더 올리기도 한다."라고 하였습니다. 11) 포(鋪)란 우리나라 도성의 성곽과 같은 것인데, 성이 모두 좁기 때문에 치가 있는 곳에서야 겨우 포를 세울 수 있다는 것입니다. 이제 이미 성을 넓게 쌓기 때문에 어느 곳이든 세울 수가 있으므로 치(雉)의 제도에 함께 씁니다.

12) 곽자장(郭子章)에게도 성에 대한 다음과 같은 글이 있습니다. "성벽을 정면으로 내려다보기가 불편하니, 그것은 적병이 화살이나 탄환으로 정면을 공격할까 두려워서이며, 비록 창과 같은 무기일지라도 충분히 위로 찌를 수 있기 때문이다. 오로지 높은 대(臺)를 이용해서 양편을 돌아보아 적을 협공하면, 적이 곧바로 성벽 아래까지 접근하지 못할 뿐더러, 직선으로 나아가는 활과 탄환을 가지고는 능히 공격할 수 없으니, 이를 적대(敵臺)라 한다. 적대를 만드는 제도는, 적대의 전체가 성벽 바깥쪽으로 길게 나오는 것이 좋으며, 옆으로 넓게 만드는 것은 좋지 않다. 대의 위에는 좌우(左右)에 각각 세 개씩의 타구(垜口)를 만들고, 담장 중앙에는 각각 한 개씩의 구멍을 뚫어 적

을 공격하기 편리하게 한다. 위는 기와로 지붕을 덮어서[13] 군사들이 안전하도록 하고 또 화기(火器)를 비나 바람으로부터 보호받도록 한다."

[14] 이제 많은 제도들을 참고하고 여러 가지 좋은 방법들을 모아서 가장 좋은 것만을 골라, 그 법에 의하여 치를 만들고, 치마다 포루(砲樓)·적루(敵樓)·적대(敵臺)·포루(鋪樓)·노대(弩臺) 등을 세우도록 하였으니, 그 제도는 각각 아래 그림에 자세히 묘사하였습니다.

■ [15] 포루(砲樓) 7개소: 북문의 좌우에 각각 하나씩, 남문의 좌우에 각각 하나씩, 장대(將臺)의 남쪽에 두 군데, 서문의 남쪽에 하나를 설치한다.[16]

① 북문(장안문)의 왼쪽 포루 → 북서포루
② 북문(장안문)의 오른쪽 포루 → 북동포루
③ 남문(팔달문)의 왼쪽 포루 → 남포루
④ 남문(팔달문)의 오른쪽 포루 → 동포루
⑤ (서)장대의 남쪽 1번 포루 → 서포루
⑥ (서)장대의 남쪽 2번 포루 → 건설하지 않음.
⑦ 서문(화서문)의 남쪽 포루 → 건설하지 않음.

그림 IX-15 포루의 바깥쪽

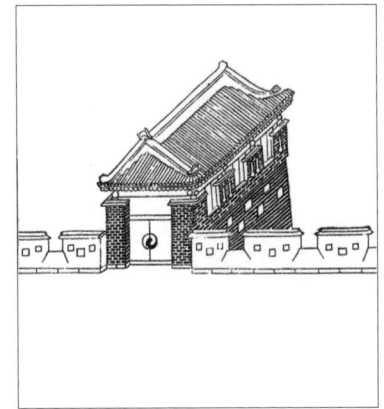

그림 IX-16 포루의 안쪽

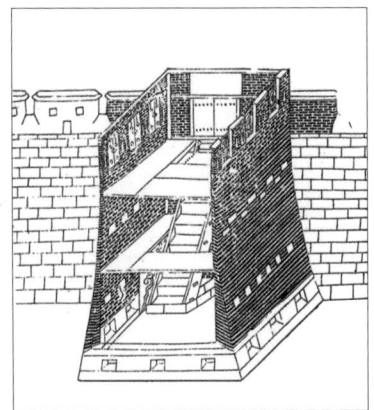

그림 IX-17 포루의 내부

7) 我國舊無雉制柳文忠成龍戰守機宜盛論無雉之不可守成而砲樓之有大利盖今晉州兵營之城多設砲樓卽亦柳制也盖雉頭突出城外城面却在眼前兩雉對峙丸矢互及賊不近附列垜晏然洶妙制也
8) 진주 읍성으로 경상 우병영이 있는 성이다.
9) 茅元儀城制曰凡城上皆有女墻每十步及馬面皆上設敵棚敵團敵樓敵樓必自城墻直起磚砌不拘幾丈必不可用簷窓用方閣可出兩人之身樓制或方或長或數層每層板相去必九尺以施矢石火器前眼下窓臺貴矮非矮不得展布
10) 又曰弩臺上狹下闊高與城等上通闊道臺上架屋三面垂以濡氈以遮或鍾板內容弩手幾人棚上三面亦上牌遮箭上容弩手幾人常置旗鼓弓弩櫓砲火鞴之屬寇至擧旗爲表又曰每對一雉爲一鋪因雉出頭城面加寬不礙建鋪若城狹加臺不便或爲騎城走馬鋪外面照敵樓用磚直起開箭眼內面開綺戶穿城券可以騎乘而過或上加一樓板
11) 鋪如我都城之城廓而城皆夾築故對雉方纔建鋪今旣不夾築卽隨處可建茲移作雉製
12) 郭子章城書曰城墻正面不便俯視恐其矢彈正面對攻雖鎗筅亦上刺有餘矣全仗高臺兩邊顧視夾擊賊不得直至城下又不能屈矢斜彈謂之敵臺敵臺之制身長出不貴橫闊臺上左右各開三垜口墻脚中央各開一孔眼以便放打上蓋瓦屋使兵夫得以安身火器得蔽風雨
13) 곽자장의 적대와 화성 적대의 차이: 화성의 적대는 지붕을 만들지 않았다.
14) 今左考右據酌古參今集衆善而採諸美令照法作雉每雉或起砲樓或起敵樓敵臺鋪樓弩臺等制詳下各圖
15) 砲樓七北門左右各一砲樓七北門左右各一南門左右各一將臺之南二西門之南一
16) 포루(砲樓)는 1795년 혜경궁의 회갑 잔치 전에 북서포루와 북동포루가 완성되었고, 뒤에 나머지 5개소 중에서 3곳에만 시공되었다. 공사 현장에서는 '초루(譙樓)'라 불렸다.

- [17] **적루(敵樓)**[18] 4개소: 북문의 좌우에 하나씩, 남문의 좌우에 하나씩을 설치한다.

① 북문(장안문)의 왼쪽 적루 → 서북각루

② 북문(장안문)의 오른쪽 적루 → 동북각루 (방화수류정)[18]

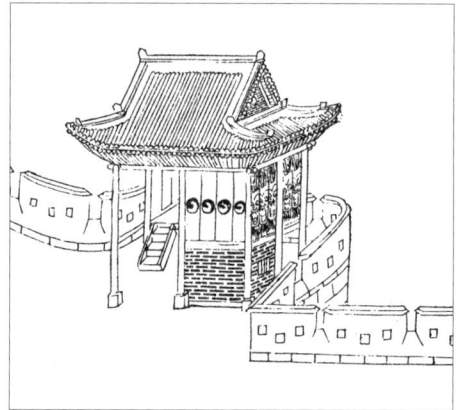

그림 IX-18 서북각루의 바깥쪽(상)과 안쪽(하)

그림 IX-19 동북각루의 바깥쪽(상)과 안쪽(하)

③ 남문(팔달문)의 왼쪽 적루 → 서남각루(화양루)

그림 IX-20 서남각루

④ 남문(팔달문)의 오른쪽 적루 → 동남각루

그림 IX-21 동남각루

■ 20) **적대(敵臺) 9개소**: 북문과 남문의 좌우에 각각 하나씩, 동문과 서문의 좌우에 각각 하나씩, 동곽문(東郭門)의 북쪽에 하나를 설치한다.21)

① 북문(장안문)의 왼쪽 → 북서적대
② 북문(장안문)의 오른쪽 → 북동적대
③ 남문(팔달문)의 왼쪽 → 남서적대
④ 남문(팔달문)의 오른쪽 → 남동적대
⑤ 동문(창룡문)의 왼쪽 → 건설하지 않음.
⑥ 동문(창룡문)의 오른쪽 → 건설하지 않음.
⑦ 서문(화서문)의 왼쪽 → 건설하지 않음.
⑧ 서문(화서문)의 오른쪽 → 건설하지 않음.
⑨ 동곽문22)의 북쪽 → 건설하지 않음.

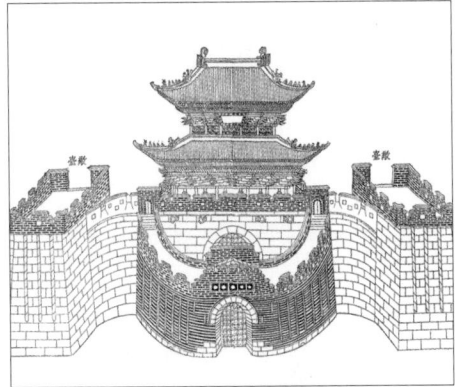

그림 IX-22 북문과 남문 좌우에 설치된 적대

---

17) 敵樓四北門左右各一南門左右各一
18) 적루와 적대: 정약용이 그린 도면이 남아 있지 않아 적대 위에 설치한 시설물을 의미하는 것인지, 아니면 적대와는 별개의 시설인지 여부가 분명치 않다. 굳이 적대와 적루를 구분하고 적루를 먼저 언급한 것으로 보아 후자로 판단된다. 그렇다면 적루(敵樓)는 시공 위치가 성문 근처에서 지대가 높은 지역으로 변경되어 각루(角樓)로 명칭이 바뀌었다고 볼 수 있다.
19) 동북각루: 비교적 빨리 완성된 동북각루는 당시 공사 현장에서는 '용연정(龍淵停)'으로 불렸다가 후에 '방화수류정'으로 불리게 되었다.
20) 敵臺九南北門各左右各一東西門各左右各一東郭門之北一
21) 적대(敵臺)는 북문과 남문에만 설치되어 9개 중 4개소가 시공되었다.
22) 동곽문: 이를 통해 정약용이 동쪽 성벽을 이중성으로 설계하였음을 알 수 있다. 동곽문은 실제 시공되지 않았다.

- [23] **포루(鋪樓) 2개소:** 북문의 서쪽에 하나, 동문의 북쪽에 하나를 설치한다.[24]

① 북문(장안문)의 서쪽 → 북포루

② 동문(창룡문)의 북쪽 → 동북포루(각건대)

그림 IX-23 북포루의 바깥쪽(상)과 안쪽(하)

그림 IX-24 동북포루(각건대)의 바깥쪽(상)과 안쪽(하)

③ 동일포루 추가 건설 ④ 동이포루 추가 건설

그림 IX-26 동이포루

⑤ 서포루 추가 건설

그림 IX-27 서포루

그림 IX-25 동일포루의 바깥쪽(상)과 안쪽(하)

---

23) 鋪樓二北門之西一東門之北一
24) 정약용은 포루(鋪樓)를 북쪽 성벽에 두 개만 설치하도록 설계하였지만 실제 시공 과정에서 3개가 늘어나 결국 모두 5개가 시공되었다. 『화성성역의궤』에는 모두 3개의 포루 도면이 정리되어 있다.

■ ²⁵⁾ **노대(弩臺) 1개소**: 장대(將臺)의 북쪽에 세운다.²⁶⁾
① 장대(將臺)의 북쪽 노대 → 서노대

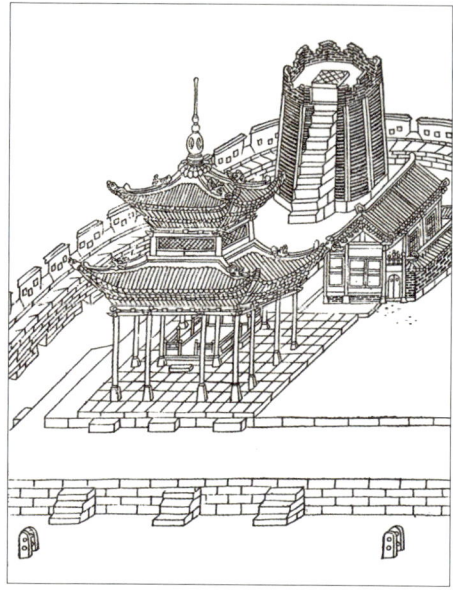

그림 IX-28 서장대와 서노대

② 추가된 동장대(東將臺)의 동남쪽에 동북노대 추가 시공

그림 IX-29 동북노대

■ ²⁷⁾ **각성(角城) 7개소**: 동암문(東暗門)의 북쪽에 둘, 동곽문의 남쪽에 둘, 동문의 남쪽에 둘, 서문의 북쪽에 하나²⁸⁾를 세운다.²⁹⁾
① 동암문(東暗門)의 북쪽 1번 각성 → 북동적대 옆으로 이동, 북동치
② 동암문(東暗門)의 북쪽 2번 각성 → 건설하지 않음.
③ 동곽문의 남쪽 1번 각성 → 건설하지 않음.
④ 동곽문의 남쪽 2번 각성 → 건설하지 않음.
⑤ 동문(창룡문)의 남쪽 1번 각성 → 동일치
⑥ 동문(창룡문)의 남쪽 2번 각성 → 동이치
⑦ 서문(화서문)의 북쪽 각성 → 건설하지 않음.

■ 화성의 치 10개소가 위치한 곳
(노란색은 계획된 곳에 시공한 곳, 붉은색은 추가 시공한 곳)

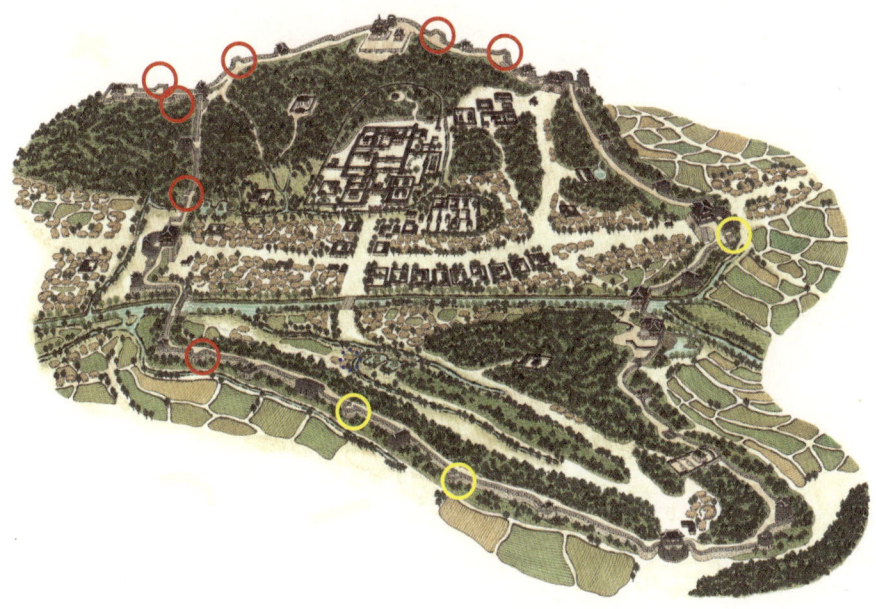

그림 IX-30 화성의 치

---

25) 弩臺一將臺之北
26) 장대가 서장대와 동장대로 구분되면서, 노대(弩臺) 역시 기존 서노대 외에 동북노대가 추가적으로 시공되었다.
27) 角城七東暗門之北二東郭門之南二東門之南二西門之北一
28) 한국고전번역원에서는 서문의 북쪽에도 각성 둘을 짓는다고 번역하였으나 원문을 보면 한 곳이 맞다.
29) 정약용이 설계한 각성(角城)은 『화성성역의궤』에서 치(雉)로 지칭하고 있다. 치는 원래 계획했던 장소에 정확히 시공한 것은 2건(동일치, 동이치), 이동하여 시공한 것이 1건(북동치), 계획했으나 시공하지 않은 것 4건, 계획에는 없었으나 시공 과정에서 새롭게 추가된 것이 7건(동삼치, 서남치, 서일치, 서이치, 남치, 용도동치, 용도서치)으로 종합하면 모두 10곳에 시공되었다.

「현안도설」 국역본

해설

원래 현안은 내외 협축 공법에서 성벽 사이에 고인 물을 빼내기 위해 뚫은 배수구에서 기원한 것으로, 정약용의 「현안도설(懸眼圖說)」은 현안의 개념과 발전 과정 등을 인용을 통해 설명하고 있다. 역시 도면은 전하지 않으나 화성 건설 이후 지금까지 남아 있는 시설인 서북공심돈 하단부나 팔달문 옹성에 남아 있었던 현안을 통해 정약용의 설계했던 도면을 추론할 수 있다. 아래는 한국고전번역원에서 국역한 「현안도설」[1]에 『화성성역의궤』의 도면과 복원한 현재 모습의 사진을 넣어 재구성한 것이다.

[2] 현안이란 적을 감시하기 위해 만든 성에 부속된 장치입니다. 그 제도는 타안(垜眼, 타에 뚫어 놓은 구멍)의 시초(始初)에 불과하지만 그 쓰임새는 매우 긴요합니다. 『석명(釋名)』에 "성 위의 담장을 비예(睥睨)라 하는데, 구멍을 통해서 비상(非常) 사태를 살피는 것을 말한다."라고 하였는데, 비예란 지금의 여장(女墻)이고, 거기의 구멍이 타안입니다. 타 하나에 세 개씩의 구멍을 뚫습니다. 그 구멍의 형세는 똑바로 뚫기도 하고, 아래쪽으로 비스듬히 기울게 뚫기도 하는데, 똑바로 뚫린 구멍으로는 먼 곳을 바라볼 수만 있고, 비스듬히 뚫린 구멍으로는 역시 몇십 보(十步)의 바깥쪽만을 볼 수 있습니다.

[3] 때문에 여곤(呂坤)은, "타(垜)에 타안을 만들어 사용하지 않으면 적병을 감시할 수가 없다."라고 하였습니다. 대개 눈으로 보는 시각(視角)은 곧바로만 볼 수 있고 휘어서 볼 수가 없는 것인데, 하물며 타안을 따라 적병을 보는 것은 마치 유리관을 통해서 달[月]을 보는 것과 같습니다. 그래서 사람의 눈과 유리관과 달이 모두 나란히 일직선으로 된 뒤에야 겨우 볼 수 있는 것이니, 타안으로 두루두루 볼 수 있겠습니까. 더구나 적병이 성벽 밑에 바짝 붙어서 괭이나 가래를 가지고 성벽 아래의 못을 메우거나, 구멍을 뚫어서 성벽을 헐거나, 또는 피거(皮車)・운제(雲梯) 등을 사용하여 호(壕)를 메워 성을 올라와도 아군(我軍)은 이미 아래를 내려다보지 못하니, 어찌 방어할 수 있겠습니까. 또 타구에 서서 방어하려고 하나, 적병들의 많은 총과 활이, 아군들이 머리나 손을 내밀기만을 엿보고 있습니다. 이러한 까닭에서 현안(懸眼)이 만들어지게 된 것입니다.

[4] 그 방법은, 타(垜)마다 가장 중심 부분에 성의 평면으로부터 구멍을 뚫는데, 크기에 알맞게 벽돌을 구워서 쌓되 점점 밑으로 내려가면서 층계를 이루며 좁아지게 쌓아, 적병이 성벽 아래에 이르면 빠짐없이 단번에 발견할 수 있을 뿐 아니라, 화살・돌・총 등을 모두 이용하여 공격할 수 있으니, 참으로 좋은 방법입니다. 여곤이 말한 천정(天井)의 제도도 자못 이 제도와 같은데 그의 설명에 따르면 이러합니다.

[5] "타구(垜口)가 있는 여장(女墻)의 밑부분

에 천정(天井) 한 개를 만드는데, 한눈에 곧바로 성벽의 아래쪽을 내려다볼 수 있고, 창(槍)을 사용하여 적병을 막을 수도 있으며, 적병이 성벽을 넘어올 경우에는 제일 먼저 이 천정에 발이 빠지게 된다. 이 구멍은 평소에는 물이 흘러 빠지는 배수구(排水口)로만 사용하기 때문에【성은 본래 양편으로 쌓아올리기 때문에 비가 오면 당연히 빠지는 곳이 필요하므로 물이 흐르게 한다고 하였다】덮개를 만들어서 아군들의 빠짐을 예방한다."

6) 이제 모든 제도를 참고해서 현안을 만드는데, 치(雉)가 서로 마주 보게 되어 있어서 탄환이나 화살이 서로 미칠 수 있으므로 타면(垛面)이 비록 드물게 있으나, 적병이 감히 성벽 밑으로 가까이 접근하지 못할 것입니다. 유성룡이, "포루(砲樓)가 하나 있으면 현안이 필요하지 않다."라고 한 것은 바로 이 때문입니다. 이제는 옹성과 여러 치의 성벽 전면(前面)에만 각각 몇 개씩의 현안을 두었으니, 그 제도는 아래 그림에 자세합니다.

그림 IX-31 현안

---

1) 양홍렬·박소동·김윤수 공역, 『다산시문집』 제10권, 「설(說)」, 한국고전번역원, 1983.
2) 懸眼所以視賊之附城也其制不過垛眼之濫觴然爲用滋切爾釋名曰城上垣謂之睥睨言於孔中睥睨非常也睥睨卽今之女墻而其孔卽垛眼垛眼每一垛三眼然眼勢或平或陂平者只可遠遠瞭望其陂者亦唯察數十步以外
3) 故呂坤以爲垛不用眼無賴窺賊蓋凡目道所及有直無迂而況從垛眼視賊譬如從玻瓈窺月必也人目與玻瓈與月連成三直然後方免邊避則垛眼所視庸詎周乎況賊密附城根或用钁錐礨梁鑿穴壞城或用皮車雲梯塡壕登城我軍旣未下視安能防禦欲立垛口則賊又叢銃與矢伺我伸頸出手此懸眼之所以作也
4) 其法每垛當中自城面平爲孔照號燒磚層累彎縮到城下一見無遺矢石銃桶無所不施固爲美矣而呂坤天井之制亦頗類是其說以爲垛口墻根
5) 留天井一箇一眼直看城根可容使槍噴糞賊卽上城先投井中此眼平日但可流水留蓋門扇防我失脚城本夾築城上値雨水宜有洩故云流水也
6) 今參考諸制令作懸眼然兩雉相對丸矢互及則垛面雖疎賊不敢附柳成龍所謂一置砲樓不須懸眼者此也故今但於甕城及諸雉城前面各置眼幾箇制詳下圖

그림 IX-32 화성에서 가장 깊은 현안인 봉돈 현안

그림 IX-33 서북공심돈 하단부의 현안

그림 IX-34 장안문 옹성의 현안

그림 IX-35 화성에서 가장 많은 현안을 배치한 적대

「누조도설」 국역본

부록 06

해설

누조(漏槽)는 적이 성문에 불을 놓았을 때를 대비해 성벽 위에 방화수를 담아두는 공간이고, 오성지(五星池)는 누조에 담아두었던 물을 흘려보내는 구멍이다. 다음은 한국고전번역원에서 국역한 정약용의 「누조도설(漏槽圖說)」에 『화성성역의궤』의 도면과 그림을 추가한 것이다.

2) 누조는 적병들이 성문을 불태우는 것을 대비하기 위한 것입니다. 윤경(尹耕)의 『보약(堡約)』에 "민보(民堡)가 적병들에게 함락당하게 되는 허물이 반(半)은 성가퀴에 있고 반은 성문에 있다."라고 하였습니다. 무엇 때문에 그런가 하면, 성문을 쇠붙이로 싸는 것은 불에 타는 것을 막기 위해서인데, 지금의 쇠붙이는 지극히 얇아서 뜨겁게 달궈지는 것을 막지 못하며, 쇠가 뜨거워지면 속의 나무가 쉽게 타 버립니다. 때문에 문 위에 누조를 설치해서 물을 뿌리지 아니하면, 많은 사람이 차례로 성문 앞에다 풀을 던져서 언덕처럼 많이 쌓은 뒤에 불을 질러 문을 태울 경우에는 성문이 쉽게 부서지기 마련입니다. 일단 성문이 부서지고 나면 성이 있어도 어쩔 도리가 없는 것입니다.

3) 여곤(呂坤)의 『실정록(實政錄)』에 "성문 위에 벽돌로 오성지를 만드는데, 모양은 돼지 구유와 같이 길게 성문의 길이와 맞게 설치하여 적병이 불을 질러 성문을 태우려고 하면 물을 내리쏟을 수도 있고, 예리한 창을 던질 수도 있고, 화살을 쏠 수도 있고, 돌쇠뇌로 돌을 쏠 수도 있다."라고 하였습니다.

4) 이제 위의 두 방법을 참고하여 누조를 만들게 하였는데, 그 제도는 곧 오성지를 선택한 것입니다. 그러나 정문에는 이미 옹성이 있어 적병들이 접근하여 불을 놓을 수가 없으므로 다만 옹성의 문 위에만 설치키로 했습니다. 제도는 아래 그림에 자세합니다.

---

1) 양홍렬·박소동·김윤수 공역, 『다산시문집』 제10권, 「설(說)」, 한국고전번역원, 1983.
2) 漏槽所以備賊之焚門也尹耕堡約曰民堡之破半咎於陴半咎於門何者鐵裏以禦火也今鐵葉至薄不禁薰灼鐵熱木焚爲力不難而門上無漏槽以下水千人擲草草且成丘發火焚門無不鎔壞門壞則垣無及矣
3) 呂坤實政錄曰城門之上以磚砌五星池狀如猪槽長通兩扇門面賊以火焚門可以下水可以放快鎗可以射箭可以礌石
4) 今參驗二說令作漏槽其制則五星也然正門旣有甕城卽不容賊來縱火故只於甕城門上作之制詳下圖

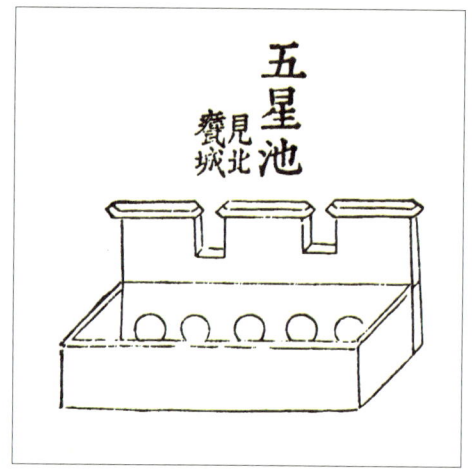

그림 IX-36 『화성성역의궤』의 누조와 오성지

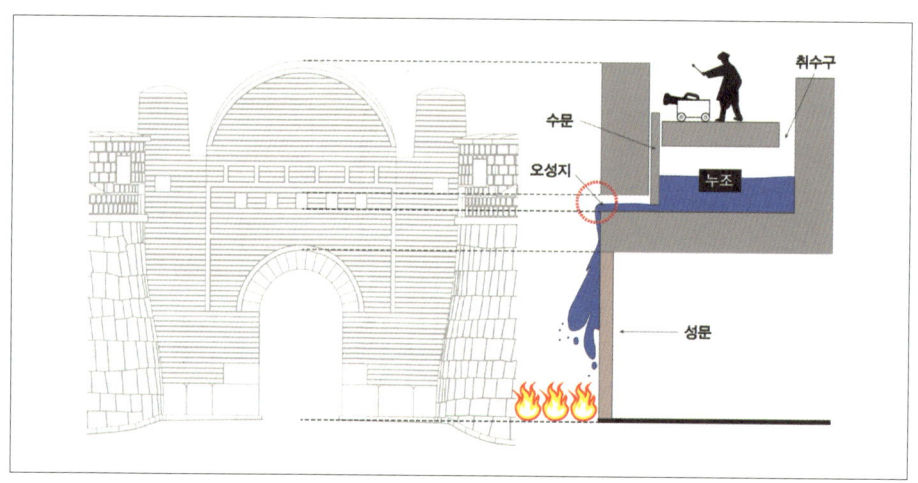

그림 IX-37 정약용이 구상한 오성지의 원리

246　　　　　　　　　　　　　　　　　　　　　　　　　　　　엔지니어 정약용

「기중가도설」 국역본

부록
07

 해설

정약용의 「기중가도설(起重架圖說)」은 거중기의 시제품인 기중가의 역학적 원리와 제작 방법과 사용 방법을 매뉴얼로 정리한 공학 논문이다. 다음은 한국고전번역원에서 국역한 「기중가도설」[1]과 원본 그림을 깔끔하게 수정하여 보완한 것이다.

[2] 성(城)은 돌로 쌓는 것이기에 돌만이 필요합니다. 그러나 그 돌을 구하기가 어려운 것이 아니라 돌을 캐내고 운반하는 데 진실로 힘이 들고 경비가 많이 듭니다. 그것은 무거워 밑으로 떨어지려는 성질을 가진 돌을 억지로 들어서 높게 올리려는 때문입니다. 옛날 주(周) 나라가 강성했을 때 무왕(武王)이 구정(九鼎)을 낙읍(雒邑)에다 옮기고, 선왕(宣王)이 석고(石鼓)를 봉상(鳳翔)에다 세웠습니다. 이 두 물건은 비할 데 없이 무거운 것들인데, 무왕이나 선왕의 어질고 또 슬기로움으로써 어찌 백성의 어깨에 땀이 배게 하고, 백성의 종지뼈가 끊어지도록 하고, 구부(九府)의 재물을 다 소비해 가면서 그러한 일을 했겠습니까?

[3] 『예기(禮記)』에, "무거운 솥[鼎]을 움직이는데 그 힘을 헤아리지 않는다."라고 하였는데, 아마 꼭 그러하지만은 않은 듯합니다. 옛

성인(聖人)들은 소리개의 꼬리를 보고 배를 만들었고, 쑥대[蓬]가 날고 송곳[鑴] 자루가 돌아가는 것을 보고 수레를 만들었으니, 그것을 볼 때, 반드시 기구를 만들어 편리하게 사용토록 하여 뒷세상까지 그 은혜로움을 남겼을 터이나, 지금까지 전해 온 것이 없으니 애석한 일입니다. 응소(應劭)가, "태산(泰山)에 무제(武帝) 때의 돌이 있는데 다섯 대의 수레로도 실을 수가 없어서, 그대로 두고 집을 지었다."라고 한 것을 보면, 서경(西京) 시대 이후로 이미 기구를 사용했던 것이 아닌가 여겨집니다.

[4] 이제 그 전해 남은 것은, 뱃사람들만이 쓰는 활차(滑車)가 그것입니다. 대개 돛은 무겁고 돛대는 높아서 몇 사람이 일으켜 세우는데, 장대의 끝에 있는 활차가 돌아서 힘을 덜어 주지 않는다면, 어찌 중간에 그치거나 꺾임을 면할 수 있겠습니까. 이제 옛사람들이 남긴

---

1) 양홍렬·박소동·김윤수 공역, 『다산시문집』 제10권, 「설(說)」, 한국고전번역원, 1983.
2) 城以石築所須唯石非石之艱唯起石與運石洵費力而糜財以其重墜之性强擧之使高也昔周之盛武王遷九鼎于洛邑宣王樹石鼓于鳳翔之二器者其鉅重無比以彼以其仁且智將汗民之肩絶民之臏竭九府之財而爲是哉
3) 禮所云引重鼎不程其力者殆非然矣古之聖人觀鴟尾以造舟觀飛蓬杓轤以造車必有製器便用以惠來後而惜乎無所傳也 應劭言泰山有武帝時石五車不能載因置爲屋則西京以來已弗能然歟
4) 今其遺意唯舟人之用滑車因是已蓋帆重檣高數夫起之非有竿頭滑車圓轉遞授之力惡能免礙滯中絶哉今取古人遺意參以 新制製爲起重小架俾用于城華之役玆蓋千鼎之一欒九豹之一斑然猶機神用捷愚駭智惑至若城門兩旁之石【俗號懸端石】 重各數萬斤千人之所不能動百牛之所不能軼者

뜻을 취하고 새로운 제도를 참고해서, 기중소가(起重小架)를 만들어 수원성(水原城)을 쌓는 데 사용토록 하였습니다. 이는 비록 천정(千鼎 천 개의 솥, 즉 무겁고 큰 것을 말함)에 한 조각 쇠붙이며, 아홉 마리 표범의 반점(斑點) 중에서 하나의 반점에 지나지 않지만 그러나 오히려 기계의 성능이 신묘하고 쓰임이 민첩하여, 어리석은 사람이 보면 깜짝 놀라고, 지혜 있는 사람도 보면 의혹할 만합니다. 심지어는 성문 양편에 세우는 돌【속칭 현단석(懸端石)이라고 한다】의 무게가 수만 근씩이나 되어 천 명(千名)의 힘으로도 움직이지 못하고, 백 마리의 소로도 끌지 못합니다.

5) 이것을 두 사람이 도르래의 손잡이를 잡으면, 번거롭게 힘쓰는 소리를 할 필요도 없이 한 개의 깃털을 들어 올리듯 공중에 들어 올리게 되어 힘겨워 숨이 찰 걱정도 없을 뿐 아니라 나라의 재산도 절약되니, 그 이익됨이 또한 크고 많다고 하지 않을 수 있겠습니까. 그렇다고 해서 그 기계를 만드는 것이 그다지 복잡하고 어려운 것도 아닙니다. 약간의 공력(工力)만 들여서 도르래를 만들어 서로 통하고 서로 이끌게 만들면, 조그만 어린아이의 한 팔 힘으로도 여러 만 근(萬斤)의 무게를 들어 올릴 수 있으니, 절대로 보통의 생각으로는 헤아릴 수조차 없는 일입니다.

6) 그러나 수원성의 역사(役事)는 적고 물건도 가벼우니, 어찌 꼭 그런 기계를 사용할 필요가 있겠습니까. 다만 그 가운데서 가장 간단하고 쉽게 알 수 있는 것을 골라 시험해 보겠습니다. 이에 아래에 차례차례 그림을 그려서 설명하겠습니다. 첫 번째는 가(架)이고, 두 번째는 횡량(橫梁)이고, 세 번째는 활차(滑車)이고, 네 번째는 거(簴)인데, 거에는 고륜(鼓輪)과 녹로(轆轤)를 같이 설치해야 완전하게 사용할 수 있습니다.

7) 신(臣)은 삼가 내려 준 『기기도설(奇器圖說)』에 실려 있는 기중(起重)의 법(法)들을 살펴보니, 무릇 11조(條)나 되었습니다. 그런데 모두 정밀하지 못하고 다만 제8조·제10조·제11조의 그림만이 자못 정밀하고 신묘하였습니다. 그러나 제10조의 그림은 모름지기 구리쇠로 만든 나선형 축[8]이 있어야 되니 지금 생각해 보건대, 비록 나라 안에서 제일가는 기술자라 할지라도 능히 그것을 만들지 못할 뿐더러, 더구나 구리쇠 바퀴에다 톱니를 만드는 것은 어려울 것입니다. 때문에 제8조와 제11조를 취하여 참고해서 변통하여 만들었는데, 다음과 같습니다.

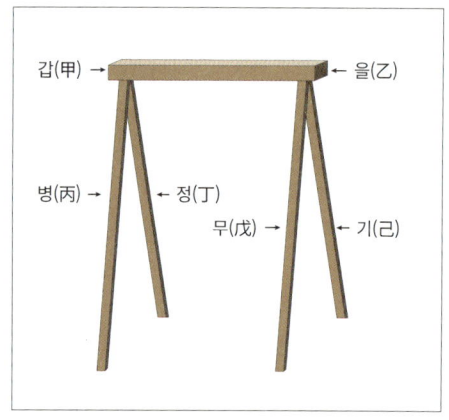

9) 위의 그림과 같이 네 개의 발이 있는 긴 틀[架]입니다. 갑(甲)과 을(乙)이 틀의 들보[梁]이고, 병(丙)·정(丁)·무(戊)·기(己)는 애각(礙角)이라는 것인데, 거(簴)에 설치된 것과 연결된 줄이 밀려서 벗겨지지 않도록 하기 위한 것입니다. 이 틀의 높이는 쓰임새에 따라서 높이를 더하거나 덜하면 됩니다.

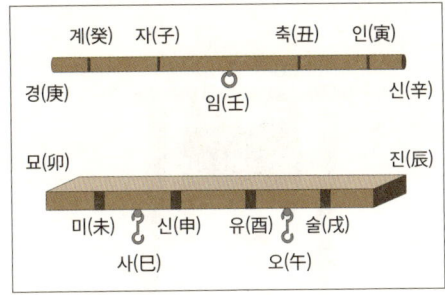

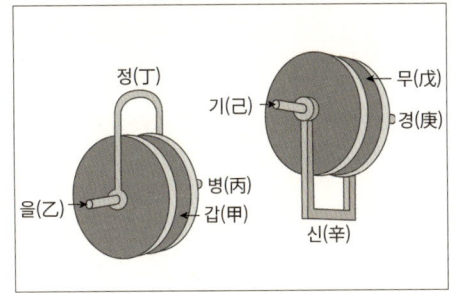

각각 홈을 파서 걸 고리가 꼭 맞도록 하여 움직여 딴 곳으로 옮겨 가지 못하도록 합니다.

10) 위의 그림과 같이 경(庚)과 신(辛)은 위의 활차(滑車)의 횡량(橫梁)입니다【쇠붙이로 둥글게 만든다】. 그 등쪽은 가량(架梁, 큰 틀의 들보)의 안쪽과 맞닿는 것이고, 임(壬)은 쇠로 만든 고리인데, 밧줄을 꿰어서 드리우는 것입니다. 계(癸)·자(子)·축(丑)·인(寅)은, 활차의 걸 고리를 연결하는 곳인데, 약간씩 가늘게 만들어 걸 고리가 안전하게 연결되도록 하고, 조금씩 움직일 수 있는 여유를 주되, 다른 곳으로 넘어가지는 않도록 해야 합니다.

11) 묘(卯)와 진(辰)은 아래 활차를 거는 횡량(橫梁)입니다【나무로 만들되 모[方]가 지게 한다】. 사(巳)와 오(午)는 쇠로 만든 갈고리로 무거운 물건을 달아매는 곳이고, 미(未)·신(申)·유(酉)·술(戌)은 활차의 걸고리를 거는 곳으로,

12) 위의 그림과 같이 둥근 걸 고리를 가지고 있는 것이 위쪽 횡량에 거는 활차입니다. 갑(甲)은 바퀴(輪)이고, 을(乙)과 병(丙)은 축(軸)이고, 정(丁)은 둥글게 생긴 걸 고리인데 위의 횡량에 매달리는 것으로, 움직일 수 있게 하기 위하여 둥글게 만든 것입니다.

13) 아래쪽에 모가 난 걸 고리를 가지고 있는 것이 아래쪽 횡량에 거는 활차입니다. 무(戊)는 바퀴이고, 기(己)와 경(庚)은 축(軸)이고, 신(辛)은 모난 걸 고리로서 아래 횡량에 꼭 맞게 고정시키는 것으로 움직이지 못하도록 하기 위하여, 모가 지게 만든 것입니다.

---

5) 兩夫操橛不煩呼邪擡起半空如勝一羽徒不病喘帑不損費其盆不亦弘多乎若更無祕蘊奧稍費工力以之爲輪爲旋之相通相撥卽小孩一腕之力可起累鉅萬之重萬萬非常慮所能測也
6) 然役小物輪何用焉姑取其粗淺易知者聊試之矣茲開列作圖如左一曰架二曰橫梁三曰滑車四曰簾簾安輪鼓輪轤而其用全矣
7) 臣謹按內降奇器圖說所載起重之法凡十一條而皆粗淺唯第十第十一圖爲精妙然第十一圖須有銅鐵螺絲轉方可爲之今計雖國工不能爲銅鐵螺絲轉至於銅輪之有齒者亦必不能故只取第八第十一參伍變通制如左
8) 한국고전번역원에서는 '銅鐵螺絲轉'을 '구리쇠로 만든 나사 도르래'라고 직역하였다. 하지만 정약용은 도르래를 활차 또는 활륜(滑輪)으로 표현하기 때문에 '나선형 축'으로 번역하는 것이 타당하다.
9) 如上圖四足形長架甲乙爲架梁丙丁戊己爲礙角卽簾見下之所倚令礙著另用聯結免致挽脫也架之崇幾丈幾尺隨所用之高下增減之
10) 如上圖庚辛爲上滑車橫梁【用鐵造之而圓】背將以配架梁之腹者壬爲鐵環將以跨垂索者癸子丑寅爲鐙痕鐙見下令各稍瘦以安鐙略有活動而不至越界也
11) 卯辰爲下滑車橫梁【用木造之而方】巳午爲鐵鉤將以鉗懸重物者未申酉戌爲鐙跡令名凹陷以沒鐙欲其桗定而不得游移也
12) 如上圖戴圓鐙者是上滑車甲爲輪乙丙爲軸丁爲虹鐙虹將以貫懸於上橫梁者欲其活動故令圓也
13) 垂方鐙者是下滑車戊爲輪己庚爲軸辛爲函鐙函將以絜鎖於下橫梁者欲其堅持故令方也

14) 위의 바퀴나 아래의 바퀴나 모두 단단한 나무를 사용하여 만드는데, 가운데 허리 부분을 깊게 하여 밧줄이 밖으로 벗어지지 않도록 합니다. 위의 축(軸)이나 아래의 축이나 모두 강철로 만드는데, 모가 지게 만들어서 바퀴와 꼭 맞물리게 하고, 축의 끝머리는 둥글게 하여 잘 돌아가게 합니다.

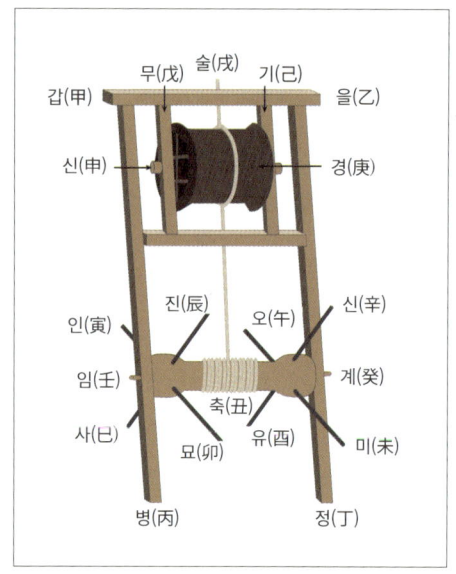

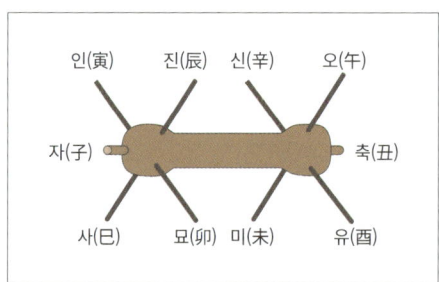

15) 위의 그림과 같이 녹로(轆轤)는 거(簴)【거는 아래 그림에 나온다】의 아래에 가로로 설치되어 고륜(鼓輪)【같이 아래 그림에 나온다】에서 감겨져 오는 밧줄을 받아 감는 것입니다. 자(子)와 축(丑)은, 녹로의 축이고【축의 끝머리 부분이다.】 인(寅)·묘(卯)·진(辰)·사(巳)의 말뚝과 오(午)·미(未)·신(申)·유(酉)의 말뚝은, 녹로의 양편 끝에 있는 십자(十字) 모양의 손잡이 말뚝인데, 사람이 왼편과 오른편에서 녹로를 돌리고자 하면 각각 십자로 된 이 손잡이 말뚝을 잡고 돌리면 됩니다【함께 아래에 보인다】.

16) 위 그림과 같이 갑(甲)·을(乙)·병(丙)·정(丁)이 거(簴)인데, 무(戊)와 기(己)의 양편에 세우는 기둥은 고륜(鼓輪)을 설치하는 것이고, 경(庚)이 고륜인데, 모양은 요고(腰鼓, 허리 부분이 잘록한 장고)와 같으며, 밧줄을 전달받아서 다시 녹로에 전달해 주는 역할을 합니다. 신(辛)은 고륜의 축인데【축의 한쪽 끝은 가려져 보이지 않는다】 두 기둥 사이에 고륜을 고정시키는 역할을 합니다.

17) 임(壬)과 계(癸)는 녹로의 축인데【이미 앞에서 설명했다】 그 허리 부분은 고륜에서 전달되어 오는 밧줄을 받아 감는 역할을 하고, 축(丑)은 이미 감겨진 밧줄입니다. 인(寅)·묘(卯)·진(辰)·사(巳)의 말뚝과 오(午)·미(未)·신(申)·유(酉)의 말뚝은 녹로 양편 머리의 십자(十字) 모양의 손잡이 말뚝으로서 힘을 받는 곳입니다.

18) 술(戌)은 다른 곳에서 밧줄이 오는 것인데 즉 장가(長架)에 설치된 활차로부터 전달되어 온 것입니다【함께 아래에 설명하였다】.

19) 거(簴)는 왼편과 오른편에 각각 하나씩이 필요합니다.

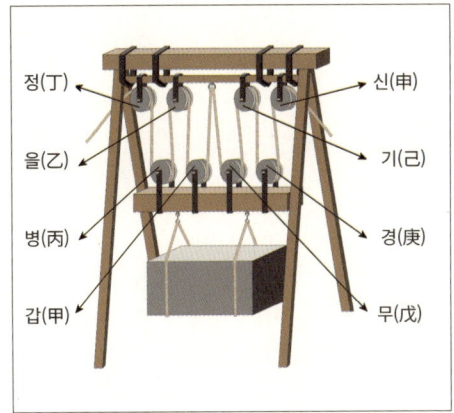

어긋나게 하여, 나란히 마주 쳐다보게 배열되지 않도록 해야 합니다【여덟 개의 줄이 위에서 드리워지는데 그 드리워지는 직선을 따라 활차를 배열하면 된다】.

21) 다음은 두 대의 거(簴)를 장가(長架)의 오른편과 왼편에 설치한 다음 밧줄 한 가닥을 위 횡량의 중심에 달린 쇠고리에 걸어서 줄의 끝이 왼편과 오른편으로 향하도록 하는데, 왼편 끝은 갑(甲)의 활차를 거쳐서, 을(乙)·병(丙)·정(丁)의 활차를 지나 왼편에 설치된 고륜으로 전해져 감겨 돌아 녹로에 전해지고, 오른편 끝은 무(戊)의 활차를 거쳐 기(己)를 지나 경(庚)을 거쳐 신(辛)을 지나 오른편에 설치되어 있는 거에 이르러 왼편의 예(例)와 같이 합니다. 다음에는 사람이 왼편과 오른편에 있는 녹로의 십자(十字)로 되어 있는 손잡이 막대를 돌리면, 여덟 가닥의 밧줄이 일제히 줄어들면서 무거운 물건을 자동적으로 들어 올리게 됩니다.

20) 이제 크고 무거운 물건을 높이 들어 올리려면, 위의 그림과 같이 먼저 네 개의 발이 있는 장가(長架)를 세우고, 다음은 위의 횡량을 장가의 아래편에다 붙들어 달고【쇠사슬이나 쇠고리를 사용하여 조립한다】 그 횡량에다 활차 네 개를 매답니다. 다음은 무거운 물건을 매단 아래의 횡량에다 활차 네 개를 움직이지 못하도록 고정시켜 매달되, 위의 활차와 서로

14) 上下各輪以堅木爲之而每腰圍視兩頭稍瘦令繩索免致外脫上下各軸以剛鐵爲之而每軸身要方與輪捲合軸頭要圓令旋轉也
15) 如上圖轆轤所以橫設於簴下【簴見下】以受鼓輪所傳之索條者也【竝見下】子丑爲轆轤之輞【軸頭也】寅卯辰巳之橛午未申酉之橛爲轆轤兩端之十字橛人在左右欲轉轆轤者各執十字橛以轉之也【見下】
16) 如上圖甲乙丙丁爲簴戊己爲兩立柱所以安鼓輪者也庚爲鼓輪形如腰鼓所以遞受索條而遞傳于轆轤者也辛爲鼓輪之軸【軸之一頭】隱而不現也所以安輪於立柱者也
17) 壬癸爲轆轤之輞【已見上】子爲其腰【中細處】所以受鼓輪所傳之索條者也丑爲索條之已纏者也寅卯辰巳之橛午未申酉之橛爲轆轤兩頭之十字橛所以受人力者也
18) 戊爲索條之方來者卽自長架上滑車而傳來也【竝見下】
19) 簴左右各一
20) 今有鉅重之物欲起之使高先立四足形長架次取上橫梁仰配架梁【用鐵繩或用鐵簪以配之】於橫梁貫懸滑車四具次取下橫梁鉤連重物於橫梁絜鎖滑車四具而排安上下滑車令各違避無作對眼【以八繩皆直垂成垂線爲度】
21) 次取兩簴倚竪於長架外左右用索一條跨垂於上橫梁鐵環令兩голов分向左右上頭從甲滑車轉繞歷乙歷丙歷丁至左簴糾繞鼓輪傳至轆轤上右頭從戊滑車歷己歷庚歷辛至右簴如左例次用人力轉動左右轆轤之十字橛則八繩齊縮而重物自起矣

「주교절목」과 논변 국역본

부록 08

 해설

1789년, 묘당(의정부)에서 제출한 「주교절목(舟橋節目)」은 정조에게 검토를 받게 되었는데, 주교사에서 제출한 21개 항목 중 원안대로 통과된 것은 하나도 없었다. 설계 감리와 경제성 검토에서 불합격 판정을 받은 셈이다. 「주교절목」은 책이 아니기 때문에 『정조실록』과 『승정원일기』에서는 '주교사절목(舟橋司節目)', 「홍재전서」에서는 '주교사목(舟橋事目)', 『주교지남』에서는 '주교절목' 등으로 다양하게 지칭되고 있다. 이 때문에 후대에 출간된 것으로 추정되는 책인 『주교사절목』과의 혼란이 불가피해졌다. 필자는 1789년 주교사에서 제출한 보고서를 「주교절목」이라고 하고, 1793년 수정 보완하여 최종 제출한 보고서를 '주교사에서 개정한 것'이라는 것을 강조하기 위해 「주교사개정절목(舟橋司改定節目)」이라고 정리하는 방식이 가장 무난하다고 본다.

시기	문건	항목
1789년(정조 13년)	주교절목(舟橋節目)	21항
1790년(정조 14년)	주교지남(舟橋指南)	15항
1793년(정조 17년)	주교사개정절목(舟橋司改定節目)	36항
미상	주교사절목(舟橋司節目)	44항

다음은 「주교절목」 21개 항목과 이를 반박한 내용을 담은 『조선왕조실록』의 내용이다. 한국고전번역원에서 국역한 것[1]을 항목별로 정리하였다.

[2] 주교절목 1항

배다리를 설치할 때는 나룻길을 먼저 보아야 하는데, 노량진 건널목은 양쪽의 언덕이 마주 대하여 높고 강 한복판의 흐름은 평온하면서도 깊다. 그리고 그 길이와 넓이도 뚝섬[纛島]이나 서빙고(西氷庫)에 비하여 3분의 1은 적어 지형의 편리함과 공역의 절감이 오강(五江)의 나룻길 중에 가장 으뜸이다. 이에 노량진 길을 온전에 행차할 때와 선릉(宣陵)·정릉(靖陵)·장릉(章陵)에 행차할 때 모두 이 길을 이용할 것을 영구히 결정하고, 헌릉(獻陵)·영릉(英陵)·영릉(寧陵)에 행차할 때에는 광진(廣津)으로 옮겨 설치한다.

[3] 주교절목 1항 논변

노량 나루터의 지형은 북쪽 언덕은 높고 남쪽 언덕은 평편하고 낮으며 한결같이 모래사장으로 되어 남쪽 언덕과 북쪽 언덕의 형세가 다른데 양쪽 언덕이 마주 대해 높이 솟아 있다고 한 것은 실로 잘못이다. 또 조수의 왕래로 인하여 수면의 높낮이가 조석으로 변하니 배다리 역시 응당 높아졌다 낮아졌다 하게 되는

데, 강 복판의 흐름은 평온하면서도 깊다는 말 또한 잘못이며 깊다고 한 말은 더욱 의미가 없다. 그리고 보면 배다리가 물을 따라 높아졌다 낮아졌다 하는 것은 사실 괜찮지만 양쪽 언덕에다가 다리를 만든다는 것은 가장 불편하다.

4) 주교절목 2항

배다리에 필요한 배는 나라의 배와 개인의 배를 섞어서 써야만 부족할 우려가 없다. 나라의 배는 훈련원의 배 10척과 아산(牙山) 공진창(貢津倉)의 조운선 12척을 쓰고 개인의 배는 서울 부근 포구의 배를 쓰는데, 혹시 큰물이 져서 나루가 불어날 때를 당할 경우 또한 예비하는 방도가 없어서는 안 되는 만큼 서울 부근 포구의 배 10척만 더 정비해 둔다.

5) 주교절목 2항 논변

나라의 배건, 개인의 배건 논할 것 없이 재어 보기도 전에 어떻게 몇 척이 필요한지 알 것인가. 만약 훈련원의 배와 조운하는 배의 높이가 서로 맞지 않으면 그중에는 필시 쓸 수 없는 것도 있겠는데, 지금 나라의 배와 개인의 배를 합쳐 42척으로 그 숫자를 결정하니, 이는 너무도 타산이 없는 말이다. 나머지 배 몇 척을 미리 준비한다는 것은 당연히 그렇게 해야 할 일이기는 하나, 양쪽 언덕까지 다리를 만들어 조금도 움직일 수 없다면 큰물이 져서 나루가 넓어질 때를 당하여도 나머지 배는 쓸 곳이 없다. 지난번 빙호(氷湖)에 큰물이 졌을 때도 어찌 나머지 배가 없어서 그리된 것이겠는가. 갑자기 큰물을 만나 나머지 배로 연결 보충하려 한다면 두 언덕의 다리를 헐고 다시 만드는 외에는 다른 방법이 없을 것이다. 그렇기 때문에 판자를 띄워 다리를 만든다는 말도 또한 부득이한 데서 나온 것이다.

6) 주교절목 3항

나라의 배나 개인의 배를 막론하고 정돈 단속하는 규정이 없으면 반드시 기강이 문란할 우려가 있고, 또 배를 부리는 것은 엄연히 강가에 사는 백성들의 생업이니, 그들 중에 부유하고 근실하며 일을 아는 사람을 뽑아 그로 하여금 선계(船契)를 모아 사공을 통솔하는 일을 도맡아 거행하게 하되, 선계에서 집행할 조건은 여론을 참작하여 별도로 절목을 만든다.

7) 주교절목 3항 논변

이 조항은 우선 배를 선택하여 완전히 결정한 다음에 다시 여론을 참작하여 편리하게 결정하는 것이 좋겠다.

---

1) 『조선왕조실록』, 정조 14년 경술(1790, 건륭 55), 7월1일(기묘) 최종 기사, 한국고전번역원.
2) 舟橋節目曰: 舟橋安排津路爲先露梁津渡兩岸相對而高中流平穩而深且其長廣比纛島西冰庫三分減一地勢之方便工役之省約甲乙五江津路則以露梁永定溫幸時及宣陵靖陵章陵辛行時幷用此路獻陵英陵寧陵幸行移設於廣津
3) 辨曰: 露梁津形北岸頗高而南岸平低 爲一望沙場形南北岸形已是不同則兩岸相對而高云者固誤矣且潮水往來水面之高下朝夕變幻則舟橋亦當隨而高下 中流平穩而深云者亦誤矣深字尤無意味然則舟橋之隨水之高下固無傷而兩頭作橋最是難便解見槍橋條
4) 節目: 所入船隻公私船參互取用後可無不足之弊公船則以訓局船十隻牙山貢津倉漕船十二隻取用私船則以京江水下船二十隻取用而或値水生津閣之時則亦不可無預備之道水下船限十隻 加數整待
5) 辨曰: 無論公私船未及尺量前何以知容入幾許隻況訓船漕船之高低不相稱其中必有不堪用者今以公私船合四十二隻 牢定其數者太欠商量餘船幾隻之預備雖是不可已之事然兩頭作橋 牢不可動則雖當水生津閣之時餘船無所用矣向來冰湖水生豈無餘船而然也 猝當水生欲以餘船聯補則兩頭橋毀而復造之外無他道故浮板作橋之說亦出不得已也
6) 節目曰: 勿論公私船隻若無團束整齊之規則必有統紀雜亂之慮且船隻使用自是江民生業江中另擇其富實勤幹解事者使之作爲船契統率沙格專擧行而船契應行條件採探物情別成節目
7) 辨曰: 此條則姑俟擇船完定更加採探物情量宜決定爲好

8) 주교절목 4항

아산 공진창의 조운선 12척을 주교사에 이속하여 선계로 넘기고, 조운의 규정은 모두 호서의 전례에 의하여 거행함으로써 선계에 든 사람들이 혜택을 보게 한다. 그리고 조운이 끝난 후 다리를 만드는 여가에는 먼 도나 가까운 도의 공적인 짐이나 사적인 짐을 막론하고 또한 한 차례씩 실어 나르는 것을 허락한다.

9) 주교절목 4항 논변

배를 선택하는 조항에서 이미 자세히 말하였다.

10) 주교절목 5항

개인의 배로서 선계에 든 것은 특별히 살아갈 밑천을 만들어주어서 참가하기를 즐겁게 여기는 길을 열어 주지 않을 수 없다. 그러므로 삼남(三南)의 조운선과 각도의 전선·병선 가운데서 연한이 차 못쓰게 된 것을 모두 값을 받고 선계에 든 사람들에게 내주고 그 돈으로 배다리를 놓는 배를 보수하는 비용으로 삼게 하되 전선·병선으로서 연한이 차 못쓰게 된 것은 3년, 조운선으로서 연한이 차 반납된 것은 영구히 선계로 이속한다.

11) 주교절목 5항 논변

이것은 강가에 사는 백성들이 뇌물질을 하면서 도모한 것이다. 이미 세미 조운의 이익을 독차지하고 또 못쓰게 된 배의 이익을 독차지하게 한다면 선계에 든 자는 모두 몇 년이 안 되어 저마다 부자가 될 것이다. 못쓰게 된 전선 1척이면 수하(水下)의 큰 배 2척은 충분히 만들 수 있고, 못쓰게 된 병선과 조선(漕船) 또한 각각 큰 배 1척씩은 만들 수 있다. 큰 배 1척에 드는 물량이 거의 천금에 가까우니 그 이익이 어찌 만금으로 논할 뿐이겠는가. 비록 값을 받고 내준다 하지만 해당 값을 다 받지 못하는 이상 그들이 얻는 이익은 엄청날 것이다. 이미 이와 같을진대 다리를 만드는 모든 일을 일체 그 선계로 하여금 전적으로 담당하게 하는 것이 사리로 보아 당연하다. 지금 그 이익을 독차지하게 하고도 또 조정으로 하여금 허다한 돈과 곡식을 이전처럼 낭비하게 한다면 나라와 개인이 함께 이익을 보는 본의가 어디에 있겠는가. 조정에서는 1전을 허비하지 않고 그들을 시켜 거행하게 하더라도 반드시 좋아 날뛰면서 남에게 뒤질세라 앞을 다투어 달려들 것인데, 지금 감히 한량없는 욕심을 내어 이익 외의 이익을 독점한다면 이 얼마나 통탄할 일인가. 이는 뇌물질의 소치가 아니면 필시 당상관 등이 속아서 한 말일 것이다.

12) 주교절목 6항

삼남에서는 고을의 세곡을 바치는 때로부터 실어 나르는 일을 선계(船契)에 넘겨 그들의 생업을 돕고 있으나, 이것은 8개 포구 백성들의 생계이므로 전적으로 선계에 이속시킬 수 없다. 훈련원의 배는 자체적으로 정한 규정이 있고, 조운선은 이미 조세 운반을 거친 만큼 더 논의할 필요가 없다. 수하(水下)의 개인 배 30척에 대해서는 호남과 호서 두 도 가운데서 거리의 원근과 배값의 고하를 참작하여 절반씩 희망에 따라 떼어 주고 주교사(舟橋司)로부터 호조와 선혜청에 공문을 띄워 나누어 보내도록 한다.

13) 주교절목 6항 논변

경강(京江)의 배가 옛날에는 천여 척이 넘었는데 지금은 수백 척밖에 없다. 그렇다면 이익을 내는 것이 점차 전과 같지 못하다는 것을 알 수 있는데, 조세곡을 나르는 데서 또 이익을 선계에 나누어 주게 되었으니, 선계에 든 60척 외에 100척이나 10척의 뱃사람들은 어찌 본업을 잃고 뿔뿔이 헤어지지 않을 수 있겠는가. 특별히 편리하게 살아갈 근거를 강구함으로써 억울해 하는 일이 없도록 하는 것이 마땅할 것이다.

14) 주교절목 7항

나라 배와 개인 배 52척을 합하여 하나의 선계를 모으고 배의 대장을 만들어 10척마다 각각 선장 1인을 낸다. 나라 배 22척에 감관(監官) 1인을 차출하고 개인 배 30척에 감관 1인을 차출하며 나라 배와 개인 배를 아울러 도감관(都監官) 1인을 차출하여 차례차례 통솔할 소지로 삼되, 감관 3인은 3군문의 별군관(別軍官)에 나누어 소속시켜 근무 기간을 통산한 뒤에 혹시 빈자리가 나면 선계로부터 공정한 의논에 따라 후보자를 권점하여 주관하는 당상관에게 보고하고 각 군문에 공문을 띄우며, 선장 역시 권점으로 차출하고 똑같이 보고한다.

15) 주교절목 7항 논변

배다리에 속한 배가 이미 하나의 선계로 이루어졌다면 나라 배와 개인 배로 나누어 둘로 만들 필요가 없다. 가령 배가 50척이 된다면 나라 배, 개인 배를 논할 것 없이 으레 섞어서 쓸 것이며, 10척마다 각각 대장을 내고 25척마다 각각 감관 1인을 내어 좌부와 우부로 만들어야 한다. 이에 특별히 도감관 1인을 선출하여 그로 하여금 총괄적으로 거느리게 해야만 피차 서로 미루는 폐단이 없을 것이다. 감관 3인을 군문에 소속시키는 것은 매우 타당치 못한 것 같고 또 3인이 윤번으로 수직을 서게 되면 직무상 자연 지장을 줄 것이며, 기본 관직에 임명하려면 군문 또한 모순되는 일이 많을 것이다. 그러므로 차라리 주교사의 벼슬만 전적으로 맡겨서 상근하는 자리로 만들고 차출 시에는 그들로 하여금 후보자를 권점하게 하는 것이 무방할 것이다.

16) 주교절목 8항

관청을 노량진 접경에 짓되 사무를 보는 청사 8간, 목재 창고 15간, 쌀 창고 5간, 창고지기와 군사들이 수직하는 집 5간, 대문 1간,

---

8) 節目曰: 牙山貢津倉漕船十二隻移屬本司出付船契若其漕轉事目一依湖西已例擧行以爲船契人依賴之地而漕轉之後造橋之暇毋論遠近道公私卜亦許一次載運
9) 辨曰: 擇船條已詳言之
10) 節目曰: 私船之入於船契者不可不別設聊賴之資以啓樂赴之路三南漕船各道戰兵船之限滿舊退者一幷捧價出給於船契人處以備造橋船隻修補之需而戰兵船舊退限三年漕船舊退者永屬契中
11) 辨曰: 此是江民輩行貨所圖者也旣專漕稅之利又專退船之利則入於船契皆將不數年人人致富矣一戰船之退件恰造水下大船二隻兵船與漕船之退件亦能各造一大船而一大船之物力近入千金則其爲利也奚但以萬金論哉雖曰捧價出給旣不能準捧當價則渠輩獲利無可比矣旣如是則造橋一款一切使其契中專爲擔當事理堂而今乃偏蒙其利又欲使朝家費了許多錢穀依前浪用者烏在其公私俱利之本意乎朝家但當不費一文錢而使渠輩擧行亦必踊躍爭趨唯恐或後今乃敢生無厭之慾益占利上之利可勝痛哉此非行貨所致則堂上等必見欺而然矣
12) 節目曰: 三南自納邑稅穀載運之役出付船契以資其業而此是八江衆民生涯則不可專屬船契矣訓局船自有定式漕船旣經漕轉不必更造水下私船三十隻湖南湖西兩道中參互道里遠近船價多少折半式從願劃定自本司移文戶惠廳以爲分送之地
13) 辨曰: 京江船之昔過千隻者今至數百隻則可見生利之漸不如前而稅穀載運又分利於船契契所付六十艘外百艘十艘船漢幾何不失業而渙散也另究方便聊賴之資俾無稱冤之端爲宜
14) 節目曰: 公私船五十二隻合爲一契成置船案每十隻各出船長一人公船二十二隻差出監官一人私船三十隻差出監官一人公私船幷差出都監官一人以爲次次統領之地而監官三人分屬於三軍門別軍官通計久勤如或作窠自船契從公論圈點本於主管堂上文移各軍門船長則亦爲圈點差出一體手本
15) 辨曰: 舟橋船旣成一契則不必以公私船 分而二之假令船爲五十隻則無論公私船自可雜以用之每十隻各出一隊長每二十五隻各出監官一人爲左右部別出都監官一人使之摠領然後可無彼此推諉之弊矣監官三人屬之軍門似甚不緊且三人輪回入直則職務自然相妨欲除本仕則軍門亦多掣肘不若專責本司之仕爲久勤之窠而差出時使渠輩圈點差無妨
16) 節目曰: 官廨就露梁鎭接界處置設坐起廳八間木物庫十五間米庫五間庫直軍士守直間五間大門一間狹門一間虛間三間自本司出物力建設守直一款監官三人輪回入直下屬則庫直兼大廳直一名軍士一名永爲專當

곁문 1간, 헛간 3간으로 할 것이며 주교사에서 물자와 인력을 내어 짓는다. 수직에 관한 일은 감관 3인이 윤번제로 입직하고 하인으로는 창고지기 겸 대청지기 1명, 군사 1명이 영구히 도맡아 보게 한다.

17) **주교절목 8항 논변**

이 조항은 그럴듯하기는 하나 다시 생각해 볼 여지가 있다.

18) **주교절목 9항**

필요로 하는 여러 가지 잡물을 이미 주교사에서 조달하여 쓰기로 한 이상 물자를 해결할 방도가 없어서는 안 된다. 영남의 별회곡(別會穀) 중에서 대미(大米)를 2천 석씩 매년 떼어 내 돈으로 만들어 쓰고, 쌀과 베를 쓸 곳이 있으면 공진창(貢津倉)의 조운미 중에서 적절하게 가져다 쓰도록 한다. 물자를 출납하는 데서 남는 것이 있으면 주관하는 당상관이 특별히 살피도록 한다.

19) **주교절목 9항 논변**

배다리를 설치함에 있어 마땅히 일이 단순하고 비용이 절감되는 것을 첫째가는 계책으로 삼아야 한다. 그렇다면 대미 2천 석을 해마다 떼어 낸다는 것은 대체적 의미로 보아 결함이 있는 것 같다. 포구 백성들의 생업은 조운보다 더 앞설 것이 없는데, 일단 선계에 들면 그 이익을 독점할 수 있기 때문에 지금 머리가 터지도록 경쟁하여 혹시라도 빠질까 염려하며 심지어는 천금을 가지고 뇌물질을 하기까지 하니, 백성들이 크게 원한다는 것을 미루어 알 수 있다. 이미 그 크게 원하는 바를 들어준다면 다리 공사가 하루도 안 되어 완성되리라는 것은 또한 손바닥을 보듯 환하다. 그렇다면 그 중에 필요한 약간의 경비는 매년 5백 냥이면 만족할 것이다. 또 전선과 병선, 그리고 조운

선을 떼어 주는 것은 이미 전에 없던 큰 이익인데, 또 한없이 많은 재물을 내어 한갓 뱃사람들만 더욱더 부유하게 만드는 술책을 쓰는 것은 완전히 몰지각한 처사이다. 쌀은 역부들의 요식 외에는 종전처럼 낭비할 필요가 없다.

20) **주교절목 10항**

배다리를 만드는 제도는 배 자체의 대소에 따라 차례대로 이어 붙인 다음에 닻을 내려 단단히 고정시키고 굵은 칡 줄로 동이며, 또 크고 둥근 고리로 각 배의 상하 좌우를 연결하고 가는 칡 줄로 꿰어 처맨 다음, 위에는 길이로 연결된 나무를 깔고 가로로 긴 송판을 깔고서 모두 간이 크고 작은 못을 친다. 그 다음 빈 가마니를 펴 흙을 채우고 잔디를 입히며, 양쪽 가에는 난간을 설치하여 한계를 만든다. 그리고 배마다 사공 3명씩 나누어 배치하여 불을 단속하고 물을 방지하도록 한다.

21) **주교절목 10항 논변**

다리를 만드는 제도는 의당 배의 높낮이에 치중해야 하는데 배의 대소만을 거론하니 이는 이미 그 방법에 어두운 것이다. 크고 둥근 고리를 다는 것은 한갓 공사만 번거롭고 도리어 흔들흔들 일렁이게 할 염려가 있으므로 더욱 부당하다. 빈 가마니에다 흙을 채우는 것 또한 의미가 없다. <u>배의 높이를 헤아려 잇대어 연결하고 길이로 걸치는 나무의 양쪽 머리를 한데 묶어서 가룡목(駕龍木)에 연결한 다음</u>22)에 긴 판자를 쭉 깔며 탕개로 바싹 조인 다음 빈 가마니를 간간이 펴고 뗏장으로 덮게 되면 그 이상 더할 것이 없다. 그리고 갑이란 배는 을이란 배와 밀착시키고, 을이란 배는 병이란 배와 밀착시켜 차례차례로 이렇게 하면 된다. 만약 큰 고리를 마주 박아 놓으면 두 배가 연접된 부분에 자연 공간이 생기게 되니, 물결이 부딪칠 때 어찌 흔들리는 폐단이 없겠는가.

23) 주교절목 11항

긴 송판 4천 장은 통영(統營)과 안면도(安眠島)의 바람에 넘어진 소나무 중에서 판자를 만들어 쓰되, 판자의 길이는 9척, 두께는 2치, 넓이는 1척 2, 3치로 규정할 것이며, 통수영(統水營)에서 나무를 다듬어 배를 세내어 실어다가 저장해 두고 쓰게 한다. 그리고 사용한 뒤에는 당상관과 도청(都廳)이 직접 숫자를 확인하여 입고시키는데, 그중에 만약 파손된 판자가 있을 경우에는 주교사에서 통수영으로 공문을 보내 바람에 넘어진 소나무 중에서 판자로 만든 것을 가져다가 하나하나 보충한다.

24) 주교절목 11항 논변

긴 송판 4천 장에 대한 말은 너무도 지각이 없다. 또 길이를 9척으로 하고 넓이를 1척 2, 3치로 마련한다는 것은 더욱 그 까닭을 알 수 없다. 노량 나루의 넓이가 가령 2백 발이 되고 1발이 6척이라면 곧 1백 20척이 된다. 판자의 넓이가 1척이라면 필요한 것은 자연 1천 2백 장이 되고 이밖에는 더 필요치 않다. 설사 약간의 여분을 둔다 하더라도 무슨 4천 장까지야 되겠는가. 다만 어로(御路)를 4발로 정한다면 판자의 길이도 또한 4발이 되어야만 다리 위를 평면으로 만들 수 있을 것이다. 9척의 판자로 마치 억지로 공간을 보충하는 것처럼 하는 것은 실로 잘못이다. 바람에 넘어진 소나무로 말하면 각처에 무슨 바람에 넘어진 소나무가 그리 많겠는가. 조정에서는 비록 바람에 넘어진 소나무가 허다하다고 알리지만 생소나무를 베면서 이름만 바람에 넘어진 소나무라고 하는 것이 의례적인 일이다. 이것이 이른바 이름만 있고 실속은 없는 것으로서 농간의 폐단이 더욱 많아지는 원인이다. 그러므로 차라리 필요한 수량을 정해 해당 도에 엄히 신칙하여 생소나무를 찍어 보내게 하는 것이 공명정대하게 처리하는 일이 될 것이다. 그리고 나무의 길이와 넓이 또한 수심을 재고 배를 잰 자로 재단해야 서로 부합될 수 있다. 그러므로 서울에서 자 하나를 만들어 보내도록 하는 것

---

17) 辨曰: 此條雖似然矣更容商量
18) 節目曰: 應入雜物旣自本司措備需用則不可無物力區劃之道嶺南別會穀中大米限二千石式每年許劃作錢取用米布如有用則就貢津倉漕需中量取用物出入用遺在則主管堂上另加照察
19) 辨曰: 舟橋設施當以事簡費省爲第一經綸則大米二千石年年許劃云者似欠綜核江民輩生涯莫上於漕運而一入船契則其利可專故今方碎財唯恐或漏至以千金行賂則民之大願可以推知旣從其大願則橋役之不日而成亦可指掌然則其中如干經費每年五百兩足矣且戰兵船漕船之許劃旣是無前大利則又出無盡財力徒爲江漢輩盆富之術者全沒着落米則員役輩料外不必如前浪費矣
20) 節目曰: 造橋制度船隻隨其體制大小次次鱗付下碇牢竪以大葛索編結又以大圓環朴排於各船上下左右以小葛索貫結上鋪縱結木橫鋪長松板幷間用大小釘鋪以空石實土被莎兩傍設欄干以爲界限每船分置沙格三名以爲禁火防水之地
21) 辨曰: 造橋制度當專主船之高低而只擧大小已昧其方大圓環朴排徒繁工役而反有悠揚之患矣萬萬不當空石實土 亦無意味 量船高低鱗次聯接以縱木兩頭相縛結之駕龍木 以板平鋪之以撑介緊促之以空石間間鋪之以莎片被之至且盡矣且甲船與乙船密接之乙船與丙船密接次次如是然後可矣若以大環對朴排則兩船接處自然間空波之所蕩豈無悠揚之弊耶
22) 원문: 量船高低鱗次聯接以縱木兩頭相縛結之駕龍木
    필자 의역: (수면을 기준으로) 배의 높낮이를 측정한 후(量船高低) 비늘이 잇닿은 것처럼(鱗次) 배들을 이어서 연결하고(聯接), 종량(縱木)의 양쪽 머리를 서로 묶어서(兩頭相縛) 가룡목에 연결한다(結之駕龍木).
23) 節目曰: 長松板四千立統營及安眠島風落松中作板取用而每箇長九尺厚二寸廣則以一尺二三寸爲限自統水營治木貰船輸送以爲藏置入用之地而入用後堂上都廳親執照數還爲入庫其中如有折傷之板自本司文移統水營風落松中作板取來這這充補
24) 辨曰: 長板四千立之說太沒分數且以長爲九尺廣爲一尺二三寸磨鍊者尤莫曉其故露梁津廣假令爲二百把而一把爲六尺則卽爲一千二百尺每板廣爲一尺則其所容入自爲一千二百立此外更無所入而雖若干存剩豈至四千之多哉但御路以四把爲定則板亦四把爲長然後橋上可作平面以九尺板有若苟充補空之例者誠誤矣以風落松言之各處豈有許多風落松朝家雖以許多風落松知委各處斫伐生松名以風落其例也此所謂名存實無而奸弊尤滋都不如磨鍊定入之數嚴飭該道使之斫送不害爲光明之事而木之長廣亦必以量水量船之尺磨鍊裁作然後可相符合此則自京造送一尺爲好統營太遠宜取長山安眠之間

이 좋겠다. 통영은 너무 멀기 때문에 장산곶(長山串)과 안면도(安眠島)의 것을 가져다 써야 할 것이다.

25) 주교절목 12항

길이로 연결할 나무 4백 주는 그 길이는 25, 6척에서 30척에 이르며 끄트머리의 직경은 7치로 한다. 장산곶에서 찍어 가지고 본 고을에서 배를 세내어 실어다가 저장해 두고 쓰도록 하되, 숫자를 헤아려 입고시키고 파손된 것을 보충하는 등의 일은 긴 송판의 실례대로 처리한다.

26) 주교절목 12항 논변

길이로 연결할 나무의 마련도 지나친 것 같다. 모두 30척으로 계산해도 2백 50개면 충분하고 40척으로 계산하면 2백 개로 충분하다. 이것 역시 배의 척수를 측정한 뒤에야 실제의 수를 확정할 수 있다.

27) 주교절목 13항

선창에 놓는 다리에 소요되는 나무 1백 개도 또한 길이 20척에, 끄트머리의 직경이 8, 9치가 되는 것으로써 장산곶에서 찍어 본 고을로부터 배를 세내어 수송하고, 주교사에서 보관해두고 보충하는 등의 일 또한 긴 송판의 사례와 길이로 연결하는 나무의 사례에 의해 시행한다.

28) 주교절목 13항 논변

이 다리는 뱃머리와 서로 맞닿게 되므로 어로의 넓이도 마땅히 배다리의 길 넓이와 같아야 한다. 그렇다면 넓게 깔 긴 소나무 역시 배다리에 깐 긴 판자와 같아야 한다. 지금 20척으로 마련한 것은 기둥을 견고하게 하기 위한 것 같으나, 다리 위에 잡목으로 공간을 메우는 것은 물자만 낭비할 뿐이고 사용한 뒤에는 자연 없어져 버린다. 이것 또한 긴 송판으로 배다리에 잇대어 깔았다가 해마다 그대로 쓰는 것이 좋을 것이다.

29) 주교절목 14항

생칡 30사리를 매년 제철에 경기 지역 산골의 생산되는 곳에서 사들여 저장해 두었다가 사용한다.

30) 주교절목 14항 논변

생칡 1사리라도 여러 고을에 배정하면 온갖 폐단이 생길 수 있다. 이와 같은 사소한 물자는 서울에서 사서 쓰고 외방 고을에 폐단을 끼치는 일은 일체 없애야 한다.

31) 주교절목 15항

선창머리의 다리에 펴는 싸리바자를 2백 부(部) 정도 주교사에서 사들여 쓰게 한다.

32) 주교절목 15항 논변

긴 송판을 쓰기로 했으니 바자는 쓸 필요가 없다. 빈 가마니 위에 흙을 덮는 것으로 충분하다.

33) 주교절목 16항

크고 둥근 고리와 각종 철물은 주교사로부터 필요에 따라 사다가 쓰며 이를 두드려 주조할 때에 드는 숯 값과 모든 공임 비용 또한 주교사에서 마련하여 쓴다.

34) 주교절목 16항 논변

철물은 그리 널리 쓰이지 않고 그 중 큰 고리는 더욱 쓸 데가 없다.

35) 주교절목 17항

빈 가마니 5천 장에 대하여 별영(別營)에 2천 장, 경기 연변의 각 고을에 3천 장을 미리 배정해 놓았다가 필요할 때 가져다 쓰게 한다.

36) 주교절목 17항 논변

빈 가마니 3천 장은 그 값이 수십 금에 불과하지만 이를 나누어 배정하면 폐단을 끼치게 되므로 서울에서 마련하여 쓰는 것이 마땅하다.

37) 주교절목 18항

탕개로 쓸 참나무 3백 개는 주교사에서 값을 주고 사다 쓰게 하되 그것을 저장해 두고 보충하는 등의 일은 역시 다른 목재의 실례에 의하여 시행한다. 그리고 다리 위의 빈 곳을 메우고 좌우편에 난간을 만들기 위한 약간 작은 서까래 나무는 주교사로부터 필요할 때 사다가 쓰고, 난간 위의 가름 대나무는 긴 대나무를 사서 쓰되 다 보관해 두게 한다.

38) 주교절목 18항 논변

난간 위의 가름 대나무를 긴 대나무로 하는 것 또한 폐단이 있을 것 같다. 약간 가는 서까래 나무 중 조금 긴 것을 쓰는 것이 무방하

고 또 오랫동안 사용하는 방법이 된다.

39) 주교절목 19항

다리를 만들 때의 역군과 흙을 져 나르고 잔디를 떠 나를 군정은 선계(船契) 중에서 특별히 장정을 택하여 쓸 것이며, 인부들의 품값은 2전 5푼 정도로 하고 따로 우두머리를 정하여 그가 거느리고 부역에 참가하게 한다.

40) 주교절목 19항 논변

이 조항은 가장 잘 생각하지 못한 점이다. 부근에서 잔디를 뜨는 것을 해마다 규례로 삼는다면 잔디를 어떻게 감당해 내겠는가. 또 허다한 군정을 모아들일 경우 비록 일일이 감독하고 신칙한다 하더라도 허구한 날 품값을 받는 것만 생각한다면 그 돈을 어떻게 감당하겠는가. 더구나 잔디를 뜨는 곳은 점점 멀어져서 공사는 배나 더디므로 그 폐단을 걷잡을 수 없을 것이다. 이미 잔디 입히는 조항에 자세히 언급하였거니와 이 방법을 제외하고는 달리 다른 방법이 없을 것이다.

25) 節曰: 縱結木四百株長自二十五六尺至三十尺末圓徑七寸許斫取於長山串自本邑賃船輸送以爲藏置入用之地而照數入庫折傷充補等節依長松板例擧行
26) 辨曰: 縱木磨鍊亦似過矣總以三十尺爲之則二百五十箇足矣以四十尺爲之則二百箇足矣而此亦量船尺度然後可以確定實數矣
27) 節曰: 船頭橋所入木一百箇亦以長二十尺末圓徑八九寸斫取於長山串自本邑賃船輸送自本司藏置充補等節亦依長松板縱結木例施行
28) 辨曰: 此橋與船頭相接則御路之廣當與舟橋之路廣同矣然則廣鋪長松木亦當與舟橋之長板同今以二十尺磨鍊者似是堅柱之資而橋上以雜木補空徒費物力用後消融此亦以長松板依舟橋鋪之年年仍用爲好
29) 節曰: 生葛三十巨里自本司每於當節取於畿內山邑産出處藏置入用
30) 辨曰: 雖生葛一巨里各邑卜定爲弊百端 此等些少物種自京貿用外邑貽弊一切除之
31) 節曰: 船頭橋所鋪柤把子限二百部自本司貿取入用
32) 辨曰: 旣用長松板則不必用把子空石上補土足矣
33) 節曰: 大圓環及各項鐵物自本司隨所入貿用打造時炭價及諸般工費亦自本司需用
34) 辨曰: 鐵物別無浩用而其中大環尤不可用
35) 節曰: 空石限五千立別營二千立京畿沿江各邑三千立預爲分定臨時取用
36) 辨曰: 空石三千立其直特不逾數十金而分定貽弊自京辦用爲宜
37) 節曰: 撑介眞木三百箇自本司給價貿用而藏置充補等節亦依他木物例施行又曰: 橋上補空及左右欄干次小椽木自本司臨時貿用而欄干上橫木以長竹貿用幷爲藏置
38) 辨曰: 欄干橫木以長竹爲之亦似有弊以小椽中稍長者用之無妨亦爲久用之道矣
39) 節曰: 造橋時役軍及負土負莎草軍自契中另擇丁壯容入雇立雇價每日二錢五分式上下而別定頭目領率赴役
40) 辨曰: 此條最欠商量剝莎附近年年爲式 則莎何以支當且募軍許多名雖能一一董飭惟以曠日受價爲主則錢何以支當況莎場漸遠工役倍遲其弊莫可捄矣已詳於鋪莎條捨此而更無他道理也

41) 주교절목 20항

주교사의 도제조는 세 정승이 으레 겸하고, 제조는 병조 판서, 한성 판윤, 세 군문의 대장이 으레 겸하고, 주관하는 당상관은 준천사(濬川司)를 주관하는 당상관이 겸하여 관리하며, 도청(都廳)도 준천사 도청(濬川司都廳)이 또한 겸하여 관리한다.

42) 주교절목 20항 논변

제조는 여러 사람이 필요치 않다. 두세 사람으로 하여금 주관하게 하면 책임을 전담시킬 수 있고 명령이 여러 갈래로 나가는 폐단이 없을 것이다. 또 생각건대 장차 주교사에 혹 사고가 있으면 3정승이 분주히 지시를 기다리게 되고, 여러 당상관들도 모두 중요한 임무로 겸직까지 하게 되니 조정의 처분도 반드시 모순될 것이다. 그 인원을 줄이고 책임을 전담시키는 것이 실로 온당하다.

43) 주교절목 21항

다리를 만드는 공사에 재곡(財穀)을 출납하는 것은 주교사의 주관 당상(主管堂上)이 전적으로 관리하여 거행하고, 예겸 당상(例兼堂上)은 다리 공사를 할 때 윤번으로 왕래하면서 검열하며 감독한다. 또 다리를 만들 때 세 군문의 장교 각 3인과 군사 각 6명을 영리하고 근실한 사람으로 정하여 보낸다. 또 다리를 만들 때 주교사의 주관 당상이 나가 볼 적에는 수어청(守禦廳)과 총융청(摠戎廳) 두 군영의 전배(前排)를 전례대로 정하여 보낸다. 또 주교사에서 인장 하나를 만들어 사용한다. 또 원역(員役)은 준천사 원역(濬川司員役)이 겸임하여 거행하고 주관 당상의 하인 1명과 창고지기 겸 대청지기 1명, 군사 1명을 특별히 배치한다. 더 설치한 원역의 요포(料布)와 겸역(兼役)한 원역에게 더 주는 요식에 관한 일은 준천사의 전례에 의해 참작하여 별도로 마련한다. 또 영남의 별회곡(別會穀)을 돈으로 만드는 조항과 아산(牙山)의 조운군에게 주는 베는 준천사와 양사(兩司)에서 돈으로 만드는 규례에 의하여 균역청(均役廳)에서 받아 두었다가 주교사 주관 당상의 공문이 있을 때 필요한 수량을 수시로 출납한다. 아산의 세미 운반에 필요한 쌀은 주교사에서 받아 내려보내되, 각 군영 군향색(軍餉色)의 예에 의하여 도청(都廳)이 전적으로 관리하여 거행한다. 조운선을 만약 개조하거나 뱃바닥을 고칠 일이 있으면 균역청의 가외로 떼 주는 예에 의하여 안면도(安眠島) 부근 고을의 미포(米布) 중에서 필요한 양을 바꾸어 준다.

44) 주교절목 21항 논변

이상의 여러 항목은 원래 자질구레한 것으로서 배다리의 일을 토의 결정한 다음 적당히 조치할 수 있다.

---

41) 節目曰: 舟橋司都提調三公例兼提調兵曹判書漢城判尹三軍門大將例兼主管堂上濬川司主管堂上兼管都廳濬川司都廳亦爲兼管

42) 辨曰: 提調不必多員使二三人主管則可以專責而無令出多門之弊矣且念來頭舟橋司如或有故則三公奔走待命諸堂俱是緊任兼帶則朝家處分亦必掣肘簡其員數專其責任誠爲穩便

43) 節目曰: 造橋事役財穀出納本司主管堂上專管擧行例兼堂上則橋役時輪回往來看檢董飭 又曰: 造橋時三軍門將校各三人軍士各六名以伶俐勤實者定送 又曰: 造橋時本司主管堂上出往時守摠兩營前排依例定送 又曰: 舟橋司印信一顆造成入用 又曰: 員役以濬川司員役兼擧行而主管堂上色丘一名庫直兼大廳直一名軍士一名別爲差出加出員役料布及兼役員役加料等節參互濬川司例別爲磨鍊 又曰: 嶺南別會穀作錢條及牙山漕軍布依濬川司兩司作錢條例自均廳捧留待本司主管堂上移文量其容入隨時上下牙山漕需米自本司捧下而依各軍門餉色例都廳專管擧行漕船如有改造改槊事依均廳外劃例安眠島附近邑米布中隨用換給

44) 辨曰: 以上諸條自是細節目待舟橋講定可以量宜措置

『주교지남』 국역본

부록 09

✎ 해설

『주교지남(舟橋指南)』은 1789년에 묘당(의정부)에서 처음 제출한 「주교절목(舟橋節目)」을 엔지니어 정약용이 제시한 공법을 바탕으로 수정 보완한 후, 1790년 7월 왕명으로 발표된 것으로 추정된다. 『주교지남』은 「주교절목」 21개 항목을 비판한 후 제시한 15개 항목의 배다리 설계로서 정조의 어제문(御製文)을 첫머리에 얹혀 하나의 책자로 구성되었다.
아래는 『조선왕조실록』에 소개된 『주교지남』을 한국고전번역원에서 국역한 것[1]이다. 국역본의 주석은 『조선왕조실록』의 주석과 동일하며, 혼동을 피하기 위해 필자의 주석은 포함하지 않았다. 『주교지남』은 「주교절목」 21개 항목의 공법을 비판하고 새롭게 제시한 대안(代案)일 뿐, 실제 배다리를 만들기 위한 설계도나 시방서가 아님에 주의해야 한다. 실제 배다리는 [부록10]에 정리한 「주교사개정절목(舟橋司改定節目)」[2]의 형태로 건설되었다.

[3] **1. 지형이다.** 배다리를 놓을 만한 지형은 동호(東湖) 이하에서부터 노량(露梁)이 가장 적합하다. 왜냐하면 동호는 물살이 느리고 강 언덕이 높은 것은 취할 만하나 강폭이 넓고 길을 돌게 되는 것이 불편하다. 빙호(冰湖)는 강폭이 좁아 취할 만하나 남쪽 언덕이 평평하고 멀어서 물이 겨우 1척만 불어도 언덕은 10척이나 물러 나가게 된다. 1척 정도 되는 얕은 물에는 나머지 배를 끌어들여 보충할 수 없으므로 형편상 선창을 더 넓혀야 하겠으나 선창은 밀물이 들이쳐 원래 쌓은 제방도 지탱하지 못하는데 더구나 새로 쌓아서야 되겠는가. 건너야 할 날짜는 이미 다가왔는데 수위의 증감을 짐작하기 어려워 한나절 동안이나 강가에서 행차를 멈추었던 지난해의 일을 교훈으로 삼아야 한다. 또 강물의 성질이 여울목의 흐름과 달라서 달리는 힘이 매우 세차고 새 물결에 충격을 받은 파도가 연결한 배에 미치게 되므로 빙호는 더욱 쓸 수 없다. 그러므로 이들 몇가지 좋은 점을 갖추고 있으면서 이들 몇 가지 결함이 없는 노량이 가장 좋다. 다만 수세가 상당히 높아 선창을 옛 제도대로 쓸 수 없는 점이 결점이다. 이것 역시 좋은 제도가 있는 만큼 염려

---

1) 『조선왕조실록』, 정조 14년 경술(1790, 건륭 55), 7월1일(기묘) 최종 기사, 한국고전번역원.
2) [부록10] 참조.
3) 一曰形便: 舟橋形便自東湖而下露梁爲最何者東湖流緩岸立爲可取然水闊而路迂爲不便矣冰湖水狹爲可取然南岸勢緩而延遠水纔添尺岸退十丈添尺之淺水不能引餘船以補則勢將增廣船槍而船槍爲新水所嚙原築者猶不能支況可以新增乎渡涉之期日已屆水勢之增減難度則半日江次鑾路之停留往年事可鑑也且水性異於灘駛其趨迅甚新波衝濤及於聯船冰湖尤不可矣都不如露梁之兼是數者之美而無是數者之病但湖勢頗高船槍不可用舊制然亦有良制【見下槍橋條】不足爲慮今旣以露梁爲定當以露梁審勢量力而論之

할 것은 없다【아래 선창교(船艙橋) 조항에 보인다】. 이제 이미 노량으로 정한 이상 마땅히 노량의 지형을 살피고 역량을 헤아려 논의해야 하겠다.

⁴⁾ **2. 물의 넓이이다.** 선척의 수용을 알려면 반드시 먼저 강물의 넓이가 얼마인가를 정해야 한다. 노량의 강물 넓이가 약 2백 수십 발이 되나【발은 기준이 없으나 일체 지척(指尺) 6척을 한 발로 삼는다】 강물이란 진퇴가 있으므로 여유를 두어야 하니 대략 3백 발로 기준을 삼아야 한다. 배의 수용 숫자를 논하는 데는 그 강물의 진퇴에 따라 적당히 늘리고 줄이는 것이 실로 무방할 것이다.

⁵⁾ **3. 배의 선택이다.** 지금의 의견에 의하면 앞으로 아산(牙山)의 조세 운반선과 훈련도감의 배 수십 척을 가져다가 강복판에 쓰고 양쪽 가장 자리에는 소금 배로 충당해 쓰겠다고 하나, 소금 배는 뱃전이 얕고 밑바닥이 좁아서 쓸모가 없다. 그러므로 5개 강의 배를 통괄하여 그 수용할 숫자를 헤아리고, 배의 높낮이의 순서를 갈라 그 완전하고 좋은 배를 골라【모두 아래에 보인다】 일정한 기호를 정해 놓고 훼손될 때마다 보충하며 편리한 대로 참작 대처하는 것만 못할 것이다.

⁶⁾ **4. 배의 수효이다.** 여러 가지 재료【종량(縱樑)과 횡판(橫板) 등이다】에 드는 경비를 알려면 반드시 배의 수효를 먼저 정해야 하고, 배의 수효를 정하려면 반드시 먼저 배 하나하나의 넓이가 얼마인가를 헤아려야 한다. 가령 갑이란 배의 넓이가 30척이 된다면【5발로 계산한다】 을이라는 배의 넓이는 29척이 되며, 병과 정의 배도 차례차례 재어서 등급을 나누어 연결하고 통틀어 계산하여 강물의 넓이 1천 8백 척에 맞춘다면【3백 발로 계산한다】 선척이 얼마나 수용될 수 있으리라는 것을 알 수 있고, 각종 재료의 경비도 또한 이를 미루어 추정할 수 있다. 지금 경강(京江)에 있는 배의 넓이를 일체 30척으로 계산한다면【만약 5발에 차지 않는 것이 있으면 그 척수에 따라 배의 수를 더해 주어야 한다】 강물의 넓이 3백 발 안에 60척이 들어갈 수 있을 것이다.

⁷⁾ **5. 배의 높이이다.** 대개 배다리의 제도는 한복판이 높고 양면은 차차 낮아야만 미관상 좋을 뿐 아니라 실용에도 합당하다【작은 배는 응당 얕아야 하고 큰 배는 응당 깊어야 한다】. 높고 낮은 형세를 살피려면 반드시 먼저 선체의 높고 낮음을 정해야 한다. 가령 중앙에 있는 갑이라는 배의 높이가 12척이 된다면【2발로 따진다】. 좌우에 있는 을이라는 배의 높이는 11척 9치가 되며 좌우에 있는 병과 정의 배 또한 각각 몇 푼 몇 치씩 점차 낮아지게 함으로써 층의 차이가 현저히 다르게 하지 말아야 한다. 우선 배 하나하나의 높이가 얼마라는 것을 배열해 놓는다면 한 장의 종이 위에 차례로 분배할 수 있고 그리하여 군영의 대오를 정렬한 것처럼 한눈에 들어오게 한다면 문 밖을 나가지 않아도 배다리는 손바닥 위에 환하게 있게 되는 것이다. 만약 1푼 1치를 따져 조금씩 줄이지 않다가 갑자기 높아지거나 낮아지게 된다면 미관상 좋지 않을 뿐 아니라 그 층의 차이가 나는 곳에는 메우기가 힘들고 또 대나무 발을 쳐서 미봉해야 할 것이다. 지난해 대나무발의 비용이 천 냥이 넘었는데 매년 이 비용도 또한 감당하기 어렵다. 지금 이 방법을 쓴다면 공석으로 덮는 정도에 불과하니, 이 어찌 비용을 줄이는 한 가지 방법이 되지 않겠는가. 다만 배의 높이와 넓이를 미리 기록해 두어야 제때에 가져다 쓸 수 있다. 3월 이후에는 각처의 배가 각자 떠나 바람을 따라 표박하다 보니 찾아 붙잡아 쓸 수 없으니 지금 마땅히 오강(五江)【서울 근처의 한강(漢江)·용산

(龍山)·마포(麻浦)·현호(玄湖)·서강(西江)】의 선주로 하여금 각기 자기 선박이 정박해 있는 곳을 알리라고 하여 그것을 열서하여 책을 만들어야 한다.

예를 들면 이가의 배는 호남 어느 고을에 가 있고 김가의 배는 호서 어느 고을에 가 있다는 것을 일일이 파악한 후 특별히 근실하고 청백한 사람을 골라【여러 사람이면 폐단이 있을 수 있으므로 한두 사람이면 된다】배가 정박해 있는 각처를 돌며 책에 기록된 것을 조사하여 그 배의 높이와 넓이의 척수를 재어 아무 개의 배는 아무 배 아래라는 것을 일일이 적어가지고 오게 해야 한다. 그런데 그 배의 높이를 재는 방법은 두 가지가 있다. 그 하나는 물속에 들어간 높이이고 하나는 물 밖에 나온 높이이니, 이것을 만약 정밀하게 하지 않으면 어긋나기 쉽다. 물 밖에 나온 높이는 수직선으로 재야 하고 물속에 들어간 높이는 곡척으로 재야 하며, 완전한가 완전하지 않은가에 대해서도 또한 충분히 살펴서 공정하게 기록해야 한

---

4) 二曰水廣: 欲知船隻之容入必先定水廣之幾何露梁水廣約二百數十把【把無定限當一切以指尺六尺爲一把】然水有進退宜存餘剩大約以三百把立準論其容入之數而隨其進退闊狹量宜增減固無傷矣

5) 三曰擇船: 今議將以牙山漕船及訓局船數十隻用之江心兩邊則以鹽船充用, 蓋鹽船舷薄而底窄不堪用莫如統括五江船隻量其容入之數分之高低之次擇其完好之品【并見下】永定記號隨毀隨補從便酌定

6) 四曰船色: 欲知雜色【如縱樑橫板等】經費之容入必先定船隻之數欲定船隻之數必先量每船之廣爲幾何假如甲船廣爲三十尺【以五把論】則乙船廣爲二十九尺丙丁船次第尺量分等聯合統以計之以應水廣一千八百尺【以三百把論】則可知船隻容入爲幾許艘而雜色經費亦可以此推定卽今京江船廣統以三十尺【若有未滿五把者則隨其尺數當增船數】則應水廣三百把當入六十隻矣

7) 五曰船高: 蓋舟橋之制中隆而兩邊殺然後不惟觀美亦合實用【小船當淺大船當深】欲審隆殺之勢必先定船體之高低假如中甲船高爲十二尺【以二把論】左右乙船高爲十一尺九寸左右丙丁船亦各以分寸次次降等以漸而殺不使層級懸殊先列每船之高各幾許則可於一紙上鱗次分排有如營陣擺列瞭然在目則不出戶而舟橋已掌上矣若不以分寸降殺而倏高倏低則不但有欠觀美其層級交遠處艱辛補空又鋪笆子而彌縫之去年笆子價直費逾千金每歲此費亦難支當今用此法則不過以空石掩覆之而已又豈非省費之一端但船之高廣預先錄置然後可以臨時取用而三月以後各所船隻各自裝發隨風飄泊莫可搜捕今宜令五江船主各自其船所泊處列書成冊假如李船在湖南某邑金船在湖西某邑一一該括然後另擇勤幹廉白者【多人慮或有弊只一二人亦可】徇行各所船隻止泊處考成冊所載尺量其高廣爲幾許尺每某名某船下一一懸錄以來而第其尺量高低便有兩段一爲入水之高一爲出水之高此若不精審則易致乖舛出水之高宜用垂線入水之高宜用曲尺其完不完亦須十分精審從公該錄然後且待其回來照閱成冊廣狹而定幾隻容入之數高低而定鱗次分排之序完弊而定擇揀取舍之宜則可定某甲船某乙船幾許隻當爲舟橋船矣名目旣定然後知委各其船主俾知被抄之由發關各處督其發送之限則有司一按簿而船可如期而集橋可不日而成矣

다. 이와 같이 한 다음에 그가 돌아오기를 기다려서 그 만들어진 책을 대조 검열하여 넓고 좁음을 헤아려 배가 몇 척이 필요한가를 정하고 높고 낮음을 헤아려 차례차례 배열할 순서를 정하며, 완전한가 낡았는가를 가지고 취사선택의 표준을 정한다. 그리하면 곧 아무 갑선과 아무 을선이 몇 척이면 배다리를 놓을 수 있다는 것을 정할 수 있을 것이다. 명목이 이미 정해진 다음에는 각 선주들에게 알려서 배가 뽑힌 사유를 알게 하고 각처에 공문을 띄워 발송 기일을 독촉하면, 담당 관리가 한 번 장부를 상고함으로써 배는 기일을 맞추어 모여들게 되고 다리는 하루도 걸리지 않아 완성할 수 있다.

8) **6. 종량(縱梁)이다**【배 위에 세로로 연결하는 것이다】. 종량을 돛대로 쓰면 세 가지 폐단이 있다. 대체로 돛대는 아래는 굵고 위는 가늘어서 연결할 때 자연히 울룩불룩하게 되고 판자를 그 위에 깔아 놓을 때 매우 고르지 못한 것이 첫째 결함이다. 그리고 돛대를 연결할 때 많은 배를 쭉 펴놓기 때문에 1척의 배가 고장 나도【깨어지거나 물에 잠기게 될 때이다】 옆의 배가 지장을 받아 고쳐 보충하기 불편한 것이 둘째의 결함이다. 그리고 돛대는 곧 상인들의 개인 물건이므로 혹시 꺾어지기라도 하면 또한 백성들에게 폐단을 끼치게 되는 것이 셋째 결함이다. 지금 논의에 의하면 별도로 긴 나무를 깎아서 쓰는 것이 편리하겠다고 한다.

그러나 이와 같이 할 경우 두 가지의 폐단은 구제할 수 있지만 1척의 배가 고장이 났을 때 곁의 배가 지장을 받는 폐단은 여전하다. 또 긴 장대는 다른 데서 구할 수 없고 오직 호남의 섬에서만 찍어 와야 하는데, 바다로 운반할 때는 강물과 같이 나무를 떼로 매어 물에 떠 내려보낼 수 없으므로 부득이 큰 배에 싣게 된다. 그러나 1척의 배를 가로지르는 긴 나무라서 많이 실을 수 없다. 혹은 배의 옆에다 달아 끌기도 하고 혹은 배의 머리에 매게 되는데, 배 하나에 많아야 수십 주를 끌고 오는 것에 불과하다. 천 리의 바닷길을 항해하여 무사히 도착한다는 것도 기대하기 어렵거니와, 또 그 중간에 농간을 부리는 폐단이 속출하여 여러 고을이 소란스러울 것은 필연적인 형세이다.

이번엔 긴 장대를 쓰지 않고 많은 배를 연결할 때 다만 배마다 장대 1개씩 쓰는 것을 기준으로 삼아야 한다. 배의 넓이가 5발이 되면 종량의 길이는 7발로 기준을 삼아 그 2발의 나머지 길이가 뱃전의 양편을 걸치게 해야 하니, 곧 갑이란 배의 종량이 을이란 배의 종량과 서로 맞붙는 것이 1발씩 되게 하고, 병이란 배의 종량과 맞붙는 것도 1발씩 되게 한다. 또 그 갑이란 배의 종량 끝부분이 을이란 배의 가룡목(駕龍木)【곧 배 안에 가로지른 나무로서 배 안에 버텨 놓아 한 간, 두 간으로 가르는 것이다】 위에 맞닿아 을이란 배의 종량과 서로 합하게 하고, 을이란 배의 종량 끝부분이 갑이란 배의 가룡목과 맞닿아 갑이란 배의 종량과 서로 합하게 한 다음, 칡 줄로 동이고 탕개로 조인다. 모든 다리를 차례차례 이런 식으로 만든다면 건들건들 유동할 리가 만무하다.

그러나 논자들은 오히려 완고한 긴 장대만 못하다고 할 수 있을 것이다. 그렇다면 또 두 종량이 서로 맞닿는 곳에 구멍을 뚫고 빗장을 질러 놓으면 더욱 안전하게 될 것이다. 그렇게 되면 1척의 배가 고장 난다 하더라도 양쪽에 동인 밧줄만 풀면 고장 난 배를 고칠 수 있으니, 또한 어찌 장대를 길게 놓아 많은 배가 지장을 받겠는가【또 기구를 창고에 출납할 때에도 또한 매우 간편할 것이다】. 어로(御路)의 넓이를 4발로 정하였다면 1발 사이마다 1개의 종량을 놓아야 한다. 그렇게 되면 배마다 5개의 종량이 들 것이며 60척의 배에 들어가는 것은 3백 개가 될 것이나. 장대마다의 길이가 7발에 불과해 1적의 배에 1백 개는 충분히 실을 것이며 따라서 3척의 운반선이면 충분히 실어 나를 수 있다. 그러므로 바다를 항해하느라 겪는 고난도 없게 된다. 종량의 크기는 네모로 깎으면 면마다 1척으로 표준을 삼으면 쓰기에 알맞을 것이다.

7. 횡판(橫板)이다. 어로(御路)의 넓이가 4발이 된다면 횡판의 길이도 또한 4발이다. 횡판의 넓이는 1척【곧 지척(指尺)을 말한다. 자의 규격이 영조척(營造尺)에 비하면 8푼이 적고 예기척(禮器尺)에 비하면 2푼이 많다】이상으로 표준을 삼고, 두께는 3치【영조척으로 따진다】이상으로 표준을 삼는다. 그리고 강물의 넓이 1천 8백 척에 맞추자면 횡판 또한 1천 8백 장이 들어야 한다. 그 수송 방법은 배 1척이 3백 개를 충분히 실을 수 있다면 불과 6척의 운반선으로 넉넉히 실어 나를 수 있다. 그런데 지금의 논의에 의하면 종량과 횡판에 드는 소나무가 적어도 5천 주에 밑돌지 않는다 하고 계사(計士)들과 간사(幹事)들은 그것도 부족하다고 한다. 이것이 이른바 계산에 밝지 못하고 간교한 폐단이 속출하는 원인이다. 이상에서 배정한 숫자로 계산한다면 보통 소나무 1주당 종량 2개가 나오고, 큰 소나무 1주당 횡판 4장이 나오게 되니, 보통 소나무는 3백 주이며 큰 소나무는 4백 50주다【이는 모두 넉넉하게 잡은 것이다】. 합하여 7백 50주면 충분히 여유가 있으니 5천 주가 든다는 말이 어찌 근사하기나 한 것인가. 종량에 쓸 나무는 장산곶(長山串)에서도 베어 올 수 있고, 횡판에 쓸 나무는 안면도(安眠島)에서도 베어 올 수 있다. 대개 큰 소나무는 주당 판자가 4개만 나오지는 않는다. 설사 몸통이 작은 것이라도 길이는 8, 9발은 넉넉히 되니, 그 절반을 잘라 두 토막으로 만들고 또 그 절반을 톱으로 켜면 1주에 횡판 4개는 나오고도

---

8) 六曰縱梁【船上縱結者】: 縱梁之用帆竿有三弊蓋帆竿下豊上殺聯結之際自致輪囷鋪板其上甚不平均一也帆竿聯結橫亘多船一船有欠【或破或沈】傍船受害改補不便二也帆竿卽商賈私物如或傷折亦係民弊三也今別斫長木削而用之爲便好如此則雖抹其二弊一船有欠傍船受害之弊固自如矣且長竿不可他求只可斫取於湖南島中而海運之際莫如水上木之結筏漂運則勢將載之巨舶而橫亘一船之木不可多載或牽之船傍或繫之船頭每船用不過携來數十竿千里駕海利稅難期且於其間奸弊層生列邑騷繹勢所必至今不用長竿而聯亘多船只以每船用結一竿為準約船廣爲五把則長以七把爲準使其二把之餘長分跨船舷之兩界卽甲船之縱梁與乙船之縱梁相遇相結者爲一把長矣與丙船之縱梁相遇相結者亦一把長矣又其甲船縱梁之盡頭處正當乙船之駕龍木【卽舟中橫木以撐船腹分爲一間二間者】之上而與乙船縱梁相合乙船縱梁之盡頭處正當甲船之駕龍木而其縱梁相合以葛纏縛之又以撐杠促之通一橋次次用此法則萬不游移矣然議者猶以爲不如長竿之完固云則只於兩縱梁相遇он擊孔以楸簪挿之則尤萬全矣然則一船雖有欠只解其兩邊縛纜則改其該船而已又有長竿亘聯多船受害之弊哉【且於出納庫舍之際亦甚輕便】御路約廣四把則每一把之間當一縱梁然則每船當入縱梁五箇而六十隻所入爲三百箇矣每竿長不過七把則一舸恰載百餘箇三隻漕船可以從容輸致而無駕海掣肘之弊矣縱梁之大小則削以四觚每面以一尺爲準足以中用矣

9) 七曰橫板: 御路之廣爲四把則橫板之長亦四把矣廣則以一尺【卽指尺尺樣比營造尺減八分比禮器尺加二分】以上爲準 厚則以三寸【營造尺】爲準應水廣一千八百尺橫板亦當入一千八百張矣其輸運之道一船恰載三百箇不過六隻漕船足以從容輸置矣今議以爲縱梁橫板所入松木小不下五千株計士及幹事輩猶以爲不足是所謂分數不明奸弊層生者也就以上項排數者計之則中松一株出縱梁二箇大松一株出橫板四張則中松為三百株大松為四百五十株【此皆存剩磨鍊】合爲七百五十株而綽綽有裕矣五千株之說豈或近似縱梁木則雖長山串可以取來而橫板木則當取於安眠島蓋松之大者一株不唯四板而已也雖其體少者幹長足爲八九把截其半爲兩段又鋸其半則一株四板恢恢有餘矣蓋斫松之際奸弊不一吏緣爲私商緣爲利嚴飭各該守令親自照檢另標烙印以爲日後摘奸時憑數而橫板則必斫用大松勤養幼松俾存用舊蓄新之方至於縱梁木體不過小柱長不過七把株不過三百京閒漫處從便取用亦無不可

남음이 있다. 대개 소나무를 작벌할 때 농간을 부리는 폐단이 한두 가지가 아니다. 아전은 이를 기화로 사정을 쓰고, 상인은 이를 계기로 이익을 본다.

그러므로 해당 수령을 엄중히 신칙하여 직접 검사하고 낙인(烙印)을 찍어서 훗날 적간할 때의 증거로 삼도록 해야 한다. 그리고 횡판은 반드시 큰 소나무를 베어 쓰고 어린 소나무는 잘 기름으로써 오래된 것을 쓰고 어린 것을 기르는 방법을 지켜야 한다. 종량에 쓰는 나무로 말하면 그 몸통은 작은 기둥에 불과하고 길이는 7발에 불과하며 나무는 3백 주에 불과하므로 서울 근교의 어느 산에서나 편리한 대로 얼마든지 베어다 써도 될 것이다.

¹⁰⁾ **8. 잔디를 까는 일이다.** 배다리를 놓는 방법을 강구한 지 오래되었으나 아직까지 잔디를 까는 일을 걱정해 본 적이 없으니 이는 몹시 소홀한 처사이다. 대개 잔디는 다른 풀과 달라서 한 해에 몽땅 떼어 내면 5년 동안은 되살아나지 않는다. 지난해의 공사에 첫날에는 5보 이내의 간격으로 떼어 냈고 다음날에는 10보 이내의 간격으로 떼어 냈는데, 다음날 공력의 성과가 첫날의 절반밖에 되지 않았다. 이런 식으로 미루어 금년에 1백 보 밖에서 떼어 내고 명년에 수백 보 밖에서 떼어 내면 그 공사 비용도 따라서 몇 배로 늘어날 것이다. 또 역군을 모집하는 방법도 본디 낭비가 많다. 더구나 오합지졸(烏合之卒)을 일일이 통솔할 수 없는 데다가 복잡하고 소란한 가운데 아전들의 농간이 늘어나게 된다. 매년 배다리의 부역에 잔디를 까는 일이 첫째의 폐단이 된다.

이미 각자의 배를 하나씩 연결하는 방법을 쓰는 이상, 각 배가 모이기 전에, 또 서로 연결하기 전에 즉시 각 배로 하여금 각각 그 배 위에 깔 잔디가 몇 장이나 들겠는가를 계산하게 한 다음, 미리 지나는 길에【양화(楊花)나 서강(西江) 같은 곳이다】각 배의 사공들이 힘을 합쳐 떼어 내어 각기 자기 배에 싣고 갔다가 배를 연결한 후 각기 자기 배에 깔도록 미리 규정을 정하여, 그 선주들이 거행할 줄을 알게 한다면 이른바 만인이 힘을 합치면 하루도 못 되어 완성한다는 격이 될 것이다. 어떤 사람은 배에 종사하는 사람들을 괴롭혀서는 안 된다고 하나 이미 대오를 편성하는 데다가【아래 대오를 결성한다는 조항에 보인다】이익까지 보게 되었으니 형편상 마다할 수 없는 일이다. 그리고 삼태기나 가래와 같은 도구는 관청에서 마련하여 각 배에 나누어 주고 혹시 그 배가 바뀌게 되면【아래 상벌 조항에 보인다】즉시 인계하여 영구히 맡아서 사용하되 연한을 정해야 한다. 혹시 기한 내에 분실할 경우 각자 변상 대치하도록 일정한 규정을 만들어야 한다.

¹¹⁾ **9. 난간이다.** 난간은 어로(御路)의 가장자리에 말뚝을 세워 만드는 것이다. 1발마다 말뚝 1개씩 박는다면 좌우편에 드는 말뚝이 선창까지 7백 개에 불과하다. 그리고 작은 대발로 둘러치는데 대발마다 각각 5발로 기준한다면 좌우편에 드는 대발이 선창까지 1백 5, 60부(浮)에 불과하다.

¹²⁾ **10. 닻을 내리는 일이다.** 지난해의 역사 때에는 닻을 내린 것이 난잡하여 각 배의 닻줄이 서로 엉켰었는데, 만약 풍파가 일 때라도 당한다면 손상되기 쉽다. 닻을 내릴 때에는 의당 갑의 닻줄은 갑의 뱃머리에 닿게 하고, 을의 닻줄은 을의 뱃머리에 닿게 하여 서로 엉키는 일이 없이 간격이 정연하게 한다면 설사 풍랑이 인다 하더라도 자연 뒤엉키는 문제가 없을 것이다.

¹³⁾ **11. 기구를 보관하는 일이다.** 배마다의 크기가 서로 같지 않으니 각 배의 기구【종량 등의 기구이다】또한 일정하지 않다. 그러므로

나누어 줄 때마다 쉽게 분별하지 못한다. 마땅히 기구마다 그 위에 대오의【아래 보인다】몇 번째 배, 어떤 색깔, 몇 번째 도구라고 새겨서 각각 종류별로 모아 구별하여 새로 지은 창고에 간직하고 별도로 한 사람을 두어 그 출납을 맡아보게 하며, 또 각 대오로 하여금 인계인수를 명확히 하게 하면 자연 분실하거나 혼란한 폐단이 없을 것이다.

14) **12. 대오를 결성하는 일이다.** 대체로 군제에 있어 대오로 편성하여 질서 있게 통제하는 법이 없다면 호령을 시행할 수 없고 상벌을 밝힐 수 없다. 지금 10인이 한 배를 타도 오히려 사공이 있어 그 배를 지휘하는데 하물며 1백 척의 배가 하나의 다리로 묶인 상황에 도맡아 통솔하는 사람이 없어서야 되겠는가. 모이는 시간이 일정하지 않을 때 누가 그 독촉을 맡으며, 반열이 서로 어그러질 때 누가 그 정돈을 맡으며, 공사가 부진할 때 누가 그 감독을 맡으며, 기구의 분실이 있을 때 누가 그 변상을 맡으며, 파괴된 것을 보수하지 않

을 때 누가 그 규찰을 맡으며, 한 사람이 죄를 지고 백 사람이 서로 미룰 때 누가 그 책벌을 맡겠는가. 지금 마땅히 먼저 배의 수효를 정하고 고루 나누어 대오를 만들어야 한다. 가령 60척의 배로 하나의 다리를 만든다면 마땅히 제일 큰 배 1척을 강 복판에 높이 세워 상선(上船)으로 정하고 60척을 여섯으로 나누어 각 10척의 배로 1대를 만드는데, 상선 북쪽에 있는 30척을 좌부(左部)의 3대로 삼고, 상선 남쪽에 있는 30척을 우부의 3대로 삼는다【배의 수효에 따라 고르게 나누어 명칭을 붙이고 편리하도록 대오를 묶는다】. 다음에는 3대 중에서 제1, 제2, 제3의 번호를 붙일 것이며, 그 다음에는 1대 중에서 제1, 제2로부터 제9, 제10까지 번호를 붙인다. 그리고 한 대마다 한 명의 대장(隊長)을 정하여【혹은 사공, 혹은 선주 가운데서 골라 정한다】10척을 통솔하게 하며, 한 부마다 한 명의 부장을 정하여【혹은 군교(軍校), 혹은 한산(閑散) 가운데서 골라 정한다】3개 대를 통솔하게 하며, 따로 별감관(別監官) 1인을 정하여【경험이 있고 일을 맡

---

10) 七日橫板: 御路之廣爲四把則橫板之長亦四把矣廣則以一尺【卽指尺尺樣比營造尺減八分比禮器尺加二分】以上爲準 厚則以三寸【營造尺】爲準應水廣一千八百尺橫板亦當入一千八百張矣其輸運之道一舶恰載三百箇不過六隻漕船, 足以從容輸置矣今議以爲縱梁橫板所入松木小不下五十株士及幹事輩猶以爲不足是所謂分數不明奸弊層生者也就以上項排數者計之則中松一株出縱梁二箇大松一株出橫板四張則中松爲三百株大松爲四百五十株【此皆有剩磨鍊】合爲七百五十株而綽綽有裕矣五千株之說豈或近似縱梁木則雖長山串可以取來而橫板木則當取於安眠島蓋松之大者一株不唯四板而止矣雖其體少者幹長足爲八九把載其半爲兩段又鋸其半則一株四板恢恢有餘矣蓋斫松之際奸弊不一吏緣爲私商緣爲利嚴飭各該守令親自照檢另標烙印以爲日後摘奸時考數而橫板則必斫用大松勤養幼松俾存用舊蓄新之方至於縱梁木體不過小柱長不過七把株不過三百京山間漫處從便取用亦無不可

11) 九日欄干: 欄干當立於御路邊插椓爲之每一把挿一椓則左右所入并船槍不過七百箇以小笆子周之而每笆各以五把爲準則左右所入并船槍不過一百五十浮矣

12) 十日下碇: 去年之役下碇雜亂各船碰纏交結互撕而如當風拍浪蕩之時則易致傷損下碇當使甲纜對甲船之頭乙纜對乙船之頭無相交結井井有間則雖有風浪自無掣鬪之患矣

13) 十一日藏械: 每船之廣狹旣相不同則各其器機【如縱梁等】亦當參差每當分授未易卞別宜於每機之上銘刻其隊【見下】第幾船某色第幾械各各類聚區別藏弆于新建庫合別置一人掌其出納又令各其隊銘明其與受則自無闕失混淆之弊矣

14) 十二日結隊: 凡軍制若非編隊束伍挨次節制之法則號令不可行矣賞罰不可明矣夫十人共一舟尙有篙師爲之節制況茲百舟共一橋而獨無統領以率之乎聚會不齊孰任其督班次相越孰任其整力役不競孰任其董器械有失孰任其徵破敗不補孰任其察一夫犯罪百夫互諉孰任其罰今宜先定船隻之數均分作隊假如六十艘爲一橋宜令別定第一大舶於江心爲上船分而爲六隻以十艘爲一隊以北三十隻爲左部三隊以南三十隻爲右部三隊【第隨船隻之數均分立號從便作隊】次於三隊之中立第一第二第三之號次於一隊之中立第一第二至第九第十之號每一隊定一隊長【或篙工或船主擇人爲之】令統十船之事每一部定一部長【或軍校或閑散擇人爲之】令統三隊之事別定都監官一人【有履歷幹事者爲之】令居上船管一橋之事各令挨次節制受其棍笞而每一船有欠卽其隊長任罪每一隊有欠卽其部長任罪或一橋有欠卽都監官任罪則一橋之內自成軍制號令嚴明百工趨事行幸有命但當如法擧行朝家不必更事申飭而詰朝敀行虹橋已完矣復安用囂囂聚議汲汲知委繹騷千人浪費萬錢之爲哉

아 처리할 수 있는 사람으로 정한다】 상선에 자리 잡고 있으면서 배다리에 대한 전체의 일을 총괄하게 한다. 그리하여 각기 그들로 하여금 질서 있게 통제하게 하고 잘못하는 일이 있으면 그들에게서 곤장이나 태장을 맞게 한다. 1개 배에 잘못이 있으면 곧 그 대장(隊長)이 책임을 지고, 1개 대에 잘못이 있으면 곧 그 부장(部長)이 책임을 지며, 혹시 배다리 전체에 잘못이 있으면 곧 도감관(都監官)이 책임을 진다. 그리하면 배다리 안에는 자연 군사 제도가 이루어져서 호령이 엄격하고 모든 사람들이 자기 일을 열심히 할 것이다. 거둥의 명이 있을 때에는 법대로 거행할 뿐, 조정에서 다시 강조할 필요도 없다. 그리하여 하루 아침에 북을 울리고 떠나기만 하면 무지개 같은 배다리는 이미 완성된다. 무엇 때문에 시끄럽게 모여 논의하며 알리기에 급급하여 수많은 사람을 소란하게 하고 많은 돈을 낭비할 필요가 있겠는가.

15) **13. 상벌이다.** 배다리의 역사는 매우 중대한 일로서 많은 사람들이 부역에 참가하고 많은 사람들이 쳐다본다. 상벌이 있어 권장하고 징계하지 않는다면 어떻게 일을 추진해 나갈 것인가. 지금 마땅히 서울 부근 포구의 선주(船主)들을 불러 모아 놓고 선박 생활의 큰 소원과 큰 이익으로써 앞을 다투어 서로 쟁취하려는 것이 무엇인가를 물어야 한다. 가령 삼남(三南)의 세곡 운반선 및 해서(海西)의 소금 운반선 등에서 그가 가장 하고 싶어 하는 일을 선택하게 하고 배마다 일단 주교안(舟橋案)에 들어가 대오에 편성될 경우 첩지를 만들어 주고 이권을 차지하도록 허락하면【한계를 정하여 그것을 벗어나지 않게 한다. 혹시라도 세력을 믿고 위반하는 일이 발각될 경우에는 경중을 나누어 처벌한다】 백성들이 자연 권장하게 될 것이며, 일단 범죄가 있을 경우 즉시 그 명단에서 제거하고 다른 배로 대신하게 하면 이익이 있는 곳에 벌책 또한 적지 않으므로 형장과 도형·유형을 쓰지 않아도 백성들은 자연 징계하게 될 것이다.

이와 같이 될 경우 오강(五江)의 뱃사람들은 배다리에 편성되는 것을 좋은 직분으로 받들게 되어, 그 기회를 얻지 못한 자는 오직 얻지 못할까 걱정하고 이미 얻은 자는 혹시라도 잃을까 걱정하면서 혹시라도 남에게 뒤질세라 성력을 다해 일에 참가할 것이다. 은혜를 베풀면서도 낭비하지 않고 수고롭게 하면서도 원망을 사지 않고 위엄을 보여도 사나움이 되지 않는다는 것이 바로 이것을 두고 한 말이다. 또 그 부장이나 대장은 몇 번의 행차만 겪은 다음 변장(邊將)이나 둔감(屯監)으로 기용하도록 규정을 정하여 시행하면 더욱 격려하고 권장하는 방법이 될 것이다.

16) **14. 기한 내에 배를 모으는 일이다.** 서울 부근 포구의 배는 언제나 9, 10월 사이에 각처로 갈려 나가 정박하여 겨울을 지내면서 봄 조운[春漕]을 기다리는데, 이는 남보다 앞서 이익을 취하기 위해서다. 그런데 지금은 배다리의 문안에 원래 정해진 곳이 있어 이익을 차지하도록 허락해 주었으므로 애당초 남과 이익을 경쟁할 일이 없다. 무엇 때문에 앞질러 가서 겨울을 지내겠는가. 봄 거둥은 정월 그믐께나 2월 초순에 하도록 정해졌는데, 비록 3월이 되도록 그대로 머물러 있다가 행차가 지나간 뒤에 조용히 바다로 나간다 하더라도 바람이 순한 때를 만나는 것은 오히려 이르다 할 것이다【그대로 1년 내 떠다니면서 장사해도 지장이 없다】. 가을 거둥 때는 8월 10일께나 보름께 일제히 와서 대기하도록 특별히 조항을 세워 놓고 영구히 준행하게 해야 할 것이다.

[17] **15. 선창다리이다.** 지금 논의에 선창은 다리로 대신하는 것이 상책이라고 한다. 그러나 이 방법은 얕은 물을 다리 밑으로 흘려 보내어 그 물이 언덕을 핥아 무너뜨릴 우려가 없게 할 뿐이다. 만약 새로 불은 물이 갑자기 닥쳐와서 물결이 몇 자나 더 불어나게 되면 배다리는 물에 떠서 역시 몇 자나 높아지고 선창 배는 그 자리에 박혀 움직이지 않은 채 물을 따라 오르내리지 못하므로 배다리를 쳐다보는 것이 마치 뜰에서 지붕을 쳐다보는 것 같을 것이니 이를 장차 어찌하겠는가. 그 대책으로는 하는 수 없이 배 1척을 뽑아내어 선창머리와 배다리의 머리 사이가 좀 떨어지게 한 다음 긴 판자를 깔아서 길을 연결하여 오르내리는 데 지나치게 급하지 않게 하는 정도에 불과하다. 이 어찌 위태롭고 군색하지 않겠는가.

지금 장소를 이미 노량(露梁)으로 정하였는데, 노량의 밀물은 언제나 세차서 거의 3, 4척이나 높이 오르며 아침저녁으로 드나드는 바람에 갑자기 높아졌다 낮아졌다 하여 접응 시기를 예측할 수 없으므로 그 방법은 소용이 없다. 여기에 한 가지 방법이 있다. 사람들은 혹시 오활하다 하겠지만 실은 아주 안전한 것이다. 대개 그 효능으로 말하면 선창다리가 물을 따라 오르내려 배다리와 서로 오르락내리락하게 하는 것이니, 물결이 1장이나 더 불어나더라도 항상 배다리와 떨어지지 않고 함께 서로 유지하는 것이다. 이 어찌 좋은 방법이 아니겠는가.

먼저 길고 두터운 판자 수십 장을 엮되 긴 빗장과 은잠(隱簪)으로 연결하고【배의 밑창을 만들 듯한다】, 다음은 큰 나무를 둘러 아래위로 맞대고【배의 문을 만들 듯이 한다】, 다음은 긴 판자로 뱃전을 각각 2층으로 둘러막은 다음에【나룻배를 만들 듯이 한다】 헌솜으로 틈을 막아 물이 새어 들지 못하게 하기를 꼭 배를 만드는 것처럼 한다. 그리고 나서는 그 머리를 배다리 밑에 닿게 하여 수면에 뜨게 하고, 그 꼬리는 곧바로 밀물의 흔적이 있는 경계를 지나서 언덕 위에 붙여 놓는데 이를 이름하여 부판(浮板)이라 하고, 다음은 부판 위에 규정대로 다리를 만들되 그 높이와 넓이는 배다리로 기준을 삼아 배다리와 선창다리의 두 머리가 꼭 맞게 하여 평면으로 만들어서【이전 제도처럼 빈틈이 나게 해서는 안 된다】 그 길을 연결해 놓으면 물을 따라 높아졌다 낮아졌다 하여 배와 다름이 없을 것이다.

어떤 사람은 말하기를 "배다리는 많은 배를 서로 연결하여 그 세력이 서로 버티기 때문에 발로 차고 밟아도 움직이지 않지만, 지금 이 부판은 단순하고 머리가 가벼운 만큼 큰 다리로 내리누르고 많은 말이 밟으면 떴다 잠겼다 하지 않을 수 있겠는가." 하고 말하지만 이것은 그렇지 않다. 대개 물에 뜨는 이치는 물체의 밑창이 클수록 물의 압력을 많이 받는다. 지금 부판은 수십 개의 큰 판자를 가로로 연결하여 물에 띄워 놓은 만큼 그 물의 힘을 받는 것은 몇만 근 정도가 아니다. 그러나 또 한 가지 명백하여 의심의 여지가 없는 방법이 있다. 먼저 아(丫)자형의 큰 나무 두 그루를 베어다가 두 개의 기둥을 만들어 선창다리의 좌우 머리에 마주 세워 놓고 굵은 밧줄로 배다리 배【가장 가에 있는 배로서 선창다리와 맞닿는 배】의 가룡목(駕龍木)에다 동여맨다【물이 불을 때 주교의 배가 높아졌다 낮아졌다 하면 역시 편리한 대로 고쳐 동여맨다】. 다음은 아주 굵은 밧줄로 부판(浮板) 머리를 매어【좌우를 다 그렇게 한다】 세워 놓은 기둥의 두 가닥이 아(丫)자 사이에 올려 걸고 밧줄 끝에 큰 주머니를 달아매고 많은 돌덩이를 주머니 속에 채워서 늘어뜨려 추로 만든다. 그리고 추의 무게는 반드시 늦춰지지도 않고 끌어당기지도 않게 하는 것을 한도로 한다. 늦추어지지 않게 한다는 것은 사람과 말이 선창을 밟아도 부판이 조금도 잠기지 않음을 말함이고, 끌어당기지 않는다는 것은 부판이 조금도 저절로 들리지 않음을 말한다. 그렇다면 이 판자는 이따금 떠오를 때는 있어도【물이 불을 때를 말한다】잠겨 들 때는 없을 것이니, 이 어찌 안전하고 또 안전하지 않겠는가. 조수가 밀려오는 곳이나 세찬 물이 불어날 때 이 방법을 제외하고는 선창다리와 배다리가 수시로 높아졌다 낮아졌다 하는 걱정을 없앨 수 없을 것이다. 그리고 부판을 이동하는 방법은 부판의 밑창에다 바퀴를 여섯 개나 여덟 개쯤 달면 5, 6인이 끌어도 언덕에 올릴 수 있을 것이다. 또 물체가 커서 보관하기가 불편한 것이 문제라면 그것을 두 척, 혹은 세 척으로 나누었다가【가죽 과녁을 나누었다 합쳤다 하는 것과 같이 한다】필요할 때 다시 합친다면 무엇이 문제이겠는가. 이상에서 논의한 여러 가지 일은 넉넉히 여유를 두고 대충 말한 것에 불과하다. 만약 실지 일에 부닥쳐 조치하되 분수(分數)를 참작한다면 또 얼마간의 수를 줄일 수 있으며, 선창다리와 부판에 필요한 물건도 또한 충분히 그 속에서 나올 수 있을 것이다.

---

15) 十三曰賞罰: 舟橋之役不輕而重千人赴焉萬人瞻焉不有賞罰而勸懲之何以濟之哉今宜招集京江船主詢問海舶生涯之所大願大利爭先趨取者爲何事假如三南稅穀及海西賑鹽等事擇其最所欲者每船一入舟橋案而編於隊伍者成給帖文許令專利【宜酌定其界限無令濫編或有怙勢踰越有所現發則分輕重則罪】則民自勸矣有一罪犯於船案除汰其名充以他船則利之所在罰亦不少不須刑杖徒流而民自懲矣如是則五江船人將以編於舟橋奉爲華職未得之惟恐不得旣得之惟恐或失竭力趨事無敢或後患而不費勞而不怨威而不猛者正爲是也又其部長隊長經過幾番行幸許調爲邊將或屯監之岐定式施行則尤爲激勸之方矣

16) 十四曰期會: 京江船每於九十月間分往各處掛泊經冬以待春漕者出於爭先取利也今以舟橋名目原有定處許令專利則初無與人爭先安用徑往過冬春幸約在正晦二初而雖或至季春仍留經過後從容駕海政値風和尙云早矣【仍又終歲行商無所掣肘】秋幸時則約於八月旬望 一齊來待另立科條永久遵行

17) 十五曰槍橋: 今論船槍以橋代築爲上策然是法能令淺水疏流橋下不致齧壞之患而已若新水忽至添波數尺則舟橋爲水所負亦高數尺槍船椿立不動不能隨水高下則仰視舟橋若庭瞻屋將奈何哉計不過拔出一船使槍橋之頭與舟橋之頭稍遠而鋪跨長板以連其路使陞降之勢不至太急而已豈不悚且窘哉今旣以露梁爲定則梁之潮勢常常盛至幾爲三四尺之高而朝夕進退候高候低應接不暇其計亦無所施矣今有一法人或爲之迂闊而實則萬全瑟其效能令槍橋隨水高下而與舟橋頡頏雖波添一丈常與舟橋相守不離豈不美哉先編長大厚板數十張以長椽隱簪以聯之【如造船底】次以大木外帶上下以合之【如造船扉】次以長板環舷各二層以圍之【如造津船】襦袱以補罅隙使水不得漏一如船制次使其頭直接舟橋之底而浮于水面其尾直過潮痕之界而着于岸上名之曰浮板次於浮板上如法作架其高廣以舟橋爲準使舟橋槍橋兩頭密接【不當如舊制之離開空隙】作爲平面以連其路則能隨水高下與舟無間矣或曰舟橋百舟相維 勢力相撐故蹴踏而不動今此浮板單而頭輕以大橋壓之萬馬踏之能不乍沈而乍浮乎云爾也是則不然凡浮法其底愈大而水力愈撐今此浮板橫聯數十大板浮之水上則其倚水力也不啻萬勻然又有一法之皎然無疑者先取丫頭大木二株削爲兩柱對立竪樹于槍橋左右頭之地以大纜縛之舟橋船【最邊船與槍橋相接者】之駕龍木【水添時舟橋船有高下則亦當從便改縛】次以極大纜繫浮板之頭【左右各然】上掛于樹柱丫處次於纜端繫一大網囊次取許多石塊盛于囊中用作垂錘而錘之重須以勿放勿引爲度勿放者謂人馬踏槍而浮板不能沈入一分也勿引者謂浮板不能自舉一分也然則是板也能有時乎浮上【謂水添時】而不能有時乎沈入豈非萬全之萬乎潮水所至之地疾水所添之時除非此法則槍橋舟橋之有時高低之患莫可捄矣若其浮板轉運之道就於板底量宜作六輪或八輪則不過五六人挐之可以登岸矣又若以體大藏弃之不便爲難則分爲兩隻或三隻【如帿革帿分合】臨時更合何足謂之弊也右所論各樣事宜不過說其大摠優數存剩若果臨事措置酌量分數則又當減其幾許數而槍橋浮板所入之需亦當恢恢出其中矣

「주교사개정절목」국역본

부록 10

 해설

이 자료는 1793년 1월 11일, 주교사가 수정 보완하여 제출한 「주교절목」을 한국고전번역원에서 국역[1]한 것이다. 1790년, 주교사에서 처음 제출한 「주교절목」 21개 항목은 정약용의 의견이 더해져 『주교지남』 15개 항목으로 정리되었고, 주교사에서는 이를 반영하여 실제 착공(1795년 2월 13일)을 앞두고 최종 시방서를 정리하여 제출하였다. 1790년에 제출한 「주교절목」과의 혼동을 피하기 위해 「주교사개정절목(舟橋司改定節目)」이라 하고, 6항부터 12항까지 배의 구조와 관련된 그림 7개[2]를 추가하여 독자들의 이해를 돕고자 하였다.

[3] 1. 봄가을로 능원(陵園)을 배알할 적에 나루를 건너야 할 때를 만나면 선창에서 물을 건너는 데에 쓰이는 크고 작은 선박의 숫자가 4, 5백 척에 달하므로, 서울과 지방에서 배를 찾아 구하다 보면 중간에서 농간을 부려 뱃사람들이 받는 폐단이 갈수록 더욱 심해졌다. 그런데 현륭원(顯隆園)을 수원으로 옮긴 뒤로는 해마다 한 번씩의 행행에 나루를 통해 건너야 했으므로, 이에 성상께서 뱃사람의 폐단을 깊이 진념하시어 특별히 배다리[舟橋]의 제도를 만듦으로써 배를 찾아다니는 일은 영원히 혁파하고 단지 경강(京江)의 큰 배들만을 가져다가 연결시켜 교량을 만들어 놓으니, 폐단은 사라지고 일은 간단해졌으며, 공력이 줄고 비용도 적어져서, 실로 이것이 강을 쉽게 건널 수 있는 도구인지라 이에 영구한 법으로 삼는 바이다.

2.[4] 배다리의 배치는 당연히 물길이 좋은 곳을 가려서 해야 한다. 동호(東湖)로부터 그 하류로 강폭이 좁고 양쪽 언덕은 높으며 여울진 곳과 멀어서 물의 흐름이 완만한 곳으로는 노량(露梁)이 제일이다. 또 연(輦)의 거둥길도 평탄하고 곧아 우회됨이 없으므로, 물길은 노량 나루로 정한다. 선릉(宣陵)·정릉(靖陵)·장릉(章陵)·현륭원에 행행할 때와 온천에 행행할 때에도 모두 이 길을 이용하고, 헌릉(獻陵)·영릉(英陵)·영릉(寧陵)을 행행할 때에는 광진(廣津)에 옮겨 설치한다.

---

1) 『조선왕조실록』, 정조 17년 계축(1793, 건륭 58), 1월 11일(을사) 최종 기사, 한국고전번역원
2) 김평원의 주교절목도(舟橋節目圖) - 주교절목 제6도(舟橋節目第六圖), 주교절목 제7도(舟橋節目第七圖), 주교절목 제8도(舟橋節目第八圖), 주교절목 제9도(舟橋節目第九圖), 주교절목 제10도(舟橋節目第十圖), 주교절목 제11도(舟橋節目第十一圖), 주교절목 제12도(舟橋節目第十二圖)
3) 一春秋陵園展謁若値越津之時則船艙渡涉所用大小船數不下四五百艘京外搜覓中間操縱船人受弊去而益甚園所移奉水原之後歲一行幸當由津渡聖上深軫船人之弊特創舟橋之制捉船之事永爲革罷只取京江大船聯成橋梁弊除而事簡工省而費少實是利濟之具仍作永久之法
4) 一舟橋排置當取津路之形便自東湖以下水狹而岸高灘遠而流穩惟露梁爲最且輦路坦直而不回津路以露梁爲定宣陵靖陵章陵顯隆園行幸時及溫幸時幷用此路獻陵英陵寧陵行幸時移設於廣津

⁵⁾ 3. 선창의 배설은 으레 큰 배를 강가에 대 놓고 언덕의 좌·우측에 긴 나무를 늘어세우고서, 그 안에는 모래와 흙으로 채워 배의 높이와 수평을 이루게 한다. 그 일에 드는 비용은 극히 많이 소요되었으나 행사를 치르고 나면 헐어 버리고 매년 이를 다시 설치해야 하니, 그 비용을 지탱할 수가 없다. 그래서 마침내 돌로 그것을 대신 쌓기로 하고 강가의 잡석을 모아 고기비늘 모양처럼 가지런히 맞물려 높게 쌓아 올리고 석회로 그 빈틈들을 메꾸면 그것이 완고하고 튼튼하여 한 번 쌓아서 영구히 쓸 수 있게 되겠기에 이렇게 하기로 결정한다.

⁶⁾ 4. 교량에 쓰일 선척에 대해서는 남북으로 선창의 거리가 1백 90발[把]이므로 여기에는 큰 배가 의당 36척이 소요될 것이니, 경강의 개인 배와 훈국(訓局)의 배를 택일하여 쓰기로 한다.

⁷⁾ 5. 경강의 큰 선박이 지금 현재 도합 80척이니 교량에 소요될 새로 만든 완고한 배 36척 이외의 배들은 모두 배다리의 왼쪽과 오른쪽으로 나누어 세워서 배다리를 끈으로 잡아매거나 호위하는 구실에 쓰이도록 한다.

⁸⁾ 6. 배다리의 제도는, 배치하여 연결시킬 즈음에 먼저 여러 배 가운데서 몸체가 가장 크고 뱃전이 가장 높은 것을 골라 강 한복판에 정박시켜서 중심의 표적을 삼게 한다. 그리고 이어 크고 작고 높고 나직한 것들을 차례로 왼쪽과 오른쪽에 줄지어 연결시켜 선창에 닿게 함으로써, 다리의 모양새를 가운데는 높고 양쪽은 낮은 것이 궁륭교(穹隆橋)의 모양이 되게 한다.

⁹⁾ 7. 늘어세워 묶는 방법은, 배를 먼저 상류를 향해 닻을 내리게 하고 가룡목(駕龍木)은 양쪽의 끝이 서로 닿지 않도록 어긋나게 배치하여 서로 끼어들게 해서 바로 이 배와 저 배의 뱃전 판자가 개 이빨처럼 서로 맞물려 틈새가 나지 않도록 한다. 그런 다음에 남쪽과 북쪽 선창의 항선(項船)을 먼저 큰 밧줄로 배의 이물과 고물을 나누어 묶어서 언덕 위의 못에 잡아매고, 다음에 종보와 버팀목을 묶고, 다음에 가로로 판자를 깔고, 다음에 난간과 조교(吊橋)와 홍살문을 설치한다.

¹⁰⁾ 8. 배들을 늘어세운 뒤에, 이전에는 돛대를 배 위에 가로로 놓고 각 배들을 묶었는데, 돛대 기둥이 밑둥은 크고 끝쪽은 가늘어서 가로로 놓고 묶기에 불편하였다. 그리고 또 크고 긴 것을 가로로 여러 배에 뻗혀 잇게 함으로써 배 한 척에서 탈이 발생하면 묶은 줄을 풀기가 또한 어려웠다. 그러니 별도로 장산곶(長山串)에서 길이 35자 가로 세로의 넓이 1자 되는 소나무를 구해다가, 배마다 각기 다섯 주(株)씩을 배에 깔아 놓은 판자의 길이를 헤아려 분배해서 세로로 묶되, 두 쪽 끝이 뱃전을 걸쳐 밖으로 나가게 한다. 그리고 두 배의 종보 머리는 서로 마주 잇닿게 하고 말목을 맞세워 박은 다음 칡 밧줄로 야무지게 묶는다. 그리고 또 버팀목을 배 위에다 세워 배가 흔들리는 걱정이 없게 한다.

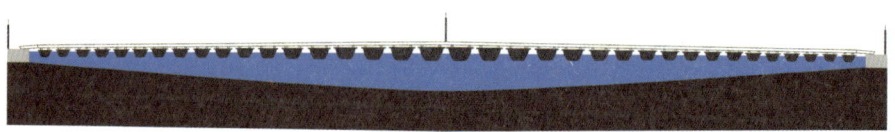

그림 IX-38 주교절목 제6도

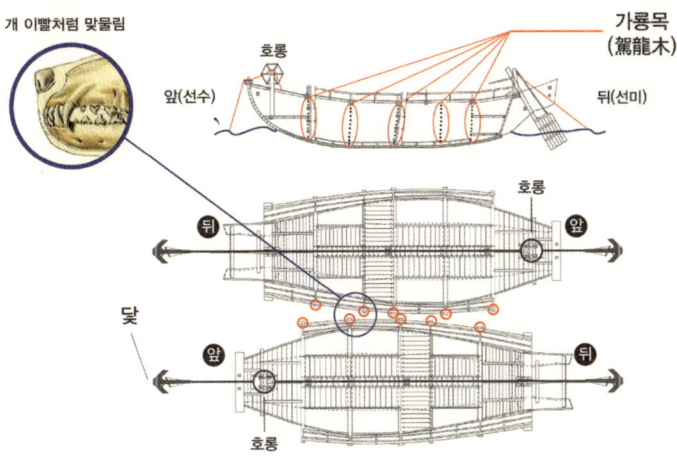

그림 IX-39 주교절목 제7도

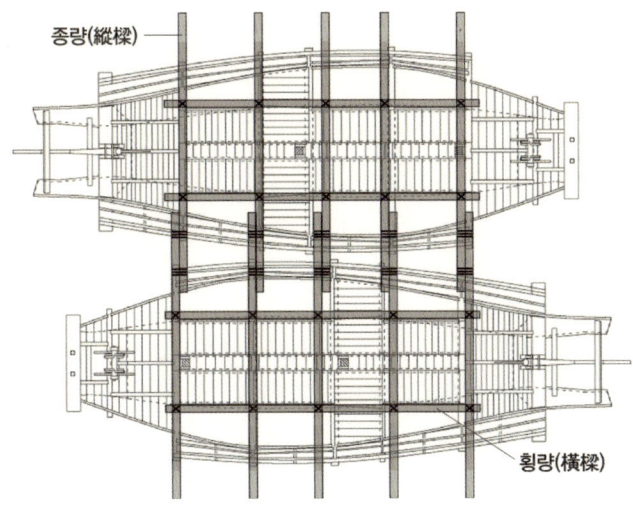

그림 IX-40 주교절목 제8도

5) 一船艙排設例以大船倚閣水邊而岸之左右排植長木中實沙土高與船平工役之費極其浩大而事過則毀撤每年設此費不可支遂有以石代築之敎收聚江邊雜石鱗比高築以石灰塡補其隙完固堅實可以一築而爲永久之用以此爲定

6) 一橋梁所用船隻南北船艙相距爲一百九十把則容入大船當爲三十六隻以京江私船及訓局船擇用

7) 一京江大船船卽今見在者八十隻橋梁所入新造完固者三十六隻外餘船竝分立於舟橋左右以爲維繫衛護之地

8) 一橋制排聯之際先擇諸船中體最大杉最高者碇住於江中以表中央仍以大小高下次第班聯於左右屬之船艙使橋制中高而兩端低下如穹橋之形

9) 一編結之法船隻先向上流下碇而駕龍木勿令兩頭相接錯排互進直當彼此杉板有若犬牙相制毋得動退然後南北船艙項船先以大束索分繫船之頭尾釘結於岸上次結縱梁及撑柱次鋪橫板次設欄干弔橋紅門

10) 一船隻排立之後在前以帆竿橫駕船上維繫各船而帆竿下豐上殺橫結不便且大長而橫亘多船一船有頉解纜亦難別取松木於長山串長爲三十五尺四面廣爲一尺每船各以五株酌量鋪板之長分排縱結而兩頭跨出船艙之外兩船縱頭互相對合以橡簪相對揷之仍以葛纜緊束又以撑柱木項竪於船板之上俾無遊移之患

[11)] 9. 이전에는 배 위에다 발[笆子]을 깔고서 모래와 흙을 채우고 그 위에 잔디를 깖으로써, 설치하고 철거할 때에 일이 많을 뿐만 아니라 만일에 비라도 만나게 되면 언제나 매우 질척거려서 낭패를 보기가 십상이었다. 양호(兩湖)에 나누어 맡긴 장송판(長松板)으로 너비는 한 자, 두께는 세 치, 길이는 어가(御駕)의 길 너비 4발[把]의 폭에 한정된 것을 고기비늘처럼 나란히 종보 위에 가로로 깔고, 두 판자가 맞닿는 곳에는 드러나지 않게 못을 박아 서로 맞물리게 한다. 또 아래쪽에는 견마철(牽馬鐵)로 두 판자가 맞닿는 곳에 걸쳐 박고, 또 판자의 양쪽 끝에는 보이지 않게 구멍을 뚫어 삼 밧줄을 꿰어서 왼쪽과 오른쪽의 종보에 묶어 움직이거나 노는 폐단이 없게 한다.

[12)] 10. 깔판의 좌우 양쪽에는 먼저 중방목을 설치하고 다음으로 짧은 기둥을 매양 한 칸에 한 개씩 늘여세우고, 벽련목(劈鍊木)을 가지고 가로로 열십자 모양의 난간을 만들어 두 기둥 사이에 연이어 박아 넣되, 먼저 기둥 한쪽에 서로 맞보게 변석(邊錫)을 뚫어서 난간이 서로 맞붙고 드나들게 하는 뒷받침으로 삼는다.

[13)] 11. 노량 나루는 바로 조수(潮水)가 드나드는 곳이라서 밀물이 많으면 수위(水位)가 3, 4자가 높아지고 적어도 두어 자는 높아져 배다리가 물에 떠받치어 선창보다 높아지고, 조수의 많고 적음에 따라 위아래로 층이 갈라져 길의 형태를 이루지 못한다. 그런데 비록 선창을 더 쌓고자 하여도 밀물과 썰물의 출입으로 인하여 수위가 갑자기 높아졌다 낮아졌다 하므로, 때에 따라 일을 하고 중지하고 하기에 어려움이 있다. 대략 조교(吊橋)의 제도를 본떠 널다리를 만들되, 세로로는 종보를 배치하고 가로로는 넓은 널빤지를 깔아 다리 모양처럼 똑같이 만든다. 그리고 널다리의 종보 머리를 항선(項船)의 종보 머리에 연접시키되, 요철(凹凸) 모양으로 깎아 서로 잇대서 비녀장 지르는 것을 마치 삼배목(三排目) 궤도와 같이 하여 자유자재로 구부러지고 펴지도록 한다. 그렇게 할 경우 조수가 밀려들어 다리가 높아지면 널다리의 한쪽 머리가 배를 따라 들려서 한쪽은 약간 높고 한쪽은 낮아지는 형세가 되겠지만 경사가 가파르기까지는 않을 것이고, 조수가 밀려 나가면 평평해져서 선창의 위가 판판하게 도로와 연결이 될 것이다.

[14)] 12. 남쪽과 북쪽의 선창에 각기 한 개의 홍살문을 설치하여 배다리의 경계를 표시하고 가운데의 가장 높은 배에도 홍살문을 세워 강물의 복판임을 표시한다.

[15)] 13. 배다리를 놓고 철수하는 일을 보아지키고, 거둥이 있을 때 벌여 서서 호위하는 일에 군졸이 없을 수 없다. 배 한 척의 격군(格軍)이 12명으로 도합 80척의 격군이 거의 1천 명에 가까우니, 이들로 군대를 조직하고 군사 명부를 작성하여 본 주교사에 비치한다. 그리하여 배다리를 놓고 철수할 때는 이들 격군을 돌아가며 부리고, 거둥 때는 주교사 소속의 배 한 척당 12명씩의 격군에게 전건(戰巾)을 씌우고 청·황·적·백·흑 빛깔의 더그레[號衣]를 입혀 좌우 난간 밖 뱃머리에 벌여 세우고, 협선(挾船)의 격군은 좌우 협선에 벌여 세워서 호위로 삼는다.

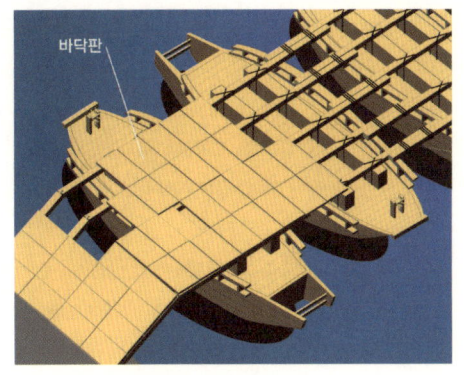

그림 IX-41 주교절목 제9도

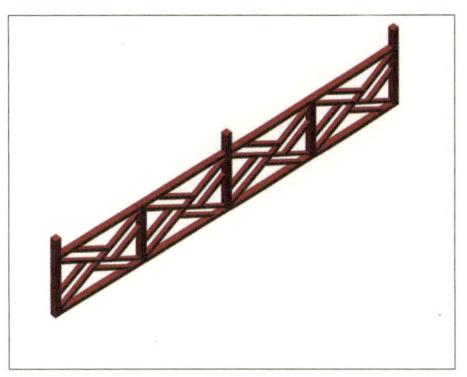

그림 IX-42 주교절목 제10도

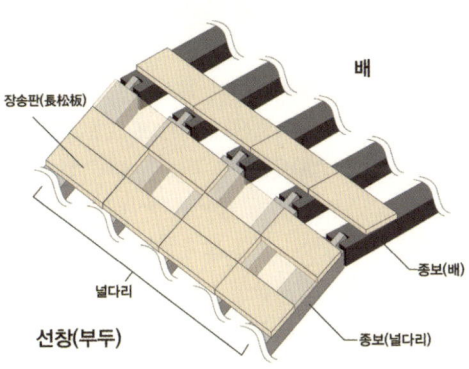

그림 IX-43 주교절목 제11도

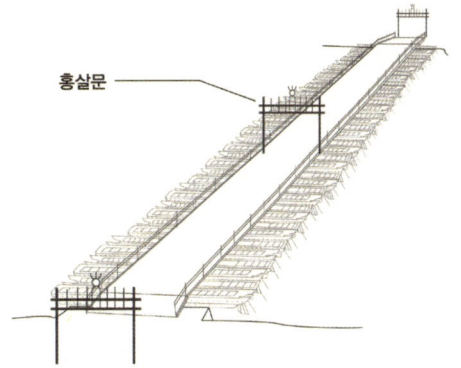

그림 IX-44 주교절목 제12도

11) 一在前船上鋪以笆子實以沙土上鋪莎草非但造撤之際工役甚鉅若値雨水則泥濘不甚易致狼狽以兩湖分定長松板廣爲一尺厚爲三寸長則限御路四把之廣鱗次橫鋪於縱梁上而兩板相接處用掩釘對合又於下邊以牽馬鐵跨釘兩板縫合處又於板之兩頭穿隱穴以麻索貫連維繫於左右邊縱梁俾無動搖之弊

12) 一鋪板左右兩邊先設中方木次以短柱每一間列立一柱以劈鍊木造成橫十字欄干連挿於兩柱之間而先於柱一面對穿邊錫以爲欄干合接出入之地

13) 一露梁卽潮水往來之地潮盛則水高三四尺少亦數尺舟橋爲水所負高出船艙隨潮之多少上下層斷不成路勢雖欲補築船艙朝夕進退倏高倏低有難隨時作輟略倣弔橋之制造成板橋而縱排縱梁橫鋪廣板一如橋制以板橋縱梁之頭接於項船縱梁之頭而削爲凹凸之形相接挿簪如三排目制樣以爲圓轉屈伸之地潮(退)(進)舟高則板橋一頭隨舟而擧略有升降之勢而不至峻急潮退則平鋪船艙之上連成道路

14) 一南北船艙各設一紅箭門以表舟橋之界中央最高船亦竪紅箭門以標江水之中央

15) 一舟橋之造輟看守動駕時排立護衛不可無軍卒而每船格軍爲十二名都合八十隻格軍殆近千數以此作隊修軍案留置本司舟橋造輟時以此格軍輪回使用動駕時舟橋船格軍每船十二名式着戰巾方色號衣排立於左右欄干外船頭挾船格軍排立於左右挾船以爲護衛之地

¹⁶⁾ 14. 이미 창설하여 군대의 대오를 지었으면 영솔하는 사람이 없을 수 없다. 배다리의 중심에서 남쪽은 전부(前部)로, 북쪽은 후부(後部)로 삼아 배 세 척으로 1개의 선단[<ruby>䑸</ruby>]을 구성해 전후 각기 다섯 개의 선단을 이루어서 오사(五司)의 제도를 대략 본뜨고, 나머지 배들은 중앙에 배속시킨다. 협총(協總) 한 사람을 두어 전후를 통솔하게 하되, 본 주교사의 도청(都廳)으로 겸임시키고, 전·후부에는 각기 영장(領將) 1명씩을 두되 주교사의 감관(監官) 두 사람으로 임명하며, 매 선단에는 각기 선단의 우두머리 1명씩을 두되 주교사의 영장 10명으로 임명해서 단속하고 통제하게 한다.

¹⁷⁾ 15. 군졸이 있은 다음에는 당연히 표시하는 깃발이 있어야 한다. 그러나 여기는 진영을 짜는 것과는 다름이 있으니, 굳이 큰 깃발을 쓸 필요가 없다. 의당 배와 물의 의미를 상징하게 해서 육군(陸軍)의 깃발 제도와 구별 지어야 할 것이다. 중앙의 홍살문 양쪽에는 큰 두 개의 깃발을 세우되, 하나는 황색으로 하여 중심을 표시하고 하나는 흑색을 써서 수덕(水德)을 상징한다. 배마다 이물에는 각기 한 개의 깃발을 세우되, 청·황·적·백·흑의 빛깔로 5개 선단의 차례를 상징한다. 그리고 깃발의 띠는 중앙을 상징하고, 기각(旗脚)은 해당 부(部)를 상징하며, 깃발 앞면에는 아무 선단의 몇째 배라는 것을 써서 대오를 표시한다. 배마다의 고물에도 역시 각기의 깃발을 한 개씩 꽂되, 청·황·적·백·흑의 빛깔과 깃발의 띠와 기각은 이물의 제도를 그대로 따르고, 깃발의 앞면에는 새매나 물새를 그려 예부터 내려오는 화선(畫船)의 제도를 상징한다. 배마다에는 또한 각기 바람을 살필 수 있는 깃발[相風旗] 한 개씩을 세워 바람을 점칠 수 있게 한다.

¹⁸⁾ 16. 대가가 물을 건너는 때에 있어서는 이미 장령(將領)과 군졸을 설치하였으니 총감독할 대장이 없을 수 없으므로, 대가를 수종하는 이외에 군영에 남아 있거나 부대에 남아 있는 대장을 병조에서 삼망(三望)을 갖추어 들여서 낙점을 받는다. 그러나 만일 해당 군영의 대장이 거가를 따라갈 때에는 인원을 갖추어 의망(擬望)할 수 없으니, 수어청(守禦廳)과 총융청(摠戎廳)의 수어사나 총융사를 임시로 계청(啓請)하여 합해서 의망해 들인다.

¹⁹⁾ 17. 배다리를 놓을 때나 평상시에 있어 선창의 석축(石築)과 창고에 쟁여 놓은 목재들은 반드시 오로지 관장해서 살피는 사람이 있어야만 거의 소홀하게 되는 폐단이 없을 것이다. 노량진(露梁鎭)을 본 주교사에 이속시키고 본 주교사가 별장을 차출하여 착실히 관장하게 해야 할 것이며, 해당 노량진의 진영에 있는 환곡과 돈은 한결같이 옛날 그대로 유치시켜 모든 것을 꾸려갈 수 있도록 한다.

²⁰⁾ 18. 나룻길을 건널 때에는 으레 나룻머리에 어가가 머물 처소[大次]가 있어야 하나, 그것을 준비하려면 드는 비용이 적지 않으니 노량진의 진영 막사를 본 주교사의 관사로 정해서 행행하실 때에 어가의 처소로 삼는다.

²¹⁾ 19. 배다리에 드는 종보·깔판·난간 등속의 나무로 된 물품들은 반드시 거두어 보관하는 곳이 있어야만 썩거나 손상될 걱정이 없을 것이다. 노량 나루의 본 주교사 근방에 별도로 창고 70칸을 지어 각종의 나무로 된 물품들을 보관해 두도록 한다.

²²⁾ 20. 어가의 처소를 지키고 수리하고 청소하고 군불을 지피는 등속의 일을 해당 노량진에서 주관해 거행하도록 하려면 자연 급료

로 지급할 베[布]나 비용의 수요가 있어야 하니, 금위영(禁衛營)의 돈 1천 냥을 본 노량진에 대출해 주어 이식을 받아 비용의 수요로 삼게 한다.

²³⁾ 21. 배다리를 놓거나 철거할 때에 각 선박의 격군(格軍)을 돌아가며 쓰기로 한다면 별로 재용이 많이 들어갈 것이 없겠지만 또한 어지간한 잡비는 들지 않을 수 없으니, 호남에 감해 준 조세 운반 비용의 무명 6동(同) 26필을 본 주교사에 소속시키고, 호조가 그것을 받아 넘겨주어 비용의 수요로 삼게 한다. 그리고 쓰고 남은 것은 차츰 저축해 두어 불시의 비용에 쓰도록 한다.

²⁴⁾ 22. 노량진 남쪽과 북쪽의 언덕 근처에 살면서 배를 만드는 장인들은 하나같이 본 주교사의 대장에 올려 잡역을 면제해 주고 다리를 놓을 때 부릴 수 있게 한다.

²⁵⁾ 23. 배다리가 이미 정해진 뒤에 공조가 선창을 쌓는 일이 없으면 본조 소속의 각 강(各江)의 관령(管領)들을 모두 본 주교사에 이속시켜 부린다.

²⁶⁾ 24. 다리를 놓거나 다리를 철거할 때에는 당연히 감독하는 사람이 있어야 할 것이나, 각 군문의 장교(將校)들을 빌려 쓰게 되면 폐단만 있을 뿐 아니라, 배 위에서 일하는 것을 살피는 것이 또한 익숙한 뱃사람들만 못할 것이다. 그러니 배의 주인 가운데 근간하고 사리를 아는 사람으로 도감관(都監官) 1명, 감관(監官) 2명, 영장(領將) 10명을 가려 뽑아 배를 분담해 관리하고 격군을 통솔하여 착실하게 감독하도록 한다.

²⁷⁾ 25. 대가가 나루를 건널 때에 다리 위에서 신호하는 깃발은 당연히 배 위에 꽂아 둔 깃발을 사용하되, 깃발을 드는 사람은 좌우에 벌려 선 격군을 쓴다.

---

16) 一旣設作隊軍則不可無領率之人自舟橋中央南爲前部北爲後部每三船作一䑸前後各五䑸略倣五司之制而餘船屬之中央設協總一人統領前後而以本司都廳兼差前後部置領將一人而舟橋監官二人差定每䑸各置䑸長一人而以舟橋領將十人差定以爲團束檢飭之地

17) 一有軍卒之後當有標識之旗幟而此與行陣有異不必用大旗幟宜象舟水之義以別於陸軍之旗制中央紅箭門兩邊設二大旗一用黃色以標中央一用黑色以象水德每船頭各竪一旗而方色象五䑸次第帶象中央脚象該部旗面書以某䑸第幾船以標隊伍每船尾亦各竪一旗而方色帶脚一依船頭之制旗面則書以鶺鴒以象古來畫船之制每船又各竪相風旗一面以爲占風之地

18) 一大駕渡涉時旣設將令軍卒則不可無摠察之大將以隨駕外留營留陣大將自兵曹三望擬入受點若値該營大將隨駕之時則無以備員擬望以守摠兩使臨時啓請通融擬入

19) 一排設舟橋之時及常時船艙之石築庫藏之木物必有專管檢察之人然後庶無踈虞之弊露梁鎭移屬本司而自左司差出別將以爲着實句檢之地該鎭所在𧃍𧃋錢穀一幷依前仍置以爲接濟之地

20) 一津路渡涉時例有津頭大次而排設之際廩費不些以露梁鎭舍定爲本司官廨而仍作幸行時大次

21) 一舟橋所入縱梁鋪板欄干等木物必有收藏之所然後可無朽傷之虞露梁本司傍近之地別作庫舍七十間藏置各項木物

22) 一大次守直修掃及點火等節令該鎭主管擧行則自有料布費用之需禁衛營錢一千兩貸下本鎭以爲取殖需用之地

23) 一舟橋排設撤去時以各船格軍輪回使用則別無財力之多入者而亦無不無如干雜費湖南減額漕需木六同二十六疋屬之本司自戶曹捧上移送以爲需用之地用餘者次次儲留以爲不時之需

24) 一露梁南北岸近處居住船匠一竝案付本司除其雜役以爲造橋時使役之地

25) 一旣定舟橋之後工曹無船艙擧行之事 本曹所屬各江管領幷移屬本司使役

26) 一造橋撤去時當有監董之人各軍門將校之借用不但有弊船上看役亦不如船人之嫺熟以船主中勤幹解事人擇出都監官一人監官二人領將十人使之分管船隻統率格軍着實監董之地

27) 一大駕渡涉時橋上點旗當以船上所竪旗幟擧行而旗手則以左右排立格軍使用

²⁸⁾ **26.** 깃발은 노량 나루의 본 주교사에 갈무리해 두었다가 임시해서 내다 쓴다. 그리고 수리하거나 다른 것으로 바꾸는 등의 일은 본 주교사가 거행한다. 상풍기(相風旗)와 격군이 쓰고 입는 전건(戰巾)·더그레[號衣]와 띠는, 처음에는 본 주교사가 만들어 지급해 주고, 뒤에 수리하거나 다른 것으로 바꾸는 일에 대해서는 배의 주인들이 담당해서 거행하도록 한다.

²⁹⁾ **27.** 감관(監官)은 영장(領將) 중에서 권점(圈點)으로 차출하고 영장은 각 배 주인들 중에서 근간하고 사리를 아는 자를 가려 그들로 하여금 공론에 따라 권점으로 차출하게 하되, 감관은 2년마다 바꾸기로 한다.

³⁰⁾ **28.** 깔판자·종보·난간·철물(鐵物) 등속은 착실히 살펴서 손상을 입히거나 잃어버리지 않으면 10여 년은 지탱할 수 있을 것이다. 그러나 약간의 개비해야 할 것에 대해서는 남아 있는 데에서 가져다 쓰고, 혹 많은 수효를 개비해야 할 때에는 종보는 장산곶(長山串)에서 가져다 쓰고, 깔판자는 삼남의 바람에 쓰러진 소나무를 가져다 쓰고, 철물 등속은 본 주교사에서 마련한다.

³¹⁾ **29.** 경강(京江)의 개인 배를 다리 공사에 동원시켰으면 수고에 보답하는 도리가 없을 수 없다. 뱃사람의 일이란 오로지 양호(兩湖)의 세곡을 실어 나르는 것이 위주인데, 근래 서울과 지방에서 토색질하는 폐단이 갈수록 심해져서 이익을 잃게 되었으니, 각항의 폐단을 특별히 금하여 없애도록 따로 절목을 만들어서 이를 준행하도록 한다.

³²⁾ **30.** 배를 부림에 있어 요긴하거나 헐후할 때가 있고 각 고을의 뱃삯에도 또한 후하고 박함이 있으니, 등급을 나누어 구별하는 일이 없을 수 없다. 감관과 영장은 그 자신은 이미 감독의 일을 맡았고 배도 또한 배다리에 편입되었으니, 노역이 가장 많은 그들을 1등으로, 배다리에 편입된 배를 2등으로, 좌우의 협선(挾船)을 3등으로 삼는다. 그리고 각 고을에는 그들 고을의 후하고 박함에 따라 세 등급으로 구분지어 공정하게 추첨하여 각 고을에서 등수 나눈 것을 버리게 하고, 그들로 하여금 스스로 헤아려 대장을 준비하게 했다가 다음번 추첨 때에는 당상관이 직접 관장해서 거행하도록 한다. 훈국의 배들도 역시 다른 배들의 규례에 따라 추첨하여 예전과 같이 스스로 가리는 폐단이 없게 한다.

³³⁾ **31.** 배들이 곡식을 싣거나 행상을 하기 위해 수시로 멀리 출행함으로 인해서 갑자기 모으기에 어려움이 있다. 봄·가을로 능에 행행하는 데는 본시 정해진 달이 있으니, 기한에 맞추어 일제히 와 기다리게 하라는 뜻을 미리 각 배 주인들에게 거듭 단속시켜 감히 기일을 놓치는 일이 없게 한다. 그래서 만일 기일을 어기고 오지 않은 자가 있으면 배 주인을 엄히 징계하고 추첨에서 제외시킨다.

³⁴⁾ **32.** 주교사의 도제조는 삼공이 예겸(例兼)하고, 제조는 삼군문의 대장이 예겸한다. 그리고 주관 당상(主管堂上) 1원(員)은 비국에서 별도로 계하(啓下)를 받아서 준천사(濬川司)의 주관 당상까지 겸관(兼管)하게 하고, 도청(都廳) 1원은 삼군문의 천별장(千別將) 중에서 가려 계하를 받아서 역시 준천사의 도청까지 겸관하게 한다.

³⁵⁾ **33.** 다리를 놓을 때 사람들을 부리고 재용(財用)을 관장하는 일은 본 주교사의 주관 당상이 모두 관장해서 거행하고, 예겸 당상은 다리를 놓을 때 번갈아 오가면서 일을 감독한다.

³⁶⁾ **34.** 큰 밧줄로 배의 이물과 고물을 나누어 묶어서 언덕 위의 못에 매어 두는 일은 위에서 논한 바가 있으나, 밧줄이 끝내 튼튼하지는 못하고 또 해를 지내다 보면 썩어 상하게 되는 폐단이 없지 않다. 그러니 쇠줄 열 발[把]짜리와 다섯 발짜리 각각 네 개씩으로 남쪽과 북쪽 항선(項船)의 이물과 고물을 나누어 묶어서 언덕 위의 못에 걸어매어 고정시킨다.

³⁷⁾ **35.** 다리 위의 깃발에는 대군물(大軍物)의 제도와 소군물(小軍物)의 제도가 있는데, 대군물은 황색 대기(大旗)와 흑색 대기 각각 1개, 상풍기(相風旗) 72개, 종선기(艃船旗) 36개, 골익기(鶻鶂旗) 36개이고, 소군물은 황색 대기와 흑색 대기, 상풍기·종선기는 수대로 늘어 세우고 골익기는 두지 않는다. 대군물과 소군물은 주사 진영으로부터 임시해서 지휘를 받는다. 그러나 다리 위의 군물이 만일 대군물로 명이 내리면 주사 대장의 해당 영의 군물도 대군물로 거행하고, 만일 소군물로 명이 내리면 해당 영의 군물도 소군물로 거행한다. 해당 영의 대군물은 주사영의 인기(認旗) 1개, 대·중·소의 오방기(五方旗) 각 5개, 문기(門旗) 10개, 각기(角旗) 8개, 청도기(淸道旗)·금고기(金鼓旗) 각 2개로 도합 38개이고 순령수(巡令手)·뇌자(牢子) 각 15쌍(雙), 취타수(吹打手) 33명, 당보수(塘報手)·별파진(別破陣)·난후아병(攔後牙兵) 각 20명이다. 그리고 소군물은 주사영의 인기 1개, 큰 오방기 5개, 각기 4개, 황문기(黃門旗)·청도기·금고기 각 2개로 도합 15개이고, 순령수·뇌자 각 10쌍, 취타수 19명, 당보수·별파진·난후아병이 각 10명이다.

---

28) 一旗幟則藏置于露梁本司臨時出用而修補改備等節自本司擧行相風旗及格軍所着戰巾號衣帶則初次自本司造給隨後修補改備令各其船主擔當擧行

29) 一監官則領將中圈點差出領將則各船主擇其勤幹解事者使渠輩從公論圈點差而監官則準二年遞改

30) 一鋪板縱梁欄干鐵物等屬着實句檢不致傷破闕失則可支十餘年而若干改備者以餘在者取用或致多數改備之時則縱梁取用於長山串鋪板取用於三南風落松鐵物等屬自本司造備

31) 一京江私船旣當橋役則不可無酬勞之道船業專以兩湖稅穀之載運爲主而近來京外侵求之弊轉未免失利各項弊端另加力禁除別成節目以爲遵行之地

32) 一船隻使役旣有緊歇各船價亦有厚薄不可無分等區別之擧監官將身旣任監董之役船隻又爲編入於舟橋則勞役爲最爲一等舟橋所入船隻爲二等左右挾船爲三等而各邑亦從厚薄而分三等使從公抽籤以去各邑分等使渠輩酌量修成冊待後抽籤時當上句檢擧行訓局船隻亦依他船例抽籤無得如前自擇之弊

33) 一船隻之以載穀行商無常遠出猝難聚會春秋陵幸自有元定之月趁期一齊來待之意預爲申飭於各船主無敢失期如有違期不來者船主嚴懲後拔去抽籤中

34) 一舟橋司都提調三公例兼提調三軍門大將兼而主管堂上一員自備局別爲啓下兼管漕川司主管堂上都廳一員三軍門千別將中抄擇啓下爲兼管漕川司都廳

35) 一造橋使役財用句檢本司主管堂上專管擧行例兼堂上則橋役時輪回力往來未有檢董飭

36) 一大束索分繫船之頭尾釘於岸上事有所論列於上方而束索終欠堅實亦不無經年朽傷之弊鐵索十把五把者各四件 分繫於南北項頭尾釘於岸上

37) 一橋上旗幟有大小軍物之制大軍物則黃黑大旗各一面相風旗七十二面艃船旗三十六面鶻鶂旗三十六面小軍物則黃黑大旗相風旗艃船旗如數排立鶻鶂旗除之大小軍物自舟師營臨時稟旨而橋上軍物若以大軍物命下則舟師大將該營軍物亦以大軍物擧行若以小軍物命下則監營軍物亦以小軍物擧行該營大軍物則舟師營認旗一面大中小五方旗各五面門旗十面角旗八面淸道旗金鼓旗各二面合三十八面巡令手各十五雙吹打手三十三名塘報手別破陣攔後牙兵各二十名小軍物則置舟師營認旗一面大五方旗五面角旗四面黃門淸道金鼓旗各二面合十五面巡令手牢子各十雙吹打手十九名塘報手別破陣攔後牙兵各十名

[38] 36. 선창머리에 혹시라도 모래가 쌓여 맨 머리에 있는 배와의 거리가 현격하여지면 그 형편에 따라 당연히 선창 앞쪽으로 물려 만들어야 한다. 전면에 먼저 몸체가 크고 길이가 40자 정도 되는 두 개의 방목(方木)에 다섯 개의 구멍을 나누어 뚫고 다섯 개의 기둥을 박되, 기둥 나무 양쪽 끝에는 각각 가로로 비녀장을 박아서 5층 사다리 모양처럼 되게 한다. 하방목(下方木)을 물속에 3자쯤 한정하여 내리되, 기둥 나무 사이사이 네 곳에 각기 8, 9자쯤 되는 작은 말목 두 개의 윗쪽에 구멍을 뚫어 하방목 좌·우에 꽂고 비녀장을 말목 위쪽 구멍에 가로질러서, 하방목이 떠서 이동하거나 솟아오르는 폐단을 막는다. 그리고 이어 모래를 빈 가마에 담아 방목의 상단 양쪽에 늘어 쌓아서 석축(石築) 밑쪽을 누르고 있게 한다. 뒤쪽에는 기둥 나무를 곧게 세우고 이어 걸치는 종보를 얹고, 사면을 두 층으로 나누어 가로 세로로 중방목을 박아서 마치 집을 짓는 모양과 같게 한다. 버팀목과 종보와 깔 판자와 드러나지 않은 못과 견철(牽鐵)과 끈으로 얽는 것은 모두 배다리의 구조와 같게 한다. 그리고 다시 몸체가 큰 가름대의 가장 긴 것 두 개로 좌·우측 깔 판자의 양쪽 가상자리에 덧내어 물러나지 않게 한다.

---

38) 一船艙前面或值土沙距頭船懸隔則隨其形便當造退船艙前面先以體大方木長可四十尺者兩箇分排五穴挿入五柱木柱木兩端各植椓簪橫着有若五層梯子樣下方木按下於水中而深限三尺柱木間間四處各以小梾木各兩箇八九尺者上端鑿穴挾植於下方木左右橫貫椓簪於梾木上端鑿穴處以防其下方木游移浮湧之弊仍以沙土盛於空石列積於方木上兩傍使之按壓石築底後面直竪柱木仍冒架梁四面分兩層縱橫貫挿中方木蓋如造家之樣撐柱縱梁鋪板隱釘牽鐵繩編竝如橋制更以體人駕木最長者兩箇壓鎭於左右鋪板邊使不得進退

『만기요람』, 재용편 5, 주교 편 국역본

부록 11

해설

『만기요람(萬機要覽)』은 서영보(徐榮輔), 심상규(沈象奎)가 순조에게 나라의 군사 제도와 재정 상태를 보고하기 위해 1808년(순조 8년)에 쓴 책이다. 왕명에 의해 쓴 책이기 때문에 선왕인 정조 시대 배다리에 들어간 구성 부품과 규모를 추론할 수 있는 가장 공신력 있는 사료라 할 수 있다. 『만기요람』재용편(財用篇) 중 주교(舟橋) 편에 정리된 배다리 구성 부품 현황을 통해 횡량(橫樑)과 가룡목이 동일한 것이 아님을 확인할 수 있다. 횡량 72주와 종량 175주는 교배선 36척을 기준으로 산출된 것이다. 원문 주석에서 교배선의 증감이 한결같지 않았다고 밝힌 바와 같이 정조 때 건설된 한강 배다리의 교배선은 38척이 아니라 36척이었다.

橋排船三十八隻船隻多寡隨潮水進退增減不一○橫樑七十二株縱樑一百七十五株鋪板一千三十九立撑柱一百七十箇。蛭木七十箇回龍木一百八箇叉釘木一百七十五箇大小釘九百箇牽馬鐵五千八百四箇頭釘二十四箇大叉釘十箇小叉釘十箇。輪筒十坐大蛭釘十箇大牽鐵八箇鐵索七十七巨里大鐵索八巨里左右衛護船十二隻無定數隨多寡排立欄干二百四十隻舟橋左右排設○板九十二箇。法首二百四十二柱曲釘六百九十二箇鸛鐵七十三箇排目一百四十六箇紅箭門三面。舟橋南北及中央○鸛板二坐頭釘八箇升旗紅大索四巨里撤橋時藏置本司庫

1) 교배선 38척[선척의 많고 적음은 조수(潮水)의 진퇴에 따라서 증감이 한결같지 아니함]. ○ 횡량 72주·종량 175주, 포판 1,039입, 탱주 170개, 질목 70개, 회룡목 108개, 차정목 175개, 대·소정 900개, 견마철 5,804개, 두정 24개, 대차정 10개, 소차정 10개, 운통 10좌, 대질정 10개, 대견철 8개, 철삭 77거리, 대철삭 8거리, 좌우위 호선 12척[일정한 수가 없고 다과에 따라서 배립함], 난간 240척[배다리의 좌우에 배설함]. ○ 판 92개, 법수 242주, 곡정 692개, 관철 73개, 배목 146개, 홍전문 3면[주교 남북과 중앙]. ○ 관판 2좌, 두정 8개, 깃발을 올려 다는 홍대삭 4거리. 주교를 철거하였을 때에는 본사의 창고에 저장한다.

---

1) 고려대학교 민족문화연구소 역, 『만기요람』, 재용편 5, 주교 편, 한국고전번역원, 1971.

부록 12

『일성록』 1792년 윤4월 6일 기사 국역본

 해설

국보 제153호인 『일성록(日省錄)』은 『조선왕조실록』, 『승정원일기』와 더불어 조선 시대를 대표하는 공신력이 높은 사료로 평가 받고 있다. 『일성록』은 정조가 세손 시절에 시작한 '존현각 일기'로부터 시작하여, 즉위 후 규장각 소속 신하가 왕을 대신하여 기록하는 국정 일기[1]로 자리 잡았다. 『조선왕조실록』이 왕의 일상을 3인칭으로 기록하였다면, 『일성록』은 왕의 마음을 1인칭 일기 형식으로 기록하였다. 조선 시대 사서 중에서 왕을 '나'로 기록한 유일한 기록이며, 시간 순서가 아닌 주제별로 분류되어 있다는 점이 특징이다. 『일성록』은 공람이 가능한 국정 운영 자료이기 때문에 왕이 열람할 수 없었던 『조선왕조실록』과는 달리 매우 실용적이었다. 정조부터 순조까지 151년간 기록되었으며, 2011년 5월 세계 기록 문화유산에 등재되었다. 아래에 소개한 1792년(정조 16년) 윤4월 6일 기사[2]를 통해 한강 배다리의 제도를 정비하던 당시에 가룡목(駕龍木)이 좌우 송판 사이를 가로지는 나무였음을 확인할 수 있다.

命嶺南後漕倉領運差員薺浦萬戶 金擎廈爲先差代仍飭該道臣嚴明漕法
○ 全羅監司 鄭民始狀啓以爲順天府使 李夔牒呈內今四月二十八日到付慶尙道後漕倉領運差使員薺浦萬戶移文內玄風縣辰字船一隻漂到三日浦面洛浦前洋全船沈沒云故府使馳到防踏鎭掌內洛浦前洋漂船所在處則色吏沙格十七名俱得生活所載穀物沈在水中故發民卸下則米爲一千二十七石九斗太爲三十九石九斗九升以其陳省勘合文書憑準則米實上納外加載爲三十一石所卸穀物分給境內民夫船隻漂着處親審則無草嶼巖石只是泥滷之地而船體則松板及 駕龍木 皆動退云矣防踏僉使異在豊不善指導致此全船沈覆之擧已萬萬駭然而該掌內敗船形止過五日終無文報其所擧行尤極稽忽故依定式拿致臣營各別嚴棍而漂船處旣是泥滷之地無巖嶼之險則船體之折傷事甚可疑監色沙格等嚴加究覈以報之意分付于該府使 李夔處敎曰臭載之弊亦有許多般道內漕船之一時裝載兩處致敗者前所未聞該曹當回啓所謂差使員無異於不騎近來嶺南漕倉臭載事年年添一酬應撲以國綱萬萬駭然令廟堂嚴飭該道自明年俾勿如前該差使員法當嚴勘爲先作窠其代令該曹口傳差出下送

○ 전라 감사 정민시의 장계에, "순천 부사(順天府使) 이기(李夔)의 첩정(牒呈)에 '이번 4월 28일에 도착한 경상도 후조창의 영운 차사원인 제포 만호가 보내온 공문에 「현풍현(玄風縣)의 진(辰) 자 선박 1척이 삼일포면(三日浦面)과 낙포(洛浦)의 앞바다에 표류해 와서 선박 전체가 침몰되었다.」 하였습니다. 그래서 제가 방답진(防踏鎭)의 관할 안에 있는 낙포 앞바다에 표류해 온 선박이 있는 곳으로 달려가 보니, 색리(色吏)와 사격(沙格) 17명은 모

두 생존하였으나 배에 실었던 곡물은 물속에 잠겨 있었습니다. 그래서 백성을 동원하여 곡물을 배에서 내리니, 미(米)가 1,027석 9두이고, 태(太)가 39석 9두 9승이었습니다. 이것을 감합(勘合)한 진성 문서(陳省文書)와 맞추어 보니, 미는 실제로 상납하는 수량 외에 추가로 실은 것이 31석이었습니다. 배에서 내린 곡물은 경내(境內)의 백성에게 분급하였습니다. 선박이 표류하다 정착한 곳을 직접 살펴보니 풀등(草嶝)이나 암석은 없고 진흙땅일 뿐이었으며, 선체(船體)는 송판(松板)과 가룡목(駕龍木)이 모두 벌어져 있었습니다.' 하였습니다. 방답 첨사(防踏僉使) 이재풍(異在豐)이 선박을 잘 인도하지 못하여 이처럼 선박 전체가 침몰되는 일이 있게 하였으니 너무도 놀랍습니다. 그리고 자신이 관할하는 지역 안에서 패선(敗船)한 상황에 대해 5일이 지나도록 끝내 보고하는 공문이 없었으니, 그가 거행한 것은 매우 지체하고 소홀하였습니다. 그래서 정식에 따라 본영(本營)에 잡아다가 각별히 엄하게 곤장을 쳤습니다. 선박이 표류한 곳은 진흙땅인 데다 풀등과 같은 험한 곳이 없고 보면, 선체가 부러져서 상한 것은 매우 의심스러운 일입니다. 그래서 감색(監色)과 사격 등을 엄하게 샅샅이 조사해서 보고하라고 해당 부사 이기에게 분부하였습니다."라고 하여, 전교하기를, "취재(臭載)되는 폐단도 수많은 방식이 있지만, 도내의 조선(漕船)이 일시에 선적(船積)하여 두 곳에서 치패된 것은 전에 듣지 못했던 일이다. 호조에서 이 일에 대해 회계(回啓)하겠지만, 이른바 차사원은 조선에 타지 않은 것이나 다름이 없다. 근래에 영남 조창(漕倉)의 조선이 취재되는 일로 해마다 수응(酬應)하는 노고를 더하였으니, 나라의 기강으로 헤아려 볼 때 대단히 놀랍다. 묘당에게 해당 도를 엄히 신칙하게 하여 내년부터는 전처럼 하지 말게 하라. 해당 차사원은 법으로 볼 때 엄히 감처해야 하니 우선 자리를 비우고, 그 후임을 이조로 하여금 구전(口傳)으로 차출하여 내려보내게 하라."라고 하였다.

---

1) 이는 교사를 대신해 서기가 기록하는 학급 일지나 지휘관을 대신해 부대 행정병이 기록하는 부대 일지와 유사한 성격으로 이해하면 무난하다.
2) 이강욱 역, 『일성록』, 정조 16년(1792) 윤4월6일 최종 기사, 한국고전번역원, 2008.

『각사등록』 충청 감영 장계 국역본

부록 13

해설

『각사등록(各司謄錄)』[1]은 조선 시대에 지방 관청에서 정부에 올렸던 공문서들을 베껴 편철한 것이다. 1845년 7월 10일, 충청 감영에서 올린 장계 내용을 기록한 기록물을 보면 배가 침몰하는 과정을 설명하는 과정을 통해 가룡목(駕龍木)이 배의 삼판을 연결하는 장쇄(長鎖)임을 확인할 수 있다.

(전략) 이달 초4일 아침에 고대도에서 발선하여 올라오다가 동주 파소도(巴所島) 앞바다를 지나는데 큰 바람이 불고 성난 파도가 갑자기 크게 일어나 좌우가 표탕(漂蕩)하여 별 수 없이 노를 저으며 가는 사이에, 가룡목(駕龍木)이 먼저 흔들리고 앞 범죽(帆竹)이 잇따라 뽑혀 떨어져서 황급하여 어찌할 줄 모르는 가운데 물이 배 안에 차서 배가 뒤집히고 말았습니다. (후략)

---

1) 심영환 역, 『각사등록』, 충청 감영계록, 헌종 11년(1845), 7월 초10일, 한국고전번역원, 2012

모형 제작 사례

부록 14

 해설

이 책에 소개한 다양한 도면들을 직접 모형으로 제작하는 활동은 학교 현장에서 다양한 교육 프로그램으로 적용할 수 있다. 아래에 소개하는 사진은 필자가 설계하고 한국오토마타연구소에서 직접 제작한 모형을 촬영한 것이다.

그림 IX-45 거중기 전경

그림 IX-46 거중기 정면도

그림 IX-47 거중기 측면도

그림 IX-48 거중기 평면도

그림 IX-49 녹로 전경

그림 IX-50 녹로 정면도

그림 IX-51 녹로 측면도

그림 IX-52 녹로 평면도

부록14 _ 모형 제작 사례

그림 IX-53 로마 크레인 전경

그림 IX-54 로마 크레인 정면도

그림 IX-55 로마 크레인 측면도

그림 IX-56 로마 크레인 평면도

부록14 _ 모형 제작 사례

그림 IX-57 배다리 전경

그림 IX-58 배다리 정면도

그림 IX-59 배다리 측면도

그림 IX-60 배다리 평면도

부록14 _ 모형 제작 사례

부록 15

거중기와 녹로를 개량한 창작 모형 사례

✏️ 해설

정약용은 거중기를 개발하면서 『기기도설』을 참조하였다. 정약용이 특히 주목한 것은 기중 제10도의 복합 기어였지만 고민 끝에 제작을 포기하고 말았다. 아래에 소개하는 모형들은 정약용이 시간이 충분했다면 기중 제10도와 제11도를 발전시킨 기계를 개발했을 것이라는 필자의 상상을 작품화 한 것이다. 필자가 직접 설계하고 한국오토마타연구소에서 제작한 모형을 촬영한 것이다.

복합 도르래	프레임	기어 모듈
수평 직렬 4×4	다산 정약용 거중기 방식	웜기어
		『기기도설』 기중 제10도

그림 IX-61 거중기와 기중 제10도를 결합한 모형(전경)

그림 IX-62 거중기와 기중 제10도를 결합한 모형(정면도)

그림 IX-63 거중기와 기중 제10도를 결합한 모형(측면도)

그림 IX-64 거중기와 기중 제10도를 결합한 모형(평면도)

복합 도르래	프레임	기어 모듈
병렬 4×3	다산 정약용
녹로 방식	웜기어
『기기도설』 기중 제10도

그림 IX-65 녹로와 기중 제10도를 결합한 모형(전경)

그림 IX-66 녹로와 기중 제10도를 결합한 모형(정면도)

그림 IX-67 녹로와 기중 제10도를 결합한 모형(측면도)

그림 IX-68 녹로와 기중 제10도를 결합한 모형(평면도)

복합 도르래	프레임	기어 모듈
수평 직렬 4×4	다산 정약용 거중기 방식 응용	케이지 기어 『기기도설』 기중 제11도

그림 IX-69 거중기와 기중 제11도를 결합한 모형(전경)

그림 IX-70 거중기와 기중 제11도를 결합한 모형(정면도)

그림 IX-71 거중기와 기중 제11도를 결합한 모형(측면도)

그림 IX-72 거중기와 기중 제11도를 결합한 모형(평면도)

부록15 _ 거중기와 녹로를 개량한 창작 모형 사례

복합 도르래	프레임	기어 모듈
병렬 3×3	다산 정약용 녹로 방식	케이지 기어 『기기도설』기중 제11도

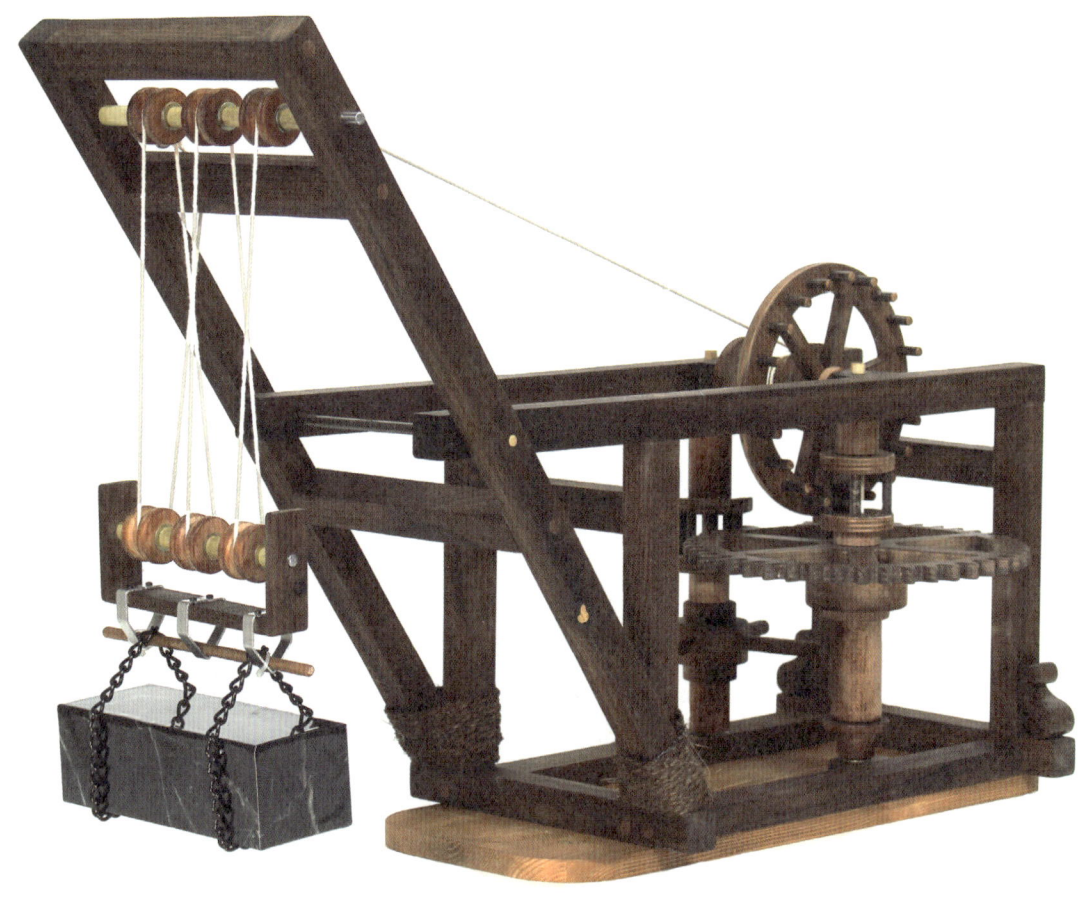

그림 IX-73 녹로와 기중 제11도를 결합한 모형(전경)

그림 IX-74 녹로와 기중 제11도를 결합한 모형(정면도)

그림 IX-75 녹로와 기중 제11도를 결합한 모형(측면도)

그림 IX-76 녹로와 기중 제11도를 결합한 모형(평면도)

참고 문헌

원자료

『각사등록(各司謄錄)』
『다산시문집(茶山詩文集)』 제10권 설(說), 「성설(城說)」
『다산시문집(茶山詩文集)』 제10권 설(說), 「옹성도설(甕城圖說)」
『다산시문집(茶山詩文集)』 제10권 설(說), 「포루도설(砲樓圖說)」
『다산시문집(茶山詩文集)』 제10권 설(說), 「현안도설(懸眼圖說)」
『다산시문집(茶山詩文集)』 제10권 설(說), 「누조도설(漏槽圖說)」
『다산시문집(茶山詩文集)』 제10권 설(說), 「기중가도설(起重架圖說)」
『다산시문집(茶山詩文集)』 제16권 묘지명
『만기요람(萬機要覽)』
『원행을묘정리의궤(園幸乙卯整理儀軌)』
『일성록(日省錄)』
『조선왕조실록(朝鮮王朝實錄)』
『주교지남(舟橋指南)』
『주교사절목(舟橋司節目)』
『승정원일기(承政院日記)』
『홍재전서(弘齋全書)』
『화성성역의궤(華城城役儀軌)』

논문

김평원, 「정조 대 한강 배다리(舟橋)의 구조에 관한 연구」, 『한국과학사학회지』 제39권 제1호, 한국과학사학회, 2017.
김평원, 「정약용이 설계한 거중기와 녹로의 용도」, 『다산학』 제30호, 다산학술문화재단, 2017.
김홍식, 「18세기말 실학파의 건축사상 연구: 다산의 성설(城說)을 중심으로」, 『한국과학사학회지』 제30권 제3호, 한국과학사학회, 2007.
노영구, 「조선 후기 성제 변화와 다산 정약용의 축성 기술론」, 『다산학』 제10호, 다산학술문화재단, 2007.
송성수, 「정약용의 기술 사상」, 『한국과학사학회지』 제16권 제2호, 한국과학사학회, 1994.
오상학, 「다산 정약용의 지리사상」, 『다산학』 제10호, 다산학술문화재단, 2007.
이용식, 「토목인 다산 정약용」, 『대한토목학회지』 제60권 제7호, 대한토목학회, 2012.
이현종, 「주교사 설치와 변천」, 『향토 서울』 36, 1979.
장동일·손영식, 「전통주교(傳統舟橋)의 구조형식에 관한 연구-조선말 주교사절목(舟橋司節目)을 중심으로-」, 『대한토목학회논문집』 제12권 제3호, 1992.

단행본

김만일·서정상 옮김,『(수정국역) 화성성역의궤』, 경기문화재단, 2001.
김동욱,『실학 정신으로 세운 조선의 신도시, 수원 화성』, 돌베개, 2002.
김양석,『자동차공학』, 일진사, 1999.
김용옥,『독기학설』, 통나무, 2004.
김장훈,『상식과 지식으로 버무린 내진설계철학』, 예영커뮤니케이션, 2008.
대한조선학회 선박유체역학연구회,『선박의 저항과 추진』, 지성사, 2009.
박길숙,『대한민국 건설: 불가능은 가능이다』, 지성사, 2008.
박보용·허승진,『차량 동역학』, 문운당, 2001.
정약용, 박석무 옮김,『다산산문선』, 창작과 비평, 1993.
서울대학교 공과대학,『공학에 빠지면 세상을 얻는다』, 동아사이언스, 2005.
서울특별시시사편찬위원회 옮김,『(국역) 준천사실 주교지남』, 서울특별시시사편찬위원회, 2001.
손영식,『한국의 성곽』, 주류성, 2009.
유병용,『과학으로 만드는 배』, 지성사, 2005.
이내주 외,『근대 엔지니어의 성장』, 에코리브르, 2014.
이달호,『18세기 상품화폐경제의 발달과 화성 건설』, 혜안, 2008.
정민,『다산선생 지식경영법』, 김영사, 2006.
조효남,『교량 공학』, 구미서관, 2001.
R. C. 히블러, 윤종호 외 옮김,『공업역학 동역학』, 프로텍미디어, 2015.
헨리 페트로스키, 이은선 옮김,『기술의 한계를 넘어』, 생각의 나무, 2005.

도판 목록

※ 이 책의 저자와 ㈜다산북스는 책에 사용된 모든 그림과 사진의 출처 및 저작권을 확인하고 정상적인 절차를 밟아 사용하기 위해 노력하였습니다. 누락되거나 잘못된 것이 있다면 확인되는 대로 원저작권자와 최선을 다해 협의하겠습니다.

[그림 I-1] 수원화성박물관 앞에 실물 크기로 복원된 거중기
[그림 I-2] 수원화성박물관 앞에 실물 크기로 복원된 유형거
[그림 I-3] 수원화성박물관 앞에 실물 크기로 복원된 녹로
[그림 I-4] 거중기 1부와 녹로 2좌를 언급한 『화성성역의궤』
[그림 I-5] 엔지니어 정약용이 활약한 6개 공학 분야

[그림 II-1] 『화성성역의궤』에 담긴 서북공심돈의 모습
[그림 II-2] 임오화변(壬午禍變) 당시 뒤주에 갇혀 세상을 떠난 사도 세자
[그림 II-3] 정약용의 「성설」
[그림 II-4] 내외 협축 공법이 적용된 용도의 위치
[그림 II-5] 민망할 정도로 높이가 낮은 용도의 성벽
[그림 II-6] 흙 경사로를 이용한 내외 협축 공법
[그림 II-7] 녹로를 이용한 내외 협축 공법
[그림 II-8] 외축 내탁 방식으로 쌓은 성벽의 단면
[그림 II-9] 외축 내탁 공법이 보이는 화성 성벽
[그림 II-10] 구판
[그림 II-11] 설마
[그림 II-12] 구판과 설마를 활용한 성벽 하단부 공사
[그림 II-13] 동차
[그림 II-14] 동차를 활용한 성벽 중단부 공사
[그림 II-15] 진주성 해자 대사지
[그림 II-16] 수원 화성의 용연 위치
[그림 II-17] 용연과 용두 위에 세운 동북각루(방화수류정)
[그림 II-18] 규형 성벽의 원리
[그림 II-19] 들여쌓기 방식만 적용된 북서적대
[그림 II-20] 화성의 중심 도로와 확장된 지역
[그림 II-21] 화성 안의 시장
[그림 II-22] 장안문 성 밖의 시장
[그림 II-23] 『화성성역의궤』의 장안문과 팔달문 외도
[그림 II-24] 『화성성역의궤』의 장안문과 팔달문 내도
[그림 II-25] 측면에 문을 하나만 낸 옹성(상상도)
[그림 II-26] 문을 내지 않은 화서문의 옹성(시공 후 모습)
[그림 II-27] 물길을 중심으로 본 화성의 좌안(동쪽 지역)과 우안(서쪽 지역)
[그림 II-28] 『화성성역의궤』의 북수문 외도와 복원한 북수문 외부
[그림 II-29] 『화성성역의궤』의 북수문 내도와 복원한 북수문 내부
[그림 II-30] 『화성성역의궤』의 남수문 외도와 복원한 북수문 외부
[그림 II-31] 『화성성역의궤』의 남수문 내도와 복원한 남수문 내부
[그림 II-32] 화성 행궁의 입구인 신풍루의 모습
[그림 II-33] 화성 인근의 저수지 만석거

[그림 III-1] 가장 빨리 완공된 화성 북문 장안문
[그림 III-2] 돌의 크기를 잰 후 등급을 매겨 매입하는 장면

[그림 III-3] 화성 건설에 76량 사용된 평거
[그림 III-4] 부석소에서 화성 공사장으로 돌을 나르는 장면
[그림 III-5] PC(Precast Concrete) 공법으로 짓는 건물
[그림 III-6] 수원 화성 준공 표지석(상상도)
[그림 III-7] 순차적 진행 방식과 설계 시공 병행 진행 방식의 비교
[그림 III-8] 「화성부성조도」
[그림 III-9] 최초 이중성 방식에서 동장대로 변경된 동쪽 지역
[그림 III-10] 장안문(북문) 인근 포루의 위치
[그림 III-11] 「화성부성조도」에 묘사된 2개의 포루(초루)
[그림 III-12] 성벽 바깥쪽에서 본 포루(좌)와 성 안쪽에서 본 포루(우)
[그림 III-13] 팔달문과 남수문 사이에 건설된 남공심돈
[그림 III-14] 정조가 엉뚱한 모양만 낸 것 같다고 평가한 포루(북동포루)
[그림 III-15] 사선 방향으로 뚫은 북서포루 측면 포안
[그림 III-16] 이유경의 주장으로 시공된 동북공심돈
[그림 III-17] 정조가 신하들에게 마음껏 구경하라고 한 서북공심돈
[그림 III-18] 『화성성역의궤』의 화서문 외도(좌)와 내도(우)
[그림 III-19] 『화성성역의궤』의 창룡문 외도(좌)와 내도(우)
[그림 III-20] 화서문 옹성 도면
[그림 III-21] 창룡문 옹성 도면
[그림 III-22] 옹성 기능을 극대화하여 시공된 창룡문
[그림 III-23] 곡선형 성벽으로 적대 기능을 대신한 창룡문 인근 성벽
[그림 III-24] 조선 8도의 40개 찰방을 정리한 지도
[그림 III-25] 『화성성역의궤』의 봉돈 외도
[그림 III-26] 봉돈 외부의 현재 모습
[그림 III-27] 『화성성역의궤』의 봉돈 내도
[그림 III-28] 봉돈 내부의 현재 모습
[그림 III-29] 『무비지』의 오성지
[그림 III-30] 『화성성역의궤』의 누조와 오성지
[그림 III-31] 서남암문 오성지
[그림 III-32] 정약용이 설계한 오성지의 원리
[그림 III-33] 화성 북문(장안문) 옹성 오성지
[그림 III-34] 누조가 없는 화성 북문(장안문) 옹성 오성지 안쪽
[그림 III-35] 원총안과 다를 바 없는 북문(장안문) 오성지 구멍
[그림 III-36] 북암문 오성지
[그림 III-37] 누조가 없는 북암문 오성지 안쪽
[그림 III-38] 근총안과 다를 바 없는 북암문 안쪽 오성지 구멍
[그림 III-39] 부실시공된 팔달문 옹성 오성지
[그림 III-40] 정약용의 의도에 맞게 제대로 시공된 팔달문 옹성 오성지(상상도)
[그림 III-41] 『화성성역의궤』에 실린 「화성전도」를 바탕으로 새로 그린 채색 그림

[그림 IV-1] 호이스트 갠트리 크레인(Hoist Gantry Crane)
[그림 IV-2] 거중기를 활용한 축성 장면(정면)
[그림 IV-3] 거중기를 활용한 축성 장면(측면)
[그림 IV-4] 거중기의 용도를 분명하게 밝힌 화성 기적비
[그림 IV-5] 거중기를 활용한 돌 적재 방식
[그림 IV-6] 다빈치가 스케치로 남긴 거중기 도면
[그림 IV-7] 호이스트 형태로 복원된 다빈치의 거중기
[그림 IV-8] 지브 크레인 형태로 복원된 다빈치의 거중기

[그림 IV-9] 갠트리 크레인 형태로 복원된 다빈치의 거중기
[그림 IV-10] 로마제국의 크레인
[그림 IV-11] 윈치(좌)와 호이스트(우)의 개념
[그림 IV-12] 『기기도설』 중 인중 제3도
[그림 IV-13] 『기기도설』 중 기중 제10도
[그림 IV-14] 웜 샤프트와 웜 기어
[그림 IV-15] 병렬 2×2 복합 도르래(좌)와 직렬 2×2 복합 도르래(우)의 비교
[그림 IV-16] 『기기도설』 기중 제10도의 병렬 2×2 복합 도르래 대체의 원리
[그림 IV-17] 『기기도설』 기중 제3도
[그림 IV-18] 『기기도설』 기중 제6도
[그림 IV-19] 정약용의 복합 도르래(좌)와 테렌츠의 복합 도르래(우)
[그림 IV-20] 거중기를 개발하기 전 시제품인 기중소가
[그림 IV-21] 다빈치 크레인의 톱니바퀴와 막대를 이용한 멈춤 장치
[그림 IV-22] 거중기의 전도(상)와 분도(하)
[그림 IV-23] 거중기 하유량 모듈의 부품 구성
[그림 IV-24] 거중기 사용 설명서
[그림 IV-25] 녹로의 전도(상)와 분도(하)
[그림 IV-26] 『기기도설』 기중 제11도
[그림 IV-27] 화성의 공심돈(좌측부터 남공심돈, 서북공심돈, 동북공심돈)
[그림 IV-28] 높은 건물들의 공정표를 토대로 추정한 녹로 2좌의 활용 기간
[그림 IV-29] 라멜리 도면에서 묘사한 기중 제10도의 기어와 복합 도르래의 구성
[그림 IV-30] 기중 제11도에서 참조한 라멜리의 원본 도면(1588년 도면)
[그림 IV-31] 정약용이 개발한 거중기와 기중 제10도 기어를 결합한 모델
[그림 IV-32] 정약용이 개발한 거중기와 기중 제11도 기어를 결합한 모델
[그림 IV-33] 정약용이 개발한 녹로와 기중 제10도 기어를 결합한 모델
[그림 IV-34] 정약용이 개발한 녹로와 기중 제11도 기어를 결합한 모델

[그림 V-1] 수원화성박물관 앞에 실물 크기로 복원된 유형거
[그림 V-2] 「성설」 7번 조거 지침
[그림 V-3] 화성 건설에서 8량 사용된 대거
[그림 V-4] 다목적 수레 유형거
[그림 V-5] 돌을 싣기 편한 구조로 설계된 유형거
[그림 V-6] 유형거의 구성 부품
[그림 V-7] 유형거 사용 설명서
[그림 V-8] 유형거의 활용법을 잘못 추론한 경우
[그림 V-9] 정약용의 설명에 따른 유형거와 소의 연결
[그림 V-10] 서스펜션의 구조
[그림 V-11] 유형거 바퀴가 받는 3차원의 충격
[그림 V-12] 유형거의 안티 피칭 제어
[그림 V-13] 보조 동력 생성을 위한 펌핑
[그림 V-14] 핸드카의 동력 생성 펌핑
[그림 V-15] 그네의 진폭을 증가시키는 펌핑
[그림 V-16] 다빈치의 자가 회전 바퀴

[그림 VI-1] 1795년(을묘년) 정조의 화성 원행
[그림 VI-2] 『원행을묘정리의궤』의 「주교도」
[그림 VI-3] 「화성능행도병」 8폭 중 「한강주교환어도」
[그림 VI-4] 『각선도본』에 수록된 조운선

[그림 VI-5] 조운선의 복원 도면
[그림 VI-6] 교배선 36척의 배열
[그림 VI-7] 평저선과 첨저선의 흘수와 건현
[그림 VI-8] 쇠사슬로 연결한 선창과 항선
[그림 VI-9] 주교사에서 처음 제안한 선창과 항선을 판자로 연결하는 선창다리
[그림 VI-10] 정약용의 부판을 이용한 선창다리
[그림 VI-11] 군산 내항의 부잔교 시스템
[그림 VI-12] 현재까지 남아 있는 군산 내항 부잔교
[그림 VI-13] 군산 내항 부잔교의 원리
[그림 VI-14] 최종 시공된 선창다리의 원리

[그림 VII-1] 현대 거더교의 구조
[그림 VII-2] 가룡목과 멍에의 위치
[그림 VII-3] 닻을 내린 후 배를 배열하는 방법
[그림 VII-4] 정약용 생가인 여유당에 복원되었던 배다리
[그림 VII-5] 세미원 열수주교
[그림 VII-6] 세미원 열수주교의 연결 부위
[그림 VII-7] 목재와 목재의 결합 방식 비교
[그림 VII-8] 갑판 위 칡 묶음 공법의 평면도
[그림 VII-9] 갑판 위 칡 묶음 공법으로 복원한 한강 배다리
[그림 VII-10] 갑판 위 짜 맞춤 공법의 평면도
[그림 VII-11] 갑판 위 짜 맞춤 공법으로 복원한 한강 배다리
[그림 VII-12] 배 사이 칡 묶음 공법의 평면도
[그림 VII-13] 배 사이 칡 묶음 공법으로 복원한 한강 배다리
[그림 VII-14] 배 사이 짜 맞춤 공법의 평면도
[그림 VII-15] 배 사이 짜 맞춤 공법으로 복원한 한강 배다리
[그림 VII-16] KBS 다큐멘터리 「의궤, 8일간의 축제」에서 복원한 배다리 공법
[그림 VII-17] 짜 맞춤 기법의 결합
[그림 VII-18] 갑판 위 짜 맞춤 공법으로 가설한 다리의 교배선 교체 작업
[그림 VII-19] 배 사이 칡 묶음 공법으로 가설한 다리의 교배선 교체 작업
[그림 VII-20] 「한강주교환어도」의 닻의 배열
[그림 VII-21] 2개의 닻줄로 고정한 교배선
[그림 VII-22] 압축 응력과 인장 응력
[그림 VII-23] H형강(H-Beam)
[그림 VII-24] 구스타브 린덴탈이 설계한 배다리
[그림 VII-25] 철근 콘크리트의 인장력 강화
[그림 VII-26] 형강과 목재 보의 응력 변형
[그림 VII-27] 정약용 배다리의 보 결합
[그림 VII-28] 정약용 배다리의 난간

[그림 VIII-1] 화성 건설 현장으로 모여든 임금 노동자와 장인들
[그림 VIII-2] 채제공의 초상화
[그림 VIII-3] 기와장이의 작업 장면
[그림 VIII-4] 기술자인 미장이와 일용직 노동자인 모군의 작업 장면
[그림 VIII-5] 국가 주도의 공학 매뉴얼 『화성성역의궤』 출판
[그림 VIII-6] 화성 건설 프로젝트를 통해 6개 분야로 분화한 공학
[그림 VIII-7] 조선 후기 엔지니어링 맹아론(김평원)

[그림 IX-1] 다산 정약용의 묘(남양주 다산 유적지)
[그림 IX-2] 다산 정약용의 동상(남양주 다산 유적지)
[그림 IX-3] 성설의 8개 지침
[그림 IX-4] 돌 크기의 표준화
[그림 IX-5] 부석소에서 공사장까지의 운송로
[그림 IX-6] 유형거 바퀴의 구성
[그림 IX-7] 유형거 바퀴 축의 구성
[그림 IX-8] 유형거 복토의 구성
[그림 IX-9] 유형거 상부 수레의 구성
[그림 IX-10] 유형거 전도
[그림 IX-11] 두 개의 문을 낸 옹성(상상도)
[그림 IX-12] 하나의 문을 낸 옹성(상상도)
[그림 IX-13] 팔달문 옹성
[그림 IX-14] 창룡문 옹성
[그림 IX-15] 포루의 바깥쪽
[그림 IX-16] 포루의 안쪽
[그림 IX-17] 포루의 내부
[그림 IX-18] 서북각루의 바깥쪽(상)과 안쪽(하)
[그림 IX-19] 동북각루의 바깥쪽(상)과 안쪽(하)
[그림 IX-20] 서남각루
[그림 IX-21] 동남각루
[그림 IX-22] 북문과 남문 좌우에 설치된 적대
[그림 IX-23] 북포루의 바깥쪽(상)과 안쪽(하)
[그림 IX-24] 동북포루(각건대)의 바깥쪽(상)과 안쪽(하)
[그림 IX-25] 동일포루의 바깥쪽(상)과 안쪽(하)
[그림 IX-26] 동이포루
[그림 IX-27] 서포루
[그림 IX-28] 서장대와 서노대
[그림 IX-29] 동북노대
[그림 IX-30] 화성의 치
[그림 IX-31] 현안
[그림 IX-32] 화성에서 가장 깊은 현안인 봉돈 현안
[그림 IX-33] 서북공심돈 하단부의 현안
[그림 IX-34] 장안문 옹성의 현안
[그림 IX-35] 화성에서 가장 많은 현안을 배치한 적대
[그림 IX-36] 『화성성역의궤』의 누조와 오성지
[그림 IX-37] 정약용이 구상한 오성지의 원리
[그림 IX-38] 주교절목 제6도
[그림 IX-39] 주교절목 제7도
[그림 IX-40] 주교절목 제8도
[그림 IX-41] 주교절목 제9도
[그림 IX-42] 주교절목 제10도
[그림 IX-43] 주교절목 제11도
[그림 IX-44] 주교절목 제12도
[그림 IX-45] 거중기 전경
[그림 IX-46] 거중기 정면도
[그림 IX-47] 거중기 측면도
[그림 IX-48] 거중기 평면도

[그림 IX-49] 녹로 전경
[그림 IX-50] 녹로 정면도
[그림 IX-51] 녹로 측면도
[그림 IX-52] 녹로 평면도
[그림 IX-53] 로마 크레인 전경
[그림 IX-54] 로마 크레인 정면도
[그림 IX-55] 로마 크레인 측면도
[그림 IX-56] 로마 크레인 평면도
[그림 IX-57] 배다리 전경
[그림 IX-58] 배다리 정면도
[그림 IX-59] 배다리 측면도
[그림 IX-60] 배다리 평면도
[그림 IX-61] 거중기와 기중 제10도를 결합한 모형(전경)
[그림 IX-62] 거중기와 기중 제10도를 결합한 모형(정면도)
[그림 IX-63] 거중기와 기중 제10도를 결합한 모형(측면도)
[그림 IX-64] 거중기와 기중 제10도를 결합한 모형(평면도)
[그림 IX-65] 녹로와 기중 제10도를 결합한 모형(전경)
[그림 IX-66] 녹로와 기중 제10도를 결합한 모형(정면도)
[그림 IX-67] 녹로와 기중 제10도를 결합한 모형(측면도)
[그림 IX-68] 녹로와 기중 제10도를 결합한 모형(평면도)
[그림 IX-69] 거중기와 기중 제11도를 결합한 모형(전경)
[그림 IX-70] 거중기와 기중 제11도를 결합한 모형(정면도)
[그림 IX-71] 거중기와 기중 제11도를 결합한 모형(측면도)
[그림 IX-72] 거중기와 기중 제11도를 결합한 모형(평면도)
[그림 IX-73] 녹로와 기중 제11도를 결합한 모형(전경)
[그림 IX-74] 녹로와 기중 제11도를 결합한 모형(정면도)
[그림 IX-75] 녹로와 기중 제11도를 결합한 모형(측면도)
[그림 IX-76] 녹로와 기중 제11도를 결합한 모형(평면도)

표 목록

[표 I-1] 정약용의 관료 생활
[표 I-2] 고등학교 역사 교과서에 정리된 실학 관련 지식

[표 III-1] 화성 건설에 사용된 운송 장비
[표 III-2] 정약용이 설계한 시설물과 실제 시공 결과

[표 IV-1] 시제품 기중소가의 구성과 부품
[표 IV-2] 완제품 거중기의 구성과 부품

[표 V-1] 유형거의 구성 부품
[표 V-2] 액티브 서스펜션의 제어 체계
[표 V-3] 유형거의 펌핑 4단계

[표 VI-1] 「주교절목」 설계 감리 및 설계 경제성 검토 결과
[표 VI-2] 『주교지남』의 내용

[표 VII-1] 배다리 상부 구조 공법의 종류
[표 VII-2] 내진 설계의 원리

[표 VIII-1] 화성 건설에 참여한 인력의 직무 분석
[표 VIII-2] 10개 주요 직종 장인들의 근무 통계
[표 VIII-3] 국가 기술 자격(National Technical Qualification) 등급 기준
[표 VIII-4] 근대 공학(토목공학)의 다양한 명칭
[표 VIII-5] 1795년 을묘년 주교 가설 과정
[표 VIII-6] 다양한 분야의 사고방식
[표 VIII-7] 정약용의 공학적 사고

조선 근대 공학의 개척자
엔지니어 정약용

초판 1쇄 발행 2017년 8월 28일
초판 5쇄 발행 2022년 2월 4일

지은이 김평원
펴낸이 김선식

경영총괄 김은영
콘텐츠개발4팀장 김대한 **콘텐츠개발4팀** 황정민, 임소연, 박혜원, 옥다애
마케팅본부장 권장규 **마케팅4팀** 박태준
미디어홍보본부장 정명찬 **홍보팀** 안지혜, 김민정, 이소영, 김은지, 박재연, 오수미, 이예주
뉴미디어팀 허지호, 임유나, 송희진, 홍수경, 박지수
저작권팀 한승빈, 김재원 **편집관리팀** 조세현, 백설희
경영관리본부 하미선, 박상민, 윤이경, 이소희, 이우철, 김혜진, 김재경, 최완규, 이지우, 안혜선, 오지영, 김소영

펴낸곳 다산북스 **출판등록** 2005년 12월 23일 제313-2005-00277호
주소 경기도 파주시 회동길 490 다산북스 파주사옥 3층
전화 02-702-1724 **팩스** 02-703-2219 **이메일** dasanbooks@dasanbooks.com
홈페이지 www.dasanbooks.com **블로그** blog.naver.com/dasan_books
종이 한솔피앤에스 **인쇄** 민언프린텍 **세본** 성문바인텍 **후가공** 평창P&G

사진 및 그림 협조
서울대학교 규장각한국학연구원, 수원화성박물관, 수원시화성사업소, 국립해양문화재연구소,
육군사관학교 육군박물관, 국립고궁박물관

ISBN 979-11-306-1411-3 (03900)

• 책값은 뒤표지에 있습니다.
• 파본은 구입하신 서점에서 교환해드립니다.
• 이 책은 저작권법에 의하여 보호를 받는 저작물이므로 무단 전재와 복제를 금합니다.

> 다산북스(DASANBOOKS)는 독자 여러분의 책에 관한 아이디어와 원고 투고를 기쁜 마음으로 기다리고 있습니다.
> 책 출간을 원하는 아이디어가 있으신 분은 다산북스 홈페이지 '원고투고'란으로 간단한 개요와 취지, 연락처 등을 보내주세요.
> 머뭇거리지 말고 문을 두드리세요.